新世纪普通高校汉语言文学专业教材
学术顾问　关爱和　曹顺庆　陈　炎
总 主 编　李伟昉

WEN XUE GAI LUN
文 学 概 论

主　编　胡山林
副主编　石长平　王　森　宋　伟

河南大学出版社
·郑州·

图书在版编目（CIP）数据

文学概论 / 胡山林主编 .—郑州：河南大学出版社，2012.8（2020.10 重印）

ISBN 978-7-5649-0765-5

Ⅰ. ①文… Ⅱ. ①胡… Ⅲ. ①文学概论—教材 Ⅳ. ① 10

中国版本图书馆 CIP 数据核字（2012）第 103086 号

责任编辑 王有芳
责任校对 赵丹丹
封面设计 王四朋

出　版	河南大学出版社
	地址：郑州市郑东新区商务外环中华大厦 2401 号
	邮编：450046
	电话：0371-86059701（营销部）
	0371-86059750（高等教育与职业教育出版分社）
	网址：hupress.henu.edu.cn
排　版	郑州市今日文教印制有限公司
印　刷	河南育翼鑫印务有限公司
版　次	2012 年 8 月第 1 版
印　次	2020 年 10 月第 3 次印刷
开　本	787mm×1092mm　1/16
印　张	16
字　数	370 千字
定　价	42.00 元

（本书如有印装质量问题，请与河南大学出版社营销部联系调换）

总　　序

近年来,河南大学文学院在教学质量工程建设方面取得了一系列标志性的成绩,先后拥有了一个国家级特色专业、一个国家级教学团队、一个国家级教学名师、两门国家级精品课程、一位国家级精品视频公开课。在学位点建设方面,也实现了一级博士学位授权点的突破。成绩面前,我们也十分清醒地意识到自身的不足,许多工作仍需我们继续更加努力地去一件件地认真落实。这其中,就包括本科生教材的规划与建设。

在过去的30年里,文学院相关专业都曾积极地编写过适合本科生教学需要的教材,有的教材还被国内多所高校广泛使用,产生了重要影响,例如任访秋先生主编的《中国近代文学史》教材。而且20世纪80年代中期后,当时的中文系作为主考单位,还接受河南省高等教育自学考试指导委员会的委托,组织编写过高等教育自学考试中文专业教材。这套教材出版后,广受读者好评。然而,随着社会的进步和高等教育的发展,国家越来越重视和强调大学本科生阶段的教育。本科生教材的规划与建设,自然作为一项十分重要的系统工程,也被越来越多的高校所重视,它体现了对本科生教学工作的关切,关乎着人才培养和教育的质量,同时也是衡量学科发展水平的重要尺度之一。因此我们愿意再接再厉,集全院之力,下功夫共同完成这套中文专业教材的编写工作,通过教材编写,旨在使我们的教师深入把握教学内容,进一步理清教学思路,拓宽教研视野,彰显学术思考,从而提升本科生教学的整体水平和内在品质,并推动各相关学科内涵的不断丰富和发展。

衷心感谢河南省文学教学指导委员会对本套教材的关心与指导,感谢河南大学出版社把这套教材列为河南省普通高校"十二五"规划教材,感谢河南大学出版社高等教育出版分社社长王四朋先生的积极策划和对教材出版所付出的辛勤努力,感谢各本教材责任编辑认真与严谨的工作精神。感谢河南大学文学院广大教师对教材编写工作的大力支持和全情投入,否则,这项浩大的工程根本无法完成。

适逢河南大学百年校庆到来之际,谨将此套教材作为微薄贺礼献给百年河大。

李伟昉
2012年7月于开封

目 录

导　　言 …………………………………………………………………………（ 1 ）
　　一、文学理论的学科地位 …………………………………………………（ 1 ）
　　二、文学理论的分支及学科属性 …………………………………………（ 1 ）
　　三、本教材的思路及体例 …………………………………………………（ 2 ）
　　四、对学习文学理论的建议 ………………………………………………（ 3 ）

第一章　文学是什么 ……………………………………………………………（ 1 ）
　第一节　文学的含义 …………………………………………………………（ 1 ）
　　一、"文学"概念在中国的语义流变 ………………………………………（ 1 ）
　　二、西方的"文学"概念 ……………………………………………………（ 4 ）
　　三、当下共识 ………………………………………………………………（ 8 ）
　第二节　文学的学科归属 ……………………………………………………（ 9 ）
　　一、自然科学学科与人文学科的差异 ……………………………………（ 10 ）
　　二、文学的人文性 …………………………………………………………（ 13 ）
　　三、文学的价值 ……………………………………………………………（ 16 ）

第二章　文学的性质与特征 ……………………………………………………（ 20 ）
　第一节　文学的基本性质 ……………………………………………………（ 20 ）
　　一、文学是一种社会现象 …………………………………………………（ 20 ）
　　二、文学是一种文化现象 …………………………………………………（ 22 ）
　　三、文学是一种审美现象 …………………………………………………（ 24 ）
　第二节　文学是语言艺术 ……………………………………………………（ 26 ）
　　一、作为艺术的文学的个性特征 …………………………………………（ 26 ）
　　二、文学与艺术的共性特征 ………………………………………………（ 30 ）

第三章　文学的发生与发展 ……………………………………………………（ 39 ）
　第一节　文学的起源 …………………………………………………………（ 39 ）
　　一、关于文学起源的几种主要学说 ………………………………………（ 39 ）
　　二、文学起源是历史合力作用的结果 ……………………………………（ 43 ）
　第二节　文学发展的社会根源 ………………………………………………（ 45 ）
　　一、文学发展与物质生产 …………………………………………………（ 45 ）
　　二、文学发展与社会政治 …………………………………………………（ 48 ）

　　　　三、社会心理和社会意识形态对文学发展的作用……………（49）
　　第三节　文学发展的自身规律………………………………………（53）
　　　　一、文学传统的继承与革新…………………………………（53）
　　　　二、各民族文学的相互影响…………………………………（55）

第四章　文学创作………………………………………………………（60）
　　第一节　文学创作是一种特殊的精神创造活动……………………（60）
　　　　一、作家的有机天性…………………………………………（61）
　　　　二、作家的创作个性…………………………………………（62）
　　　　三、文学创作的对象…………………………………………（62）
　　　　四、作家的思维方式…………………………………………（64）
　　第二节　文学创作的过程……………………………………………（64）
　　　　一、艺术发现…………………………………………………（65）
　　　　二、创作冲动…………………………………………………（66）
　　　　三、艺术构思…………………………………………………（67）
　　　　四、艺术传达…………………………………………………（70）
　　第三节　文学创作的心理系统………………………………………（71）
　　　　一、艺术知觉…………………………………………………（71）
　　　　二、艺术想象…………………………………………………（72）
　　　　三、艺术情感…………………………………………………（73）
　　　　四、艺术灵感…………………………………………………（74）
　　　　五、艺术理解…………………………………………………（74）
　　第四节　文学创作活动中的悖论……………………………………（75）
　　　　一、个人独特性与社会普遍性………………………………（75）
　　　　二、自律和他律………………………………………………（76）
　　　　三、再现与表现………………………………………………（77）
　　　　四、个性化与概括化…………………………………………（77）
　　　　五、直觉与理性………………………………………………（78）

第五章　文学技巧………………………………………………………（81）
　　第一节　文学技巧的内涵与观念……………………………………（81）
　　　　一、文学技巧的内涵…………………………………………（81）
　　　　二、文学技巧的观念…………………………………………（82）
　　第二节　传统表现手法与表达技巧…………………………………（84）
　　　　一、传统表现手法……………………………………………（84）
　　　　二、传统表达技巧……………………………………………（87）
　　第三节　现代技巧的类别与举隅……………………………………（92）
　　　　一、现代技巧概述……………………………………………（92）
　　　　二、现代技巧举隅……………………………………………（93）

第六章　文学作品……(107)

第一节　文学作品的结构……(107)
一、文学作品的结构层次……(107)
二、文学言语……(109)
三、文学形象……(112)
四、文学意蕴……(113)

第二节　文学体裁的划分……(114)
一、体裁分类多样化的原因……(115)
二、"三分法"和"四分法"……(115)
三、文学体裁的稳定性、变异性与相对性……(118)

第三节　主要文学体裁的基本特征……(120)
一、诗歌……(120)
二、散文……(122)
三、小说……(125)
四、戏剧文学……(127)

第七章　文学接受(一)
——基本理论……(130)

第一节　欣赏、鉴赏与接受……(130)

第二节　文学接受的基本特性……(131)
一、文学接受具有心理实验的性质……(131)
二、文学接受具有自我发现的性质……(132)
三、文学接受具有心理交流的性质……(133)
四、文学接受具有心理愉悦的性质……(133)
五、文学接受具有人生体验的性质……(134)

第三节　文学接受能力……(135)
一、接受能力的心理要素……(135)
二、接受能力的境界……(136)
三、接受能力的培养……(138)

第四节　文学接受动机……(140)
一、接受动机与精神需求……(140)
二、认识社会与人生……(141)
三、理想的追求与憧憬……(142)
四、情感的调整与丰富……(143)
五、人格的修养与完善……(144)
六、身心的娱乐与休息……(146)

第五节　文学接受与文学创作的关系……(147)
一、文学接受对文学创作的制约……(147)
二、文学创作对文学接受的引导……(149)

第八章　文学接受（二）
　　　　——文本解读 ·· (154)
第一节　概说 ·· (154)
　　一、文本解读的基本步骤 ·· (154)
　　二、文本解读的基本角度 ·· (155)
第二节　诗歌的解读 ·· (156)
　　一、音韵与节奏 ··· (156)
　　二、佯谬 ··· (157)
　　三、意象 ··· (158)
　　四、意境 ··· (160)
第三节　小说的解读 ·· (161)
　　一、小说的一般性解读——情节、人物、环境三要素 ···················· (161)
　　二、意蕴解读 ··· (168)
　　三、叙事解读 ··· (169)
第四节　散文的解读 ·· (172)
　　一、从语言层面出发，解读文辞之美 ··· (172)
　　二、散文的情趣与理趣 ··· (173)
　　三、散文的格调 ··· (174)
　　四、散文的构思 ··· (174)
第五节　剧本的解读 ·· (175)
　　一、解读剧本语言 ··· (175)
　　二、解读戏剧悬念 ··· (176)
　　三、解读戏剧冲突 ··· (177)
　　四、解读戏剧结构 ··· (177)
第六节　影视文学（艺术）的解读 ··· (178)
　　一、影视文学的基本特征与影视艺术的审美属性 ·························· (178)
　　二、影视文本解读的主要因素 ·· (182)

第九章　文学批评 ··· (189)
第一节　文学批评的性质与功能 ·· (189)
　　一、文学批评的含义 ··· (189)
　　二、文学批评的性质 ··· (190)
　　三、文学批评的功能 ··· (191)
第二节　文学批评的原则与标准 ·· (193)
　　一、文学批评的原则 ··· (193)
　　二、文学批评的标准 ··· (196)
第三节　文学批评的主要模式 ·· (198)
　　一、社会—历史批评 ··· (198)
　　二、道德批评 ··· (200)
　　三、文化学批评 ··· (203)

四、心理学批评 …………………………………………………………… (205)
　　五、文体学批评 …………………………………………………………… (207)
　　六、读者批评 ……………………………………………………………… (209)
　　七、女权主义批评 ………………………………………………………… (212)

第十章　文学效果 ……………………………………………………………… (216)
　第一节　关注社会效果是人类文学活动的悠久传统 ………………………… (216)
　　一、古代西方对文学效果的思考 ………………………………………… (216)
　　二、现代西方对文学效果的思考 ………………………………………… (218)
　　三、中国人对文学效果的思考 …………………………………………… (220)
　第二节　文学效果的基本范畴 ………………………………………………… (221)
　　一、个体效果与群体效果 ………………………………………………… (221)
　　二、精神效果与经济效果 ………………………………………………… (221)
　　三、审美效果与非审美效果 ……………………………………………… (222)
　　四、积极效果与消极效果 ………………………………………………… (223)
　　五、直接效果与间接效果 ………………………………………………… (223)
　　六、外显效果与潜隐效果 ………………………………………………… (223)
　　七、轰动效果与常态效果 ………………………………………………… (224)
　　八、即时效果与长远效果 ………………………………………………… (225)
　　九、可预期效果与不可预期效果 ………………………………………… (225)
　　十、常规效果与特定效果 ………………………………………………… (226)
　　十一、滋养效果与治疗效果 ……………………………………………… (226)
　第三节　文学效果的复杂性 …………………………………………………… (227)
　　一、文学效果的多面性 …………………………………………………… (227)
　　二、文学效果的两面性 …………………………………………………… (228)
　　三、文学效果的双向性 …………………………………………………… (230)
　　四、文学效果的模糊性 …………………………………………………… (231)
　　五、文学效果的不确定性 ………………………………………………… (232)
　第四节　文学效果产生的社会机制 …………………………………………… (233)
　　一、社会心理 ……………………………………………………………… (233)
　　二、社会传播 ……………………………………………………………… (234)
　　三、文学评论 ……………………………………………………………… (236)
　　四、文学管理 ……………………………………………………………… (236)

后　　记 ………………………………………………………………………… (240)

导　言

一、文学理论的学科地位

文学理论是大学中文专业一门最基本的专业基础课。中文专业,全称为(中国)汉语言文学专业,这个全称告诉我们这个专业要学习的主要课程,一是语言,一是文学。语言方面,主要有现代汉语、古代汉语、语言学概论。文学方面,专科主要有中国当代、现代、古代及外国文学作品选,精选中国及世界各民族、各历史时代有代表性的经典作品进行讲解;本科主要有中国当代、现代、近代、古代及外国文学史。由"作品选"到"史",学习的面广了,内容更丰富、更深入了。从课程比例上看,文学课占了绝大多数,开课时间从第一学期直到最后一个学期,由此可以看出文学课对中文专业的重要性。

"作品选"要深入解读作品的内容和形式,分析作品的意蕴和技巧,体会其中精微的思想和感情。"文学史"除了精讲重点作家作品外,还要从更广阔的社会、文化、历史背景上了解文学运动、文学思潮、文学流派,了解文学现象与社会政治、经济、思想、文化之间的复杂关系,了解文学发展的外部及内部规律,了解文学世界的审美构成。总之,文学世界是一个复杂微妙的精神文化世界,一种复杂微妙的精神文化符号。要想深入把握文学世界,仅凭个人的感觉、感性是绝对不行的,换句话说,就是必须具备相应的理论知识和素养。

有人说,外行人的眼光是不带钩子的,言外之意即内行人的眼光是带钩子的。对于学习文学的人来说,这个"钩子"就是理论眼光、理论素养。还有人说,外行看热闹,内行看门道。那么谁是文学的"内行"?文学的作家、批评家、理论家、文学编辑和从事文学教学的教师当然是内行,但大学中文专业的学生也应该是内行。因为,你的"专业"就是文学,你已经是专门人才,你不是内行,谁是内行?!而要看出"门道",当然还是要靠理论眼光。上述两句俗语都说明理论素养的重要。而理论眼光、理论素养的培养,靠的就是文学理论的学习和运用。所以,学好文学理论课是学好其他各门文学课的最重要的专业准备、专业前提和专业基础。掌握了基本的文学理论,就等于掌握了打开文学殿堂的钥匙,就可以登堂入室尽窥文学世界之美妙,由此可见,文学理论在整个中文学科课程体系中的重要地位。

二、文学理论的分支及学科属性

文学理论,从学科归属上看,是文艺学的一个重要分支(文艺学包括文学理论、文学史和文学批评)。文学理论是以历史和现实的一切文学现象作为研究对象,以哲学方法论为总的指导,并从理论高度和宏观视野上阐明文学的性质、特征和一般规律的学科。它是在吸收文学批评的成果和文学发展史所提供的丰富材料,并在文学创作和文学欣赏的实践经验基础上形成的。

文学理论作为一门学科,主要包括文学基本原理(也叫文学理论基础)、中国古代文学理论(简称"古代文论")、西方(古代、现代)文学理论(简称"西方文论")。一般大学中文专业文学理论的教学,最基本的都要开设上述三门课。文学理论学科大厦的根基,也就是上述三方面。其他还有选修课,即由于研究视角不同而形成的文学理论的各个分支,如文学哲学、文学社会学、文学心理学、文学语言学、文学创作学、文学欣赏学、文学批评学、文学价值学、文学文化学等。本教材名为"文学概论",实为狭义的文学理论,即文学理论学科中的"基本原理",主要讲述文学理论中最基本、最基础、最具有普遍意义的理论。

文学理论的研究对象,如上所述,是历史和现实的一切文学现象。文学现象本身具有形象性、情感性、主体性、独创性、思想性、审美性等特征,因而无法客观、准确、量化、确定、规范、统一,也就是说无法符合"科学"的标准,所以从学科归属上看,"文学"本身毫无疑问应归于人文学科。而"文学理论"呢?文学理论是对文学现象的研究及研究成果,那么它的学科性质又是什么呢?

我们认为文学理论首先具有人文学科的特征,原因有三。首先,其研究对象是无法"科学"的复杂微妙的独特的文学世界、文学现象,面对如此具体生动、变动不居的对象,人们无法笼而统之地将其"抽象"为万古不变、全人类都承认的所谓理论,任何抽象对文学来说都是一种重大损失,所以人们常说"理论总是灰色的,而文学现象却永远是常青的"。其次,就文学理论的现实状况看,关于文学最基本的一些问题,如文学是什么、文学的性质、文学的起源、文学的作用、文学的边界等,历史的、现实的文学理论对此往往是言人人殊,至今没有统一的结论,已有的结论也往往随着时代的变化而变化,也就是说,所有文学理论的结论都具有相对性和变易性。再次,众所周知,任何一种文学理论都持有特定的价值观,都具有意识形态性,而价值观和意识形态当然是无法统一、无法科学的。综上所述,我们认为文学理论也属于人文学科的范畴,具有人文学科的属性。

但是,文学理论既然是"理论",就具有"理论"的特点,即毕竟是对现象的抽象,它不但要说明现象,还要说明本质,它所归纳的基本原理具有某种程度的普遍意义,文学理论本身具有某种形而上学的性质。作为一门学科,文学理论具有相对严整的知识系统、概念范畴、研究方法和形态范式,从知识构成和理论逻辑的角度来衡量,它也具备某些科学的特征。换句话说,文学理论既具有人文学科的特性,也具有某些社会科学的特性,所以应该说文学理论具有人文学科和社会科学的双重属性。[①]

三、本教材的思路及体例

教材的文体与学术专著不一样,因而编撰的思路也不一样。学术专著讲究学术的独创性,要求体现作者个人的独立思考和学术风格,最好做到自成一家,让人耳目一新。教材的编写要求守正出新,或曰稳中求新,即在继承现阶段文学理论教材最新成果的基础上,结合我们的教学实践和对文学基本理论的理解,提出我们的一些观点,力求有新意,力求对某些理论问题的研究有所推进。

---

① 参见董学文、张永刚:《文学原理》,北京大学出版社,2001年版,第285页。

教材的编写还必须注重与教学目的、培养目标相结合。文学理论课的教学目的既不是培养作家,也不是培养文学理论家(当然,毫无疑义,文学理论的学习对文学创作和进行理论研究有重要意义),而是通过学习,让学生掌握基本的文学理论知识,运用这些知识观察、理解、分析文学现象,比较顺利地欣赏和解读文学作品,毕业后能把学到的知识和提高的素养运用到相应的工作实践中去。当作家和文学批评家、理论家是极少数人的事,需要长远的努力,远非文学理论所能负担。文学理论课要考虑的是绝大多数学生的基本要求,满足这些基本要求是该课程的主要任务。基于上述理解,本教材注重最为基本的概念、范畴和理论问题的讲解,注重学生解读、分析文学作品能力的提高。为此,我们有意识地舍弃了某些教材对古代和西方现当代文学理论流派的过多介绍,以便突出基本概念、范畴和理论的明晰性;同时在"接受论"部分增加了有助于提高学生作品分析能力的内容。古代和西方各文学理论流派的理论放到"古代文论"和"西方文论"课程中去,这既是课程分工的要求,也是循序渐进学习规律的要求,更是教学目的、培养目标的要求。

　　基于上述思路,本教材采用了目前国内大多数文学理论教材的基本体例和框架,在此基础上做了一些变通,即按照文学活动的基本流程,把文学理论基本问题分为本体论、特征论、源流论、创作论、技巧论、作品论、接受论、批评论、效果论。与多数教材有所不同的是,本教材扩展了接受论的内容——破例安排了两章,一章讲理论,一章讲实践。即使是讲理论,也打破了常规模式,安排的内容力求与读者的接受实践更接近。总之,与传统教材相比的所有变化或者叫改革,都是为了有助于提高学生分析作品的能力,即为了让理论更"实用"。另外一个重大改革是增加了效果论。效果论是目前所有教材尚未提及的内容,但我们认为,文学效果是文学活动的终端,是文学活动的出发点和落脚点。虽是"终端",但它的意义却不消极也不被动,而是潜在地支配或左右着此前的其他文学活动,如创作、欣赏、评论、管理等环节。文学活动是一种有目的、有意识、自由自觉的高级精神劳动,它追求对社会人心、社会文明、社会进步的积极促进作用。而文学是否达到了这种效果,必须经过实践的检验。效果论讨论的就是对文学活动的检验,所以不应该忽视。因为是首次提出,观点尚不成熟,目的是抛砖引玉,希望和学界同行共同讨论,也希望同学们在学习过程中对本章内容提出自己的意见,以便于对它的进一步修改和完善。

四、对学习文学理论的建议

　　文学理论既然是理论课,就有理论课的特色,具有严整的概念范畴体系,严密的逻辑论证,较强的思辨色彩,对于刚从高中进入大学、思维定势尚未转型的同学来说,学起来有一定困难。所以第一学期最好先开设一些文学欣赏、文本解读之类的课,让学生先接触一些文学欣赏的基本知识,初步学会一些解读、分析文学作品的基本方法,对文学理论有了初步的认识,接下来再进入基本理论的学习,接受起来就会轻松、顺利一些。

　　文学理论课的任务,除了向学生传授基本的理论知识之外,最重要的是要培养学生的理论思维,提高学生的逻辑思维能力。这是看不见摸不着的东西,然而却是最为重要的东西。学生逻辑思维能力的培养和提高,一靠课堂上教师的讲授示范,二靠对教材本身的认真学习,三靠课外理论著作和论文的广泛阅读。理论本身,读不进去的时候觉得它枯燥无味,令人望而生畏,但是一旦读进去就会发现理论本身自有魅力,读懂了其乐无穷,那种愉悦的感受是读文学作品不能取代的。常有这种情况,初入大学的同学只贪读文学作品,后来发现不过瘾了才读理论著作,结果一读就入了迷,说理论读起来入心入脑,懂一句是一句,说明这些同学被理论的魅力所征服。对理论的兴趣靠教师的引导(教师有责任向同学们推荐好的理论著作和论文),更靠同学们自身的努力。希望同学们及早明白一点,逻辑思维的培养,理论水平的提高,对每个人都是受益终生的事,所以我们鼓励同学们自觉培养对理论的兴趣,多多阅读理论著作和论文。在广泛阅读的过程中,潜移默化,逻辑思维能力和理论水平不知不觉就提高了。

　　文学理论的对象是文学现象,而文学现象的核心是文学作品,所以要学好文学理论,还需要多阅读文学作品。理论是从现象包括文学作品中提炼总结出来的,那么要想理解理论就必须以大量阅读作品为基础、为前提。文学的魅力蕴藏于具体作品中,不亲自阅读作品无论如何无法感受、体验文学的微妙和深奥,无论如何不会真正懂得理论的归纳和概括。为了学好文学理论,我们提倡和鼓励同学们多读一些好的文学评论。文学评论是理论和作品的中介,是运用理论对以作品为中心的整个文学现象的分析和评价。一味读理论,你或许觉得有点"空";光是读作品,又可能陷入具体的作品情境而读不出什么东西。这时候建议你最好去读你正在阅读的作品的相关评论,你会发现,啊,原来理论是这样被运用的,理论原来是如此的好玩儿;同时你还会发现,原来读作品时混沌模糊的感觉一下子清晰了,显影了,对作品的把握一下子到位了。换句话说,是评论帮你梳理和深化了自己的感受,从而变得深刻起来,评论帮你理解了理论也更深刻地把握了作品,收获多多,何乐而不为!

　　还有,为了更切实地把握理论,也为了理论的学以致用,根据多年的教学经验,我们还提倡和鼓励同学们多多练习,写一些作品赏析或评论文章。热爱文学的学生,一般都有良好的感受(悟)力,读完一部(篇)作品或接触某个理论问题,常常是思绪纷飞,如乱云飞渡,心里好激动,但事过境迁,归于平静,回归于空(无)。思绪纷飞,就是你的收获,就是文学激发起来的灵感,它微妙而独特,带着你自身所独有的精神信息,但你却无力把握,你抓不住它,它即生即灭,随风飘逝,实在太可惜了。怎么办?我们劝你澄怀凝心,静思默想,把那些纷乱的思绪捕捉下来,慢慢整理,然后形诸文字,用文章把它记录下来。当然,这样做一开始会很困难,得之于心不能应之于手,这就是表达的困境。这时候我们劝你千万别放弃,你一定要知难而上,坚持下去。写作能力不是在读和想的过程中提高的(这里绝对不否定读和想有助于写作能力的提高),而是在长期坚持不懈的写作过程中提高的。也就是说,写作能力不是读和想出来的,而是用笔写出来的。如果你感到困难,我们建议你从短、小、浅写起,即没有长的有短的,没有大的有小的,没有深的有浅的。写作是一种综合训练,它能加深你的感受,激发你的灵感,训练你的逻辑思维能力和语言表达能力。写作就要运用理论,因此,写作是学习、运用理论的最佳途径、最佳方式、最佳活动。在人们的印象中,学中文的人都是能说能写的人,如果既不能说又不能写,对于中文专业学生来说是很遗憾的,你将愧对你的专业。

　　总之,学习文学理论的过程,既是困难的,也是充满乐趣的,乐趣和困难相伴相随。起点一样,终点不同,至于你能走到哪一步,就看你自己了。人生的价值和意义,也就在这一过程中了。

第一章 文学是什么

文学是什么？这是一个令人困扰同时也令人着迷的问题。无数的文学家和学者试图对其进行解答，甚至包括一些哲学家也做出了尝试，然而遗憾的是，到目前为止，还没有人能够圆满地解决这个问题。凡是问某物自身"是什么"的问题，都属于本体论的范围。根据康德的观点，我们所能把握和理解的只能是关于事物本体的现象，而物自体，或者说事物的本体，是不可知的。如果我们认同康德，那么讨论"文学是什么"也就没有任何意义，因为文学本体是不可知的，超出了人类认识能力的边界。然而，面对几千年历史所积淀下来的无数文学瑰宝，面对古今中外那些才华横溢的伟大作品，我们怎么可能允许自己对文学的品评赏鉴没有任何根本性的理论基础？！又怎么可能放弃对文学本体的思考？！

第一节 文学的含义

对事物本体的认知是最困难的。古希腊哲学家苏格拉底曾经试图辨明"美是什么"，和希庇亚进行了长时间的争论，然而他们最终也无法得出确定的答案，只好承认"美是难的"，肯定了认识事物本体的困难。在本体论的层面探讨"文学是什么"，其难度不下于苏格拉底对美之本体的追问。面对这样一个具有极强挑战性的问题，从历时性的角度梳理一下"文学"一词的历史语义，在感性上大致把握文学的内涵，然后再给予正面的回答，不失为一种良好的策略。

一、"文学"概念在中国的语义流变

"文学"一词，较早见于先秦时期。据《论语·先进》所载"德行：颜渊，闵子骞，冉伯牛，仲弓。言语：宰我，子贡。政事：冉有，季路。文学：子游，子夏"，这里根据孔门众弟子的学业专长，进行了学术分类，分为德行、言语、政事、文学四项，后世称之为"孔门四科"。其中"文学"一项，有较明确的指示对象，指的是儒家文献知识，包括《诗》、《书》、《礼》、《乐》、《易》、《春秋》等，内容则涵盖了哲学、政治、历史、文艺等诸多方面。汉武帝"罢黜百家、独尊儒术"之后，儒家的学术声望和影响迅速提升，儒学成为显学，"文学"常常专指儒学。如《史记·孝武本纪》："上乡儒术，招贤良，赵绾、王臧等以文学为公卿。"说的就是赵绾、王臧等人"学而优则仕"，凭借对儒家学问的熟习而被擢拔为高官。不过，这一时期对"文学"一

词的使用,并不完全局限于儒家经典知识的含义,词义有时也会有所扩展。据《史记·田敬仲完世家》:"宣王喜文学游说之士,自如驺衍、淳于髡、田骈、接予、慎到、环渊之徒七十六人,皆赐列第,为上大夫,不治而议论。是以齐稷下学士复盛,且数千百人。"其中,驺衍是阴阳家的代表人物,田骈和环渊是道家学派的中流砥柱,慎到则推动了法家思想在齐国的传播。这几位的学问分别属于不同的学术流派,能够被并称为"文学游说之士",显然此处的"文学"一词,所包含的意义已经扩大,超出了儒家经典的界限,可以泛指各种知识和学问。

以上诸种含义中,"文学"一词的内涵与今天的词义均有所不同。它虽然把今天视为文学作品的某些典籍纳入其中,如《诗经》,但其立意并非出自审美的艺术标准,也没有把其中的诗歌视为审美欣赏的对象,而是把它们当做君子修身和从事政治与外交活动的工具。实际上,这一时期的"文学"概念所指涉的是一些具有实用价值的文献和知识,依据的是功利性的标准,在其最广的含义上,可以指代诸多有关社会科学的知识和学问。

魏晋南北朝时期,临川王刘义庆组织编写《世说新语》。该书内容分为36类,其中纲目为"文学"的一类收录了104则名士轶事。在这些遗闻轶事中,前65则涉及经学、玄学、佛学等方面的内容,第66则以下却全都与诗文创作和文学评论有关。以此可见,魏晋南北朝时期虽然没有以审美属性为标准把文学与学问区分开来,从而赋予"文学"概念以现代意义,但终究还是表现出审美意识的自觉,在很大程度上把具有审美意义的文学内容纳入到"文学"这一概念之中。这一时期的"文学"概念既含有知识和学问的意思,也涵盖了今天依据审美标准所界定的文学,其含义比今天的文学概念要宽泛得多。

"文学"还有一种特殊的用法就是作为官职的名称。据唐代杜佑所撰《通典·卷三十》:"汉时郡及王国并有文学,而东宫无闻。魏武置太子文学,自后并无。至后周建德三年,太子文学十人,后省。龙朔三年,置太子文学四员。属桂坊。桂坊废而属司经。开元中,定制为三员,掌侍奉,分掌四部书,判书功事。"可见,早在汉代的官僚体系当中,就已经有了"文学"这一官职,其职司约略等同于后世的教官。在这种用法中,"文学"就是一个职衔,和今天的"文学"完全没有任何联系了。

事实上,中国古代的"文学"一词,其含义与今天大相径庭,而且在古汉语中并没有一个专门的词与今天的"文学"在词义上严格对应。反而其他一些词,例如"文"、"文笔"、"文辞"、"文章"等,与今天"文学"一词的词义较为接近或相关。

"文"最初的含义是"色彩交错",如《礼记·乐记》中的"五色成文而不乱",有时也有"纹理"、"花纹"的意思。与文学相近的含义则是专指文字或文辞,如《韩非子·五蠹》:"儒以文乱法,侠以武犯禁,而人主兼礼之,此所以乱也。"曹丕《典论·论文》中根据文体本身的性质和功用,把"文"分为四类:"夫文本同而末异。盖奏议宜雅,书论宜理,铭诔尚实,诗赋欲丽。此四科不同,故能之者偏也,唯通才能备其体。"四类之中,"奏议"属于应用文体中的公文写作;书论主要指成一家之言的论说性作品,略似今天的学术著作;铭诔泛指记述死者经历和功德的文章,是一类特殊的文体;诗赋强调修辞与审美,则是纯粹的文学作品。从曹丕的分类可以看出,"文"的含义虽广,但毫无疑问是包括了文学这一层意思的。"文"包括了文学,但又不限于文学,正因为其内容广泛,所以历来被寄予极高的社会预期,强调其政治作用、教化作用和其他社会作用。北宋时期,周敦颐就有"文以载道"的提法。

明清之际,黄宗羲、顾炎武、王夫之等人通过对儒家学说的阐释和恢复,强调经世致用,主张发挥"文"的时代意义、社会作用和批判现实精神,顾炎武也曾倡言:"文须有益于天下。"

中国古代与"文学"含义相关的另一个词是"文笔"。南北朝时期,文笔是所有文体的总称,具体被分为两类:韵文为"文",散体为"笔"。据刘勰《文心雕龙》载:"今之常言,有文有笔,以为无韵者笔也,有韵者文也。""文笔"中的"文"一类,属于韵文,讲究作品的声韵,重视语言的音乐美,这一类作品显然大都可以归入文学一类。

中国古代还有一个与文学含义相关的词——"文章"。"文章"最初的含义原本与文学没有任何关系,据《周礼·考工记》:"青与赤谓之文,赤与白谓之章。""文"与"章"显然是两个词,分别代表了两种不同的色彩,并且这两种色彩还是复色。到了汉代,高祖刘邦接受陆贾的谏言,认识到可以马上得天下,却不可以马上治天下的道理,出于推行文治的现实需要,使朝野上下对写作能力日益重视,"文章"一词开始被用于指代写作活动或者用文字写下来的东西。据《汉书·扬雄传》记载:"其意欲求文章成名于后世,以为经莫大于《易》,故作《太玄》;传莫大于《论语》,作《法言》;史篇莫善于《仓颉》,作《训纂》;箴莫善于《虞箴》,作《州箴》;赋莫深于《离骚》,反而广之;辞莫丽于相如,作四赋。皆斟酌其本,相与放依而驰骋云。"显然,此处"文章"的范围涵盖了经、传、史、箴、赋、辞诸种文体,按今天的标准来说,既包括了学术著作和历史著作,也包括了辞赋等以审美特点见长的文学作品。至唐代杜甫《偶题》:"文章千古事,得失寸心知。"虽以"文章"立论,整篇内容谈的却都是一生中自己在诗歌创作方面的经验和见解。所以明代王嗣奭在《杜臆》中说:"此公一生精力用之文章,始成一部《杜诗》,而此篇乃其自序也。"这里的"文章"显然语义较狭,专指文学中的诗歌创作。

无论是"文"、"文笔"或是"文章",甚至包括"文学"这一词语本身,在中国古代都没有产生过完全对等于今天的文学含义。"文学"一词开始转向当下含义的时间应当推算到近现代时期。在这一时期,国学大师王国维关于"文学"的若干论述,标示着现代意义上的文学观念正在逐渐形成。

王国维的研究对象是中国古典文学,但其研究方法和学术眼光却源于西方的哲学、美学和文学理论,他强调文学的审美性、非功利性和情感性特征,这些特征都是现代性文学观念所特有的内容。王国维在《人间词话》中谈到文体的兴衰问题:"四言敝而有楚辞,楚辞敝而有五言,五言敝而有七言,古诗敝而有律绝,律绝敝而有词。尽文体通行既久,染指遂多,自成习套。豪杰之士,亦难于其中自出新意,故遁而作他体,以自解脱。一切文体所以始盛终衰者,皆由于此。故谓文学后不如前,余未敢信。但就一体论,则此说固无以易也。"这里对文学各种体裁的讨论以辞赋和诗词为限,全都符合今天的文学概念范畴,以审美性为特征。在《文学小言》中,王国维把文学与实用的目的割裂开来,说:"文学者,游戏的事业也。"以此强调了文学的非功利性。他还说"文学中有二原质焉:曰景,曰情",把景和情视为文学构成中的两大基本元素,同时又强调了文学的情感性:"文学者,不外知识与感情交代之结果而已。苟无锐敏之知识与深邃之感情者,不足与于文学之事。"

王国维的现代性文学观念还表现在以下两个方面。一是参照西方文学系统,依据抒情与叙事的标准,把中国传统诗词归于抒情文学,把叙事诗、戏曲等归为叙事文学:"上之所论,皆就抒情的文学言之(《离骚》、诗词皆是)。至叙事的文学(谓叙事诗、诗史、戏曲等,非谓散文也),则我国尚在幼稚之时代。"二是在叙事性文学作品中重视人物形象的塑造,强调人物性格的刻画,"元人杂剧,辞则美矣,然不知描写人格为何事。至国朝之《桃花扇》,则有人格矣,然他戏曲则殊不称是。要之,不过稍有系统之词,而并失词之性质者也,以东方古文学之国,而最高之文学无一足以与西欧匹者,此则后此文学家之责矣"①。

王国维之后,"文学"一词的使用逐渐摆脱了中国古代的语义内涵,开始在全国范围内形成了深受西方影响的现代性文学观念,这一观念初步成熟的标志是"五四"时期的新文学运动。1917年,胡适在《新青年》发表了《文学改良刍议》,提出了自己对新文学的设想。其中,他强调新文学须"言之有物",要求文学表现"真挚之情感",也就是强调文学作品的情感性特征。随后,陈独秀发表《文学革命论》,提出要推倒雕琢阿谀的贵族文学,建设平易抒情的国民文学;推倒陈腐铺张的古典文学,建设新鲜立诚的写实文学;推倒迂晦艰涩的山林文学,建设明了通俗的社会文学。胡适与陈独秀的文学宣言,成为浩浩荡荡的新文学运动的革命旗帜。1918年5月,中国第一部现代白话文小说——鲁迅的《狂人日记》发表,被茅盾视为新文学小说的开篇。1921年,周作人、茅盾、郑振铎、许地山、叶圣陶、王统照、郭绍虞、孙伏园等人在北京成立了"文学研究会",以"研究介绍世界文学,整理中国旧文学,创造新文学"为宗旨,将大量的外国文学作品和现代思想译介到国内,极大地丰富和扩展了国人对文学的理解和认识,视"新文学"为一种完全不同于中国传统文学的新生事物。此后,"五四"新文学运动期间所形成的现代性文学观念及其影响一直绵延至今。

二、西方的"文学"概念

英语世界中,与"文学"概念相应的单词是 literature,在漫长的历史中,其语义演变之复杂,同样令人颇为棘手。

literature 从14世纪开始出现在英语中,其拉丁文词源 littera 在英语中对应的意思是 letter,即"字母"。因而,literature 最初的含义与文字和书籍有关,用于指一切用语言文字写成的著作,在此含义上等同于"文献"。作为引申义,也可以用于指"通过阅读所得到的高雅知识",或者可以更简洁地解释为"学识",这种"学识"是与读写能力和印刷书籍联系在一起的。

在中世纪末期和文艺复兴时期,随着印刷术的普及,literature 开始与艺术、审美、创造性、想象力等词交织在一起,其词义逐渐与读写能力和书籍不再密切关联,于是 literature 的含义开始更多地转向"具有想象力的虚构作品"。其实,在"具有想象力的虚构作品"这个层面的含义上,完全可以用 poetry 这个词来替代 literature,只是后来 poetry 一词被严格局限于韵文,彻底变成了如今的"诗歌"概念。由于 poetry 的词义缩小,literature 才得以成为一个指代"文学"概念的专属名词。当然这时 literature 一词仍然还有"文献"的含义。

17世纪,法文词 belles lettres 被用于指"纯文学",以区别于哲学、历史等方面的其他文字作品,后来 literature 就沿用了 belles lettres 的含义,但相对而言其内涵仍然不够明确。直到19世纪,literature 的含义才被限定于具有想象力和创造力的作品,想象力和创

---

① 王国维:《王国维文集·文学小言》第一卷,中国文史出版社,1997年版。

造性被作为literature的非常重要的特征,最终演化成现代意义上的"文学"概念。

英语中literature(文学)一词的语义演变,其复杂性与"文学"一词在汉语语境当中的历史语义演变不相上下,对其进行梳理无疑是一项相当困难的任务。然而,更困难的事情在于从本体上追问:"文学"究竟是什么?关于"文学是什么"这个问题,历史上有不少回答。艾布拉姆斯提出文学四要素的理论框架,认为文学活动由世界、作家、读者和作品四大要素构成。根据这四大文学要素之间的关系,形成模仿说、表现说、实用说和客观说等几种文学观念。

从文学与世界之间的关系考察"文学是什么",产生了西方文论中的"模仿说"。

西方古代,最有影响力的文学本体论是"模仿说"。模仿说的源头至少可以上溯到柏拉图。柏拉图认为,在现实世界之上存在一个"理念"的世界,现实世界中的每一样事物都可以在理念世界中寻找到自己所对应的"理念",它们是各自"理念"的摹本,而艺术,则是对现实世界的模仿,是现实世界的摹本,从这个意义上而言,文学模仿的是表象世界而不是本质世界,它是摹本的摹本,"影子的影子",与真理隔着三层,不但没有认识价值,还会激起人们心中低劣的感情,削弱战士的勇气,不仅无益,而且有害。所以,在柏拉图对理想国的设想中,要把诗人驱逐在外。

亚里士多德继承了柏拉图的模仿说,肯定文学是对现实的模仿,但却扬弃了柏拉图的"理念论",认为事物的本质就存在于事物本身。柏拉图的"理念论"把理念凌驾于现实事物之上,因而就贬低了现实与艺术的价值,亚里士多德则把现实和艺术从理念的致命光辉下解救出来,恢复了现实的地位,承认了艺术的价值。亚里士多德把史诗、戏剧、音乐、绘画等都称之为模仿的艺术,他认为艺术不但"照事物本来的样子去模仿",还能够"照事物应该有的样子去模仿",与记述个别事实的历史相比,"诗所描述的事带有普遍性",符合"可然律和必然律"。这实际上是肯定了文学具有帮助人们理解社会现实的认识功能,从而也肯定了文学的社会价值。

19世纪50年代,模仿说体现为"自然主义"。自然主义的口号是"回到自然",法国作家左拉倡导"按照事物本来的样子去模仿",主张作家在再现客观生活的过程中要完全忠实于生活本身的面貌,"不插手对于现实的增、删,也不服从一个先入观念的需要,从一块整体上再制成一件东西。自然就是我们的全部需要——我们就从这个观念开始;必须如实地接受自然,不从任何一点来变化它或削减它"[①]。在文学创作中,自然主义的特点是要求作者秉持科学家的态度和实验的方法,排斥主体的倾向性介入,强调价值中立,追求绝对客观地再现社会生活。

模仿说有种种不同的表现形式,以左拉为代表的自然主义流派强调文学应当完全模仿自然;理查德·赫德则认为"仅仅展示自然是不够的。因为这种自然在某些方面是粗糙的,不令人愉快的,他必须选取自然中美的东西,摒弃不美的东西……"也就是说,文学模仿应当是一种有选择性的模仿。约翰逊则主张文学应当模仿和表现生活中具有普遍性的东西,因为"除了给具有普遍性的事物以正确的表现之外,没有任何东西能够为许多人所

[①] 伍蠡甫:《西方文论选》(下册),上海译文出版社,1979年版,第248页。

喜爱,并且长期受人喜爱"①。模仿说的诸种观点在模仿的对象和模仿的方法上各执一词,但其基本思路是一致的,都是从文学与社会生活关系的角度来把握文学的本质,这种文学观念统治西方两千年,直到18、19世纪欧洲浪漫主义文学兴起,模仿论才被打破。

从文学与作者之间的关系思考文学,就出现了"表现说"。表现说强调作者在创作中的主观性因素,认为文学是作家情感与心灵的表现。

表现说产生于19世纪欧洲浪漫主义文学思潮,英国浪漫主义批评家基本上都是沿着文学与作者之间关系这条线索来谈论文学的。诗人华兹华斯曾经说:"诗是强烈感情的自然流露。"②据此,批评家艾布拉姆斯把华兹华斯在1800年《抒情歌谣集》中的序言视为表现说取代模仿说的标志。同为湖畔诗人之一的柯勒律治也有类似的观点,他认为科学的目的在于获得真理、传播真理,而诗歌的目的在于"传播直接的愉快",因而,诗的最普遍、最清楚的特点"源于诗的天才本身",诗人"写诗是出于内在的本质,不是由任何外界的东西所引起的"③。表现说的主要观点在于,文学本质上是作者内心世界的外化,是作者的情感、思想在受到激情支配状态下的创造。

20世纪初,意大利的克罗齐在《美学原理》中提出表现主义美学的一个核心命题:"直觉即表现。"在此基础上,他又推演出一系列观点,其中包括"艺术即直觉"。他认为人可以通过直觉,不依赖概念而赋予无形式的物质形式,直觉本质上就是一种表现;相应地,表现也总是一种直觉,它对所直觉到的东西赋以形式。这样,克罗齐就把艺术和表现紧紧地捆绑在一起。克罗齐认为艺术作为直觉就已经否定了在艺术面前存在一个物质世界,他说:"诗的素材可以存在于一切人的心灵,只有表现,这就是说,只有形式,才使诗人成其为诗人。"④

"表现说"的另一种形式是弗洛伊德的文学"升华说"。弗洛伊德认为推动个人进行文学创作的最深层动力来自人的"力比多",也就是性本能或内容更为宽泛一些的爱欲,它所对应的人格是"本我"。爱欲遵循快乐原则,它时刻处于冲动之中,试图冲破一切伦理规范的束缚,寻求自我实现。而在自我的约束和控制下,爱欲只能作为潜意识存在,常常在梦境当中,以幻想的形式得到替代性的满足。在这个意义上,作家进行创作,其实就是"在空中建造楼阁,去创造白日梦",是存在于潜意识领域中的爱欲的升华。

"表现说"还有许多不同形式。有人认为文学是情感的表现,例如列夫·托尔斯泰的"传达情感"说,他认为艺术是人类表达感情的工具,起源于人们把自己体验过的感情传达给别人;也有人认为文学是思想的表现,例如希尔恩在《艺术的起源》中把艺术看成是"交流思想的重要手段";还有人把文学与想象联系在一起,例如雪莱在《诗辩》中就说诗是一种"想象的表现"……在"表现说"的诸种形式中有一个共同之处,那就是打破了模仿说观念,强调文学与作者之间的关系,强调文学创作和文学作品的主体性色彩。

从文学与读者之间的关系探讨文学,就形成了"实用说"。"实用说"强调的是文学对

---

① 艾布拉姆斯:《镜与灯》,郦稚牛等译,北京大学出版社,1989年版,第52页。
② 刘若端:《十九世纪英国诗人论诗》,人民文学出版社,1984年版,第22页。
③ 刘若端:《十九世纪英国诗人论诗》,人民文学出版社,1984年版,第111页。
④ 克罗齐:《美学原理》,朱光潜译,外国文学出版社,1983年版,第33页。

读者的效用,把文学看做达到某种目的的手段和工具,往往以功利性的目的是否达成作为评价文学作品的标准。

"实用说"在西方有着源远流长的历史。古罗马批评家贺拉斯在《诗艺》中提出了"寓教于乐"的观点,他说:"诗人的愿望应该是给人益处和乐趣,他写的东西应该给人以快感,同时对生活有帮助……寓教于乐,既劝谕读者,又使他喜爱,才能符合众望。"①根据这种看法,文学是一种娱乐手段,也是一种教育工具。"教"是目的,"乐"是手段,"教"必须通过"乐"才能实现,文学的教化功能不应脱离使人愉悦的文学形象,读者是在愉快的审美欣赏活动中潜移默化地受到陶冶和教化的。

"实用说"是西方历史上流传时间最长、影响范围最大、支持者最多的一种文学观。当然,不同的批评家对文学效用的强调重点会有所不同。菲利普·锡德尼认为文学的最终目标应当是对读者的道德感化,娱乐只能是辅助手段。德莱顿却认为,读者在阅读文学作品中所产生的快感才是最终目的。理查德·赫德的观点和德莱顿相似,他在《一般诗歌观念论》中指出,一般的诗歌无论属于哪种类型,都是以令人愉快为目的的艺术,"任何以给人愉悦为首要目的的作品都可以称为诗"②。

在"模仿说"、"表现说"和"实用说"之外,还有一种比较有影响力的观点,即"客观说"。"客观说"拒绝从文学效用的角度探讨文学,认为文学存在于文学作品本身,转而尝试从文学作品的角度来进行解释。

在一定程度上,康德关于审美"无目的的合目的性"启发了法国"为艺术而艺术"的文艺思潮,法国诗人戈蒂耶反对文学艺术有实用的目的,认为"只有毫无用处的东西才是真正美的,一切有用的东西都是丑的"。这种对实用性的绝对摒弃,把文学研究的目光引向了文学作品本身。著名诗人艾略特说:"论诗,就必须从根本上把它看做诗,而不是别的东西。"他的诗论直接成为英美新批评的先声。新批评派理论家兰色姆在《诗歌:本体论札记》中指出,诗是一种具有存在秩序的本体,他把文学作品看做一种自足的客观存在,认为应该研究作品的内在因素而不是文学与外部的联系。类似的,韦勒克也认为艺术品"是一种独特的可以认识的对象,它有特别的本体论的地位"③,把目光投向了文学的内部研究。同属新批评派的维姆萨特则提出"意图谬见"和"感受谬见",认为在研究作品时,作者的意图和读者的感觉都是不可靠的,从而斩断文本与作者、文本与读者之间的联系,确立了文本在文学研究中的核心地位。

"客观说"的另一种形式是俄国形式主义学派的文学观。这一学派的特点在于运用语言学来研究文学,把文学看做是一种特殊的语言建构,是对普通语言的系统歪曲。形式主义学派没有直接给"文学"下定义,他们把文学的本质归之于"文学性",而文学性就存在于语言形式之中。因此,他们强调形式的"陌生化",重视语言形式的重要性,关注文学语言对日常语言的离间和疏远。

---

① 亚里士多德、贺拉斯:《诗学·诗艺》,罗念生、杨周翰译,人民文学出版社,1962年版,第155页。
② 艾布拉姆斯:《镜与灯》,郦稚牛等译,北京大学出版社,1989年版,第20页。
③ 韦勒克、沃伦:《文学理论》,刘象愚等译,三联书店,1984年版,第164页。

三、当下共识

"什么是文学？什么不是文学？什么是文学的本质？"新批评派理论家韦勒克说，"这些问题看似简单，可是难得有明晰的解答"。中国著名作家老舍也说，"什么是文学，恐怕永远不会得出最后的答案"。前文梳理了"文学"概念的历史语义，以及中外文学家、批评家各自不同的文学观念，这些都表明文学本体论是一个极其复杂的问题。要想得出一个让所有人都认同的文学定义，无疑是一个难以完成的任务。然而，在一定的历史时期内，依据多数人的看法，撷取代表性的理论观点，关于文学的本体论问题，大致上还是可以形成某些共识的。文学是什么？当下共识主要集中在三个方面。

第一个共识：文学是一种语言作品。

文学以语言作品的形态存在，语言就是文学的媒介，是文学讲述故事和抒发情感的信息载体，这是文学与音乐、绘画、舞蹈、戏剧、影视等艺术形式的重要区别。高尔基说："文学用语言来创造形象、典型和性格，用语言来反映现实事件、自然景象和思维过程……文学的第一个要素是语言。"①在其他艺术形式中，音乐以旋律和节奏为媒介，绘画以色彩和线条为媒介，舞蹈以肢体语言和有节奏的动作为媒介，戏剧和影视则使用综合形式的媒介，它们所使用的媒介形式都与文学不同。加拿大学者麦克卢汉说："媒介即信息。"在一定程度上，用什么媒介形式传达信息甚至比传达信息的内容更为重要。由于文学使用语言这一特殊的媒介形式，这就使文学呈现出一些与其他艺术形式显著不同的特征。如表现和接受上的间接性，能够反映更为广阔的社会生活——表现思想情感的直接性和深刻性等。

第二个共识：文学是一种审美艺术。

著名美学家朱光潜曾经讨论过人对待事物的三种态度。第一种是实用的态度，见到一个事物，首先考虑的是这个物对我有什么实际的功用，带来的是好处还是坏处，因利害而生趋避。第二种是科学的态度，客观、冷静，"把自己的成见和情感完全丢开，专以'无所为而为'的精神去探求真理"。科学的态度实际上就是以认知为目的，认知的结果产生知识。知识本可以用于实用，但是科学的态度并不把实用作为目标，其兴趣在于穷究世界的本原。第三种态度是审美的态度，既不考虑对象的功用，也不进行求知的推理与思考，完全诉诸人的直觉，对待事物的评价是"美"或"不美"。实用态度追求的是善，科学态度追求的是真，审美态度追求的是美。

历史上的许多作家和学者也都是从审美的视角来认识文学的。如清代吴乔在《围炉诗话》中说："文出正面，诗出侧面，意思犹五谷也。文，则炊而为饭；诗，则酿而为酒也。"这是著名的"文饭诗酒说"，"文"指的是"书以道政事"的应用性散文。显然，"文"具有实际的用途，好比吃饭求饱，延续生命；而"诗"的价值在于审美，好比美酒醉人，陶冶情操。现代学者胡适也说"文学有三个要件：第一要明白清楚，第二要有力能动人，第三要美"②。文学具有审美属性，它是一种特殊的艺术形式，审美属性是文学的本质属性，凡不具备审美

---

① 高尔基：《文学论文选》，人民文学出版社，1958 年版，第 294 页。
② 胡适：《胡适学术文集·新文学运动》，中华书局，1998 年版，第 87 页。

属性的作品,决无资格成为文学。

第三个共识:文学是一种特殊的意识形态。

这一判断确定了文学在社会结构中的位置,是国内学界关于文学本质的一种共识。马克思在《〈政治经济学批判〉序言》中说:"人们在自己生活的社会生产中发生一定的、必然的、不以他们的意志为转移的关系,即同他们的物质生产力的一定发展阶段相适合的生产关系。这些生产关系的总和构成社会的经济结构,即有法律的和政治的上层建筑竖立其上并有一定的社会意识形式与之相适应的现实基础。"①在这里,马克思把社会结构划分成现实基础和上层建筑两个部分。其中,经济基础与一定的物质生产力相适应,由社会生产关系的总和构成;上层建筑则分为两个层面,一个层面是政治、法律等社会制度,另一个层面是"更高地悬浮于空中的意识形态的领域"②,它包括宗教、哲学、艺术等。文学是一种审美的艺术,显然属于上层建筑中的意识形态部分。

与其他意识形态相比,文学具有一些特殊性。一般认为,马克思把理解和掌握世界的方式分成四种,分别是理论思维的方式、艺术精神的方式、宗教精神的方式和实践精神的方式,文学对社会生活的掌握,采取的是艺术精神的方式,其实质是对生活作出诗意的反映。国内学者通常把文学的审美属性和意识形态属性结合在一起,称文学是一种审美意识形态,强调文学的审美属性。这种倾向其实源于对"文学政治工具论"的惕惧,是摆脱"文学为政治服务"阴影的一种努力。就理论建构而言,审美意识形态论把文学的审美属性与马克思关于意识形态的观点较为粗糙地嫁接在一起,有过于简单化的嫌疑。

以上三点共识都涉及对文学性质和特征的理解,文学的性质和特征是文学理论的重大问题,本书设第二章专门展开讨论,此处从略。

第二节　文学的学科归属

德国思想家威廉·狄尔泰根据认识对象的不同性质、特点,把人类的全部知识分成自然科学和人文社科两大类,肇始于西方的现代学科二分法框架就建立在狄尔泰知识二分法的基础之上。自然科学知识体系的建立源于人们对知识确定性的要求和对知识功利性的要求,它迎合了近代以来科学发展技术化的应用趋势,可以看做是"知识就是力量"这种功利主义知识观影响下的结果。由于对知识确定性和功利性的要求,自然科学的学科性质和研究对象就得到了清晰的界定,而相比之下,人文学科这种"与之对应的那种知识的形式就不那么明确了,人们甚至在给它起一个什么名字上都从来没有达成一致的意见。

---

① 中共中央马克思恩格斯列宁斯大林著作编译局:《马克思恩格斯全集》第2卷,人民出版社,1995年版,第32页。

② 中共中央马克思恩格斯列宁斯大林著作编译局:《马克思恩格斯全集》第4卷,人民出版社,1995年版,第703页。

它有时被称为文科(arts),有时被称为人文学科(humanities),有时被称为文学或美文学(belles-lettres),有时被称为哲学(philosophy),……而在德文中被称为精神科学（Geisteswissenschanften）"。① 国内在20世纪80年代以后用人文社会科学统指哲学、历史、艺术、语言学、政治学、法学等诸多门类的知识体系,由于这些门类的知识体系在研究对象、研究方法和研究成果的性质方面都存在着自身的特点,这里我们采用"人文学科"的说法,以示与自然科学的区别。显然,文学的学科归属应当是人文学科。

一、自然科学学科与人文学科的差异

传统观点中一直存在着将自然科学与人文学科对立的二元论思路。自然科学被看做是客观的,人文学科被看做是非客观的;自然科学研究是一种"发现"的活动,人文学科研究是一种"创造"的活动;自然科学需要的是"说明",人文学科需要的是"理解";自然科学适用的是认识论,而人文学科适用的是解释学。美国哲学家罗蒂称这种思路为"精神—自然二分法",人们习惯于在客观与主观、知识与意见、事实与价值、理性与非理性之间进行区别,在科学与人文之间制造对立。

当然,这种二分法的观点也不是没有道理,自然学科与人文学科之间确实存在着诸多方面的差异。

首先,自然科学与人文学科的差异,表现为研究对象的不同。

自然科学的研究对象是自然现象,既包括无机界也包括有机界的各种现象,既包括非生物界也包括生物界的生命现象。与人文学科交叉的地方在于,自然科学也可以把人作为研究对象,但是作为自然科学研究对象的人,必定是脱离了社会关系背景的人,是作为同类物种中没有任何生物性差异的一个生命个体,比如在生命科学和医学当中,我们研究的是人的生理构造和生理机能。作为自然科学研究对象的人,我们不考虑他的高矮胖瘦,是帅是丑,也不考虑他的家世背景,是穷是富,不管他是一个叱咤风云的英雄,还是一个默默无闻的小人物,他只是作为生物样本呈现的一个个体,从自然科学的研究视角来看,人与人之间并没有什么不同。

人文学科研究的对象是与人、与社会相关的现象。作为人文学科研究对象的人,与自然科学研究的人不一样,这是以社会为背景的人,是处在与他人的社会关系之中的人。人文学科关注的是人的情感、心理、思维和行动,把握的是由人与人之间互动所构成的社会网络,考察的是由人的社会活动所构成的与人类个体和人类社会相关的历史。

文学是人文学科中独具特色的一个门类。如果说像社会学、政治学、伦理学这一类的人文学科侧重于揭示通过人的群体行动所体现出的社会规律,那么,作为一门特殊的人文学科,文学更重视表现人物个体所具有的独特性的一面。作为文学表现对象的人,是具有独特的情感与经验的生命个体,每个人的生命都是不可复制的,作家一旦落笔,笔下人物就有了自己独特的性格,推动着这些人物走向他们必然的命运,甚至连作家也左右不了。

法国作家福楼拜在写作《包法利夫人》结局的时候,坐在地上伤心地痛哭了起来,朋友问他为什么哭,他伤心地说:"包法利夫人死了。"朋友说:"你不愿意包法利夫人死,可以把

---

① 华勒斯坦:《开放社会科学》,三联书店,1997年版,第7~8页。

她写活嘛。"福楼拜却悲切地说:"包法利夫人不得不死,没法写活呀!"福楼拜在写作中为什么不能改变包法利夫人的悲剧命运呢?因为这是作品中人物性格发展的必然性在起作用,英国理论家伊·鲍温在《小说家的技巧》中说得好:"小说中的人物必须带着他们各自的必然性进入作品。当我们读到一篇故事的人物时,我们会感到这些人身上具有一些多半会把他们带到某种不可避免的命运、某种不可避免的结局的东西。如果这样必然性没有贯彻始终——如果作家强迫人物做出一些我们本能地感到他们不可能做的事,我认为这时我们都会感到小说的真实性出现了瑕疵。"

其次,自然科学与人文学科的差异,表现为研究方法的不同。

德国学者狄尔泰说:"我们解释自然,我们理解精神生命。"他的这句话指出了自然科学与人文学科在研究方法上的一个重要区别。自然科学的"解释",实际上是解释自然现象、自然事件之间的因果关系。人文学科的"理解",则是一种体验,是对个人世界、社会生活和人类历史的体验,这种体验本质上也是一种解释,只不过与自然科学的解释不同。自然科学的解释是对自然现象的说明,具有明显的客观性;人文学科的解释则出自主体对社会现象的体验,具有强烈的主观性。

自然科学与人文学科在研究方法上的另一个区别在于,自然科学可以使用实验的方法,而人文学科却只能借助观察的方法。自然科学的研究对象是自然现象,大部分自然科学在进行研究时,可以设定条件,控制变量,使研究对象处于完全可控的实验条件下,通过调整预设条件和实验变量影响实验结果,经过反复实验和对比分析,从而得出十分客观的结论。人文学科的对象则是处在复杂社会关系中的人,是处在不可逆的时间历史中的人,无法像在自然科学中那样通过调整预设条件与实验变量来反复实验,因而只能用观察的方法来研究个体、社会与历史等社会现象,结合研究者的经验判断,带有极强主观性地作出推测性的解释。

以能否采用实验方法为分野,导致了自然科学与人文科学在研究方法上的又一个区别。由于可以采用实验的方法,自然科学研究所得出的结论是可检验的。结论是否正确,完全可以通过实验的方式进行验证,比如说,氢气在空气中燃烧一定会生成水,无论让谁来做实验,做多少次实验,结果都不会有所不同。反之,如果进行同样的实验不能得出一致的结论,那就证伪了原来的结论,说明该结论不成立。人文学科不能采用实验的方法,因而其结论无法进行检验,也就是说,不具有可证伪性。不能证实其真,也无法证实其假,几乎所有人文学科的关键性命题都是无法像自然科学那样进行严格验证的假说,只能以自圆其说的方式自证,我们可以称之为"自洽",也就是说,人文学科的结论只需言之成理,得到常识认同即可。

在所有人文学科当中,文学艺术对"自洽"方法的依赖最为明显。

在对电影《金刚》进行的文本解读中,有评论家认为,大猩猩金刚在帝国大厦之巅与飞机搏斗的画面具有时代性的象征意义:金刚是蛮荒世界的强者,是自然力量最强大的体现,任何一个人类个体,在金刚面前都显得那么渺小无力;数百米高的帝国大厦与飞翔的战斗机则分别代表了当时人类科技文明所能达到的历史高度,体现人类的科技水平;自然力量最强大的代表——金刚,站在人类文明所能达到的高度——帝国大厦之巅,与体现人类最高科技水平的战斗机进行了殊死的战斗,战斗的结果是金刚失败了,因而,这一幕具有强烈的时代象征意义,反映了人类力量与自然力量对比的决定性转折,象征了人类科技文明对大自然的彻底征服。

这种解读有没有道理,当然很有道理。不过有趣的是,这部电影的导演在拍摄该幕画面时并没有想这么多,他只不过想要在当时世界上最高的大厦上拍一幕极具震撼力的画面以吸引观众的眼球。那么能不能说,导演并没有象征的意图,因而对这一幕象征意义的解读就是错误的呢?也不能这么说。读者从作品中体味出作者也未曾想到的意义层面,这种现象在文学艺术中本就屡见不鲜,只要读者的解读能够言之成理,自圆其说,就有存在的价值。

上面所谈是"自洽"在文艺评论方面的体现,具体到文学艺术创作,"自洽"的作用就更为明显。以《爱丽丝漫游奇境》为例,小姑娘爱丽丝就在田野里漫步,忽然发现一只小兔子,就追了上去。小兔子在前边跑呀跑,爱丽丝在后面追呀追。追着追着,小兔子忽然消失不见了,爱丽丝收不住脚,一下子掉进了兔子洞里。这里从常识来判断,明显是违背常理的,兔子洞这么小,小姑娘怎么可能掉进去呢?可是读者偏偏就接受了这个故事。为什么读者会接受呢?对于文学艺术作品,读者显然允许作者进行虚构,哪怕这种虚构的故事背景并不符合常理,甚至在现实中不可能发生。读者介意的只是在接下来的故事里,作者能否在设定的背景框架下自圆其说,讲出一个生动有趣的故事来。

最后,自然科学与人文学科的差异,还表现为研究成果的性质不同。

自然科学的研究成果一般是客观的工具性知识,具有即刻的实用性,其应用效果可以进行较为精确的量化评估。人文学科的研究成果一般则是关于社会现象的解释,是具有主观价值立场倾向的意见,其社会效用难以量化,短时期内甚至无法确定其社会影响是好是坏。

自然科学研究得出的是客观化的知识,因而其成果具有确定性,在设定条件范围内,自然科学的结论是唯一的。人文学科则不是这样。人文学科研究的成果无论看上去多么客观,实质上都是暗含了价值立场的主观意见,因而不可能得到所有人的一致认同,于是针对同一社会现象,解释同一社会事实,就会出现不同学说和观点的争鸣,这就决定了,面对同一对象,人文学科的研究结论在很多时候是多样化的,缺乏唯一性和确定性。这样我们也就理解了,在文学阅读接受的过程中,为什么有一千个读者,就有一千个哈姆雷特,因为人文学科本来就是一种开放性的学科,其观点和结论在许多情况下都是可商榷、可异议的。而自然科学的结论具有客观性和确定性,因而其研究成果就具有普遍适用的特点,根据已知的事实,可以预测出必然出现的现象。人文科学的结论因为不具有客观性和确定性,所以顶多只能根据以往的经验,对可能出现的事情进行准确性不能得到保证的推测,人文学科的研究成果,更多的是用来解释已经发生的事情,而不是预测将要发生的事情。

自然科学和人文学科都是人类文化的表现。自然科学虽然是一种比较重要的文化,但并不能取代人文学科——自然科学体现了人与自然的关系,人文学科体现了人与人之间的关系。自然科学与人文学科之间确实存在着以上所述的多方面的差异,但是,自然科学和人文学科进行研究的最终目的都是为了人。虽然从研究内容上来看,自然科学研究的是自然界的各种现象和规律,但其终极目的还是为了扩展人的知识,用这些知识为人类服务,比如说,鸟类学对鸟而言没有任何意义,它的价值体现为对人类的功用。我们应当摒弃在各种知识之间建立等级秩序的诱惑，无论自然科学还是人文学科，在知识体系中的地位没有高低之分。自然科学追求的是"真"，人文学科追求的则是"善"和"美"。科学不是万能的，它有自身的边界。科学只做事实判断，不做价值追问，只考虑怎么做事，不考虑该不该做事，可不可以不做，后者则是人文学科需要考虑的问题。

二、文学的人文性

"人文"一词的含义比较复杂。

"人文"一词在中国最早见于《易·贲》："刚柔交错，天文也；文明以止，人文也。观乎天文，以察时变；观乎人文，以化成天下。"这里人文一词与天文对应，天文指的是日月星辰等天体在宇宙中分布与运行的自然现象，人文指的是礼教文化等与人相关的社会现象。中国古代存在着一种神秘的"天人感应"思想，认为在天文与人文之间存在着某种内在的必然联系，天能干预人事，人亦能感应上天，天象的异动对应着人事的变化。

在西方文化语境中，"人文"的含义往往与"人性"和"人文主义"联系在一起。

"人性"（Humanity）的拉丁语词源 humanitas 指的是理想人性的培育，包含强烈的礼仪、礼貌的含义，用于文明人同动物或野蛮人的区别，强调人的文明性和社会性。15世纪末期，"人性"（Humanity）开始被用来与"神性"（Divinity）进行区分，以强调人类的事情不同于神的事情。

"人文主义"（Humanism）则是文艺复兴时期一个重要的文化思潮，被用于肯定人的价值，把人从宗教的贬抑和神学的束缚中解救出来，它崇仰人的理性，肯定人对现世幸福的追求。自16世纪初期以来，"人文主义"的广义用法被解释为人类的自我发展与自我完善。

无论在中国还是西方，"人文"一词的使用往往表示包含人的要素，与人类相关，与人的社会性相关。文学属于人文学科，以表现人、研究人为己任，文学最重要的特性就是人文性。

文学的人文性首先体现在：文学是表现人性的。

汉语言文字是一种很有趣的象形文字。一人为"人"，二人为"从"。两个人在一起，就构成了某种关系：一者在前，一者在后；一者为主，一者为从；一为前驱，一为追随……至于三人以上，就是"众"字，构成了一个更为复杂的人际关系网络。文学中所表现的人，是处在社会关系中的人，他既有自然的欲望，也要受到社会关系和伦理行为规范的约束。人是一种群居的社会性生物，人的身上既有自然性，也有社会性，自然性和社会性都是人性的体现。文学对人性的表现，既表现人的自然性，也表现人的社会性，文学中所表现的人性，是在社会规范下所呈现的人的各种欲望，以及基于这些欲望所产生的各种情感形式。

人的自然性体现在，作为生物体的人，其基本的生命活动受到本能欲望的驱使。孔子在《礼记》里讲："饮食男女，人之大欲存焉。"这是孔子对人生最基本的需要的看法，非常朴实的形而下的观点。饥则思饱，寒则求衣，衣食是个体生命延续所必需的物质要求；"关关雎鸠，在河之洲。窈窕淑女，君子好逑"，异性之间的爱欲则是种族生命延续所必需的生理要求。就"饮食男女"所体现的物质需求与生理需求而言，人类在这方面与动物并无根本差异。

然而，人之为人，人之有别于动物的地方，在于人的社会性。孟子说："人之异于禽兽者几希；庶民去之，君子存之。舜明于庶物，察于人伦，由仁义行，非行仁义也。"孟子的意思是说，人与禽兽之间的区别只有一点点，与一般人相比，君子能够更好地秉持。人与禽兽之间的这点区别是什么呢？孟子没有明说，但结合后面对舜的评价来看，指的应该是与仁义道德等有关的社会行为规范。

据《礼记·檀弓》所载："齐大饥。黔敖为食于路，以待饿者而食之。有饿者蒙袂辑屦，贸贸然来。黔敖左奉食，右执饮，曰：'嗟！来食！'扬其目而视之，曰：'余唯不食嗟来之食，以至于斯也！'从而谢焉，终不食而死。"这里表现的是人的生理欲求与社会尊严的冲突，生，我所欲也，然而义不受辱，与其没有尊严地接受嗟来之食，还不如尊严地去死。与此相似的还有伯夷、叔齐的故事，据《史记·列传第一》载，"武王已平殷乱，天下宗周，而伯夷、叔齐耻之，义不食周粟，隐于首阳山，采薇而食之。及饿且死，作歌。其辞曰：'登彼西山兮，采其薇矣。以暴易暴兮，不知其非矣。神农、虞、夏忽焉没兮，我安适归矣？于嗟徂兮，命之衰矣！'遂饿死于首阳山。"这个故事比"嗟来之食"更令人震撼。伯夷、叔齐拒食周粟，绝食至死，不是因为个体的面子和自尊，而是为了遵从内心的道德法则。

爱情是人类最美好的情感之一，也是许多文学艺术作品表现的主题。在自然性的层面上，爱情体现为异性之间的爱欲，但如果仅仅表现这种原始的爱欲，就无法显现人与动物的区别，也就无法彰显爱情的纯洁与高尚。究其实质，爱情是人类的爱欲在社会伦理规范约束下的合理表达，是爱欲的社会化表现。在文学作品中，往往描写爱欲与道德的冲突，表现对社会伦理的尊重，通过对爱欲的克制，展现爱情的崇高或纯洁。

孔雀求偶的时候会展开它美丽的尾巴，用绚烂的羽毛赢得异性的青睐。然而，在求偶成功之后，孔雀不会拜天地，不会举行一场婚姻仪式以宣告天下。因为动物没有道德性，不必遵从社会行为规范。人类的爱情则不一样。《诗经》中有一篇《将仲子》："将仲子兮，无逾我里，无折我树杞。岂敢爱之？畏我父母。仲可怀也，父母之言，亦可畏也。将仲子兮，无逾我墙，无折我树桑。岂敢爱之？畏我诸兄。仲可怀也，诸兄之言，亦可畏也。将仲子兮，无逾我园，无折我树檀。岂敢爱之？畏人之多言。仲可怀也，人之多言，亦可畏也。"诗中描写的正是年轻人在爱欲与社会伦理规范之间的冲突与煎熬，最终还是道德自律占了上风。自律与克制是一种美德，诗中女子的情感，在自律与克制中得到了升华，格外显现出爱情的纯洁与珍贵。

人性不是永恒不变的，人性具有时代性。在不同的历史时期，理想人性的内涵会有所不同，在文学艺术作品中也会有不同的表现。

以爱情为例，中国古代的婚姻爱情观受到男权制思维的影响，对男女双方的要求极为不平等。男人可以三妻四妾、三宫六院，女人就只能三从四德，夫唱妇随。在极端的情况下，如果男人早逝，还会要求女人为丈夫守贞，用一辈子的生命与寂寞，换取一块冰凉的贞节牌坊。这是一种不平等的爱情观，是封建道德伦理对女人的一场集体欺骗。在这种爱情观下，产生了神女峰的传说：据说楚王在出游中与巫山神女相会，一夕相处，神女便产生了永远忠贞于楚王的爱情，神女峰成了贞女不事二男的象征。对于一个命中注定永远也不会再回到自己身边的爱人，是否等待应当完全出自个人的自愿，从一而终、始终不渝的爱情当然是一种极为美好崇高的人类情感，但是当它作为一种普遍应当遵循的伦理规范的时候,就成为窒息女性生命的虚伪的道德工具,缺乏对女性生命应有的的尊重。现代女诗人舒婷在《神女峰》中对这种落后的爱情观进行了尖锐的批判,她质疑是否应该"为眺望远天的杳鹤/错过无数次春江月明",并且立场鲜明地表达了自己对待爱情的态度:"沿着江岸/金光菊和女贞子的洪流/正煽动新的背叛/与其在悬崖上展览千年/不如在爱人肩头痛哭一晚。"

文学的人文性不仅仅体现于对人性的表现,更重要之处在于,它体现为对人生终极问题的追问和反思。所谓终极问题,指的是与人的存在相关的各种基本问题。它包括人的自我认识问题:我是谁?我从哪里来,又到哪里去?也包括人的现实处境问题:人与人、人与自然、人与社会的关系。它还包括人生中超越性的一面,如人生价值、人生意义、精神追求等问题。

在人生终极诸问题中,最重要的是生与死的问题,以及生活意义的问题。人的一切活动、情感和思想都以人的存在为前提,离开人的存在,一切关于人的问题也就失去了依附。文艺复兴时期,莎士比亚在《哈姆雷特》中提出了他对存在问题的思考:"活着还是死去,这是一个问题。"生或者是死,怎么就成了一个难以抉择的问题了呢?其实,孟子早在两千多年前就已经回答了这个问题:"生亦我所欲,所欲有甚于生者,故不为苟得也;死亦我所恶,所恶有甚于死者,故患有所不辟也。"(《孟子·告子上》)贪生畏死,人之常情。然而人生当中有比生死更重要的东西,故可以生吾宁死,虽赴死而义不容辞。长篇小说《大秦帝国》中,商鞅为了实现变法的理想,为了使秦国的改革能够继续下去,毫不犹豫地付出自己的生命,以化解由于变法而造成的国内社会矛盾,那种"亦余心之所善兮,虽九死其犹未悔"的理想主义精神,超越生死,穿越时空,温暖着人类的历史。

我们处于市场经济时代,这是一个实用主义盛行、物质主义甚嚣尘上的时代。始于第二次世界大战结束以后的长期和平,为社会长期稳定的发展创造了条件,在长达半个多世纪的时间里,我们远离了战争,远离了血与火。生与死,不再是普通人每天都必须关注的重大问题。然而,在和平、安逸而又富足的生活里,生命开始变得卑微,思想逐渐变得庸俗,许多人面临着信仰失落的精神困境,在无止境的物欲追求中陷入物质主义和拜金主义的泥淖。文学通过对人生终极问题的关注,否定了实用主义与物质主义带来的弊端,引导人们思考人生意义问题,思考人应该怎样活着。

菲茨杰拉德在《了不起的盖茨比》中通过大人物盖茨比的悲剧揭示了金钱与物质并不能换来爱情,也不可能填补生活的空虚。奥斯特洛夫斯基则在《钢铁是怎样炼成的》中借主人公保尔之口说:"人最宝贵的东西是生命。生命对于我们只有一次。一个人的生命应当这样度过:当他回首往事的时候,不因虚度年华而悔恨,也不因碌碌无为而羞愧——这样,在临死的时候,他能够说:'我整个的生命和全部精力,都已献给世界上最壮丽的事业——为人类的解放而斗争。'"其实,文学对人生终极问题的关注,其意义并不在于给我们指出一条确定的人生道路,或者提供一个明确的人生目标,其意义在于提醒我们:人生应该有一个目标!其意义在于提醒我们思考自己人生中真正重要的东西是什么。文学对人生终极问题的表现,可以给人带来一种超越性的眼光,使生活有一个更高的方向和定位,使人们更多地关注自己的精神家园。

三、文学的价值

价值反映的是客体能够满足主体需要的性质,价值是一种关系范畴,必须在事物之间的联系中把握。讨论文学的价值,就是要考察文学能够在哪些方面满足人与社会的需要,在哪些方面对人与社会有用。

德国古典哲学家康德曾经著有《纯粹理性批判》、《实践理性批判》和《判断力批判》,世称"三大批判",分别表达了真、善、美的价值理念。在认识方面,人类追求的是真;在实践方面,追求的是善;在审美方面,追求的是美。许多文学家和艺术家都把真、善、美作为文艺价值的体现。鲁迅曾经高度评价卢那察尔斯基关于艺术的观点,认同"真善美之合一"。当代著名艺术家赵丹也在他的遗言中说:"艺术家在任何时候,都要给人以美、以真、以幸福。"

"真"是认识论的追求。文学活动包括了文学创作和文学接受过程,在这两个逆向的精神活动中,都体现了人对世界的认知。文学反映论把文学看做是对现实生活的反映,把文学作品比作镜子,在镜子中映现的就是社会生活的镜像。塞缪尔·约翰逊把如实反映社会生活作为对文学艺术的至高评价,他说"莎士比亚应该受到这样的称赞:他的戏剧是生活的镜子"。① 恩格斯之所以把巴尔扎克誉为"比过去、现在和未来的一切作家都要伟大得多的现实主义大师",是因为巴尔扎克能够把小说写成百科全书,真实地反映当时的社会生活,"在《人间喜剧》里给我们提供了一部法国'社会'特别是巴黎'上流社会'的卓越的现实主义历史,……我从这里,甚至在经济细节方面(如革命以后动产和不动产的重新分配)所学到的东西,也要比从当时所有职业的历史学家、经济学家和统计学家那里学到的全部东西还要多。"

在文学创作中,曾经一度出现对科学认识事物方式的模仿。作为自然主义文学理论的倡导者,法国作家左拉强调,作家应当用自然科学那样的实验方法来进行写作,追求描写的客观性和真实性,从生理学、人类学和社会学的角度去理解小说人物的行动。他说:"如果实验方法可以获致物质生活的知识,它也应当获致感情生活和智力生活的知识。"② 自然主义文学把这种理论应用在文学创作中,力图事无巨细地描绘现实,却给人一种照相式如实记录生活的刻板印象。左拉的错误在于,他忽视了文学艺术的独特性,文学反映世界的方式与科学认识世界的方式是不一样的。

自然科学的认识对象是自然现象,而文学的认识对象则是社会现象。文学反映的是人与自然的关系、人与人的关系、人与社会的关系,展现的主要是与人相关的情感以及社会生活。由于认识对象的不同,文学与科学在认识世界的方式上有着根本性的差异,以不同的方式发挥认识作用。科学要求客观真实,而文学则追求艺术真实。文学对世界的反映是一种形象化的反映,是用感性的艺术形式来体现社会生活,这就导致了文学所追求的真实是一种主观真实和艺术真实,文学不仅描写生活中已经发生的事,还表现生活中可能发生的事,不仅反映社会生活的现实性,还揭示社会生活的必然性。正是在这个意义上,

---

① 艾布拉姆斯:《镜与灯》,郦稚牛等译,北京大学出版社,1989年版,第41页。
② 伍蠡甫:《西方文论选》(下册),上海译文出版社,1985年版,第250页。

英国诗人华兹华斯说:"诗的目的是真理,不是个别的和局部的真理,而是普遍的和有效的真理。"① 因为文学最终要揭示的是社会生活的普遍性和必然性,而不是具有偶然性的社会事实,因而文学允许虚构,也就是鲁迅所说的,艺术可以"假中见真"。通过虚构出来的艺术形象和故事,反映某些社会本质和一般性的社会规律。

文学的价值不仅体现在对于社会的认识方面,还体现在人类的社会实践方面。实践领域的价值评判标准是"善",就个人行为而言,"善"的评价落实为个人品质的"好"与"坏";就社会行动而言,"善"的体现则是效用。自古至今,无数的文学家、思想家一直都很重视文学的社会作用。

孔子说:"不学诗,无以言。"说的是文学的社会教育作用。在孔子生活的时代,善于利用诗歌来巧妙地表达自己的意思是一种具有较高人文素养的表现,在某种意义上还是贵族身份的标志。通过对《诗经》的学习,可以提高人的文化素养,在外事交往中进行得体的应对。"五四"时期,鲁迅弃医从文,是因为他觉得国民徒有身体的健全无济于事,要想改变国家的苦难命运,须得借助文学的启蒙,以教育国民、开启民智。即便在现代社会中,文学教育仍然被视为人文素质教育的重要组成部分。文学的教育作用还表现为道德上的教化,作家有自己的价值立场和价值取向,在文学作品中,作家或者对作品人物进行直接的道德评价,或者隐蔽地通过作品人物的命运进行暗示,使读者在潜移默化中接受道德的洗礼,升华情感,涤荡灵魂。

孔子曾经说:"诗,可以兴,可以观,可以群,可以怨。迩之事父,远之事君。""兴观群怨"中的"群",孔安国的解释是"群居相切磋",朱熹的注解是"和而不流",大致可以把"群"理解为社会交往和处理社会关系,其至高境界是和而不同。在与他人进行社会交往时,文学可以起到促进交流、加深沟通的作用。"观"和"怨"对应的则是文学的政治作用。"观"是执政者"观风俗之盛衰",以考鉴为政的得失;"怨"则是"怨刺上政",即是说,文学可以作为民情上达的舆论工具,用来批评时政,表达民意。

鲁迅说:"文艺是国民精神所发的火光,同时也是引导国民精神前进的灯火。"② 在特定的历史时期,文学甚至会产生推动社会变革的作用。斯托夫人在1852年出版了《汤姆叔叔的小屋》,通过讲述黑奴汤姆叔叔的悲惨故事,深刻地揭露了奴隶制度的残酷本质,这部小说当年就卖出了30万册,产生了很大的社会影响,在一定程度上推动了当时美国的废奴运动和南北战争。据说总统林肯在会见斯托夫人的时候赞誉有加,称她是引发了一场大战的小妇人。

文学在客观上确实具备某些社会作用,不过,文学往往通过作用于人的情感和思想,间接激发人的行动,从而产生效果与影响,从作者的角度来看,并不一定有直接干预社会生活的意识。文学活动有其自身的规律,极端强调文学的社会作用可能给文学本身带来灾难性的后果。新中国成立初期,我国的文化政策强调"文学为政治服务",把文学视为"阶级斗争的工具",使得文学在很大程度上丧失了自己的独立地位,附庸于政治。文学创作在这一时期走入了死胡同,作品主题先行,内容僵化刻板,几乎没有留下多少有艺术价

---

① 刘若端:《十九世纪英国诗人论诗》,人民文学出版社,1984年版,第15页。
② 鲁迅:《鲁迅全集》第4卷,人民文学出版社,2005年版,第23页。

值的作品。历史经验告诉我们,文学首先是一种审美的艺术,作为一种社会存在,文学当然会对社会产生实质性的影响,产生可以观察得到的实际作用,但这一切,都必须以尊重文学的独立性为前提。在审美方面,文学的价值表现为"美"。其实完全可以说,文学最首要的价值就是"美",认识作用和社会作用只是文学本身的附加价值,文学存在的意义首先在于它的审美价值,不管对社会的反映如何真实,也不管有多大的社会价值,一部作品如果没有审美性,缺乏艺术的感染力,那就根本算不上文学作品。

席勒是德国文学"狂飙突进运动"的代表人物,他认为文学源于人的游戏冲动。席勒所说的"游戏",其含义的侧重点在于游戏本身的无功利性,在于无目的的合目的性,其意义等同于"审美"。根据席勒的观点,人性分为感性与理性两个方面,与之相应的分别是人的感性冲动与形式冲动,当感性冲动与形式冲动同时发生作用时,就出现了游戏冲动,游戏冲动是感性冲动与形式冲动的和谐统一。席勒认为,现代科技分工和社会制度造成了感性与理性的分裂,只有通过审美或游戏使二者重新统一,才能重建人性的完善与和谐,使人性复归。

对审美价值的过度张扬导致了"唯美主义"的艺术主张。唯美主义者认为艺术的使命在于为人类提供感观上的愉悦,他们拒绝马修·阿诺德"艺术是承载道德的实用之物"的功利主义观点,认为"美"才是艺术的本质,艺术有独立的生命,正如思想有独立的生命一样。20世纪30年代,后期象征派诗人瓦莱里还提出,诗歌艺术的目的在于艺术审美本身,而不在任何其他作用,所以他认为"一句诗并没有别人强加于它的意义"。在唯美主义登峰造极之时,甚至有人主张用艺术的审美价值来改造社会,实现日常生活的艺术化和审美化。在这一方面,后来的法兰克福学派也有类似的观点,马尔库塞就把人性自由与解放的希望寄托于审美之维,寄托于文学艺术。

文学之美通过作家的创作得以展现,又经过读者的接受才得以实现,文学的审美价值体现为读者在阅读作品时所产生的精神上的愉悦与满足。真正具有艺术性的作品,是形式上的美与内容上的善完美结合的作品,它关注人的内心,展现人的精神世界,因而能够超越日常生活的庸俗与琐屑,使脆弱的灵魂受到洗礼和升华,从而保证人类在大地上诗意地栖居。

名词解释

1. 文学

"文学"是一个含义非常复杂的概念,具有悠久的语义流变历史。有人认为文学是对现实生活的模仿,有人认为文学是主观心灵的表现,还有人认为文学是改造社会的工具。目前关于文学概念的共识有:(1)文学是语言的作品;(2)文学是审美的艺术;(3)文学是一种意识形态。

2. 意识形态

马克思把社会结构划分成经济基础和上层建筑两个部分,上层建筑则分为两个层面,一个层面是政治、法律等社会制度;另一个层面是"更高地悬浮于空中的意识形态的领域",它包括宗教、哲学、艺术等。法国的阿尔都塞把意识形态看做一种国家机器。他认为国家机器有两种,一种是强制性的国家机器,例如法庭、监狱、军队等,它们以暴力为后盾,用强制性的方式发挥作用;另一种是非强制性的国家机器,例如宗教、家庭、工会、传媒等,它们以意识形态的方式发挥作用。英国的特里·伊格尔顿则认为意识形态是某种隐蔽的价值结构,是指我们的说话和信仰与我们所生活的社会的权力结构和权力关系联结的方式……是指那些与社会权力的维护和再生有着某种联系的感觉、评价、理解和信仰的模式。

3. 终极问题

终极问题指的是与人的存在相关的各种基本问题。它包括人的自我认识问题:我是谁？我从哪里来,又到哪里去？也包括人的现实处境问题:人与人、人与自然、人与社会的关系。它还包括人生中超越性的一面,如人生价值、人生意义、精神追求等问题。在人生终极诸问题中,最重要的是生与死的问题,以及生活意义的问题。

4. 文学价值

价值反映的是客体能够满足主体需要的性质,价值是一种关系范畴,必须在事物之间的联系中把握。讨论文学的价值,就是要考察文学能够在哪些方面满足人与社会的需要,在哪些方面对人与社会有用。文学的价值体现为认识领域的"真"、实践领域的"善"和审美领域的"美"。

思考题

1. 文学以语言为媒介,与其他艺术相比,具有哪些特点？
2. 如何理解文学的审美属性和审美价值？
3. 文学作为一门人文学科的特点是什么？
4. 中国古代的文学观念经历了怎样的历史发展？

阅读链接

1. 艾布拉姆斯:《镜与灯》,郦稚牛等译,北京大学出版社,1989年版。
2. 勒内·韦勒克、奥斯汀·沃伦:《文学理论》,刘象愚等译,三联书店,1984年版。
3. 特里·伊格尔顿:《文学原理引论》,文化艺术出版社,1987年版。
4. 朱光潜:《谈美书简》,上海文艺出版社,1999年版。
5. 康德:《判断力批判》,宗白华译,商务印书馆,1964年版。

第二章 文学的性质与特征

第一节 文学的基本性质

第一章从历时角度叙述了人类历史上"文学"概念的演变,又从共时角度归纳总结了当下人们对"文学"的共性认识。这些认识无疑都涉及对文学性质和特征的基本理解,限于题旨当时没有充分展开,对此,这里设专章继续加以讨论。

一、文学是一种社会现象

文学是生活在社会中的人们相互之间沟通交流的话语行为,它作为一种社会现象而存在,具有典型的社会性。文学作为社会生活的产物,和社会有着密切的关系。

首先,客观的社会生活是文学的来源。春秋战国时期出现的"百家争鸣"现象,正是当时社会战乱不断的反映。动荡的现实,促使知识分子纷纷著书立说,表明自己对社会问题的看法及应对办法。比如儒家学派创始人孔子,他以"仁"作为思想核心,反映了他对当时统治阶级的要求和对民生的关注。之后如法家、墨家、道家等流派的出现,也都和社会密切相关。知识分子见仁见智的学说,被封建统治者采纳,反过来也给当时的社会提供了指导方向,促进了社会的发展与进步。再比如中国第一部诗歌总集《诗经》,"饥者歌其食,劳者歌其事",从各个方面描写了我国西周数百年间的社会生活现实,真实地反映了下层人民的劳动场面和生活场景,表现了他们的情感和需求。如《桃夭》篇在歌颂爱情的同时,也展现了少女的魅力,以鲜艳的桃花比喻少女,让人读过之后,眼前浮现出一个像桃花一样鲜艳、像小桃树一样充满青春气息的少女形象,那少女今朝出嫁,把欢乐和美好带给她的婆家,展示了一幅其乐融融的和美之图;比如《蒹葭》,是一首缱绻缠绵的爱情小诗,"蒹葭苍苍,白露为霜。所谓伊人,在水一方",以一种虚实相生的手法朦胧地表达了诗人对伊人的苦苦追寻和深深思慕,委婉动人的格调抒写的是凄迷的孤独与幽远的浪漫;《静女》则是一首幽默逗趣的情诗,幽会之期,女子悄悄躲起来,急得男子搔首徘徊,而待她出来赠予男子"彤笛儿"和"茅荑"之时,他简直喜出望外。小诗营造出一种欢乐气氛,将情人幽会场景描绘得活灵活现;《子衿》则以"一日不见,如三秋兮"的丝丝情语细腻地刻画了一个热恋中的少女苦等情人不来那种焦急惆怅的心情。这些诗歌通过细致入微的生活细节描写,以现实主义的精神充分显示了文学的现实生活来源。

其次,文学的各要素都是社会的产物。以主体的审美"感觉"为例来说。唐代以丰肥浓丽为审美取向,因为唐代皇族有鲜卑血统,又长期生活在北方少数民族聚集地,那里条件艰苦,气候恶劣,瘦弱的人不容易生存下去,而比较胖的人生存可能较大,由此渐渐在北方就形成了以胖为美的观念。此外,隋唐时期是中国封建社会的鼎盛时期,国力强盛,文化繁荣,对内宽松,对外开放,对妇女的束缚相对较少,因此女性之美也相应地呈现出了雍容华贵的景象。"贞观之治"后唐代女子更是以丰腴的体态为美,加上高耸的发髻,飘扬的披帛,更显得华丽大方,充分体现了女性美的"盛唐气象"。因而那个时代,无论绘画、雕塑还是陶俑,各类艺术作品所表现的女性形象,基本都是"丰肥浓丽、热烈放姿",正是"以胖为美"的社会审美心理,使得唐代女性由以"窈窕淑女"为美转而追求丰满。到了现代,随着医学的发达,很多研究证明,肥胖会导致许多疾病的产生,人们开始热衷于减肥,而媒体又将"瘦"以时尚的方式加以演绎,推出减肥明星、美女偶像,使得苗条渐渐成为现代人追求的目标,在当下人们的观念中,苗条代表了健康、青春和活力。可见,反映在文学艺术作品中的主体的审美意识,作为文学要素,正是社会条件的产物。

再次,文学话语的发展与变化最终取决于社会的发展与变化。以英国早期文学为例,盎格鲁—撒克逊时代留下的古英语文学作品中,最重要的一部是《贝奥武甫》,它以斯堪的纳维亚半岛为背景,讲述主人公贝奥武甫斩妖除魔、与火龙搏斗的故事。那个时代北方气候寒冷恶劣,造就了这个民族顽强的性格和与大自然殊死拼搏的精神,所以文学需要崇敬伟大的领袖及为民除害的英雄。到了1066年,诺曼底人征服英格兰后,法语成为宫廷和上层贵族社会的语言,这一时期风行的文学形式是浪漫传奇,流传最广的是《亚瑟王和圆桌骑士》的故事,歌颂勇敢、忠贞和美德,描写高贵的骑士所经历的冒险生活和浪漫传奇,是英国封建社会发展到成熟阶段的表现。14世纪以后,伴随着资本主义工商业的发展,市民阶层的兴起,英语逐渐恢复了其主导地位,社会各阶层普遍使用英语,乔叟的出现标志着以本土文学为主流的英国书面文学历史的开始。《坎特伯雷故事集》以一群香客从伦敦出发去坎特伯雷朝圣为线索,通过对众香客的生动描绘和他们沿途讲述的故事,勾勒出一幅中世纪英国社会千姿百态的生活风貌,乔叟因此被誉为"英国诗歌之父"。可见,英国文学的变化与发展是与英国社会的历史变迁息息相关的。

正是由于文学和社会的密切关系,使得文学话语体现出强烈的社会性,它必然要或隐或显地代表着超越个人的阶级、阶层或民族的利益,这使得它呈现出意识形态性质,属于意识形态话语。事实上,不论作家还是读者,都属于一定的时代,因而他所创造或领悟的话语内涵必然带有他所属的社会集体的意识形态特点。就作家而言,他生活在某种阶级关系中,这种关系造就的意识必然影响他对笔下人物的塑造,同时作家塑造的形象总是来自于充满阶级气氛的现实生活,并且形象必须在作品造就的社会环境中活动,因此,文学的意识形态性是不可消除的,不同作品的区别只在于表现得或直接或含蓄而已。毛泽东指出:"作为观念形态的文艺作品,都是一定的社会生活在人类头脑中的反映的产物。革命的文艺,则是人民生活在革命作家头脑中的反映的产物。"[①]比如曹雪芹的《红楼梦》,一

---

① 毛泽东:《在延安文艺座谈会上的讲话》,《毛泽东选集》第三卷,人民出版社,1991年版,第860页。

方面作者出于个人的贵族阶级立场,表达了对日趋没落的封建贵族的同情;另一方面作者也表达了他作为封建社会的叛逆者,对封建制度冷酷无情和摧残人性的深刻批判。再比如文学中的"爱情叙事",可以说是文学作品描绘不尽的一个古老话题,从《诗经》开始,不论诗歌、戏剧还是小说,有关爱情的描写为绚丽的文学世界增添了一道又一道靓丽的风景线。但从上世纪30年代开始,尤其在新中国成立后,在宏大历史命题下,爱情叙事更是处于被抑制的地位,在17年经典小说的叙事范式中,由于革命意识形态的笼罩,小说对人物情感世界的刻画,往往呈现出鲜明的政治格式化倾向。如小说《野火春风斗古城》中对爱情的书写就是一个积极主动地接受意识形态规范的典型:杨晓东的母亲希望他早点成亲,组织上也提出由"组织出面"让他确定与银环的恋爱关系,而杨晓东却打定主意要等革命胜利后再解决个人问题。在这里,男女主人公情感的进展完全取决于战争形式和军事格局,爱情在革命英雄叙事中因为革命的进程而被延迟。可见,文学是蕴含着强烈的意识形态性的,而意识形态归根结底来源于现实的社会生活,社会生活是文学的"唯一源泉"。不同的时代,其所表现的情感和情趣以及评价文学的标准截然不同。正如高尔基所言:"文学是社会诸阶级和集团底意识形态——感情、意见、企图和希望——之形象化的表现。"①

二、文学是一种文化现象

从文学的概念来看,"文学"或"文"在中国魏晋以前,含义相当于学问或文献,也即文化。5世纪时,宋文帝建立"四学":"文学"、"儒学"、"玄学"、"史学",文学从文化中正式分离出来。既然文学最初是从文化中分离出来,这使得文学和文化本身有着千丝万缕的联系。首先,文学是文化的具体表现。文化的范围很广泛,包括科学、艺术、音乐舞蹈等各个部类,这些不同部类都可以在文学中得以体现。《吕氏春秋》的《古乐》篇有这样的记载:"昔葛天氏之乐,三人操牛尾,投足以歌八阕:一曰载民,二曰玄学,三曰遂草木,四曰奋五谷,五曰敬天常,六曰建帝功,七曰依地德,八曰总禽兽兽极。"由其篇名可见,这一"操牛尾"的歌舞,用"遂草木"、"奋五谷"的长势良好的农作物状况及对其的模仿,来与"天、帝、地"等对话,这种载歌载舞的形式呈现出了文学的最初样式——原始歌谣的雏形,而文学通过这种最初的样式,展示出了宗教巫术的文化形态。到了唐代,由于经济发达,都市繁荣,市民阶层的队伍逐渐壮大,他们的兴趣爱好成为影响城市生活模式的一个重要因素,其中,通俗文艺正符合了市民阶层的心理需求。它以通俗、幽默、符合大众审美情趣的内容和生动诙谐的表演,给人们的生活带来很多乐趣。而唐人在游戏娱乐方面,充分体现着"好奇"的特点,上至皇帝公主,下至贩夫走卒,都将听话看戏作为生活中习以为常的消遣,所以当时以神话传说、民间故事为范型的民俗文化非常兴盛,像《莺莺传》、《李娃传》、《谢小娥传》等,都在民间广为流传。正是民俗文化的繁荣,促使了白话小说的出现,文人利用民间流传的奇闻轶事,发挥自己的想象,穿凿一些奇异的形象和际遇,对历史事实做大胆的删改增减,以此增强小说的艺术性,来吸引读者。如《谢小娥传》中,谢小娥为了复仇而采取的一系列行为,包括女扮男装、替人做工、手刃仇敌等,都有现实的基础。再比如《伍子胥变文》中,极力夸张伍子胥逃难途中种种困厄遭遇,除了史料中原有浣纱女和渔父以

---

① 高尔基:《俄国文学史·序言》,上海文艺出版社,1959年版,第1页。

命相助的情节之外,增加了至阿姊门前乞食、外甥不顾亲情来追捉之、到家门而不敢与妻子相认、妻子供食、子胥落齿而前行等内容,大大增加了故事的曲折性和震撼力。这种虚构的成分,正是出于普通大众所重视、关注、熟悉并易于理解和接受的考虑而作。可以说,没有市民生活和市井民俗的影响,唐代的白话小说不可能达到如此的高度,从某种意义上说,文学即是民俗文化的一种表现,文学中包含着来自民俗文化的因素,作家们也从民俗文化中吸取着文学创作的精髓。

其次,文学中包含着鲜明的文化因素。文学来源于现实生活,这使得它不可避免地表现出文化的特色和风貌。以饮食文化为例。饮食是人类生活中最基本也是最重要的内容之一,作为折射与反映社会生活的文学作品,自然也会有许多关于饮食文化的描写,比较有代表性的,是明代世情小说《金瓶梅》。小说的每回之中几乎都有饮食场面的描写,无论在什么场合,在什么时间,几乎都离不开吃饭饮酒。小说开卷第一回便有一处重要的饮食场面刻画,是玉皇庙内西门庆等10人结拜兄弟:"不一时,吴道官又早叫人把猪羊卸开,鸡鱼果品之类整理停当,俱是大碗大盘摆下两桌。西门庆居于首席,其余依此而坐,吴道官侧席相陪。"①小说中不仅有大量的吃喝场面,对于博大精深的食谱文化,更是描绘得淋漓尽致。原著中写到的菜肴共108种,代表性的如"干蒸劈晒鸡"、"油炸烧骨"、"酥油泡螺"等,这些菜品均可在现代生活中找到原型,比如"干蒸劈晒鸡"即是风干鸡,耐嚼且有劲道,再比如"酥油泡螺",有学者考证,应是奶油制品,入口而化。小说中更有以人物命名的菜谱,典型的像"宋蕙莲烧猪首"。可以说,正是明代世情小说《金瓶梅》的出现,将中国的饮食文化展现得如此繁华。不仅饮食文化,小说对中国的茶文化也作了刻画。书中的茶可分为两类——名茶和杂茶。名茶如《金瓶梅》第二十三回提到的"六安茶",属特种炒青,因其加工后叶缘微翘,状似瓜子壳,俗称六安瓜片。杂茶像第三回的"胡桃松子泡茶",其他回中出现的如"福仁泡茶"、"蜜饯金橙子茶"、"果仁泡茶"等,均是将烹点好的茶汤冲入不同的干果鲜品或香料蜜饯调制而成。茶本身是人日常生活中不可或缺的物件,是民间礼俗的重要载体,小说中所写的茶文化,不仅可以让我们了解明代的饮食风俗,还可以更深层次地挖掘民族心理沉淀,更好地发挥中国茶文化的作用。而这些,都是包蕴在一部小说之中的。

再次,文学和文化交融互渗。随着生产力的发展和现代科技的出现,人类的生活呈现出多样化的形态,出现了许多与文学有关的新现象,如网络文学、影视文学等,这些新文学现象,借助新兴的科技产品更新了人们传统的文学观念。以影视文学为例,它正是借助于光、影、声等影视艺术,巧妙灵活地运用镜头转换,形象逼真地表现文学文本,将中国古典名著《西游记》、《三国演义》等纸质文学以喜闻乐见的影视方式介绍到世界各地,使传统纸质文学以更直观、更方便的方式走入千家万户,可以说,如果没有影视文化的发展和影视科技的进步,就不会有影视文学的产生。而影视文学的产生,又反过来丰富了文化的范畴。尤其20世纪90年代文化研究的兴起,使得文学的研究范围大大被扩展,新兴文化现象的出现,使得文学研究者们将眼光从纯粹的文学文本转向了社会,将超市、广场、游乐园、咖啡厅等一系列文化现象都列入文学研究范畴,这使得传统文学理论面对这些新兴的

---

① 兰陵笑笑生:《金瓶梅》,齐鲁书社,1987年版,第26页。

文化现象时,显得捉襟见肘,文学理论出现了解释失效的危机,因此,文化研究应运而生,它在帮助人们解释日常生活经验方面,发挥了传统理论所难以发挥的效应。而文化研究具有极大的包容性,它的出现,使得从一种新的角度或层面来阐释新的文学现象成为可能,比如网络文学,它为什么会出现?两千多年来,纸质的传统文学一直占据着不容撼动的地位,但随着生产力的迅猛发展和信息社会的到来,人们对文学的要求越来越多,越来越快,很需要文学快餐,而纸质文学渐渐显得疲惫,不能适应一日千里的变化,于是,网络文学应运而生,它借助于电脑科技,将文学完美地融入现代科技文化之中。这些新现象充分证明了文学和文化的交融互渗,密不可分。

三、文学是一种审美现象

文学从文化中分离出来,就被赋予了特殊的审美性质,这种转变在中国大致完成于魏晋时期。先秦和两汉时代,虽然文学的审美特性得以强调,但并未与其他文化形态明确区分,到了魏晋,文学的审美性质才被正式确认,曹丕在《典论·论文》中首次提到"诗赋欲丽",把诗赋的语言形式美提到了首位,文学要以优美的语言表现个性,已经透露出了自觉的审美意味。及至后来,范晔提出文学源于"情志既动",自然关涉到作家的审美感受,后又经过陆机的"诗缘情",钟嵘的"滋味",刘勰的"情者文之经"等学说的确定,文学的审美性质最终获得明确的认可。从审美的角度研究文学,成了中国文学理论的固有传统。此后,又经过晚唐司空图、宋代严羽、清代王夫之和叶燮的坚持,文学的审美性质得到发展。在西方,审美的文学观念从文化的文学观念中分离出来,大约完成于18世纪。1747年,查理斯·巴托将诗与绘画、音乐等都纳入"美的艺术"中,"意味着文学的审美性质被正式认可"①。

文学作为一种审美现象,具有特殊的审美属性。首先,文学的美来源于现实美,是现实美的集中体现。文学通过对人、对事、对物的艺术描摹,呈现出美的文学形象,从而引发受众与创作者的共鸣。以人为例。描写人物之美,古今中外均有成功的范例,概括起来,不外乎这样两种方式——描写效果和刻画细节。如古希腊荷马描绘海伦的美,就采取了写效果的方式,他并未对海伦的肖像或身体作细致的刻画,而是设置了这样的情节——当帕里斯和墨涅拉奥斯决斗时,海伦走上城楼观战,特洛伊元老们看到海伦后,窃窃私语道:"特洛亚人和胫甲精美的阿开奥斯人为这样一个妇人长期遭受苦难,无可抱怨;看起来她很像永生的女神。"②这是典型的刻画效果的方式,正是这种避开细节着重效果的方式,让读者得以自由发挥联想和想象,将现实生活中的女性美融入个人心灵,从文学文本的语言文字中捕捉美的形象,将之与现实中的美融合,从而更深刻地感受文学的审美性。中国古典诗歌中也有对女性美的刻画,典型的如《诗经·卫风·硕人》,借用一系列的比喻,"手如柔荑,肤如凝脂,领如蝤蛴,齿如瓠犀",通过刻画庄姜的手、皮肤、脖颈、牙齿等身体细节,将齐女庄姜高贵、美丽的形象呈现于读者脑海,读之栩栩如生,这种文学形象的美正是以现实中女性的美为原型来刻画的。文学艺术的根本目的,在于满足人们的审美需求,使人

---

① 童庆炳:《文学理论教程(修订版)》,高等教育出版社,1992年版,第75页。
② 罗念生:《罗念生全集》第五卷,上海人民出版社,2007年版,第72页。

们在审美享受之中提高审美、创美能力。而语言则是文学形象的符号和载体,成了文学塑造形象的最好媒介。所以上述刻画女子之美,都是通过他人的眼睛、心理活动、行动来展示的。这种描述手法充分激发了读者的好奇心和想象力,让欣赏者根据自己的审美理想和审美经验,尽情勾勒和描绘,在脑海屏幕上"摄录"下最满意的"镜头"。当然,欣赏者的审美理想是建立在他的审美经验之上的,而他的审美经验最终来源于现实生活。

其次,文学作为审美现象,从目的看,它既是无功利的,也是功利的。无功利性体现在,在文学活动中,读者作为鉴赏者,并不寻求直接的实际利益的满足,既不寻求经济的、政治的实际利益,也不是为了直接达到科学求知的目的。康德认为:"一个审美判断,只要掺杂了丝毫的利害计较,就会是很偏私的,而不是单纯的审美判断。"①就此而论,读者欣赏《红楼梦》,并非为了从中学得医学知识,也并非为了专习饮食服装文化。具体而言,文学的审美无功利性集中体现在作家的创作活动和读者的阅读过程中。作家在文学创作过程中舍弃功利考虑而以淡泊之心对待,读者在阅读过程中也需要保持无功利目的才能进入文学的审美世界,如我们欣赏宋代诗人林逋的咏梅诗《山园小梅》:"众芳摇落独暄妍,占尽风情向小园。疏影横斜水清浅,暗香浮动月黄昏。霜禽欲下先偷眼,粉蝶如知合断魂。幸有微吟可相狎,不须檀板共金樽。"首联写梅花的傲世;颔联写梅花的疏朗和幽香;颈联通过霜禽和粉蝶的爱慕,烘托出梅花的高洁;尾联写出了诗人超凡脱俗的梅花精神。这首诗是诗人幽独清高、自甘淡泊的人格写照,而我们作为读者欣赏时,梅花的直观形象立刻浮现在我们脑海中,占据我们的注意力,使我们刹那间忘却现实的功利考虑,受到作者人格的感化,获得心灵的自由。

同时,文学又是功利的。功利,就是实际目的,即与现实利害攸关的考虑。唐诗朱庆馀的《近试上张水部》就具有典型的功利性:"洞房昨夜停红烛,待晓堂前拜舅姑。妆罢低声问夫婿,画眉深浅入时无?"朱庆馀此诗投赠的对象,是任水部郎中的张籍。朱庆馀平日向他行卷,已经得到他的赏识,临到要考试了,还怕自己的作品不一定符合主考的要求,因此以新妇自比,以新郎比张,以公婆比主考,写下了这首诗,征求张籍的意见。很显然,作者使用诗歌这种别具审美意味的无功利形式来追求功利目的。具体而言,文学的功利性表现在两个方面。一是它以审美无功利的方式把握现实物质存在这一功利目的。比如鲁迅,他在日本的幻灯片事件中受到很大刺激,深知文学有大用,只有通过文学才能拯救国民,于是拿起文学武器,先后发表了《人之历史》、《摩罗诗力说》等,翻译外国短篇小说合集为《域外小说集》,译这些作品,乃是借他人之新事,除国民之愚昧。他的《狂人日记》、《我之节烈观》批判了封建思想和文化,推动新文化运动的发展。很显然,鲁迅是借用文学的审美无功利方式实现救治国人之目的。二是作为作家或读者的社会性话语活动,文学的功利性深深潜伏于无功利性内部。如时下网络文学的兴起,原本是写作者出于个人爱好或兴趣,在网络这个虚拟的世界中,过一把"作家瘾",但当网络和商业相结合时,网络文学便渐渐远离了非功利性的写作状态,成为商家竞相开发的"金矿",比如影视界将网络文学改编成剧本,通过影视剧造成轰动效应,让原本默默无闻的创作者一夜之间成为"网络作家",在这个过程中,写作者们也就渐渐倾向于功利,或者通过网络写作成就自己成名的梦

---

① 康德:《判断力批判》上卷,宗白华译,商务印书馆,1987年版,第41页。

想,或者通过网络写作满足自己财富的需要,远离了纯粹的为写作而写作的状态,借助于文学的审美世界实现功利的目的。

最后,文学作为审美现象,其审美判断呈现出无目的的合目的性。在康德那里,无目的的合目的性之中,前后两个目的的内涵不一样。客观上,美不是有用的,审美是无利害的,虽然美感伴随快感,但它是快感的升华。而主观上,它又是有目的的,这种目的反映的是主观的知性力与想象力协调的心意状态的情感形式,这种情感形式通过一种类比,使得对象始终不脱离表象而体现出合目的性。概括地说,康德所言的无目的的合目的,即是把目的作为手段,把完善的手段当做目的,具有这种审美意义的文学形象可在流浪汉小说中得到体现。流浪汉小说中主角的身份就抹去了"目的",比如波德莱尔笔下的"浪子",他们别无正业,唯一追求快乐,而他们对追求快乐也感到厌烦。他们没有目的地漂泊,而漂泊过程本身产生了实际的意义,这漂泊的过程便构成了小说的全部内容。正是他们无目的的流浪,恰恰符合了作者借他们与社会的矛盾冲突来讽刺世事的目的。

第二节　文学是语言艺术

上一节最后谈到文学是一种审美现象,但是音乐、美术、戏剧、电影、舞蹈、雕塑、书法、建筑等艺术门类也同样属于审美现象,同样具有审美价值,换句话说审美是文学和其他艺术门类的共性特征,那么文学与其他艺术样式相比,又有什么自身的个性特征呢?

一、作为艺术的文学的个性特征

文学作为艺术的一个门类,与其他艺术相比,最大的个性特征是使用的媒介与其他艺术样式不同。文学的媒介是语言,文学用语言来表达主体的情感与思想。据此可以说,文学是语言艺术。正如韦勒克、沃伦所言:"语言是文学艺术的材料。我们可以说,每一件文学作品都只是一种特定语言中文字语汇的选择。"[1]正是文学艺术有语言的奠基性存在,才能建构一个诗意的世界。所以,自语言学转向以来,俄国形式主义、布拉格学派、结构主义、符号学以及解构主义,都把自己的研究对象限定在文学作品的语言、修辞、结构、风格等形式方面。这种以形式与符号为主要研究范围的特征,显示出语言在文论中的重要性。这种研究方式会使文学作品的分析更为客观化,更有助于把握本文(text)内在的系统和规律。

1. 文学语言与文学言语

文学语言与文学言语有一定的区别,要想弄清楚这个区别,先要弄清楚语言与言语的区别。索绪尔认为,语言结构指的是社会普遍性语法系统,言语指个人的实际语言行为。语言更倾向于述说客观的社会事实,因此它是从客观角度观察的言语或书写,被认为是没

---

[1] 韦勒克、沃伦:《文学理论》,刘象愚等译,三联书店,1984年版,第186页。

有主体的符号链。言语则是随意的、无法被理论化的个人话语,因此它包含了说写的主体。罗兰·巴尔特就认为:"语言结构是语言的社会性部分,个别人绝不可能单独地创造它或改变它。它基本上是一种集体性的契约,只要人们想进行语言交流,就必须完全受其支配。"①就此而言,语言结构是一种社会性的法规,它抵制个体擅自作出的改变。所以,语言结构更多地指向规范性与系统性。与之相对,"言语在本质上是一种个别性的选择行为和实现行为,它首先是由组合作用形成的"②。言语是随意的和无法被理论化的个人话语,它更多地指向个体性与组合性。也要看到,言语应该是语言结构中的一个成分。

虽然语言与言语有着区别,但是也有一定的联系。可以说,语言与言语之间是一种辩证关系,两者相辅相成。"没有言语就没有语言结构,没有语言结构也就没有言语。"③语言只有在言语流中的全体中才能具有意义,而人们也只有在语言系统中才能运用言语。如此说来,语言结构既是言语的产物,又是言语的工具。它们在这种辩证关系中才能呈现出自身的完整意义。与之相应,文学语言与文学言语也是有所差异。在文学作品中,文学语言实质上是一个符号系统,它更多地指向了客观化的总体结构,而文学言语则指向了带有主体倾向的话语与修辞手法。关于这一点,结构主义说得非常清楚。它把通过对"本文"分析力图揭示隐藏于深层的文学总体结构看成文学语言,而把具体的呈现于读者面前的"本文"看成是文学言语。这就指出,文学语言和文学言语有着不同的意义指称。前者指"本文"所蕴含的隐而不彰的深层规则和结构,后者指"本文"用语言文字及其修辞手法所创造的言语系统。

2. 文学言语的基本特征

就文学作品而言,其言语是表达意义的重要组成部分。需要指出的是,文学语言与科学语言、日常语言有着不同的特点。一般而言,文学言语有着多义性、暗示性、凝练性等特征。在这种多重意义的条件下,文学言语才能蕴含着或创造出一个诗意而富含深意的世界。因此,文学言语是作家匠心独具的产物,也是文学作品风格的体现。科学语言则与之不同,其目的在于讲述现实存在的某种客观知识,所以它追求精准性与逻辑性;日常语言也有所差别,其目的在于使谈话者之间在一定语境下达到互相理解与互相包容,所以它追求实用性、客观性和清晰性。文学言语正是与科学语言、日常语言的这种不同,才能显示出自身的基本特征。下面我们就这几个特征分而述之。

(1)多义性

文学言语的多义性是指用言语的符号来表达多重的意义。尽管文学作品在语词、句子和语法结构等方面蕴含的意义相对稳定,但它依然有多义性,因为不同的接受者在接受同一文学作品时会受到时间、地点、环境、心理等方面的影响,从而产生不同的理解。尤其是语境,它也对文学言语的多义性产生较大的影响。当我们理解文学言语的本真意义时,一定要通过整句、整段、上下文以及整篇文章才能达到。在瑞恰兹看来,一个词的意义从根本上来说就是由它的语境来决定的。韦勒克、沃伦也认为"诗歌的意义与上下文是紧密

---

① 罗兰·巴尔特:《符号学原理》,李幼蒸译,三联书店,1984年版,第116～117页。
② 罗兰·巴尔特:《符号学原理》,李幼蒸译,三联书店,1984年版,第117页。
③ 罗兰·巴尔特:《符号学原理》,李幼蒸译,三联书店,1984年版,第118页。

相关的：一个字不仅具有字典上指出的含义，而且具有它的同义词和同音异义词的味道。词汇不仅本身有意义，而且会引发在声音上、感觉上或引申的意义上与其有关联的其他词汇的意义、甚至引发那些与它意义相反或者互相排斥的词汇的意义"①。因此，接受者在一定的语境之下才能体会言语所表达的真实意义。有时，即便在语境确定之下，也会产生不同的意义。正是文学言语的多义性，才使得本文的内容显得丰富多彩。

　　文学言语的多义性还体现出自身话语蕴藉的不确定性以及本文意义的多重生成。如陶渊明《饮酒（其五）》中"悠然见南山"一句，这一"见"字着实令人难以把捉其中的奥妙。有人读"现"，这是作为客体的南山向作为主体的作者自身呈现。这种呈现是物象自身向主体自动的生成。有人读"见"，这是作为主体的作者向作为客体的南山进行审美的敞开与照亮。这种敞开是主体与客体在互赏中建构的诗意世界。由此来看，我们在对文学言语的多重理解下，所得到的意义有所不同。文学言语正是在其意义的不确定与多重性之中，才使"本文"意味无穷。再比如唐代诗人李商隐的《无题》："昨夜星辰昨夜风，画楼西畔桂堂东。身无彩凤双飞翼，心有灵犀一点通。"从字面意义看，这是一首爱情诗，在腊日节之夜，满天星辰一夜寒风，但诗人饮酒玩乐处却是仿佛画楼一般五彩缤纷的豪华香所，诗人与其艳遇之美人一见如故，在红烛摇曳、推杯换盏的轻松灵动气氛下，何等欢畅！男女主人公心心相通，情意浓浓。但若从深层涵义挖掘，就应和了李商隐的"借美人以喻君子"之说，通过诗歌中所交织着的爱情的希望、失望乃至绝望的种种复杂心情，感慨身世，影射政治。造成文学言语多义性的原因很多，最主要的是文学言语对"本文"及其意义的表达不受时空限制，也就是说，它可以用有限的言语来表达无限的意义。中国古代讲"诗无达诂"，意思就是说，我们不能完全理解古人的意思。之所以如此，是因为一方面我们不是作家本人，不可能完全理解其真实的想法和观点；另一方面由于语词或言语的多义性，我们不可能全部把握其确定的意涵。这种多义性是对时空的突破，也是对有限的突破，从而使文学言语指向了哲学的意蕴。

　　（2）暗示性

　　所谓暗示，指文学言语蕴含着某种超出本义的意义。文学言语自身无法表现意义的全部内容，只能通过一些形象、意象、修辞手法等来表达，在文学作品中制造出一种文字上的"朦朦胧胧的空白"，类似《诗品》中所言的"不着一字，尽得风流"，给读者留下想象品味的空间。比如莫泊桑的小说《项链》结尾就留给我们一块非常典型的暗示性"空白"。小说写道："噢，我可怜的玛蒂尔德！可是我那一串是假的，至多值五百法郎……"作品至此戛然而止，作者省略隐去的内容，包含了很多有意味的内涵，可以让读者充分发挥联想和想象，从中体味到玛蒂尔德难言的隐痛，不尽的心酸，女友对她的不值和怜悯，包括我们作为读者的万千感慨，我们还可以感受到当时法国资本主义上流社会弥漫着的一种虚伪、虚荣、追求享受的颓废风气及其对人身心的毒害。而这些，都通过玛蒂尔德女友那欲言又止的暗示性语言展示得淋漓尽致。

　　文学言语是用形象来思维的。它通过语词及其修辞手法来创造出某种形象或意象，来解释思想或日常生活的本质。它就是要通过这种形象或意象来加强接受者对事物的感

---

① 韦勒克、沃伦：《文学理论》，刘象愚等译，三联书店，1984年版，第188页。

觉,加深接受者对事物的印象。不仅如此,本文言语的暗示性还在于,它可以用有限的言辞和语句表达出无限的意味。这种情境即是宋人梅尧臣所言的"状难写之景如在目前,含不尽之意见于言外"。如《林教头风雪山神庙》中"那雪下得正紧",一个"紧"字,神韵独具,在读者头脑中不仅能引出"大雪纷飞"的联想,而且可以想象到一场危机四伏的夺命大网正悄悄向林冲扑来的境况,一个"紧"字既写大雪漫天飘飞,同时暗示了林冲此刻如履薄冰、思绪万千的心理特征。再比如马致远的《天净沙·秋思》,用"枯藤"、"老树"、"昏鸦"、"古道"、"瘦马"几个意象,寥寥数语,却将天涯沦落人的沮丧和落魄刻画得淋漓尽致,让人读来如在眼前。此外,文学言语的形象性和生动性,也增加了文学作品的暗示性效果。如《红楼梦》中王熙凤的出场,小说对她的穿着进行了细致的描画,"头上戴着金丝八宝攒珠髻","项上带着赤金盘螭璎珞圈","身上穿着缕金百蝶穿花大红洋缎窄裉袄",形象生动的衣着刻画,暗示了王熙凤的富贵和精明能干,显示了她的心机深细、谋略周密。

同时,文学言语不能成为约定俗成的东西,其符号系统一定要呈现出"陌生化"特质,才能显出暗示性和创造性的特征。这一点在诗歌方面表现得比较明显,中国古代不少诗人喜欢押险韵,用生僻词,"语不惊人死不休",造成语言的扭曲和反常。宋代江西诗派提出"以旧换新"、"点铁成金"等,用形式主义理论来考察,都可以说是在自觉不自觉地运用陌生化的手法,以此增加诗文的内涵。其中,言语的倒装是比较常用的一种艺术处理,例如杜甫《秋兴八首》第八首中,有"香稻啄余鹦鹉粒,碧梧栖老凤凰枝"之句,这是"鹦鹉啄余香稻粒,凤凰栖老碧梧枝"的倒装,这不合言语常规的偏离,使得诗句呈现出特殊的意味,正是将"香稻"、"碧梧"两个词提前,暗示了诗人对昔日长安美景的回忆和留恋,凸显了诗人心中强调的事物。

(3)形象的间接性

音乐、绘画、舞蹈、戏剧等艺术形式所塑造的艺术形象都是直观的。音乐形象诉诸人的听觉,绘画和舞蹈形象诉诸人的视觉,戏剧、影视形象综合作用于人的视觉和听觉,这些形象都是直观可感的。文学形象却不具有这种直观性的特点。文学以语言为媒介塑造文学形象,作家在创造文学形象时,必须把自己头脑中具体可感的形象转换成抽象的语言文字。相应地,读者在接受文学形象时,也必须把一行行抽象的文字在自己的脑海中转化成生动的文学形象,才能顺利实现对文学作品的阅读和鉴赏。由于在文学形象的塑造和接受过程中都必须经历"语言—形象"的转化过程,文学就是一种间接性的形象,相对比较模糊,需要作家与读者发挥自己的想象力,把干瘪的文字填充为丰满生动的形象。在形象的塑造和接受方面,与直接可感的声音形象和视觉形象相比,具有间接性特征的文学形象对作者和读者都有更高的素质要求。

(4)反映生活的广阔性

刘勰在《文心雕龙·神思》中说:"寂然凝虑,思接千载;悄然动容,视通万里。"在这里,他就指出了文学反映社会生活的广阔性特征。与其他媒介形式相比,语言媒介缺乏直观性的一面,但这种弱势在表现力方面得到了令人惊讶的补偿。音乐、绘画等艺术受其媒介材料的约束,在表现时间和空间方面都受到极大的限制。音乐可以用节奏和旋律深入表达人的内心情感,但却只能局限于声音形象,无法展现丰富的视觉内容;绘画可以用色彩和线条描绘凝固的视觉形象,但"持续的动作"却"不能成为绘画的题材"。文学完全没有这种限制,不但可以表现流动的声音形象和静止的视觉形象,还可以表现人的行动,呈现动态的视觉画面。戏剧和影视利用综合媒介形式,具有极为丰富生动的艺术表现力和感染力,然而从表现社会生活的广度和深度方面来看,与文学相比也要黯然无光。文学以语言为媒介,只能创造出间接的形象,在直观可感性方面稍显逊色,但是相比其他媒介形式,语言媒介在信息容量和使用成本方面具有无与伦比的巨大优势,因而,当影视囿于成本限制,在屈指可数的场景间来回转换的时候,文学却可以充分发挥作者的创造性,"观古今于须臾,抚四海于一瞬"。文学所能表现的内容没有任何边界,它只止步于作者的想象力。

(5) 表现思想情感的直接性和深刻性

文学以语言为媒介,其长处还体现在描写人物内心世界方面。音乐、绘画等艺术在呈现形象时是直接的,在表现人的内心世界时却是间接的,只能通过声音形象或者视觉形象间接表现人的情感情绪。而文学不仅可以通过描写人物的肖像、语言、行动来侧面展示人的心理,还可以直接用语言捕捉人的思想,刻画人的心理活动,展现人物丰富的内心世界。文学能够生动地描写人的情感,表现人的喜、怒、哀、乐;也可以深刻地揭示人的心理活动,展现人的意识与潜意识。不管怎样复杂微妙的人类思想,不管怎样细腻丰富的内心情感,都可以在文学中用语言表现出来,在这方面,文学有着其他艺术形式无法与之相比的明显优势。借助于语言媒介在表现心理活动方面的优势,20世纪初出现了"意识流"文学创作的高峰,打破时空限制,描写人物意识的流动,出现了像《追忆逝水年华》这样优秀的作品。"意识流"小说集中体现了语言艺术的优点,在表现人物思想情感的直接性、准确性和深刻性方面,远远胜于其他艺术形式。

二、文学与艺术的共性特征

文学和音乐、美术等其他艺术门类相比,既有其独具的个性特征,又有与其他艺术门类相近相通的共性特征。这些艺术的共性特征主要表现于以下方面:

1. 形象性

文学形象指的是作品的整体形象,是文艺作品中描绘的具体可感的、概括的、蕴含思想感情的、富有审美意义的社会生活图画。在叙事性作品中,主要包括人物形象,如林黛玉、猪八戒、阿Q、美狄亚等;环境形象,如风花雪月、天光云影、山水景物等;故事情节形象,如孙悟空大闹天宫、林冲风雪山神庙、宝玉受笞等。在抒情性作品中,则主要包括情景,如感时伤事、吟花弄月等。文学总是以某种形象呈现于我们面前,没有形象,就不会成为文学,文学正是通过生动鲜明的形象,将千姿百态的事物展示给读者,使人们如闻其声、如见其形,状难写之景如在目前,这使得文学呈现出鲜明的形象性来。

文学作品中的形象已不再是现实生活中未经加工的人或物,而是渗透着作者的主观情感和一定的思想倾向,这使得文学形象从存在形态来看,表现着主观和客观的统一。一方面,文学作品中的种种形象,具有具体可感性,尤其对于叙事性作品而言,人物形象是其主要的塑造对象,一部作品成功与否,与人物形象的塑造有极大关系。而文学形象的个别性、生动性,是文学形象外在的、感性方面的特点,同时,文学形象也反映了现实客观的生活内容,这些形成了文学形象的客观因素。另一方面,文学形象既然是实际生活在作家头脑中反映的产物,因此又必然带着作家的主观因素,通过对现实生活的具体描绘,来表现他对生活的认识、理解和评价,表现他自己的思想情感和审美趣味。一般说来,成功的文学形象不但是现实生活的生动再现,而且要在一定程度上对生活的本质意义作出揭示。如曹禺的《雷雨》中对四凤和鲁贵形象的刻画:

  贵:(停一停,四面望了一望,更近地逼着四凤,佯笑)我说,大少爷常跟我提过你,大少爷他说——
  四:(管不住自己)大少爷!大少爷!您疯了!——我走了,太太就要叫我呢。
  贵:别走,我问你一句,前天!我看见大少爷买衣料,——
  四:(沉下脸)怎么样?(冷冷地看着鲁贵)
  贵:(打量四凤周身)嗯——(慢慢地拿起四凤的手)你这手上的戒指,(笑着)不也是他送给你的么?
  四:(厌恶地)您说话的神气真叫我心里想吐。

  从这段对话中,读者可以感受到,剧作家所塑造的两个人物形象的性格特点:鲁贵见钱眼开、趋炎附势、唯利是图,巴望女儿找一个有钱人的奸恶嘴脸在他的言语中尽显无疑,曹禺通过精妙的语言,巧妙细致地将这个贪婪的小市民形象呈现出来。而四凤,则天真单纯,心无城府,剧作家通过对她神态和语言的刻画,将她的单纯、善良、真诚描画出来,表达了剧作家本人对这个青春少女的喜爱。
  再比如中国古典戏剧《西厢记》中塑造的崔莺莺这个形象,比较含蓄和缠绵。作为深受封建思想压制的情窦初开的相国小姐,她渴望爱情,但又不敢轻易流露真情,不乏少女特有的羞涩;她不满包办婚姻,想追求自由幸福,但又瞻前顾后,顾虑重重,不敢彻底背叛封建礼法。比如在"听琴"的时候,她被张生琴中热切的呼唤深深地感动着,以至于泪水涟涟,但是她又没有勇气与张生见面。特别是体现莺莺矛盾性格的"赖简"这一折,她看见红娘送来张生的简帖,勃然变色,还声称要拿简帖"告过夫人,打下你个小贱人下截来",她要红娘责备张生,传过去的却是私约张生相会的情诗。等到张生到后花园赴约,她又忽然变卦,正儿八经地把张生数落一番,把张生弄得七颠八倒,连红娘也晕头转向。正是由于莺莺长期幽闭于封建文化中,又第一次陷入爱河,自然对于感情这件事格外陌生,所以对这份懵懂的爱情小心翼翼,既想大胆追求,又要维护相国小姐的身份,所以显得迟疑反复,战战兢兢。王实甫正是通过莺莺这个传统大家闺秀的含蓄和内敛,以及面对爱情时的矛盾和无措,传达了封建社会中男性知识分子对理想女性的想象。
  从审美认识看,文学形象是具体性与概括性的统一。作家一般通过选择、提炼、加工,创造出典型形象去反映生活的本质,这使得文学形象在具体可感的同时,呈现出高度的概括性,反映出文学形象的内在特质。在抒情性作品中,文学总是以某种具体形象来抒发作者的感情,如柳永的《雨霖铃》:"寒蝉凄切,对长亭晚,骤雨初歇。都门帐饮无绪,留恋处兰舟催发。执手相看泪眼,竟无语凝噎。念去去千里烟波,暮霭沉沉楚天阔。多情自古伤离别,更那堪冷落清秋节。"在柳永之前,抒写离愁别绪的词非常多,但因为柳永是一个长期浪迹江湖的游子，对生活有着独特的体验，因而他写一对恋人的离别，就不同于传统的那种红楼深院、春花秋月的狭小境界，而表现出一种烟波浩荡、楚天开阔的气象。尤其"多情自古伤离别，更那堪冷落清秋节"这一句，由个人的离别之苦进而推及一般离人的思想感情，俯仰古今，在难言的凄哀中深沉地思索世人普遍的感情体验。但又和苏轼的"人有悲欢离合，月有阴晴圆缺，此事古难全"的超旷态度不同，词人越是把个人悲苦的离情放到历史发展的广阔时空中来咀嚼，就越加陷入深沉的感伤之中，并让读者越发感受到那沉重感情的分量。而这种离愁别恨的词境，正是通过凄切鸣叫的"寒蝉"，初停的"骤雨"，一望无际的"烟波"以及沉沉的"暮霭"这些具体可感的形象烘托出来的。文学形象虽具有具体可感的特点，但又不是现实生活中具体对象的机械再现，而是作家从现实生活中集中概括出来的具有普遍意义的典型形象。这种形象一方面代表着某种类型，同时又体现着某种意味或观念。比如《三国演义》中的诸葛亮，代表着古代军师和谋士的形象，是智慧的化身；再比如《西游记》中的孙悟空，是勇敢和力量的化身。这些文学形象代表或象征着某一种类型的人和事，从而使形象具有一定的普遍概括性。

2. 情感性

文学作品既要表现社会心理内容和作家的思想情感，又要在欣赏中产生一定的审美效果，以此来感染读者，这使得文学呈现出鲜明的情感性特征。文学用各种形象和手法来表达作家的观念，作家总是在文学作品中自觉不自觉地流露出个人的情感好恶与思想倾向：或同情或厌恶，或悲观厌世或逍遥遁世。如庄子在《逍遥游》中通过"鲲"和"鹏"的形象，表达出"天地与我并生，万物与我为一"的逍遥；如鲁迅在《阿Q正传》中，对阿Q形象的"哀其不幸，怒其不争"的同情和批判等。情感性是文学的本质所在，这其实也是包括文学在内的众多艺术门类的共同特征。按照美国文论家艾布拉姆斯的观点，文学是由作家、作品、读者和世界四个要素组成，文学的创造主体及接受对象都是人，人的创作和阅读过程是人通过语言文字来表达生活情感、唤起情感共鸣的过程。作家将故事通过优美、生动的文字讲述出来，不仅仅是作家的生活经验、阅读经验、想象经验的积累，更重要的是这个故事必须包含一定的情感取向和情感效应：或使人感到愉悦，或使人感到愤怒，或使人感到忧愁，或使人感到恐怖。只有这样，才可引起读者的积极回应，才能完成一个完整的文学活动过程。如果没有人的情感的参与，文学就不能获得现实的生命。

如散文《荷塘月色》中写"沿着荷塘，是一条曲折的小煤屑路。这是一条幽僻的路，白天也少人走，夜晚更加寂寞"①，路怎么是"幽僻"、"寂寞"的呢？这是因为人孤寂罢了，朱自清先生流露出了一丝淡淡的哀愁。在写荷的时候，荷叶被比喻成"亭亭的舞女的裙"②，荷花"有袅娜地开着的，有羞涩地打着朵儿的；正如一粒粒的明珠，又如碧天里的星星，又如刚出浴的美人"③，荷花"送来缕缕清香，仿佛远处高楼上渺茫的歌声似的"④，眼前的一切景物都变得那么美丽，无论是"情生景"，还是"景生情"，此时此刻的作者摆脱了伤感，感

---

① 朱自清：《朱自清经典作品》，当代世界出版社，2002年版，第15页。
② 朱自清：《朱自清经典作品》，当代世界出版社，2002年版，第15页。
③ 朱自清：《朱自清经典作品》，当代世界出版社，2002年版，第15页。
④ 朱自清：《朱自清经典作品》，当代世界出版社，2002年版，第16页。

受到了喜悦,读者也不由得随着文字进入作者所营造的优美意境中。再比如毛泽东在《沁园春·长沙》中描绘出了一幅充满生机与活力的秋景图,一扫历代文人的悲秋之气。秋天的景物有很多,词人单单摄取"万山红遍"、"漫江碧透"、"百舸争流"、"鹰击长空"、"鱼翔浅底"这些景物来写,而并未摄取萧萧落木、凄凄秋风、梧桐细雨之类的景物入诗,这是因为"万山红遍"、"漫江碧透"展现了一幅视野开阔的图画,"百舸争流"展现了一幅催人奋进、永不言退的砺志图,"鹰击长空"、"鱼翔浅底"中一"击"字、一"翔"字无不给人以强劲的力量,这些都契合了词人改造旧世界、建设新世界的豪迈之情,这种激昂奋进的感情被融入词中,故能给人以生机和活力之感。

英国浪漫派诗人华兹华斯说:"诗的目的是在真理,不是个别的和局部的真理,而是普遍的和有效的真理;这种真理不是以外在的证据作依靠,而是凭借热情深入人心。"①正是作家将充沛的情感投入文字中,使得文学作品以情感动人。在唐宋诗词中,诗人往往融情入景,以"花"为例。"花"作为一个整体意象,在诗词的情感表达中常被用到。如"泪眼问花花不语,乱红飞过秋千去"(欧阳修《蝶恋花》)中,风雨催送着残春,人却无计挽留,那繁花落尽,红颜憔悴之感,令人思之不尽,"花"触发了诗人的伤春、惜春之情;再如"还怜客路龙山下,未折一枝先断肠"(陆游《客舍对梅》)中,"花"被用来表达对离人的追忆和留恋;而"临风兴叹落花频,芳意潜消又一春"(鱼玄机《卖残牡丹》)中,女诗人面对遍地落花,只能黯然神伤,表达了对身世的哀伤和叹息;"无可奈何花落去,似曾相识燕归来"(晏殊《浣溪沙》)中,借用"花"表现世事无常、人生难料;而"风住尘香花已尽"(李清照《武陵春》)中,则说明了人的生命、美好的事物都像花儿一般,从盛到衰,由生到死,终将消逝,这是多么令人无奈且无限感伤的事。对于"花"这一意向,诗人将它与自己的主观情感联系起来,不同的人心中会产生不同的感受,正是客观物"花"接受了作者主观感情的渗透,因此在作者铸意染情时,必然带上迥然各异的艺术个性,而使得作品各具格调。

对于欣赏者而言,往往借助于个人的人生经验和审美经验,进入作者所营造的情感世界中,感受着作者的喜怒哀乐。文学的本质在于审美,读者对文学作品的欣赏,其实也就是对美的欣赏。在欣赏过程中,读者可以获得全身心的审美愉悦。这种审美愉悦首先要经过生理层面,比如我们看悲剧性作品,就心情沉痛;看喜剧性作品,就心情愉快,这都是由欣赏者深层的文化原因所决定的。也就是说,人在观照外物时,把自己的主观情感移入到对象中去,由物我交融达到物我同一,与作品发生了共鸣。首先,文学作品要具有丰富的情感。只有富有深厚情感的作品,才能唤起人的共鸣,所以科学著作不能成为文学鉴赏对象,艺术质量低劣的作品也不能成为文学鉴赏对象。审美性强的文学作品,应是贴近生活、贴近时代、贴近人民,反映那些与人民群众利益息息相关的、人民群众普遍关注的问题和最熟悉的生活,表现他们的情感、意志、理想和愿望,启迪人民大众的心灵。所以,炽热的情感,是增强文学作品艺术感染力的重要源泉,一部感染力强的作品,必须要遵循情感运动的辩证规律,充满着曲折复杂、跌宕起伏的情感变化,只有这样,才能引起鉴赏主体心灵的震撼。同时,欣赏者要有感受艺术情感的心灵。如同鉴赏绘画,需要有对绘画的艺术感受能力一样,鉴赏文学,就必须要有理解、感受艺术美的能力,这就需要读者情感因素的

---

① 伍蠡甫、胡经之:《西方文艺理论名著选编》中卷,北京大学出版社,2000年版,第50页。

介入。读者一方面是写作的受体,要尊重作品的客观性;另一方面,对艺术形象再创造,带有强烈的主观色彩。不仅如此,欣赏者和欣赏对象之间要建立一定的联系,才能让共鸣成为可能。只有当欣赏对象正好符合欣赏者的兴趣,能引起主体的情感兴奋时,才说明主体和客体之间具有某种适应性,这种适应性,也就是两者之间的感情联系,有了这种感情通路,欣赏活动才能发生。有的人喜欢武侠小说,你让他看侦探小说,他就昏昏欲睡;有的人喜欢看情感剧,你让他欣赏恐怖片,他就会避而远之,这说明鉴赏活动的发生,既需要现实的客体因素存在,也需要主体情感的配合,二者缺一不可。

3. 虚拟性

虚拟性是文学的一种幻化虚构的艺术形式,属非真实的特殊形态,作家在创作中以感性的幻化艺术方式——神话、民间传说、幻想、梦幻、科幻、怪诞等非写实的手法构思作品情节、塑造人物,构成具有虚幻特征的艺术情境,表现人类社会生活现实,揭示理性的思想观念。虚拟性艺术经过作家的精心选用,合理地嵌入作品中,产生新颖的美学效果,有助于作家表达情思,揭示哲理。关于文学的虚拟性,古希腊的柏拉图和亚里士多德就已经认识到了其重要性。到了文艺复兴时期,英国诗人锡德尼在《为诗辩护》一文中,进而将虚构视为文学的根本性质。他指出,诗人凭借虚构来创造"另一个自然",如果说自然的世界是"铜的",那么只有诗人才给予我们"金的"。正是对卓越形象的虚构,才是诗人的"真正的标志",也使诗人的作用不但远胜于历史学家,甚至胜过哲学家——"虚构是可以唱出激情的最高音的"[①]。到了浪漫主义时期,文学与虚构的关系及其意义得到了多方面的阐发,18世纪90年代,面对西方工业化、现代化以及由此带来的社会生活的巨大变化,席勒敏锐地将文学艺术与人的生存状态联系起来思考,他深刻地感受到工业化所造成的人的异化、碎片化,因而主张"艺术必须摆脱现实,越出需要,成为自由的女儿"[②]。20世纪以来,爱德华·巴罗提出了文学艺术"反现实主义本性"[③]的命题来张扬虚构性。马尔库塞进一步强调了文学艺术的虚构世界与现实世界的区别,并称其为"异在世界"。萨特则将文学艺术的虚构性建立在人的存在虚无化的基础上,给文学艺术虚构以有力阐释。他认为,虚构使文学艺术超脱于现实,同时,也让作家和读者从现实的社会历史关联中脱身出来而成为"普遍的人"[④]。上述学者都从各自独有的角度深刻阐述了文学艺术虚构的重要意义,它能让人与世界的关系复归于融洽和谐。

如20世纪七八十年代的苏联作家雷特海乌,在中篇小说《当鲸鱼游走的时候》(1975年)中,虚幻地描写了鲸鱼是人的生命的本源,作家以神话的形式描写居住在北方海边砾石湾的居民是人和鲸鱼的后代,鲸鱼不仅给人类生命,而且还以爱帮助人类生存。然而人类的子孙后代忘恩负义,杀戮鲸鱼。贪婪自负、醉心权力的阿尔马吉金,煽动众人杀戮地

[①] 锡德尼、杨格:《为诗辩护、试论独创性作品》,袁可嘉译,人民文学出版社,1998年版,第24页。
[②] 席勒:《美育书简》,徐恒醇译,中国文联出版公司,1984年版,第37页。
[③] 参阅麦·莱德尔《现代美学文论选》,孙越生、陆海林、程代熙等译,文化艺术出版社,1988年版,第433页。
[④] 让·保罗·萨特:《什么是文学?》,《萨特文学论文集》,施康强等译,安徽文艺出版社,1998年版,第125页。

上的生灵。他用鱼叉杀死了一条鲸鱼,拖上岸边,还预谋更大的杀戮计划。然而,人们在第二天见到被杀死的鲸鱼,已化为一具人的尸体,而鲸群杳无踪迹,眼前只有空荡荡、死沉沉的大海。这是一个典型的虚拟性文本,作品幻化的故事所蕴含的内容极为明确:毁灭自然就是毁灭人类自身。小说象征地写出当鲸鱼远离的时候,宇宙的和谐将被打破,人类的厄运即将到来。在叙事性文体中,想象、假设、模拟都是十足的虚拟现象。如《诗经·河广》有两句诗"谁谓河广?曾不容刀",这当然不是指事实或实描,不是说河狭到连刀都容不下,而是创作主体特意以这种"变态"的方式,来强化和表现其内心某种强烈的愿望和情感。"苟有人焉,据诗语以考订方舆,丈量幅面,益举汉广于河之证,则痴人耳,不可向之说梦者也。不可与说梦者,亦不足与言诗,惜乎不能劝其毋读诗也。"①钱钟书的话深刻表明,文学语言虚而非实,是不能执著于字句的,否则无异于痴人说梦,会闹出笑话。虚拟性艺术手法拉开了艺术世界与现实生活的距离,有利于构建多线索、多层次的情节结构,拓宽了作品的意境。这一点可以鲜明地体现在网络文学中。网络是一个自由、开放、信息共享的场所,是一个远离利欲、尘嚣、纯净而又理想化的文学圣地,网络带来了网络小说鲜活的生命力和新奇的创造力,使叙述语言偏离规范,打破成规,突破传统的束缚而发生变异,冲击着人们习以为常、相对稳定的纯汉语文字表达的定势意识,逐渐形成一套鲜活的新话语体系——虚拟化叙述语言,从而显示了网络语言的独特性和表现力。

4. 主体性

什么叫文学的主体性?按照刘再复的观点,"就是要求在文学活动中不能仅仅把人(包括作家、描写对象和读者)看做客体,而更要尊重人的主体价值,发挥人的主体力量,在文学活动的各个环节中,恢复人的主体地位,以人为中心,为目的"。也就是说,作家在创作中要充分发挥主体力量,实现主体价值;文学作品要以人为中心,赋予人物以主体形象;文学创作要尊重读者的审美个性和创造性,把读者还原为充分的人。② 可以看出,文学的主体性就是在强调"人"的地位,反映到文学中,即是突出"人道主义"的概念范畴。对于人的主体地位和主体意识的强调,对于人道主义的彰显,可以在新时期女性文学文本中得到充分体现。代表性的如谌容的《人到中年》:

> 陆文婷啃着冷烧饼,望着窗台上的小闹钟:一点五分,一点十分,一点十五分了!怎么办?该上班去了?明天去病房,门诊还有好多事要交代。可,佳佳交给谁?再给家杰打电话吗?附近没有电话。就算有电话,也不一定能找到他。再说,他已经耽误十年,现在不该再占他的时间,不能再让他请假!

这种矛盾而纠葛的女性内心独白在男性书写的文学作品中很少见,作者对"人道主义"的表述,在于延续了女性"五四"以后的主体意识,她们不再满足于闺阁之内,而是走出家庭,尤其新中国成立后,她们获得了平等,这平等要求她们在事业上付出和男性一样甚至更多的精力,而中国这片传统的土地又赋予她们作为女儿、妻子和母亲所要承受的一切

---

① 钱钟书:《管锥编》,三联书店,2001年版,第164~165页。
② 刘再复:《论文学的主体性》,《文学评论》,1985年第6期。

来自家庭的责任。所以对于陆文婷而言,她扮演的就是一手放下菜刀,一手拿起手术刀的双重角色,在这个女性文本中,"人道主义"已经突破了男人的范畴,而将女性纳入其中,凸显了新时期女性在性别建构中的主体能动性和艰难性。

就作家而言,主体性表现在实践主体性和精神主体性两个方面。就精神主体性而言,"是指作家内在精神世界的能动性,也就是作家实践主体获得实现的内在机制,如作家创作的动机,作家在创作过程中的情感活动等等"①。王朔的作品可以说是凸显作家精神主体性的文本典型,由于出生在20世纪五六十年代,虽没有赶上"红卫兵"时代,但却成为在"文革"路线影响下成长的"红小兵",使得作者在内心藏着一个"英雄梦"——在未来的革命斗争中大有作为,反映在创作中,他不去表现那个革命年代的崇高和伟大,而仅把那个年代当做背景,通过"想象的革命",以颠覆的姿态对待"文革"记忆,从深层表现"文革"对青少年成长造成的极大影响。如《顽主》、《一点正经也没有》、《千万别把我当人》、《我是你爸爸》等作品的名称,就具有消解、颠覆崇高和权威,甚至带有调侃的意味,通过塑造各行各业处于底层的"顽主"形象,一定程度上否定正统价值观,质疑人性、知觉和理性,与传统对抗。可以说,王朔的作家精神主体性正是通过颠覆和消解主流和传统的权威、崇高和庄严,在商品经济中迎合大众的趣味来实现的。包括林白的小说《致一九七五》,采取追忆的方式,通过艺术想象召回曾经绵延在记忆深处的插队生活,从而进行自我经验的自我书写,与前期纯粹私人化的"身体写作"相较,更凸显了作家的主体性,同时也在解构与颠覆中更新了知青文学的文本。

5. 审美性

就形式而论,文学言语自身就具有相对独立的审美价值。这种由语词、韵律、节奏、修辞等形式因素构成一个完满自足的审美世界,正是文学言语的审美性之所在。由这些形式因素构成的诗化言语,才促成了本文的价值和意义。英国文艺批评家克莱夫·贝尔(Clive Bell)就提出"有意味的形式"的观点,文学作品之所以有"意味",主要还是在于其言语形式蕴含了审美的因素。比如余光中的散文《听听那冷雨》,通过大量叠字、叠句的运用,如"雨敲在鳞鳞千瓣的瓦上,由远而近,轻轻重重轻轻"、"譬如凭空写一个'雨'字,点点滴滴,滂滂沱沱,淅沥淅沥淅沥",这种重叠的节奏和韵律,使得散文言语更加诗化,更具有音韵美和和谐美,读之犹如品一壶茗茶,馨香袭人,回味久远。文学言语作为传达作家审美意识和审美思想的媒介,同样也具有审美意味。文学言语作为一种符号的存在,要从表现审美的特点中,才能唤起接受者的审美感知和审美体验。比如王维的《山居秋暝》中"明月松间照,清泉石上流"一句,读之立刻会在脑海中呈现出这样一幅优美的画面:明月透过松林洒落斑驳的静影,清澈的泉水在岩石上叮咚流淌。短短的十个字,却平仄起伏有致,如此的富有张力,月照松林的静态和清泉流溢的动态形成鲜明的对比,使之成为一篇乐秋之佳作,山中秋季的黄昏美景如在眼前,给人以美感。再比如沈从文的小说《边城》中,对翠翠这个女孩的刻画:

翠翠在风日里长养着,故把皮肤变得黑黑的,触目为青山绿水,一对眸子清

---

① 刘再复:《论文学的主体性》,《文学评论》,1985年第6期。

明如水晶。自然既长养她且教育她,为人天真活泼,处处俨然如一只小兽物。人又那么乖,如山头黄麂一样,从不想到残忍事情,从不发愁,从不动气。平时在渡船上遇陌生人对她有所注意时,便把光光的眼睛瞅着那陌生人,作成随时皆可举步逃入深山的神气,但明白了面前的人无心机后,就又从从容容地在水边玩耍了。

作家用空灵透彻且朴实的文字,描绘出翠翠这个不食人间烟火的"自然之子"的审美形象。她既是大自然的女儿,又是爱情的女儿,她身上体现着"天人合一",她是美的精灵与化身。她吸取了山水自然的灵气,这份清洁的绿色为她清新蓬勃的生命注入了几分灵动、几分浓情和一丝忧伤。她从翠竹深处走来,带着自然万物的气息,带着自然的神性,纯净无邪,是湘西山水间栉风沐雨掬雾追云的"野丫头"。自然既长养她且教育她,天真烂漫、健康活泼、聪明伶俐且带点娇憨,无拘无束,带有原始的活力,显出一种野性之美。在评论家陈思和先生看来,翠翠"是山水中的活物,与风、与大自然浑然一体,'长养'给人一种质朴、丰满的感觉,因为她眼看出去的都是青山绿水,所以她的眼睛像水晶,非常透明、清澈,没有一丝邪念……由于大自然的熏陶,她成了山水中的活物,这个生命本身就是大自然的一个组成部分……翠翠是一种生命的现象,是一种本能的和自然融汇一体的气质……她是没有沾染人世间的一切功利是非思想、与自然融为一体的境界,是不含渣滓、纯净透明的世界"①。陈思和先生出于对历史、对生活的深刻认识和深切体验,在分析翠翠这个形象时,他融入了对人生的理想、融入了对时代的人文关怀,融进了知识分子对精神家园的渴求,凸显了《边城》的思想内蕴和翠翠形象中所包蕴的审美因素。可以说,正是由于小说的语词和修辞等审美因素所构成的审美世界,使得《边城》的文学言语堪称审美典范。

文学作为语言的艺术,使得文学言语成为作家按照艺术世界的诗意逻辑创造的特殊话语。作家的目的不是告诉人们现实中具体发生了什么,而是要把自己对生活的审美认识创造性地表现出来,它指向了作家的精神世界,它把作家对现实的审美感悟用虚拟化的方式进行创造性的表达,它不必符合现实生活的逻辑,能够真实传达作家的审美感悟即可。因此,文学言语总是遵循着人的情感和想象的逻辑行事,总是指向内在心灵世界,蕴含了作家丰富的知觉、情感、想象等心理体验,将读者带入具体的感受世界中。

关键词

1. 文学的社会性

文学是生存于社会的人们相互沟通的话语行为,具有社会性,它是一种社会现象。作为社会生活的产物,文学和社会有着密切的关系。首先,现实生活是文学的来源。其次,文学的各要素,都是社会的产物。再次,文学话语的发展与变化最终取决于社会的发展与变化。正是由于文学和社会的密切关系,使得文学话语体现出强烈的社会性,这使得它具有一般意识形态性质,属于意识形态话语。

---

① 陈思和、刘诗哲:《论〈边城〉和〈长河〉的思想艺术特色》,《同济大学学报(社会科学版)》,2011年第2期。

2. 文学的审美性

文学从文化中分离出来,就被赋予了特殊的审美性质,文学作为一种审美现象,具有特殊的审美属性。首先,文学的美来源于现实美,是现实美的集中体现。其次,文学作为审美现象,从目的看,它既是无功利的,也是功利的。再次,文学作为审美现象,其审美判断呈现出无目的的合目的性。

3. 文学言语

指文学作品中所使用的、体现文学性与审美性的、独具特色的语言。它是一种承载着丰富的情感信息和美感信息的艺术符号。

4. 文学形象

指的是作品的整体形象,是文艺作品中描绘的具体感性的、概括的、蕴含思想感情的、富有审美意义的社会生活图画。在叙事性作品中,主要包括人物形象、环境形象、故事情节形象等。在抒情性作品中,则主要包括情景等。文学总是以某种形象呈现于我们面前,文学正是通过生动鲜明的形象,将千姿百态的事物展示给读者。

5. 虚拟性

虚拟性是文学的一种幻化虚构的艺术形式,属非真实的特殊形态,作家在创作中以感性的幻化艺术方式——神话、民间传说、幻想、梦幻、科幻、怪诞等非写实的手法构思作品情节、塑造人物,构成具有虚幻特征的艺术情境,表现人类社会生活现实,揭示理性的思想观念。

思考题

1. 结合文学文本,谈谈你对文学审美性的认识。
2. 简述文学言语作为艺术符号的基本特征。
3. 举例说明你对文学形象性的看法。

阅读连接

1. 康德:《判断力批判》,宗白华译,商务印书馆,1987年版。
2. 韦勒克、沃伦:《文学理论》,刘象愚等译,三联书店,1984年版。
3. 罗兰·巴尔特:《符号学原理》,李幼蒸译,三联书店,1984年版。

第三章 文学的发生与发展

文学不仅是在共时关系中存在的艺术样式,而且也是一种历时的形态,是随着人类变化和发展脚步而变化的一种历史现象。我们前面分别把文学作为一种社会现象、一种文化现象、一种审美现象和一种语言艺术进行探讨,基本都是在静态视野下对文学的分析和理解。文学有着自身的发生和演变的历史,在它的发生和演变的过程中,透露着文学的历史本性。我们要想真正回答文学是什么,要想全面理解文学,就必须知道文学的起源,以及文学的演变受制于哪些方面的影响,文学的演变过程能够给我们提供何种启示,其中有哪些规律值得我们重视。

第一节 文学的起源

研究文学的起源,有助于我们认识文学的本质,认识文学与其他文化形态之间的关系,认识文学的价值取向。但是从发生学角度来研究文学的起源问题是一项困难而复杂的工作,这种繁难来自两个方面。一是由于历史久远,我们能够掌握的事实或资料很少。远在旧石器时代的后期,最早的神话、绘画、音乐和舞蹈等史前艺术就已经萌芽了,我们作为现代人遥望远古的艺术,在理解上存在着许多困难。二是原始时代,文学并不是一种独立的艺术样式,常常是人的生产劳动或宗教活动的一个组成部分。甚至可以说,远古的人类对文学显然是没有任何自觉意识的。尽管如此,人们还是根据有限的史料,克服各种困难深入研究了文学的起源问题,并力图对文学的起源作出更为合理的解释。

在讨论这个话题之前,首先应当明确的是,根据理论界对原始文艺形态的假说,在文艺起源阶段孕育了各门艺术胚胎阶段的母体艺术是诗歌、音乐,舞蹈三位一体的东西,这样,文学的起源问题就同艺术的起源问题合为一体了。

一、关于文学起源的几种主要学说

古今中外有许多学者研究文艺起源问题,但迄今为止只是提出了各种不同的看法,并没能取得一致的意见。其中影响较大的有以下几种:

1. 模仿说

此说起源最早,代表人物是古希腊的德谟克利特和亚里士多德。德谟克利特认为,人的许多本领,如织布、缝纫和建造屋子都是向动物学会的,甚至歌唱,也是模仿鸟类的声音。因此,他的理论是:"在许多重要的事情上,我们是模仿禽兽,做禽兽的小学生。从蜘蛛我们学会了织布和缝补;从燕子学会了造房子;从天鹅和黄莺等歌唱的鸟学会了唱歌。"亚里士多德作了进一步发挥,"一般说来,诗的起源仿佛有两个原因,都是出于人的天性。人从孩提的时候起就有模仿的本能(人和禽兽的分别之一,就在于人最善于模仿,他们最初的知识就是从模仿得来的),人对于模仿的作品总是感到快感。经验证明了这样一点:事物本身看上去尽管引起痛感,但惟妙惟肖的图像看上去却能引起我们的快感,例如尸首或最可鄙的动物形象"。模仿说曾在相当长的时期内成为西方文论中一个很有影响的观点,文艺复兴运动中提出的"镜子说"以及晚近以来流行的"反映论",都与模仿说有着很深的渊源关系。中国古代也有类似西方模仿说的思想。例如,《吕氏春秋·古乐》记述古乐时,有帝颛顼"令飞龙作效八风之音,命之曰《承云》";帝尧"命质为乐,质乃效山林溪谷之音以歌"之说,"效",即模仿;《管子》中讲"宫商羽角徵"五声中,"凡听羽,如鸟在树。凡听宫,如牛鸣窌中。凡听商,如离群羊"等,这都是把音乐的起源,归结于对自然界声音的模仿。

用模仿来解释艺术的起源,具有一定的合理因素。首先它肯定了自然和社会人生是艺术产生的客观基础,这包含了朴素的唯物主义思想;其次它看到了模仿在原始艺术产生中占有重要的地位。因为,许多原始艺术作品就是在模仿的基础上产生的,例如原始绘画中的动物形象显然是对自然界中动物神情姿态的模仿,否则我们现在就不能识别这些形象是什么样的动物。原始的舞蹈也大多是对劳动场面、劳动对象、现实生活情景的模仿。正因为如此,这种古老的艺术起源说对西方后世产生了深远的影响。

然而,"模仿说"并不能科学地解释艺术的起源。这首先是因为,原始艺术并非都是模仿现实形象的,如劳动工具的美化、完全抽象的几何图案等;其次,原始人在生产力极其低下的情况下,为什么要耗费精力去模仿自然和社会人生,这也并非为模仿而模仿,模仿的背后还隐藏着更深层的原因,但模仿本身并不能揭示这一点;最后,模仿说把模仿看做人的天性和本能,而不是人的后天社会实践的结果,也不能正确解释艺术的起源。

2. 游戏说

游戏说起源于康德,后被席勒和斯宾塞大加发挥,形成一套有影响的理论,被称为"席勒—斯宾塞理论"。

康德从艺术的非功利性出发,认为人们生活在现实世界中,受到物质与精神两方面的束缚,往往得不到自由,因此,人们总想利用剩余的精力创造一个自由的天地,这就是游戏。人的这种做游戏的本能,就是艺术创作的动机。

康德的游戏说在席勒那里被系统地继承并加以发挥,席勒认为,人的艺术活动是一种以审美外观为对象的游戏冲动。游戏冲动作为调和感性冲动和理性冲动的中介,创造了一个活的形象,或者说,创造了最广义的美。席勒在康德基础上更进一步,认为"过剩精力"是文艺与游戏产生的共同生理基础。在席勒看来,动物有时一些无谓的嘶吼就是为了发泄身体多余的精力,这是动物的游戏。人不同于动物的地方在于,动物的游戏还局限在身体运动的方式,而人还有想象力的游戏,艺术活动就是这类游戏。

斯宾塞进一步发挥了席勒的观点,他的新贡献是拿生理学来解释过剩精力的由来。

他认为高等动物的营养物比低等动物的营养物丰富,他们无须费全部精力来保存生命,所以有过剩精力。这种过剩精力必须发泄,如果没有机会发泄于有用的实际活动,就发泄于无所为而为的模仿活动,如儿童没有机会去造屋,才做造屋的游戏。

德国学者谷鲁斯又对此说加以补充,认为游戏并非仅仅是过剩精力的发泄,而是为日后的实际生活作准备,使游戏者适应未来的生活,例如男孩玩打仗的游戏,就是对以后当战士的预演,女孩玩抱木偶的游戏,就是对将来做母亲的预习。游戏说在19世纪末和20世纪初曾经为许多人所信奉,对我国的近现代学者王国维、朱光潜也发生过影响。例如,王国维在《文学小言》中就说,文学者游戏之事业也。人之努力用于生存竞争而有余,于是发而为游戏。朱光潜先生在《文艺心理学》中,也认为艺术冲动是由游戏活动发展而来的。

从现代原始民族的考察可知,现代原始部落中的一些歌舞往往在劳动或战争之余进行,而且其表现形式如声调和节奏明显有别于劳动或战争本身,带有娱乐的作用,这在一定程度上符合游戏说的情况,而且此说将艺术看成是区分人类与动物的重要标志,也有较大的合理性。但是此说仅仅从精力发泄这一生理学、生物学的角度来看待文学艺术的发生,抹杀了影响文学艺术的社会根源,而将具有较为高级较为丰富内涵的文学艺术与一般的游戏等同起来,也是不能让人信服的。

3. 巫术说

这是19世纪以来西方关于艺术起源的最有势力的一种说法。巫术说最早是由英国人类学家爱德华·泰勒提出来的。他认为,野蛮人的世界观就是给一切现象凭空加上无所不在的人格化的神灵的任性作用。古代的野蛮人让这些幻象来塞满自己的住宅,周围的环境,广大的地面和天空。弗雷泽在《金枝》一书中提出了"交感巫术说",认为原始人有一种企图通过巫术来控制现实的倾向,而巫术的效果是通过交感的方式达到的。这种"交感巫术"可分为两种形式:一是"同类相生",即同样的结果来自同样的原因,这就是所谓"相似律",据此所施行的巫术为"顺势巫术";二是凡接触过的事物在脱离接触后仍然继续发生相互作用,这就是所谓"接触律",据此所施行的巫术为"接触巫术",通过这种"交感巫术",施行者便可以对别人或别的事物施加影响。受到弗雷泽的影响,法国考古学家雷纳克首先用交感巫术理论解释艺术的起源。他认为,艺术起源于狩猎巫术,它是作为一种能控制狩猎活动的实践手段而发展的,目的在于保证狩猎的成功。如带上野兽的假面具跳"水牛舞",就能产生魔力而把野兽招引过来。如画一头野牛,就能获得战胜真野牛的魔力。因此,艺术是一种被深思熟虑过的祈求手段。他说:"在现代,人们还经常隐约地提到伟大艺术家的画笔或凿刀具有巫术力量的隐喻,巫术观念现在虽已无人相信它具有按照人的意志去左右他人或其他事物的神秘力量,不过正如我们所说的那样,这种思想至少在原始艺术家的思想中真的存在过。"[①]雷纳克的观点有一定道理。史前洞穴壁画的研究表明,许多洞穴壁画都画在洞穴黑暗的深处,有些甚至画在只有人平躺在地上才能看到的岩石缝隙上,这显然不是为了欣赏的需要,对此除了巫术的神秘目的之外很难作其他解释;而且有些画上的动物身上有被长矛或棍棒戳刺或打击的痕迹,还有些画被前后反复重画过好几次。这些都较充分地表明了史前壁画的巫术目的。

---

① S.雷纳克:《祭祀、神话和宗教》,见朱狄《原始文化研究》,三联书店,1988年版,第306页。

巫术说从社会学的角度来考察艺术起源,有一定的合理性。因为巫术思想的确是原始社会的普遍信仰,它渗透到社会生活的各个方面,艺术也并不例外。但是巫术与艺术的关系毕竟是局部的,没有材料能说明所有原始艺术都与巫术有关。英国人类学家马林诺夫斯基经过大量调查研究指出,原始人的艺术活动未必都来自巫术,例如原始人将某些图形和符号刻在骨片、树皮、陶片、岩壁之上,用以帮助记忆和传递信息,原始人在夜晚举行的歌舞活动,也是出于饱餐后的满足或性欲的冲动,这与巫术显然没有什么关系。

4. 劳动说

艺术起源于劳动的看法,是19世纪西方学者提出,后经普列汉诺夫的论证发挥而被视为马克思主义的文艺起源观。较早明确提出艺术起源于劳动的是德国学者毕歇尔,他在研究了劳动、音乐和诗歌之间的相互关系后得出结论说:"在其发展的最初阶段上,劳动、音乐和诗歌是极其紧密地互相联系着的,然而这三位一体的基本的组成部分是劳动,其余的组成部分只具有从属的意义。"①但是,毕歇尔后来又放弃了艺术起源于劳动的观点,提出"游戏先于劳动"的看法。因为在毕歇尔看来,"原始民族那里的劳动是一种颇为模糊的现象。我们愈接近它的发展的起点,它不论在形式上和内容上都愈接近于游戏"。他进而认为:"可见,技能是在游戏中间得到的,并且只是逐渐地获得有益的应用。因此,以前所认为的发展阶段的顺序,必须用恰恰相反的顺序来代替:游戏先于劳动,而艺术先于有用物品的生产。"②普列汉诺夫从马克思主义的唯物史观出发,以大量原始艺术现象为例,批驳了毕歇尔"游戏先与劳动"的错误观点,重申了艺术起源于劳动的思想。他在《没有地址的信》里描绘过这样的情景:原始人在劳动的过程中,为了协同动作,减轻疲劳和互相交流思想感情,常常按照一定的拍子,并且在生产动作上伴以均匀的唱的声音和挂在身上的各种东西发出的有节奏的响声,这便是最早音乐节奏的来源。将这种有节奏的劳动呼声与含有一定意义的语言结合起来,就产生了最早的诗歌。

普列汉诺夫的观点被我国理论界多方引证。主张艺术起源于劳动,主要依据以下几点。第一,劳动创造了人自身,创造了人类社会,也创造了文学艺术赖以产生的物质基础。这种物质基础包括人的灵巧的双手和发达的头脑、各种感觉器官以及人对于客观世界的认识感受能力等。第二,原始人类劳动中出现的需要,诸如协调动作、减轻疲劳、传授经验、交流感情等,是产生最初文学艺术的直接动因。第三,劳动生活是原始艺术直接的表现对象,构成了原始艺术的基本内容,诸如舞蹈的内容常常是再现生产劳动的过程,或模仿动物的动作,绘画、雕刻则常常直接表现作为狩猎对象的各种动物。第四,原始人类最初的艺术形式,例如诗歌、音乐、舞蹈三位一体等,和当时的生产劳动有着密切的关系。

劳动说重视生产劳动这一人类基本社会实践对于艺术发生的意义,具有合理性。但是,这种理论在一定程度上忽视了原始人类的心理因素在艺术起源中的意义,而且也很难解释劳动之外其他物质生活和精神生活对原始艺术的投影。同时,劳动创造了人类本身,并不直接构成艺术起源于劳动的理由,否则,人类一切文化活动都可以解释为由劳动而起源,艺术起源于劳动这一命题也就失去了独立的意义。

---

① 转引自普列汉诺夫《论艺术》,三联书店,1973年版,第36页。
② 转引自普列汉诺夫《论艺术》,三联书店,1973年版,第70~71页。

总之,以上各说都有它合理的成分,也都能解释一部分事实,但在遇到另一些事实时就显得片面。正如有学者指出:"艺术起源在更多的情况下是指社会学意义和心理学意义上的推动力,就是指原始人最初的创作动机究竟是什么。事实上要在这样的意义上来探索艺术与劳动的关系,还是一个很困难的课题。"①

二、文学起源是历史合力作用的结果

把艺术的起源归结为单一的某种动因,显然是困难的。解释艺术起源的各种理论先后涌现并各有支持者,也表明了这一点。因此许多探讨艺术起源的早期研究者以及当代西方的研究者倾向于多元论,如格罗塞、希尔恩、马克斯·德索、李斯特威尔等人,他们的基本观点是,模仿、游戏、巫术、情感表现、劳动以及其他诸多因素在推动艺术起源时所起的作用都是平起平坐、不分主次的。李斯特威尔的一段话颇具代表性:"游戏、性欲、饥渴、战争、魔术仪式、日常劳动、生活方式、思想和事件的传达和纪念,这一切都在或大或小的程度上对艺术活动的发展作出了贡献,并对它的产品打上了不可磨灭的印记。"甚至连被视为主张"劳动说"的普列汉诺夫也这样说:"总之人类的进步并不是这样简单,也不是这样公式化,以致一切民族的进展都服从于同一个规律。"这种多元论的观点包含了一定的真实性,人类艺术如此错综复杂,不仅有各种各样的艺术形态和艺术样式,而且其内容题材也包罗万象,实在无法确证某一种因素就是推动所有艺术形态和艺术样式以及所有内容题材的艺术之起源的唯一原因而让人信服。但是从理论上说,一个失去了内涵之边界的概念也就成了毫无意义的不确定的概念,因此什么都承认等于什么都不承认,肯定什么都是原因等于说什么都不是原因。可见多元论不是解决问题的有效办法。

但是如前文所述,坚持某一种因素是艺术起源的原因,也是有问题的。在探讨艺术起源的问题上曾一度出现以"劳动说"为唯一科学的理论而排斥其他学说的倾向,这显然是一种简单化的思想方法,也是与辩证唯物主义和历史唯物主义背道而驰的。恩格斯在解释马克思的唯物史观时有一段值得重视的论述,他说:"根据唯物史观,历史过程中的决定因素归根到底是现实生活的生产和再生产。无论马克思或我都没有肯定过比这更多的东西。如果有人在这里加以歪曲,说经济因素是唯一决定性的因素,那末他就是把这个命题变成毫无内容的、抽象的、荒诞无稽的空话。……这里表现出这一切因素间的交互作用,而在这种交互作用中归根到底是经济运动作为必然的东西通过无穷无尽的偶然事件向前发展。否则把理论应用于任何历史时期,就会比解一个最简单的一次方程式更容易了。"②这同样适用于艺术起源问题,在这一问题上把经济因素看成唯一的决定性因素也同样是不能令人信服的。

因此,可以认为人类文艺不是产生于一种单纯的原因,而是由多种因素合力作用的结果。恩格斯在《反杜林论》中提出并在《致约瑟夫·布洛赫》的信中作了进一步阐发的关于历史合力问题的论述:

---

① 朱狄:《艺术的起源》,中国社会科学出版社,1999年版,第108页。
② 恩格斯:《致约瑟夫·布洛赫》,《马克思恩格斯全集》第37卷,人民出版社,1971年版,第460~461页。

历史是这样创造的:最终的结果总是从许多单个的意志的相互冲突中产生出来的,而其中每一个意志,是由于许多特殊的生活条件,才成为它所成为的那样。这样就有无数互相交错的力量,有无数个力的平行四边形,而由此就产生出一个总的结果,即历史事变,这个结果又可以看作一个作为整体的、不自觉地和不自主地起着作用的力量的产物。因为任何一个人的愿望都会受到任何另一个人的妨碍,而最后出现的结果就是谁都没有希望过的事物。所以以往的历史总是像一种自然过程一样地进行,而且实质上也是服从于同一运动规律的。但是,各个人的意志——其中的每一个都希望得到他的体质和外部的、终归是经济的情况(或是他个人的,或是一般社会性的)使他向往的东西——虽然都达不到自己的愿望,而是融合为一个总的平均数,一个总的合力,然而从这一事实中决不应作出结论说,这些意志等于零。相反地,每个意志都对合力有所贡献,因而是包括在这个合力里面的。①

　　以上论述对于认识文学艺术发生和发展的动因与规律,具有重要的方法论意义。

　　具体到文学艺术起源的问题,需要从两个方面来讨论:一是生产劳动构成了文学艺术起源的基本动因,如前文所述,它为文学艺术的起源提供了物质基础、内在需要和基本内容与形式,这是具有根本意义的;二是在生产劳动的基础上,模仿、游戏、巫术等种种因素,对于文学艺术的起源都是不无意义的。

　　例如巫术活动,在原始人心目中它是使生产劳动获得成功的不可或缺的保障机制,然而巫术活动的这种实用性常常是被想象出来的,正如希尔恩所说:"舞蹈、诗歌、甚至低级部族的确具有的造型艺术,正如许多人种学者所同意的那样,无疑具有审美的价值,但这种艺术很少是自由的和无利害关系的;它们一般来说总是具有实用意义的——真正具有实用意义或被设想为具有实用意义——并且常常是一种生活的必需。"当原始人将这种实用态度用一种假想的、虚构的、情绪化的方式表现出来时,与艺术活动便殊途同归了。这就是说,巫术活动特有的心理结构如假定性、主观性、情感性等,有力地促进了人类最早的艺术思维和审美心理的产生,为文学艺术与其母体——生产劳动的分离、走向独立打下了基础。又如模仿活动所需的观察能力和操作能力,也为原始艺术走向独立作出了不可忽视的贡献。

　　除了我们提到的几种文艺起源说外,还有一个需要注意的现象是生殖崇拜。对人类繁衍的崇拜与歌颂,曾经是原始图腾艺术表现的重要内容,也是其产生的直接动因。在西方原始洞穴中,人们不断发现一种用象牙或石灰石雕成的妇女小雕像,它们大多乳房突出、腹部隆起,极其夸张地表现了女性特征。其产生的动因恐怕很难与劳动相联系,而主要是源于对种族繁衍的祈望。在原始的舞蹈与语言艺术(主要是歌谣)中,往往带有较多的肉欲成分,充满了性挑逗和求偶意向。这种情况在现代某些闭塞地带的歌舞中还有残

---

① 恩格斯:《致约瑟夫·布洛赫》,《马克思恩格斯全集》第37卷,人民出版社,1971年版,第461～462页。

留。这也是同原始社会对人口有较大需求密切相关的。波克罗夫斯基在《世界原始社会史》一书中写道:"图腾产生并盛行于氏族社会,而同时却为氏族经济服务,具有维持族外通婚和团结氏族的作用。这些作用完全表现在图腾崇拜的仪式中。图腾崇拜方式一方面与巫术观念相结合,表现庆祝生产;另一方面与氏族组织相结合,表现为庆祝氏族人口的繁殖,在盛大的图腾崇拜仪式中,人们狂热地歌唱和跳舞,常常通宵达旦或延续数天之久,所以图腾的基本意义是以保证人们生产行为的胜利和氏族的繁衍为其任务的。"可见,有些图腾舞蹈与种族的繁衍有着直接的联系。

因此我们不能因为肯定生产劳动在文学艺术起源问题上的重要作用而决然否认其他因素的积极意义,也不能因为强调其他因素在文学艺术起源问题上所作出的贡献而抹杀了生产劳动在其中的主导作用。质言之,文学艺术的起源是在生产劳动的基础上,由模仿、游戏、巫术等多种因素的合力推动的结果。

第二节　文学发展的社会根源

文学艺术从原始人类以劳动为中心的生存活动中萌发诞生,经历了极其漫长的社会历史阶段,发展到今天,其内容的丰富性,形式的多样性,是以往任何历史时代都无法比拟的。这说明文学艺术同其他任何事物一样,有着自己产生和发展的历史。然而,文学艺术的发展有何规律可循?它取决于哪些因素?这是古今中外的文学史家们不断探索的课题,也是文学理论必须回答的问题。对此,我们总的认识是:一切事物的发展有外因,也有内因。文学不可能在一个自我封闭的状态下发展,"质文代变,与世推移"(《文心雕龙·时序》),文学的动态发展必然受制于它所由产生的社会生活的各种复杂因素。从终极的意义上来说,文学的发展受经济的支配;从这种支配作用的复杂性来说,又不是直接发生的,它要通过政治、法律、道德、哲学、宗教和社会心理等中介因素才能影响文艺。文学是在经济基础和上层建筑、社会心理与社会意识形态的多重制约下向前发展的。

一、文学发展与物质生产

作为一种特殊的审美意识形态,文学属于社会的上层建筑,因此,作为艺术生产的文学活动首先同经济基础或物质生产有密切关系。这种关系体现在两个方面:一方面,物质生产的发展是文学发展的基础;另一方面,艺术生产与物质生产存在不平衡现象。

1. 物质生产的发展对文学发展的影响

马克思、恩格斯关于经济基础与上层建筑的学说告诉我们,"人们首先必须吃、喝、住、穿,然后才能从事政治、科学、艺术、宗教等等","物质生活的生产方式制约着整个社会生活、政治生活和精神生活的过程"①。文学作为上层建筑的意识形态之一,虽然它要受到其他意识形态的影响,但归根到底经济起着最终的决定作用,主要表现在以下两个方面:

首先,物质生产的发展导致了社会分工,对文学艺术的发展产生了深刻的影响。

在原始社会,由于生产力极为低下,必须人人劳动才能维持人类的生存。那时,还不可能有脱离生产劳动而专门从事文学艺术创作的人。劳动者就是艺术创造者。文学生产的全民性特征,也必然使其发展受到社会实践的直接规定和制约。但随着生产力的发展,剩余产品的出现,人类出现了第一次大规模的分工,即物质生产与精神生产的分工,并产生了阶级分化,也出现了不同阶级的文学。社会分工对文学的影响,具体表现在以下两方面。第一,它极大地促进了艺术的独立发展和繁荣。由于物质生产与精神生产的分工,社会上出现了专门从事文学艺术创造的艺术家。他们逐渐摆脱了劳动等生存实践活动对艺术的直接规定和制约,使艺术生产成为了独立的部门。"由于分工,艺术天才完全集中到个别人身上",出现了艺术才能特别突出的文学艺术家,他们专心致志地从事艺术的研究和创作,从而极大地促进了艺术的发展和繁荣。正如恩格斯所说:"当人的劳动的生产率还非常低,除了必需的生活资料只能提供微少的剩余的时候,生产力的提高,交换的扩大,国家和法律的发展,艺术和科学的创立,都只有通过更大的分工才有可能。"②第二,社会分工使广大劳动群众的艺术天才受到压抑,使文学艺术家的艺术才能受到某种限制。由于分工,劳动者要承担繁重的体力劳动,处于受压迫、剥削和被奴役的地位,丧失了受教育、掌握文化的机会。因此他们的个性和才能的发展受到严重的压抑。劳动者被异化为单纯的劳动机器,甚至对最美丽的景色都无动于衷;另一方面,由于艺术与劳动的分离,精神文化为少数人所垄断,也往往导致精神文化创造的贵族化倾向。

其次,物质生产的发展改善了文学发展的主客观条件,这也促进了文学的发展。

文学发展客观条件的改善突出表现在人类传播媒介和方式的转变上。人们先是以兽骨、竹简、绢帛等作为传播书面信息的载体,继而又先后发明了造纸术和活版印刷术,以后又以电力、机械等物质手段将其提高到新的水平,如今又出现了影视、网络电子传播工具。这每一次转变都改善了文学创作、传播和接受的客观条件,扩大了文学传播的时空范围,从而促进了文学的发展。这种转变不断加强处于不同时空范围的作者之间、读者之间以及读者和作者之间的相互联系,促进了文学交流的发展,推动了区域性乃至世界性整体文学的形成。

物质生产所引起的文学发展主观条件的变化是和客观条件的改善相互联系的。由于传播媒介和方式的转变而引起的信息传播速度、范围等方面的变化,以及由于交通条件改善带来的人们直接见闻速度、范围等方面的变化,都必然导致人们视野和思维空间的开拓,促使人们形成新的知识结构、思维方式和审美心理。这自然会对作者的创作和读者的接受产生深刻的影响。一部电视机使今天的儿童在文学艺术以及其他方面所具有的知

---

① 中共中央马克思恩格斯列宁斯大林著作编译局:《马克思恩格斯选集》第3卷,人民出版社,1972年版,第221页。

② 中共中央马克思恩格斯列宁斯大林著作编译局:《马克思恩格斯选集》第3卷,人民出版社,1972年版,第221页。

识、才能和经验,与他们父辈的童年水平相比,真有天壤之别。而在历史上,先后出现的书、报、杂志、收音机等,都曾经产生过类似的作用。随着网络的发展,传统文学的基本载体——书将很有可能丧失其现有地位,那样对作者创作和读者接受所带来的影响将是更加复杂的了。物质生产水平的提高必然不断带来劳动强度的降低,这也给人们从事文学艺术活动提供了更加充分的条件和更加强烈的需求。

物质生产水平的提高通过对文学这一艺术生产主客观条件的影响,必然进一步引起文学内容和形式的变化。这突出表现在文学体裁样式的发展变化上。一种体裁由简单到复杂、由幼稚到成熟的发展,新体裁的产生和旧体裁的衰落,文学体裁样式由单一到众多并出现各种综合样式,这些现象的出现往往和物质生产水平的提高有着一定的联系。我国宋、金、元时期城市经济的繁荣,就对词、曲(包括杂剧)、话本等文学体裁的发展起到了重要的推动作用。而一些现代文体,如报告文学、广播剧、影视文学的产生,就和印刷、广播、电影及电视物质手段的发展有着直接或间接的关系。

由此可见,经济对文学发展起着最后的决定作用。但是,在认识这一问题时,应当注意,不能直接地从人们的物质生产活动中去寻找文学艺术发展的原因。因为文学与经济基础的关系,不是直接的,而是间接的,其中要经过一些"中间环节",即政治、法律制度及其他社会意识形态等,否则就不能解释复杂的文学现象。

2. 艺术生产与物质生产存在不平衡现象

文学发展以物质生产的发展为基础,这是马克思主义文艺学的基本观点。但是,这并不意味着文学发展与物质生产这二者始终是以同步性或平衡性为前提的。相反,在文学发展的历史进程中,作为艺术生产的文学同社会物质生产的发展常常出现不平衡的现象,这是文学与经济基础复杂性的突出表现。马克思在《〈政治经济学批判〉导言》中指出:"关于艺术,大家知道,它的一定的繁盛时期绝不是同社会的一般发展成比例的,因而也绝不是同仿佛是社会组织的骨骼的物质基础的一般发展成比例的。"[①]根据马克思的论述,这种不平衡现象大致有两种情况,并各有其复杂的成因。

第一种情况是,某些有重大意义的艺术形式,只可能出现在社会发展的特定阶段上,随着生产的发展,这种艺术形式不但没有发展,反而会停滞或衰落。例如古希腊的经济比今天要落后得多,但古希腊的神话则是神话发展的高峰,时至今日仍然能够给我们以艺术享受。古希腊神话这类艺术形式,只能产生于物质生产不发达的社会历史阶段,它是人类幻想的产物。而在艺术高度发展的今天,再也没有产生出古希腊时的神话和史诗。这一种不平衡现象,实质上是与当时落后的生产力相适应的。由于当时生产力极其低下,决定了希腊人只能以幻想的形式对待自然和社会。神话的繁荣,便是基于人"用想象和借助想象以征服自然力、支配自然力、把自然力加以形象化"。随着社会生产力的提高,随着许多自然力实际上被支配,神话也就消失了。因此,希腊神话和史诗这种划时代的、古典的艺术形式,"同它在其中生长的那个不发达的社会阶段并不矛盾。它倒是这个社会阶段的结果,并且是同它在其中产生而且只能在其中产生的那些未成熟的社会条件永远不能复返

---

① 中共中央马克思恩格斯列宁斯大林著作编译局:《马克思恩格斯选集》第2卷,人民出版社,1972年版,第112~113页。

这一点分不开的"①。

第二种情况是,在某些历史时期,经济发展落后的国家却出现文学的繁荣局面,而那些生产力发展水平较高的国家的文学则居于落后地位。例如18世纪末的德国比之英、法等国,经济要落后得多,但文学却取得了伟大的成就,产生了歌德、席勒等伟大的文学巨匠。19世纪的俄国也是如此,当西欧各国的资本主义经济已进入了工业化阶段,它还处于封建农奴制和沙皇专制制度的统治下,经济十分落后,但文学则出现了繁荣的局面,相继出现了普希金、托尔斯泰等一批具有世界影响的作家,取得的创作成就没有哪个西欧国家能够相比。总之,一个民族物质生产和艺术生产的发展是不一定成正比的,在历史的跑道上并非任何时期都是步调一致、齐头并进的。这一种不平衡现象,与社会分工有着密切的联系。原始社会的艺术生产与物质生产直接地联系在一起,物质生产的水平直接制约着艺术生产的发展,因而在总体上二者的进度基本上是平衡的。到了阶级社会,物质生产与精神生产出现了分工,艺术生产从物质生产中独立出来了,文学的发展同物质生产失去了直接的联系。从此,直接制约文学发展的是政治和其他社会意识形态、文学遗产的继承关系以及其他民族文学的影响等多种"中间因素"。这些"中间因素"在不同国家、不同时代的具体情况十分复杂,对文学的作用各不相同。有的有利于文学发展,有的则不利于文学发展,而有利于文学发展的情况,不一定就出现在历史上物质生产水平较高的时期。这样,文学的发展同社会经济的发展就往往会出现不平衡的现象。

但是,不平衡现象的存在并不能导致否定物质生产对文学的最终决定作用。因为,直接制约文学发展的诸种"中间因素",自身的性质和发展状况是建立在一定的社会经济基础之上的。因此,一个时代文学发展和繁荣程度,归根结底还是受到经济基础制约的。

二、文学发展与社会政治

政治具有多种含义,主要包括两个方面:一是指作为上层建筑的实体部分的政治设施,即国家、政党、法律、军队等设施;二是指作为社会上层建筑中意识形态之一的政治思想。政治对文学的影响,也应当从这两方面来认识。

1. 政治统治对文学发展的影响

文学发展的最终根源是社会的经济基础。但是,在一定的经济基础上形成的政治制度和统治者制定的方针政策,更为直接地影响和制约着文学的繁荣发展。一般地说,开明的政治和文学艺术方面的开放鼓励政策,可能对文学的繁荣和发展起积极的推动作用,相反,黑暗的统治和文学艺术方面的压制束缚政策,就会对文学的发展起消极阻碍作用。唐诗繁荣的局面与唐代前期较为开明的政治统治和以诗赋取士的科举制度就有密切关系。古希腊文学艺术的繁荣发展同当时的奴隶主民主制和重视文艺活动的政策也有密切关系。当时奴隶主民主制的政治领袖不仅比较开明,而且十分重视戏剧活动的教育作用。在雅典的黄金时代,执政者伯里克理斯建造宏伟的露天剧场,向人们发放"戏剧津贴",使贫穷的公民也能看到戏,而且定期举行戏剧节,这些措施对希腊戏剧的发展起到了极大的

---

① 中共中央马克思恩格斯列宁斯大林著作编译局:《马克思恩格斯选集》第2卷,人民出版社,1972年版,第144页。

促进作用。

2. 政治风尚、思潮对文学发展的影响

政治生活中的重大事变,阶级斗争的此起彼伏,政治潮流的盈消更迭,都会对时代的社会意识形态发生影响,形成时代的政治风尚和思潮,这种风尚和思潮渗透到文学的各个方面,使这个时代文学的性质和方向以及题材、主题、风格、流派,无不受到政治的浸染,带有特定时代的政治色彩。19世纪法国文学中浪漫主义向现实主义的发展,就是时代政治风尚变化所致。19世纪30年代法国资产阶级浪漫主义文学的风起云涌恰恰是发生在波旁王朝复辟的反动年代。波旁王朝倒行逆施的倒退政策,激起了社会上资产阶级自由主义的浪潮,复辟时期反倒比拿破仑帝国时期多几分自由主义气息,并成为法国议会民主的"黄金时代"。这种资产阶级自由主义的浪潮席卷全社会,就使当时的文学,不论贵族阶级的文学还是资产阶级的文学,都倾向于浪漫主义潮流。而在此后的二三十年中,批判现实主义取代浪漫主义成为法国占据压倒优势的文学主潮,正是由于七月革命推翻了波旁王朝以后,资产阶级在政治上彻底战胜了封建贵族阶级,法国资本主义秩序日趋稳定,在资本主义生产关系正式确立以后,冷静务实的政治风尚取代激情昂扬的政治风尚所致。

政治风尚、思潮不仅影响一个时代的文学风貌,同时也影响具体作家的创作。这种影响往往表现在政治思潮理想对艺术家创作的渗透。明代思想家李贽认为《水浒传》是不满于现实政治的"发愤之所作","敢问泄愤者谁乎?则前日啸聚水浒之强人也"(《忠义水浒传序》)。啸聚山林的起义者所泄之愤,不是个人的穷通出处,而是着眼于整个国家的选贤任能。小说的主题聚焦于"忠义"二字,小说家发抒愤郁、赞扬忠义,是希望统治者能够改行仁义、重用忠义之人,使忠义在水浒变为忠义在朝廷。在李贽看来,《水浒传》所达到的思想和艺术高度,与作者这种创作态度和政治理想是分不开的。

文学发展受到政治的深刻影响,但这并不是说文学的盛衰同社会的治乱是相同步的。清代思想家叶燮在《百家唐诗序》中指出,古今者,运会之迁流也有世运,有文运,世运有治乱,文运有盛衰,二者各自为迁流……二者又异轨而自为途。如果说文学发展与物质生产存在不平衡现象,那么文学盛衰与世运治乱同样存在不同步现象。

三、社会心理和社会意识形态对文学发展的作用

1. 文学与社会心理

社会心理是社会群体在其相互交往中形成的不定型的、自发的、共同的社会意识。它具体表现在大众中广泛流行的情绪、心态、情趣、习惯、爱好等方面。它和意识形态比起来,对文学发展的影响更为直接。普列汉诺夫曾经指出:"所有的意识形态都有一个共同的根源:这个时代的心理","艺术最直接地受社会人的心理的制约和决定。"[①]各种社会意识形态对文学艺术的影响,作品的道德、哲理内涵和政治、宗教倾向反作用于社会意识形态,都要通过社会心理这个中介。社会心理对文学艺术的影响,具体表现在以下四个方面。

其一,社会心理对作品人物性格特征的影响。例如17世纪法国古典主义作家笔下的

---

① 转引自维戈茨基《艺术心理学》,上海文艺出版社,1985年版,第9~10页。

悲剧人物，前期具有坚强、刚毅和英勇的性格，后期则丧失先前坚强的性格，力求用"温文尔雅"去抑制"粗野气质"的时尚，就是法国社会由激烈的社会动荡到君主专制胜利，社会统一安定的普遍的社会心理演变的反映。

其二，社会心理制约着题材的选择和处理。例如，中国文学史上，"马"是一个经常出现的意象。唐代以前，文学作品中出现的骏马、千里马，它们和伯乐一类强势群体相伴相随；宋代以后，作品中出现的更多是驽马、病马，它们和枯藤、老树、昏鸦为伍。这是古代中国人自信力由强变弱的普遍社会心理的艺术折射。又如，法国18世纪大卫派的绘画主要表现古代共和政体时期的英雄业绩，这便是强大起来的第三等级人士革命情绪高涨的反映。因为当时急需为建立共和政体而献身的英雄主义，而平庸的资产阶级自身却缺乏这样的精神力量，这就需要到古代去呼唤历史的亡灵。这种社会心理使艺术家争相表现为古代共和制而斗争的公民美德和英雄主义精神。随着法国资产阶级革命的成功，古代英雄的描写便失去了对年轻一代艺术家的吸引力。

其三，社会心理往往决定文学风格的变化。普列汉诺夫在《论西欧艺术》中说，法国路易十四时期，艺术中所表现的追求崇高、尊严、豪华、装腔作势的风格，在很大程度上反映了法国君主政体鼎盛时期贵族的艺术趣味和审美心理。到路易十五时代，艺术理想由崇高转向愉快，艺术便流行一种充满柔媚、华靡以至典雅的肉感气息。文学风格的变化体现了封建君主政体的衰落而带来的追求细腻的感官享受的庸俗趣味。

其四，社会心理制约着文学接受主体的艺术选择。从生产和消费的角度来看，文学的发展取决于被社会所接受的程度，文学接受活动则被特定的社会心理、特别是审美心理所决定。文学接受的状况，极大地制约着艺术家对题材、主题、人物、风格的选择，社会的文学选择往往对一个时代、一个民族艺术精神的形成有着关键性的影响。意大利文艺复兴时期自由奔放、乐观开朗的社会心理，造就了薄伽丘的《十日谈》，达·芬奇、米开朗基罗、拉斐尔和提香的绘画。马克思和恩格斯指出，"巴黎对通俗喜剧和小说的极大喜好，促使从事这些创作的劳动组织出现了"①。丹纳则把这种喜好看做文学发展的"精神气候"，他认为"必须有某种精神气候，某种才干才能发展"，"群众思想和社会风气的压力，给艺术家定下一条发展的路，不是压制艺术家，就是逼他改弦易辙"②。也应该看到，不加分辨地去迎合接受者的社会心理，是不利于文学的发展的。

2. 文学发展与宗教

什么是宗教？"宗教是观念、情绪和活动的相当严整的体系。观念是宗教的神话因素，情绪属于宗教感情领域，而活动则属于宗教礼拜方面，换句话说，属于宗教仪式方面。"③这是"宗教"的经典定义，而观念、情绪、仪式是宗教的三大要素。宗教对人类生活的影响是全面而深刻的。在西方，基督教不仅是西方文化的重要组成部分，更体现为西方文明的精神核心。西方的哲学思想、价值观念、文学艺术、教育理想、政治法律、经济制度

---

① 中共中央马克思恩格斯列宁斯大林著作编译局：《马克思恩格斯选集》第3卷，人民出版社，1972年版，第459页。
② 丹纳：《艺术哲学》，傅雷译，人民出版社，1980年版，第35页。
③ 普列汉诺夫：《普列汉诺夫哲学著作选集》第3卷，三联书店，1962年版，第363页。

以及社会发展都与基督教紧密相关。在中国,道教作为本土宗教,佛教作为外来宗教,同样对中国的经济、政治、文化生活和社会发展产生了重大影响。

如果说宗教对社会经济、政治发展的影响是间接的,那么对文学艺术发展的影响则是最直接、深入的。

宗教对文学发展的影响的一个表现是:宗教以及宗教的神话故事为文学发展供了土壤。马克思说:"希腊神话不只是希腊艺术的武库,而且是它的土壤……希腊艺术的前提是希腊神话……埃及神话决不能成为希腊艺术的土壤和母胎,但是无论如何总得是一种神话。"①由宗教文化背景所产生的神话故事是世界各民族文学史的源头,从文学自身发展的继承关系看,它必然成为后代文学发展的土壤和母胎。神话新奇突兀的幻想往往启迪了后代作家的想象力,为后代文学提供了丰富的题材。以对宙斯为首的奥林匹亚神灵崇拜的希腊宗教,孕育了《荷马史诗》,它同记载古代希伯来神话传说的《圣经》一样,成为西方文学世代不衰的母题。

宗教对文学发展的影响的另一表现是:宗教的神秘主义、非理性主义思维特征往往会启发作家直觉抽象的艺术思维方法。在世界文学发展史上,宗教的思维特征成了文学把握自身艺术规律的先导。比如中国佛教禅宗"不立文字"的形象直觉思维方式,对于中国文学形象思维论的发展就起了重要影响。拈花微笑、道体心传,禅的宗教领悟浸染了文学的审美情思,比如"青青翠竹,总是法身,郁郁黄花,无非般若","问如何是天柱家风?师曰:时有白云来闭户,更无风月四山流","问如何是佛法大意?师曰:春来草自青"。禅宗的种种机锋,都以直觉灵感的思维方式,从对自然的形象感受中去领悟宇宙规律。禅宗在文人作家中的广泛传播,使中国文学在唐宋之际形成了以禅写诗、说诗的风气。王维诗歌深通禅意,苏轼说自己"暂借好诗消永夜,每逢佳处辄参禅"。从皎然《诗式》、司空图《诗品》到严羽《沧浪诗话》,中国文学由于禅宗的启示逐渐形成和发展了系统的形象思维的艺术观念,对中国文学的发展起着重要作用。随着无神论思想的传播,宗教的天地日渐缩小,但宗教作为一种文化现象还要长期存在,它对文学发展还要发生一定影响。

3. 文学发展与道德

道德是一定社会为了调节人与人之间以及人与社会之间的关系所提倡的行为规范的总和,它通过舆论、习俗、规约影响人的心理意识,约束人的行为举动。它是一定社会关系比较直接的产物和反映,是一种比较接近经济基础的社会意识形态。文学要反映以人为中心的社会生活,就必然受到它的强烈影响。这种影响主要表现在道德观念的变化影响文学主题的发展变化。例如,欧洲各个时期都有自己的道德观念,并渗透到各时期的文学之中。古希腊的英雄时代,荷马史诗中最受人称颂的道德是尚武勇敢,只要有此种品质,不分阵营敌对与否,一律加以歌颂。文艺复兴时期反对禁欲主义,提倡人文主义道德观,自由恋爱,友谊善良,人生享受,高贵幸福等,都成为文学家歌颂的品格。近代以来出现的利己主义、利他主义和合理的利己主义道德观,同样渗透了18、19世纪的欧洲文学。而在我国封建时代,忠、孝、节、义、"三从"、"四德"等是占统治地位的道德观念和原则,不少文

---

① 中共中央马克思恩格斯列宁斯大林著作编译局:《马克思恩格斯选集》第2卷,人民出版社,1972年版,第113页。

学作品就都不同程度地表现了这些道德观念和原则。有的是颂扬这些道德观念和原则的合理性和神圣性,像各种形式的《孝子传》、《烈女传》等,《三国演义》《水浒传》也没有跳出这些道德观念和原则的樊篱,有的则揭露这些道德规范的残酷与罪恶,像《孔雀东南飞》、《梁山伯与祝英台》《牡丹亭》等,从否定的意义上表现了一定时代的道德规范,也从另一侧面表现着道德对文学的影响。

每个时代的文学都深深刻上了那个时代道德理想的烙印。当然,文学对道德同样产生深刻影响。萧统《陶渊明集序》说:"尝谓有观渊明之文者,驰竞之情遣,鄙吝之意祛,贪夫可以廉,懦夫可以立,岂止仁义可蹈,抑乃爵禄可辞"。真正的文学作品,虽无直接的道德目的,却能产生巨大的道德作用。康德说"有两样东西,我们愈经常持久地加以思索,他们就愈使心灵充满始终新鲜不断增长的景仰和敬畏:在我之上的星空和居我心中的道德法则"。无论到什么时代,崇高的道德,都是作家追求的目标,也是文学发展的动力。这样的文学,才会像浩瀚的星空那样闪烁而永恒。

4. 文学发展与哲学

文学与哲学之间始终保持着深刻的内在联系。哲学著作缺乏文学价值不失为纯粹哲学,文学作品缺乏哲学意味就难以给人深邃的启迪。哲学是对人生的有系统的反思的思想,它要阐明世界的本质、人类的处境和人生的意义。文学则以审美形式感受世界,领悟人生,赏玩生命的斑斓色彩。人生的终极问题往往成为哲学与文学共同探索的问题。然而,哲学对这些问题的探索更自觉、更系统,也更深入。因此,哲学作为民族、时代、社会的系统反思和自我意识,必然对一个民族、时代、社会的文学创作和文学发展产生深刻影响。

哲学对文学的影响主要体现在以下两层面:

第一,一定的哲学思想给文学提供思想理论基础,推动文学的发展,甚至由此形成一定的文学思潮、文学流派和文学运动。例如在欧洲文学发展史上,每一种文学流派或文学运动的出现,都是以一定的哲学思想作为它的思想基础的。历史事实说明,一定的哲学思想都是对现实世界的高度概括和思考,它反映一定的现实关系并为这种关系辩护。一定的文学流派、文学运动和文学思潮,也是一定现实关系的产物,它也要为自己的出现和发展辩护,这就要到相应的哲学中寻找理论依据。这是哲学对文学发生影响的重要原因。

第二,一定的哲学思想会影响作家的世界观,从而影响到作家对现实的态度和认识,也就会影响他的创作活动。例如,受到唯物主义哲学思影响响的作家,他们总是面对现实,运用积极的、能够真实地反映社会生活及其本质的创作方法,在不同程度上揭示社会的矛盾,以帮助人们认识生活,改造生活中的不合理现象。而接受唯心主义哲学思想影响的作家,则强调主观精神的作用,往往在创作中强调主观感受或心灵的表现,运用超现实或脱离现实的创作方法来进行创作,表现出不同的理想追求,一定的哲学思想正是作家思考生活、认识生活的思想资源。因此,作家在创作中,总是自觉或不自觉地接受一定的哲学思想的影响,哲学也就通过自己的思想体系来影响作家的思想倾向和艺术倾向。

第三节 文学发展的自身规律

同文学起源的动因是多元的一样,影响文学发展的原因也是多元的,社会生活的发展,社会的政治、经济、文化,对于文学的发展有重要影响,同时文学本身的继承与革新以及各民族文学之间的相互影响,对于文学发展的进程和速度也会产生重大影响。

一、文学传统的继承与革新

1. 文学发展的历史继承性

文学的发展以继承历史上长期形成的优秀文学传统为前提,这已经成为一条规律了,其实这也是思想文化发展的普遍情况。文学传统可以说是日后的文学创作无法跳出的手掌,有意为之的继承固然不必说,在不知不觉中受到传统制约的情况也是随处可见,即使是那些与传统持尖锐对立态度的人,在他身上最终也仍然能够找到传统留下的痕迹。

为什么文学的发展具有历史继承性呢?

首先,这是因为历史的继承性是社会事物发展的最一般的规律。马克思指出:"人们自己创造自己的历史,但是他们并不是随心所欲地创造,并不是在他们自己选定的条件下创造,而是在直接碰到的、既定的、从过去承继下来的条件下创造。"[①]文学的发展也必然遵循事物发展这一普遍规律。任何一个时代的文学,都不可能是无源之水,无本之木。一个作家,不管你是否愿意,都必然受到传统文化、文学的影响。可以说是传统的文化、文学养育了作家。作家要取得创作上的成功,必然要从过去流传下来的文学遗产中吸收思想和艺术养分,完全不受任何文学遗产影响的文学创作是不存在的。

其次,文学发展的历史继承性是为文学意识形态的特殊性所决定的。恩格斯在谈到哲学的发展时说:"每一个时代的哲学作为分工的一个特定的领域,都具有由它的先驱者传给它而便由以出发的特定的思想资料作为前提。"[②]文学作为社会生活反映的特殊形式,它与经济基础的关系不是直接的,而是间接的,它是一种"更高地悬浮于空中"的意识形态。因此,文学不像政治、法律制度那样随着一定社会经济基础的消亡而马上消亡,而是以审美的方式反映社会生活的特殊性,又使它不像哲学那样只能作为思想资料供后人研究。文学作为一种特殊的社会意识,不仅有认识和教育作用,而且有审美价值和愉悦作用。作为一种美的存在形态,它必然为后来的人们所欣赏。其永久的艺术魅力、审美价值和创造经验,必然为后世的人们所瞻仰、所揣摩、所借鉴。因而文学的发展是无法摆脱历

---

① 中共中央马克思恩格斯列宁斯大林著作编译局:《马克思恩格斯选集》第1卷,人民出版社,1972年版,第603页。

② 中共中央马克思恩格斯列宁斯大林著作编译局:《马克思恩格斯选集》第4卷,人民出版社,1972年版,第485页。

史流传下来的文学遗产的影响和作用的。这正如法国比较文学研究者梵第根所言:"一种心智的产物是罕有孤立的。不论作者有意无意,像一幅画,一座塑像,一个奏鸣曲一样,一部书也是归入一个系列之中的,它有着前驱者,它也会有后继者。"

最后,文学发展的历史继承性为文学发展的历史实际所充分证明。它主要体现在以下三个方面。

一是表现在思想内容上。人类的思想意识有历史的继承性,它必然通过反映社会生活的文学表现出来。纵观我国古代文学发展的历史,各个时代的文学,在思想内容上都有一脉相承的继承关系。例如,我们可以从《诗经》中"不稼不穑,胡取禾三百缠兮"的怨愤,从杜甫"三吏"、"三别"中人们对官吏凶暴的憎恶,从《水浒传》一百零八条好汉的揭竿而起和《西游记》孙悟空的大闹天宫发出的"皇帝轮流做"的呼喊声中,看到古代劳动人民反抗压迫和剥削的思想传统的继承和发扬;也可以从屈原的《离骚》,岳飞的《满江红》,以及陆游、辛弃疾的许多诗词中感到爱国主义精神的不断弘扬光大;还可以从《西厢记》、《牡丹亭》、《红楼梦》、《白蛇传》等文学作品中,看到向往美好爱情、追求婚姻自由主题的不断绵延发展。

二是表现在艺术形式上。文学用来表情达意状物的语言,本身就是人类社会长期交流积淀的产物,作家的语言不可能脱离长期形成的社会约定俗成的语言的规范和影响,作家无从选择他自小生长的语言环境,他的语言能力本身就是在与传统语言有紧密关系的现实语言的熏陶和培育下发展起来的,本质上离不开对传统语言的继承。弃绝前人的语言便不可能有今人的语言,学习前人的语言是历代文学语言丰富和发展的一条重要途径,我们可以从历代文学作品的语言中看到它们之间的承继关系,就是在今天的白话文中仍然可以看到古代语言的运用以及感受到它的影响,至于体裁、结构、表现手法等形式因素的历史继承性也是显而易见的。这正如刘勰所说:"楚之骚文,矩式周人;汉之赋颂,影写楚世;魏之策制,顾幕汉风;晋之辞章,瞻望魏采。"各代诗文的承继关系十分清楚。今天现代小说的故事性、情节性特征仍与古代的传统小说一脉相承;而现代诗歌与古代诗歌虽然发生了大的变异,但在分行排列、讲究音韵节奏等基本特征上,仍与古代诗歌保持着明显的承继关系;现代作品的许多结构方法和表现手法,也仍然可以在古代作品中找到它们的萌芽或踪迹。

三是表现在创作方法上。就文学史上两种基本的创作方法现实主义和浪漫主义在中国的产生和发展来看,其继承性也是很明显的。现实主义和浪漫主义的概念虽然在"五四"新文学运动时才被引入中国,但作为创作实际运用的方法,早在我国古代的《诗经》和屈原的《离骚》中就已奠定了基础。在唐代,伟大的诗人杜甫和李白又分别继承和发扬了现实主义和浪漫主义的优良传统,创作了许多古今传诵的优秀诗篇,对后世的文学创作产生了深远的影响。从唐代传奇、宋元话本、元代杂剧到明清小说,现实主义和浪漫主义则在小说戏剧中得到了充分的发展,既产生了以《水浒传》、《红楼梦》为代表的现实主义的典范之作,又创造了以《西游记》、《牡丹亭》为代表的浪漫主义之作。"五四"以后,鲁迅的小说和郭沫若的诗歌又使这两种创作方法在新的形势下,有了进一步的开拓与发展。

2. 对于文学传统的革新

肯定文学传统具有重要的影响力并不意味着不加选择、不加鉴别地全盘照搬文学传统便能推动文学的发展。对此,刘勰在《文心雕龙·通变》中有很好的论述,即所谓"变则可久,通则不乏","参伍因革,通变之数也",就是说文学的发展必须有通有变,有因有革,如果只有"通"和"因",而没有"变"和"革",那是不能真正促进文学的发展的。国外学者对此也有类似的见解,艾略特在肯定传统对于文学创作的意义之后,随即指出:"如果传统的方式仅限于追随前一代,或仅限于盲目的或胆怯的墨守前一代成功的方法,'传统'自然是不足称道了。我们见过许多这样单纯的潮流很快便消失在沙里了;新颖总比重复好。"①

纵观中外文学发展的历史,每一个时代文学的发展,每一个作家创作水平的发展,都是在继承以往文学传统的基础上有所变革、有所创新而取得的。

每一个时代文学的发展都以对于前代文学传统的变革创新为必要条件。元杂剧的崛起成为中国戏曲史上辉煌的一页,甚至元杂剧就成为元代文化的一种标志,涌现了关汉卿、王实甫、郑光祖、白朴、马致远等一大批杂剧作家和《窦娥冤》、《西厢记》、《倩女离魂》、《墙头马上》、《汉宫秋》等一大批杰出作品。这一成就的取得,除了当时的社会巨变和知识分子的特定生态和心态之外,戏曲本身的继承与革新的规律也起到了重要的推动作用。我国戏剧从发生到元杂剧,经历了远古的歌舞和祭祀、春秋战国的俳优、汉魏的歌舞百戏、唐五代的参军戏、宋杂剧、金院本等多种样式的发展演变,而元杂剧则在以前所有戏剧样式的基础上取得了两大进步。一是形式上的进步。宋杂剧或用大曲,或用诸宫调,但因前者格律严切和后者转韵烦琐而受到极大限制;而元杂剧则每剧都用四折,每折换一宫调,每一宫调中的曲子必在十曲以上,因此在演唱形式上比较自由,也比较雄肆。二是内容上的进步。由"叙事体"变为"代言体",即从"讲故事"变为"演故事",这就在性质上发生了根本的变化,大大地扩充了戏剧的容量,增强了戏剧的表现力。因此只有到了元杂剧,我国戏剧才真正走向了成熟。由此可见,元杂剧正是在对于以前所有戏剧样式继承和革新的基础上发展起来的,没有以往各种戏剧样式的长期准备固然不行,但是没有对于旧的戏剧样式的变革创新,元杂剧在短短不足一百年间走向鼎盛也是绝对不可能的。

每一个作家创作水平的发展也以对于前人文学传统的变革创新为必要条件。例如唐代文学家韩愈,倡导了著名的古文运动,以新颖简洁、汪洋恣肆的散文而树立了一代风范,他这一成就的取得,就是得力于他所提出的"唯陈言之务去"的口号所昭示的变革和创新精神。刘熙载这样评价:"韩文起八代之衰,实集八代之成。盖惟善用古者能变古,以无所不包,故能无所不扫。"韩愈突破了六朝以来骈俪文的僵化格式,用自然质朴的散句形式进行写作,同时在文章中灌注了真情实感,追求写人状物的鲜明生动,因此在政论、书启、赠序、杂说、祭文、墓志铭等各种体裁上都对以前的陈旧格式有所改革,开启了一代新的文风。

二、各民族文学的相互影响

各民族文学的相互影响是文学发展横向规律的一个重要方面。各民族文学的相互影响,既表现在某些多民族的国家里,即同一国家内部,各民族文学在发展过程中存在着相

---

① T.S.艾略特:《传统与个人才能》,《二十世纪文学评论》(上册),上海译文出版社,1987年版,第129~130页。

互交流和影响;同时也表现在各个不同国家、不同民族的文学之间的相互交流和影响。前者在一个国家范围内,后者则在更大的范围乃至世界范围内影响文学的面貌和发展进程。

各民族文学的相互影响是伴随着各民族之间经济、政治、文化等多方面的交流而来的必然现象。早在两千多年前,由于社会生活的发展和各民族经济、政治、文化的交流,世界上许多民族就开始了文学方面的交流。以后,随着历史的发展,范围越来越广,作用越来越大。我国古代很早就同日本等一些东方民族有了文化交流,到了隋唐以后,同日本、印度的交流更加频繁,对文学也产生了相当明显的影响。特别是西方资本主义社会形成以后,由于开拓了世界市场,过去那种地方的和民族的自给自足、闭关自守的状态被打破,代之以各民族之间多方面的相互往来和相互依赖,在文学方面也逐渐开始了世界性交流的历史进程。正是在这种背景下,德国作家歌德首先提出了一个近代意义上的"世界文学"的概念,指出:"民族文学在现代算不了很大的一回事,世界文学的时代已快来临了。"①后来,马克思和恩格斯进一步从人类物质生产的世界性必然导致人类精神生产的世界性这一命题出发,指出:"各民族的精神产品成了公共的财产。民族的片面性和局限性日益成为不可能,于是由许多种民族的和地方的文学形成了一种世界的文学。"②这样,在新的物质基础和社会条件的作用下,各民族文学的相互影响就更趋自觉、广泛和深入。各民族文学的相互影响是以接受影响一方社会发展的内在需要作为基础的,是这种需要导致的必然结果。各民族文学之间的交流往往存在某些偶然性和盲目性,如首先介绍到西方去的中国小说《好逑传》,首先译成汉语的英语诗、美国作家郎费罗的《人生颂》,都并不是什么上乘之作。但是各民族文学之间能否通过交流而产生一定的影响,则和施加影响的一方能否对接受影响的一方在社会政治、经济、文化发展方面产生积极的影响有关。首先,一个国家内部各个民族长期处于政治、经济、文化统一或相对统一的状态,构成了大致相同的发展需求,在文学上的相互影响就非常普遍。我国汉民族文学和其他少数民族文学在千百年的历史发展中所形成的血肉关系,就是世界文学史上突出的例证。其次,不同国家不同民族处在大致相同的历史阶段,或者遇到类似的社会问题。文学之间相互影响的程度,往往与社会关系的类似成正比例。欧洲各国在文艺复兴以来的各个历史时期里,由于常常面临共同的社会发展需要,在文学上也就屡屡互相影响,共同推进,形成了不同文学思潮的起伏更迭。我国"五四"以后新文学的发展,从西方多种文艺思潮特别是俄国现实主义文学中汲取了丰富的影响,就因为它们适应了我国民主革命阶段社会发展的需要。

各民族文学的相互影响也是由艺术创造基本特点所决定的文学发展的必然需要。文学创作和其他艺术创造一样,求新求异是其基本特点和要求。这就要求作家在不断扩大艺术视野的过程中,多方面地吸收新的养分,以革新文学的内容、形式和创作技巧。而民族特点的差异,比起民族内部某些因素(如地区、流派等)形成的差异来,就显得更加突出和明显。异邦他国的文学总使人倍感新鲜和奇异,无论对于作者还是读者来说都具有特殊的魅力。在不同民族文学的相互碰撞中,往往可以清楚地发现本民族文学的不足之处,

---

① 爱克曼辑录:《歌德谈话录》,朱光潜译,人民文学出版社,1982年版,第113页。
② 中共中央马克思恩格斯列宁斯大林著作编译局:《马克思恩格斯选集》第1卷,人民出版社,1972年版,第255页。

明确变革的方向。正因为如此,各民族文学在接触和交流中相互渗透和吸收,就是非常自然的了。也正因为如此,《好逑传》这样并非上乘的中国小说却能在西方风行一时,而中国古典诗歌也以独到的艺术表现手法启发了意象派等西方现代诗歌流派。中国20纪70年代末期开启了长期关闭的文学交流的大门以后,众多的西方作品和理论纷至沓来,使人耳目一新,广泛地关注、学习、借鉴乃至模仿,也正反映了文学发展的自身需要。

各民族文学相互影响的范围是广泛而深入的,它渗透到文学发展的各个方面,并且常常是综合产生的。以我国"五四"新文学的发展而言,当时的先驱者们就曾经广泛地介绍欧洲近代先后出现的浪漫主义、现实主义和现代主义等各种思潮和流派,宣传它们的观念,借鉴它们的经验。在文学内容方面,则以浸透了西方现代科学和民主思想的新主题,代替了各种旧的主题;以农民及其他劳动者和新型知识分子等人物形象,代替传统的帝王将相才子佳人,占据了文学题材的主要地位。即使是历来文学常见的争取婚姻自由的题材,这时也贯穿着个性解放的主题,打上了西方现代思想潮流的烙印。在文学形式方面,则不但实现了从文言到白话的巨大转变,而且在吸收西方文学经验的基础上发展了诗歌、小说、散文和戏剧的现代形态。在中国文学由古典文学向现代文学的转变中,西方文学以及各种社会文化思潮无疑起到了深刻强烈的催化和推进作用。当然,在许多时候,不同民族文学的相互影响并不一定都是这样全面展开的,而只是在某些方面有突出的表现。不同民族文学的相互影响,不但反映在创作主体身上,也还反映在接受主体身上,这主要表现为审美趣味、鉴赏心理和批评标准等方面的变化。

各民族文学的相互影响不是无条件的、对等的。在一般情况下,社会经济、政治、文化处于先进状态民族的文学,对于处于落后状态民族的文学,总是占有主导的、推动的影响。后者虽然也可能对前者产生一定程度的影响,但总的说来则是处于受影响被推动的地位,甚至常常只存在前者对后者的单向影响。中国封建社会盛期的文学,曾经对日本、朝鲜等亚洲邻近国家的文学产生了强烈而深刻的影响,相比之下这些国家对中国的影响却微不足道。这主要是因为当时中国社会及文学比它们更为发达和繁荣。即使是文明发展处在落后阶段的民族用武力征服了文明发展处在先进阶段的民族,它们之间文化及文学的交流中,也仍然是后者占主导地位。我国历史上曾经多次发生过这样的情况:文明程度落后于汉族的其他民族一度在局部乃至整体范围内征服汉族,其中最突出的是蒙古贵族建立的元朝和满族贵族建立的清朝,但他们在文化上最终却都被"汉化"了。在更多的情况下,不同民族文学之间的影响则是相互的、双向的。除了上面所说低级形态的文学也可能对高级形态的文学产生某些影响以外,在相同形态文学之间的相互影响就更为常见了。但即使是在这种情况下,二者的地位和作用也不会是完全相同和固定不变的。

各民族文学的相互影响是通过文学主体实现的。翻译家的输送、评论家的介绍、作家的吸收、读者的认同,都体现了这种主体的作用。文学主体的这些活动既反映了一定社会发展的客观需要,也带有强烈的群体或个体的主观倾向。因此,一个民族在接受外国文学影响时,通常总存在着多种选择和途径。同样处于"五四"文学革命的大潮之中,鲁迅更多地从俄国及东北欧现实主义作家(如果戈理、契诃夫、易卜生)那里吸取养分;郭沫若则从泰戈尔到歌德,最后选择了具有雄浑豪放风格的惠特曼作为自己学习的楷模;其他一些作家对于外国文学也各有自己的兴趣侧重。这就反映出在共同的方向之下,由于个体或群体主观条件的不同,必然带来不同的外来文学影响。这样也就带来一个民族接受其他民族文学影响的丰富性和复杂性,带来总体的自觉性、必然性和局部的自发性、偶然性交相作用的特点。

在当今这个信息传递迅达、国际交流频繁的时代,各民族文学已经建立起世界范围内的普遍联系,并在某些范围内和一定程度上表现出共向同步发展的趋势。任何民族的文学要想自立于世界文学之林,都必须自觉地积极吸收世界其他民族文学的有益成分。可以说,这是在新的时代条件之下各民族文学发展的必由之路。

积极吸收世界其他民族文学的有益成分绝非模仿外来文学。对文学传统,必须做到继承与革新相统一;对外来影响,同样应当做到吸收与超越相统一,这样才能真正促进本民族文学的发展和进步。

对外来文学必须批判地吸收和创造性地超越,这是民族文学相互影响不变的原则。在黑格尔看来,这正是"希腊精神"的精髓之所在,古希腊文学艺术的高度繁荣,就得力于这种大胆批判、大胆创造的"希腊精神"。黑格尔说"诗的创造不排除从其他民族借取材料",但是必然"要经过改造",而"希腊精神对这些前提或现成材料的关系,基本上是一种创造(bilden)的关系,说得更确切些,是一种起否定作用的改造(negative umbiden)的关系。"① 缺乏批判精神和创造精神,影响与模仿混而不分,外来的诱因决不可能成为推动民族文学发展的动因。

民族文学之间的相互影响,之所以必须强调批判地吸收和创造性地超越,最根本的原因在于文学的民族性品格。文学艺术既有人类的共同性,又有鲜明的民族差异性。文学艺术不同于科学技术,它以民族生活、民族性格和民族精神为表现对象,又以民族语言作为表现手段,因此,必然具有各不相同的民族色彩和民族风格。一个民族的文学,是该民族作家根据当时的社会生活创造出来的,绝不可能完全适合其他民族的需要。因此,借鉴他民族文学必须经过分析批判,和本民族文学的传统结合起来,才能适应表现本民族现实生活的需要,从而推进本民族文学的发展,同时实现创造性的超越,以一种发展了的民族形式和民族风格,适应和满足本民族人民的审美需要。

名词解释

1. 模仿说:此说是文学起源问题最早的学说,代表人物是古希腊的德谟克利特和亚里士多德。德谟克利特认为,人的许多本领,如织布、缝纫和建造屋子都是向动物学会的,甚至歌唱,也是模仿鸟类的声音。亚里士多德作了进一步发挥,认为一般说来,诗的起源仿佛有两个原因,都是出于人的天性,人从孩提的时候起就有模仿的本能(人和禽兽的分别之一,就在于人最善于模仿)。

2. 游戏说:游戏说起源于康德,后被席勒和斯宾塞大加发挥,形成一套有影响的理论,被称为"席勒—斯宾塞理论",其基本观点是:文艺起源与人类的游戏活动有关,人类早期的文艺活动是一种游戏活动。

3. 巫术说:巫术说认为艺术起源于人类早期的巫术活动。巫术说最早是由英国人类

---

① 黑格尔:《美学》第二卷,朱光潜译,商务印书馆,1979年版,第178页。

学家爱德华·泰勒提出来的,弗雷泽在《金枝》一书中提出了"交感巫术说",认为原始人有一种企图通过巫术来控制现实的倾向,而巫术的效果是通过交感的方式达到的,法国考古学家雷纳克首先用交感巫术理论解释艺术的起源,认为艺术起源于狩猎巫术。

4. 劳动说:较早提出这一说法的代表人物是毕歇尔,后来被普列汉诺夫加以完善,主张艺术起源于劳动。主要依据以下几点:第一,劳动创造了人自身,创造了人类社会,也创造了文学艺术赖以产生的物质基础。第二,原始人类劳动中出现的需要,诸如协调动作、减轻疲劳、传授经验、交流感情等,是产生最初文学艺术的直接动因。第三,劳动生活是原始艺术直接的表现对象,构成了原始艺术的基本内容。第四,原始人类最初的艺术形式,例如诗歌、音乐、舞蹈三位一体等,和当时的生产劳动有着密切的关系。

5. 合力说:合力说认为人类文艺不是产生于一种单纯的原因,而是由多种因素合力作用的结果。恩格斯在《反杜林论》中提出并在《致约瑟夫·布洛赫》的信中作了进一步阐发的关于历史合力问题的论述,对于认识文学艺术发生和发展的动因与规律,具有重要的方法论意义。具体到文艺的起源,可以从两个方面看:一是生产劳动构成了文学艺术起源的基本动因,这是具有根本意义的;二是在生产劳动的基础上,模仿、游戏、巫术等种种因素,对于文学艺术的起源都是不无意义的。

6. 不平衡关系:文学发展以物质生产的发展为基础,这是马克思主义文艺学的基本观点。但是,这并不意味着文学发展与物质生产这二者始终是以同步性或平衡性为前提的。相反,作为艺术生产的文学同社会物质生产的发展常常出现不平衡的现象。根据马克思的论述,这种不平衡现象大致有两种情况:一种情况是,某些有重大意义的艺术形式,只可能出现在社会发展的特定阶段上,随着生产的发展,这种艺术形式不但没有发展,反而会停滞或衰落。第二种情况是,在某些历史时期,经济发展落后的国家却出现文学的繁荣局面,而那些生产力发展水平较高的国家的文学则居于落后地位。

思考题

1. 简述物质生产的发展对文学发展的影响。
2. 如何理解社会政治与文学发展的关系?
3. 社会心理对文学艺术的影响表现在哪些方面?
4. 如何理解文学的继承和创新?

阅读链接

1. 格罗塞:《艺术的起源》,蔡慕辉译,商务印书馆,1984年版。
2. 钱中文:《文学发展论》,高等教育出版社,2005年版。
3. 丹纳:《艺术哲学》,傅雷译,人民文学出版社,1981年版。

第四章 文学创作

　　文学作品作为一种供人阅读的"客观存在物",不同于日月星辰、山川河流之类属于自然生成物,而是一种特殊的、复杂微妙的精神产品,是作家经过艰苦而愉悦的精神劳动创造出来的,是第二性的存在。面对这种神奇的精神产品,人们常常为之惊叹,为之着迷:它是怎样创造出来的呢?这种创造活动与其他创造活动有什么不同呢?创造活动中蕴藏着哪些秘密与规律呢?诸如此类的疑惑,就是本章将要讨论的问题。

第一节 文学创作是一种特殊的精神创造活动

　　文学创作,作为一种奇特的精神活动,自古以来就吸引着人们的注意,人们饶有兴趣地试图解释它,为此产生了各种各样的学说。有人认为文学创作是作家心灵、情感的自我表现,作家人格的外在投射,此谓之"表现说"。有人认为文学创作是如实地对客观存在的现实世界的模仿和再现,此谓之"再现说"。有人认为文学创作是一种工具和手段,目的是改造社会,移风易俗,是为现实社会的政治、伦理、道德服务的,此谓之"实用说"。有人认为文学创作是想象中的游戏,是人的天性使然,无任何功利企图,是一种纯形式活动,此谓之"游戏说"。有人认为文学创作来源于人的深层无意识,是个体无意识的升华,或者是久远而神秘的集体无意识的自然流露,此谓之"深层心理说"。形式主义和结构主义认为文学创作是一种独特的语言建构,是一种语言写作(或书写),来源于社会语言系统对个人的作用,作家个人受群体语言系统的制约,此谓之"客观说"。诸如此类,不一而足。

　　不同的观点折射出不同的视角,每一种视角都让我们看到了"文学创作"的某种特性、某一方面,都包含有真理的因子,因而都有存在的价值。多种视角变换体现了人类为全面深入理解、把握文学创作活动所做的不懈努力。但也许文学创作作为一种精神活动毕竟太复杂了,任何一种视角的近距离观察都不可能窥视其真面目,因而任何一种归纳概括都显得有些单一和片面。

　　经过长期反复的理论思考,通过对古今中外优秀作家、艺术家创作经验的总结,以及对文学创作的优秀成果——经典名著的剖析,现代文艺理论家们倾向于采用更宏观的视角,用大而化之的方法,将文学创作的性质返璞归真式地表述为一种特殊的(即审美的)精神创造活动。

为什么说文学创作是一种特殊的(即审美的)精神创造活动呢?理由是多方面的。首先,文学创作活动的主体——作家,是具有特殊精神(心理)结构的人。

一、作家的有机天性

稍有文学知识的人都知道,文学创作离不开生活,但是,人人都有"生活",人人都在"生活"中,为什么不都能成为作家呢?当然,也许有人并不想成为作家,因而不做这方面的努力,这可以理解;但是,那么多人一心想成为作家,为此也做过艰苦努力,怎么仍然成不了作家呢?世上三百六十行,差不多各行各业经过刻苦训练都能达到很高造诣,为什么文学创作这一行却不能呢?大学中文系以"文学"为教学、研究对象,培养出大批合格的毕业生,为什么成为作家的却凤毛麟角呢?这一切疑问都暗含着一个问题:文学创作是一种特殊的精神劳动,从事这一劳动的主体——作家,必须具有不同于一般人的精神气质。这种精神气质,人们一般称之为天赋、禀赋、禀性、气质、才情,现代人称之为"有机天性"。

作家的有机天性,属于心理学中个性的范畴,是类似生物学中"种子"或"胚胎"一类的东西,具有一种特殊的机制,使它能够成为它自己,而不是别的什么,如西瓜种子注定要结出西瓜之类。但人的有机天性与植物的种子又有所不同,它不是全由生物性遗传机制决定的,还必须考虑到社会历史文化因素在人的深层心理中的积淀。也就是说,它既有生理器质、神经类型方面的因素,也有民族血统、社会遗传方面即文化无意识的因素。有机天性不是完完整整从母腹中带来的,它同时还是在"社会性母体"中孕育而成的,它的基本定性成形是在一个人的童年时代。如王安忆在写出第一篇小说之前,她的文学的"有机天性"就已经存在。她的母亲茹志鹃从她由乡下写来的信中发现了她的文学天性:她的艺术感觉很好,能把农村生活的枯燥乏味写得鲜活、生动、有趣。正是在有机天性的基础上,经过刻苦努力她才成长为一名优秀作家。有机天性并不是创作成功的必然保证,然而它却提供了可能性,否则,仅有刻苦努力是不行的。

作家的有机天性对创作的作用很早就被人类所认知,在中国语言中一般称之为"才":文才、天才、鬼才、怪才、仙才、奇才、妙才、雄才、通才等。这里的"才"当然是一种特殊的才能,是通过创作外化出来的一种能力,而在未外化之时则是一种潜质、潜能。在西方,早于苏格拉底和柏拉图的古希腊哲人德谟克利特就发现,"只有天赋很好的人才能够认识并热心追求美的事物"①。恩格斯在分析天才作家歌德与席勒的创作时也充分注意到两人气质的不同。他说:"歌德过于博学,天性过于活跃,过于富于血肉,过于敏锐;歌德的气质、精力、全部精神意向都把他推向实际"②……诸如此类的论述,在文艺史上屡见不鲜。

作家们自己对此也有清醒的意识,如我国当代作家叶文玲在回答关于她创作心理的提问时,曾十分肯定地说:"我很相信一个人的气质对写作的重要作用……我从来赞同气质与创作能力是密切相关的。"她承认在秉性上受母亲影响最大,热情、爽直、敏而好学、富有同情心。由于天性敏感,常常因为一些旁人可能毫不注意的小事(如因小过失受责罚,

---

① 伍蠡甫:《西方文论选》上卷,上海译文出版社1979年版,第4页。
② 中共中央马克思恩格斯列宁斯大林著作编译局:《马克思恩格斯全集》第4卷,人民出版社,1984年版,第256页。

受家人无意冷落等)而引起自己的情绪波动,也每每为一些受伤害的人或事而心怀忧伤,她坦率承认这与自己以后创作风格的形成有很大关系①。

无数作家艺术家的成长经历告诉我们,禀赋、气质、天性之类作为一种特殊的潜能是存在的,它是作家艺术家成才的必要的前提性条件,当然不是唯一条件,作家成长需要更多因素和条件。

二、作家的创作个性

有机天性之于个体,只是一种潜质、潜能,犹如植物种子发芽需要土壤、水分、阳光一样,有机天性要想成为作家的现实能力也需要后天的陶冶和开掘。先天的有机天性经过后天的陶冶,发展成为作家的创作个性。

创作个性是作家在生活和创作实践中所形成,并在艺术创作中呈现出来的个性特点。这些特点与作家本人的个性气质、人格精神、艺术追求、审美情趣和艺术才能等精神因素有关,是上述精神因素的总和。创作个性的形成既有社会的影响也有个体的原因。从社会角度说,每个人都是无限复杂的社会关系网络之上的一个小结,他与整个网络相联系,受网络的影响和制约,这是人的本质,人的共性。另一方面,人对客观世界的反映、认识,又总是从自身单独具备的特殊状况中进行的。由于遗传带来的差异,由于具体家庭、环境、经历的不同,每个人的思想、感情、气质、兴趣、习惯等也各不相同,因此形成了人与人之间千差万别的个性。

艺术贵在独创,独创既不等于题材的怪异,也不等于技巧的圆熟,而是植根于艺术家的创作个性中。创作个性规定着作家以自己独特的角度选择对象,以独特的方式处理对象,规定着作家按自己的审美观点、审美态度对对象做出独特的解释和评价。也就是说,每个成熟的作家都是按照自己的独特声音说话的。

由此可见,艺术独创性的秘密源于艺术家创作个性的独特性,世界上没有完全相同的两个人,更没有完全相同的两个艺术家。因而作为精神生产的文学创作,本质上就应该是独一无二、不可重复、不可替代的。

三、文学创作的对象

文学常识告诉我们创作的对象是生活。谁的生活?当然是人的生活,人是生活的主体,没有人就没有生活,文学表现生活说到底就是表现人,所以有"文学是人学"的理论命题。那么人又是什么?人与动物的根本区别是精神,人是以精神为特征的动物,人生的内涵主要表现为人的心路历程,所以,文学写生活主要是写人,写人归根结底是写人的心灵、人的精神。人的心灵、人的精神是文学的直接源头,文学是人类心灵的忠实记录,正如丹麦文学理论家勃兰兑斯所说:"文学史,就其最深刻的意义来说,是一种心理学,研究人的灵魂,是灵魂的历史。一个国家的文学作品,不管是小说、戏剧还是历史作品,都是许多人物的描绘,表现了种种感情和思想。"②

---

① 参见鲁枢元《创作心理研究》,黄河文艺出版社,1985年版,第177～179页。
② 勃兰兑斯:《十九世纪文学主流·引言》(第一分册),人民文学出版社,1988年版,第2页。

勃兰兑斯的观点得到了广大作家、理论家的认同。如王蒙在进行过多年的小说创作实践之后，倡导小说表现人的内心世界、心理活动。他说他近年来的作品一改过去注重外在故事的描写，而更多地探索人的内心活动、精神世界，注重写心理、写感情、写联想和想象、写意识活动，也没有什么不好。王蒙认为注重人的心灵描写的作品能探索人的心灵奥秘，能更深层地揭示生活的真相。

作家史铁生也反复申述过类似意思。史铁生说，人生于斯世行于斯路，受得了辛苦劳累却受不了寂寞孤独，于是创造了文学。文学安慰了人的心灵抚慰了孤独的人生。例如民歌，在老百姓口中一代代流传是因为一代代人从中听见了自己的心、自己的命。艰苦的生活需要希望，鲜活的生命需要爱情，数不完的日子如数不完的心事都要通过民歌加以诉说，民歌里面包含着老百姓的生命信息和情感信息，"心"是民歌的源头也是民歌的归宿。史铁生喜欢说艺术源于人的梦想（理想和愿望），当一个人想写小说的时候，就像一个人渴望爱情的时候，他已经进入了梦想，没有梦想的世界太可怕、太无聊，因而人们才渴望着艺术，才催生出了诗歌、小说，催生出了音乐和美术……写作和爱情一样，要供奉着梦想，要祭祀这宇宙间一种叫灵魂的东西。总之，既然文学与人的心灵难解难分相互依存，心灵为文学提供了源泉，那么作家写作行为的实质就可以理解为"大脑对心灵的巡察、搜捕和缉拿"。史铁生说，我相信心灵的角度是无限的，心灵的丰富是大脑所永远望尘莫及的。写作若是大脑对心灵的探险、追踪和缉拿，写作就获得了一块无穷无尽的广阔天地[①]。

把文学创作理解为大脑对"心"的捕捉和巡察，是对我国文学理论长期忽视"心"的地位的反拨，是对我国文坛痼疾的针砭。传统文学理论常常把人的心灵与"客观存在的社会生活"对立起来，仔细想来，这种观点是站不住脚的。因为，"人的心灵"也是一种现实的存在，也是社会生活的内容。心灵虽然不实——看不见摸不着，但却不能说不真——谁能否定心灵的存在呢？凭什么一定要把"真"限定为"实"呢？是谁把"真"的终身许配给"实"的？难道不可以是"虚真"吗？比如梦想、愿望、想象等都虚而不假，都应该属于实外之真[②]。

既然如此，关注"人的心灵"也就是关注客观存在的生活本身，关注客观存在的生活理应包括心灵生活。这一观点的提出，让作家关注的重点发生了变化，即从外在的生活现象转移到生活现象之下、之中流动着的心灵生活，因而回归到文学艺术的本性。当然，毋庸赘述的是，关注心灵绝不意味着反对写外在的社会生活，而是反对只见"外在"不见"内在"，为写故事而写故事，只见人的行动而不见人的心灵。

这一观点在传统的理论思维看来似乎颇有新意，其实在更大的时空范围内早已是文学界的共识。例如巴尔扎克，以擅写社会现象著称于世，自称要当法兰西社会的书记员。但正是他，认为优秀作品中的人物都是从他们时代的五脏六腑中孕育出来的，全部人类感情都在他们的皮囊底下颤动着，里面往往掩藏着一套完整的哲学。所以巴尔扎克在创作谈中反复强调，写人物必须深入人物的内心，写出人物行动的隐秘动机。再如罗曼·罗

[①] 参见胡山林《寻找灵魂的归宿——史铁生创作的终极关怀精神》，人民文学出版社，2005年版，第238~239页。

[②] 参见史铁生《我的丁一之旅》，人民文学出版社，2006年版，第169页。

兰,20世纪30年代曾以爱护的心情批评过年轻的苏联文学"缺乏对内心生活的广阔领域的探索",他希望苏联作家"要深入到生活内部去,要透入到人类的各种情欲的最底层。因为,不管在什么社会制度下,它们都永远是隐秘的生活本质"[①]。美国文学大师福克纳在接受诺贝尔奖的讲演中批评青年作家"不去注意处于自我冲突之中的人的心灵问题",他认为"只有这种种冲突才能产生优秀的文学,因为其它任何东西都值不得描写,值不得为之经受痛苦和付出汗水"[②]。

文学创作既然是对人的心灵的捕捉,而人的心灵是无限丰富、无比奇妙的,因而文学创作也就是一种无限丰富、无比奇妙的精神探索和精神创造。

四、作家的思维方式

文学创作作为特殊的精神创造还因为作家独特的思维方式。文学源于生活又不等于生活,那么客观存在的生活是如何变成艺术形象的呢?有人说这是作家对生活素材加以搜集、整理、挑选、剪裁、提炼、概括、拼接、缀合的结果,并言之凿凿地举例说某作家的某作品就是用生活中某几人的事迹拼接而成的。这种说法似是而非。事实上文学创作决非简单的加减法,而是另有其奥妙。艺术创造绝不是物理意义上的加工,而是像蚕吃桑叶吐出蚕丝一样的生命活动。用心理学的眼光看,文学作品必然是文学家的实践活动、生命活动、心理活动的结晶,在文学作品的创造过程中,作家把自己的精神个性掺和进生活素材化成了"第二自然",这是一种生命创造的奇迹,理论家们把它叫做艺术创造的"生物学"原理。作家的这种创造艺术形象的思维方式,即为艺术思维。

与理论或逻辑思维方式不同,艺术思维有自身鲜明的特点,主要有:始终不脱离活生生的感性材料,总是与事物的感性形象、与人的观察和感受相连接;联想、想象和幻想具有突出的意义;常常伴随着主体强烈的情感活动,且渗透着主体的精神个性;思维的结果与思维所用的材料相比已有本质的区别,等等。由此可以看出,艺术思维具有的特殊性和创造性特征。

第二节 文学创作的过程

上一节讲到,文学创作是一种特殊的精神创造活动。由于每个作家的创作个性、写作习惯,以及创作某类文体、某一具体作品的不同,其创造过程也不可能完全相同。本节只是在一般意义上,化复杂为简单,将创作过程"抽象"为以下几个环节。

---

① 王中琦:《法国作家论文学》,三联书店,1984年版,第42页。
② 刘宝端等:《美国作家论文学》,三联书店,1984年版,第367页。

一、艺术发现

有人有丰富的人生阅历，占有大量的生活材料，而且也爱好写作，渴望写出满意的作品，但是就是不知从何写起，不知道写什么，不知道手中材料的意义和价值。他们以为那些写出好作品的人碰巧遇到了一个可以写成小说的好故事，遗憾自己没碰到。还有一种情况，一些写作爱好者或者作家，听到一个有趣的故事，很快就想出一些"意义"，立刻构思出一篇作品来。如听到两人闹矛盾，立刻想到人与人之间应该互相尊重互相谅解；听到夫妻中的一方因外遇而导致家庭纠纷，立刻想到家庭责任，夫妻忠诚，想到社会道德，于是谴责第三者；听到年轻人因失恋萎靡不振，立刻想到做人当自强，要经受住挫折和不幸……然而写出来发现索然无味，连自己也感到肤浅可笑。

上述现象的共同原因是写作者没有思想，没有艺术眼光，对于手中材料缺乏艺术发现，要么对材料的意蕴熟视无睹、视而不见；要么是见解浅薄，被通用思想（俗见）堵塞了思路。

那么什么是艺术发现呢？我们先看一篇作品的创作。在我国，每年都有成千上万未考上大学或考得不理想而重新复读的学生。复读的生活是紧张而沉闷的，一个个活泼泼的生命被压抑被窒息在枯燥乏味的苦读中。这种现象太普遍了，1985 年出生的某大学文学院学生胡钺也经历过这种生活。开始她只是感到沉闷压抑，没有想到更多。忽然有一天她想到了琥珀，心中一亮：一个活泼的生命被凝固在透明的松脂里，这情景太像现实中的自己、太像眼前的一切了，她悟到了自己和千万复读生的生命悲剧，于是一篇小说《琥珀展》（《青年文学·校园》2004，7）的"精神内核"立刻成形。小说主人公丁小鹿，一个个性倔强、被男友评价为"披着狼皮的鹿"的小姑娘，在父母、老师、环境的压力下放弃了摇滚、三毛、爱情和心中的狼，放弃了与分数不相干的一切心爱的东西，就像被"凝固在琥珀中央"的小生命："你静静地端坐在琥珀中央，注视着人们对你的欣赏，风吹来，卷走地上残缺的翅膀，然后，告别飞翔。"

由《琥珀展》的创作可知，所谓艺术发现，就是作家对已熟知素材中所蕴含的精神意味的突然悟解，既可以说是主体心灵突然对材料的照亮，也可以说是材料的意蕴突然向主体的开放。在此之前，材料是死的、无意义的，在这之后，材料负载着鲜活的生命信息进入主体心灵，于是一篇作品的艺术生命随之形成。

艺术发现之所以称为"发现"，在于主体对于材料意义的揭示，它来自于主体精神的观照，但却不是主体主观随意空无凭据硬加给材料的，而是材料中本来就有，只是主体把它"发现"出来罢了。例如你上山旅游，到处所见皆石头，你熟视无睹，视而不见，毫无反应。但忽然你想，眼前此石在此已不知几亿几十亿年，历经风霜雨雪，酷暑严寒，就为了等着见你一眼，它为了见你一眼苦苦等了这么多年，这时你将作何想？你难道不深深感动吗？再转一念，石头已存在了几亿几十亿年，而且还要几亿几十亿年的存在下去，无生命的石头竟如此永恒，而人呢？这时你又作何想？你如果心里有这些闪念，这时的你就进入了审美状态，你这时的"所想"就是艺术发现。石头因你的发现有了生命，从而具有了审美品格和精神内涵。你这种"发现"，既不能说完全是主体的，也不能说完全是客体的，而是主客体相互生发、相互建构的。你没有眼力，石头就是石头，由此看，石头成为审美对象是靠你的审美眼光的发现,或者说是你的审美心灵赋予了石头精神内涵。反过来,如果不是石头而是土坯,你也不会"审"出上述美来。这就是说,石头之所以让你"审"出美来,是因为石头本身具有让你"发现"的特质。

这一情形类似于明代学者王阳明的一段语录——"先生游南镇,一友指岩中花树问曰:'天下无心外之物,如此花树,在深山中,自开自落,于我心亦何相关?'先生云:'尔未看此花时,此花与尔心同归于寂。尔来看此花时,则此花颜色一时明白起来,便知此花不在尔的心外。'"艺术发现的机制还类似于海德格尔的"澄明":艺术家的心灵未到之处,事物的意义处于隐蔽状态,是艺术家的心灵让事物的意义得以解蔽,得以"澄明"。

艺术发现看起来是突然发生的事,但实际上与作家长期积累、长期思考相关,与作家整体精神准备、精神水平相关。作家以一颗敏感的心灵体验生活,以同情开放的心态对待生活,生活中任何有审美价值的精神信息都可能引起他(她)的注意,给他(她)以启示,让他(她)发现人眼睛看见而心灵没看见的东西。因此,对于艺术发现,重要的不是有没有生活而是有没有对生活的发现。人人都有生活,但未必人人都有发现。所以对于作家来说,既要"身"入生活,更要"心"入生活,从心的角度才能发现新的角度。史铁生说,作家的艺术使命不是别的,而是为人们提供观察世界、认识人生的新角度,艺术创新的出发点主要不应该是新题材和新手法,而应该是面对生活、面对生存困境的心灵体验,新的角度肯定决定于心灵的观看。"从心的角度瞭望新的角度,从新的角度瞭望心的角度",就使创新有了一个靠得住的出发点和取之不尽的源泉。①

对同一事物、同样生活,艺术发现既不是单一的,也不是一次性的。从共时性角度看,不同作家或同一作家可以对同一事物同样生活有不同的发现;从历时性角度看,同一事物同样生活可以让不同作家或同一作家有不断地发现。这种发现可以是无限的而且是永远的。这是可能的吗?当然是可能的。因为,心灵的角度是无限的,心灵是一种至千百种变动不居的状态,心永远畅游于多维的状态中,随时都与万事万物发生着自由的无穷关联,产生着无穷无尽的新感受与新体验,于是也就有了无穷无尽的新发现。正是在这个意义上,我们理解了古人的真知灼见:"若能实具一段闲情,一双慧眼,则过目之物,尽在画图,入耳之声,无非诗料。"(李渔《闲情偶记》)"凡物之美者,盈天地皆是也,然必待人之神明才慧而见。"(叶燮《已畦文集》)"鸟啼花落,皆与神通,人不能悟,付之飘风。"(袁枚《续诗品》)

任何生活都有深意,生活中不是缺少美,而是缺少发现。

二、创作冲动

艺术发现的萌生,机缘相当复杂,它可能缘于长期酝酿之后的渐悟,也可能缘于突然发生的顿悟;它可能来自书中信息的启发,也可能来自生活中偶然听到的一句话,看见的一个人,经历的一件事,总之需要借助于某种刺激,艺术发现才得以产生。伴随着艺术发现而来的往往是作家的创作冲动。作家渴望把自己的发现外化出去,因而急于投入创作过程,创作冲动由此产生。

创作冲动又称艺术冲动,指由心理或外界触发而引起的强烈的创作激情和创作欲求。

---

① 史铁生:《史铁生作品集》第3卷,中国社会科学出版社,1995年版,第387页。

它是长时间郁积的创作动机和创作欲望的情绪表现形式,是创作过程中一种积极的情感准备。创作冲动是客观社会生活与创作主体心灵高度契合的产物。创作冲动突然发生,不可遏止,使创作主体高度亢奋,如有"神来附体",以至于"浮想联翩,夜不能寐"。在创作冲动的激情状态下,实现了艺术对生活超出常规的深入发掘。艺术作品的许多魅力产生于此,艺术家的许多审美体验也产生于此,创作灵感也常由此引发。古人称这种心理状态为"兴会"。"兴会"一来,"登山则情满于山,观海则意溢于海"。袁枚说:"作诗兴会至,容易成篇。"创作冲动本质上是创作动机的外在表现,从心理学角度看,是由欲望激发的一种强烈的、勃发性的情绪状态。它迫使作家进入一种强烈的情绪状态:必须写,赶快写,不写出来就无法从激动的旋涡中解脱出来。

按产生创作冲动的时间之长短来分类,可以分成瞬间突发式的冲动与渐次形成式的冲动。瞬间突发式的冲动是没有经过较长时期的有意识的印象积累和情绪酝酿的过程,即没有明确的准备和打算创作某一部作品,却在偶然的机遇之下,触发了创作某部作品的欲望而产生的冲动。美国诗人庞德创作《在一个地铁车站》一诗的冲动,是偶然的视觉印象,激起他的突发情感,促使他立即紧张地寻找能表达其感受的方式。这里既没有为写这首诗而预先积累印象,也没有预先酝酿情绪。瞬间突发式的冲动有时并不起因于直接感受,而是偶然得到一个间接材料,作家当即受到它的吸引,预感到它可以孕育成一部作品,于是产生创作冲动,如老舍写《骆驼祥子》的情形就是这样的。创作冲动的瞬间突发,说明作家对外界事物具有异常敏锐的感受性,善于捕捉生活印象,迅速在心中孕育形象。渐次形成式冲动,则有一个印象积累和情绪酝酿的过程,作家受生活的启示,早就萌生了创作某个作品的念头,只是印象积累和情绪酝酿不足以将这个念头清晰地给予形象的表现,也就难以立即引发付诸行动的紧张情绪状态。在这种情况下作家需要有意识地、较长期的酝酿,直到那存放在心中的模糊念头逐渐清晰了,出现冲动勃发,寝食不安,从而进入写作过程。

从创作冲动的引发原因来看,有两种:一是主要由外部世界的刺激而引起的冲动,二是主要由内部刺激而引起的冲动。前者的特点是,作家勤于接受外部世界的生活印象,迷恋于丰富多变的大千世界,对身外的一切独特的事物具有浓厚的兴趣和敏锐的感受性。具体到一部作品的创作,激起作家创作冲动的,主要是感性的生活印象。再看后者,由内部刺激引起的创作冲动。这种冲动引发的原因主要是作家的思想、情感、意念,或者说是作家艺术创造的精神需求。这种需求的内涵是丰富的,多方面的,不同的需求产生相应的创作冲动。一般认为主要有以下四种:表现自我的冲动,与读者交流的冲动,事业心的冲动,功名利禄的冲动。这几种冲动一般不单独出现,常表现为多种冲动的混合状态。创作冲动的强度和表现状态,还与艺术家的个性、气质有关。

三、艺术构思

艺术发现让作家明确了"写什么",创作冲动推动作家"想要写"、"急于写",那么"怎样写"呢?接下来就是对想要写的内容进行艺术构思。艺术构思的意义在于通过对材料的艺术琢磨,为作家想要写的内容确立恰当的、充分艺术的形象结构,从而深入的、巧妙的、富于独创性的完成艺术作品。

所谓艺术构思,是作家在创作冲动的驱动下,调动各种艺术手段,孕育具体作品的思维活动和思维过程。包括选取提炼题材,构筑形象体系,确立主题思想,安排结构布局,设计表现形式等。艺术构思是创造性精神劳动中最紧张阶段。

艺术构思的首要任务是选材和开掘,正如鲁迅说的"选材要严,开掘要深"。选材是从大量的积累中选取最有思想蕴含、最能传达主体创作意图的材料;而哪些材料符合上述要求,又需要进行开掘;所以选材和开掘是一个问题的两个方面,在主体构思中是同时进行的。

选材之所以要严,是因为题材本身所蕴含的思想容量和潜在的审美价值客观上存在着差异;开掘所以要深,是因为题材的内在蕴涵是多层次的,是有深浅之别的。同样的生活现象(即同样的题材),在不同眼光观照下其精神深度大不一样,因而作品的精神价值也是大不一样的。如一个小姑娘漂亮但却弱智,屡受无赖的戏耍。一般作家看到可能会产生深深的同情,对无赖表示激愤的谴责。但史铁生却想得更深更远:"谁又能把这世界想个明白呢?世上的很多事是不堪说的。你可以抱怨上帝何以要降诸多苦难给这人间,你也可以为消灭种种苦难而奋斗,并为此享有崇高与骄傲,但只要你再多想一步你就会坠入深深的迷茫了:假如世界上没有了苦难,世界还能够存在么?要是没有愚钝,机智还有什么光荣呢?……"史铁生从中勘破了人生、世界、宇宙、存在(他在更多时候称之为"上帝")的真相:"一个失去差别的世界将是一潭死水,……看来差别永远是要有的。看来就只好接受苦难——人类的全部剧目需要它,存在本身需要它。"① 住在一个村的两个知青结婚了,一般人大约等着吃喜糖,闹洞房,而史铁生从他们结合的因缘中看到了人命运的偶然性、随机性、戏剧性、神秘性、不可预测性,他已然又从中看到了"上帝"。② 登高俯瞰大街,如蚁的人群东奔西走,人来车往熙熙攘攘,这景象太常见了,谁想到了什么?史铁生居高而望这宏大的人间,想到的是人生就像量子力学中的波粒二重性,你每一瞬间都处于一个位置,都是一个粒子,但你每时每刻都在运动,你的历史正是一条不间断的波,因而你在任何瞬间在任何位置,都一样是命途难测。人间社会也是如此,在几十亿条命运轨道无穷多的交织之间,一个人的命运神秘莫测——你能知道你现在正走向什么,你能知道什么命运正向你走来吗?③ 从以上诸例可以看出,从最平常的现象中看到最深刻的精神意蕴,考验的是作家的精神深度,作家的精神深度决定着作家艺术开掘的能力,从而也决定着艺术作品的精神层次。

开掘的任务就是发现并确立作品的意蕴。意蕴是艺术作品的精神内核,或曰灵魂,在作品中如同能源,层层散发开去,层层体现出来。因此,意蕴的开掘在构思乃至于整个创作过程中具有主宰地位。

题材的蕴含可能是相当丰富的,作家穿过层层累积习见的遮蔽,可以有多层次多方向的发现。如对存在真实的发现,对道德是非的发现,对社会历史必然性的发现,对人生价值、人生况味、人生哲理的发现,对人类深层心理、对生活深层秘密的发现等。不同的发现

---

① 史铁生:《我与地坛》,《史铁生作品集》第3卷,中国社会科学出版社,1995年版,第176页。
② 史铁生:《散文三篇》,《史铁生作品集》第3卷,中国社会科学出版社,1995年版,第237页。
③ 史铁生:《散文三篇》,《史铁生作品集》第3卷,中国社会科学出版社,1995年版,第238页。

体现着不同的精神层次。包孕着深刻意蕴的题材才是好的题材,题材意蕴的开掘靠的是艺术家的精神深度和艺术眼光,是艺术家的精神深度和艺术眼光使题材的意蕴得到澄明。

作品的意蕴不是单独存在的,而是与艺术形式结合在一起、融汇在艺术形式之中的,因此,开掘出了题材的意蕴,接下来就要为意蕴寻找一个与之契合的形式。深刻的意蕴应该是以生命化、感性化的方式呈现的,这一切都需要凝铸在一个可以直觉的形式上。艺术形式就是可以直观的艺术作品的有机整体,分解为元素,对于抒情性作品来说,主要是意象、意境;对于叙事性作品来说即故事情节、人物关系构成的形象体系,以及把这些元素组织起来的结构等。因此,艺术构思,某种意义上就是按照创作意图,借助想象和虚构,创造完整的内心意象,为思想意蕴构建一个有机完整的艺术世界。

对于意蕴的传达来说,作家所掌握的现实材料一般来说是远远不够的。或者不需要,或者不贴切,或者不完整等。因此作家必须超越已掌握的材料,并将它打碎,加以改造,重新组合,充分发挥联想和想象作用,增添和补充许多必要内容,以建构一个新的形象体系,作为思想意蕴的完美载体。这也就是王蒙说的写小说要"善编",完全不编是难以成为小说的。所谓"善编",就是指以丰富的生活为基础,具有思维的灵活性,善于熔铸,善于重新组合排列,这是整个艺术构思活动中极其关键的一步,没有这一步,艺术作品就不可能创作出来。托尔斯泰将简单的"柯尼的故事"(贵族青年的忏悔)发展成为皇皇巨著《复活》,老舍将听来的车夫的故事发展成为《骆驼祥子》,冯骥才将火车上的印象加工成《高女人和她的矮丈夫》,靠的就是善于组合即"善编"的功夫。

由生活素材到艺术的虚构,是由生活向艺术过渡的桥梁。王蒙说:"一般地说,愈是缺乏经验的新手,愈不会改造、发展、变化生活给自己的原始触发。他们大致还停留在桥的那一边,就事论事,就人写人,就现实写现实。过了桥以后,就进入了一个全新的艺术世界,全部是生活的,又全部是想象的。全部是客观的,又是主观的。全部是具体的,又是抽象的。在这个艺术世界里,每一草一木,一砖一石都放射着人类的文明与智慧的光辉。获得了某种触发以后,能否发展为充分的、勇敢的、高度凝聚的艺术想象,这是原始的触发——胚胎能否发育成人的关键。"① 王蒙的话明确指出了改造、发展、变化原始触发,展开艺术想象对于艺术构思的极端重要性。

开掘意蕴,构筑形式,二者达到融汇统一,即艺术构思的完成。经过虚构和想象,一个个新奇的艺术世界终于在作家心理屏幕上趋向定型,脱颖而出。这就是艺术构思的基本完成。

完成阶段的艺术构思,意象由模糊到清晰,由芜杂到单纯,由零碎到整一,由不确定到确定。这时候,纷乱的想象已经理出头绪,有了较为确定的轨迹和方向;意象的组合已排除了多种可能性而获得了真实生活一样自足的独立品性——意象获得了有机的生命,这时候艺术家骚动的情绪已经安静,一切都已归附到已经"活起来"的意象中。这时候,已经不是作家在想象中组装拼合意象,而是活起来的意象在引导着作家在想象,想象已经变成了一种"自动思维"。在完成阶段的艺术构思中,创作主体与表现对象已经浑然一体,主体心灵因已化入客观世界中而显得安详圣洁,客观世界因受到了主体心灵的洗涤而显得清

---

① 王蒙:《王蒙谈创作》,中国文联出版社,1983年版,第67~68页。

朗淳朴。一个神奇的艺术生命已经孕育成熟,只等待降生。

四、艺术传达

艺术传达即美学上讲的"物化"或"外化"活动,就是用一定的物质媒介,按一定的艺术形式,把构思中孕育形成的审美意象固定下来,造成可供接受者欣赏的艺术形象。文学的传达,就是驾驭语言文字和各种表现手段,按一定文学样式的审美规范把构思中的艺术世界写出来,这是文学创作的最后一步,只有经过这一步,才能使主观意象客观化,心理表象物质化,才能使个人的精神产品转化为社会的精神产品。

在写作阶段,有三个问题需要说明。

第一,写作过程与艺术构思互相渗透。王蒙说:"构思得差不多了,靠写。写,不仅仅是把想好的东西记录下来,固定下来,写,是创造的最重要的阶段。正是在写的过程中,你的思维活动、感情活动、内心活动才空前活跃起来。你写的一行一行的字把你带入了你所要写的那个世界,你好像看到了你要写的人物,你好像经历了他们所经历的事情,你的分析和判断、追忆和联想、痛苦和欢乐、爱和恨、痛和痒、寻求和向往,一句话,从你的头脑到你的神经,到你的感官,正是在写作的过程中将会怎样地活跃起来啊!只有这种活跃,才是文思的保证,才是写出来'栩栩如生'的保证,才是写得下去的保证。"[①]

王蒙以作家的身份描述了写作过程中紧张的思维活动,由此看来,写作过程并不是艺术构思过程的中断,而是构思过程的继续、发展和深化。文学创作虽然在理论上可分出构思和写作两个过程,但在具体创作实践中却是不可分割的,有时是互相交错地起作用的。中国文学史上流传着许多字斟句酌的著名范例,作家为一个字而反复推敲,表面看来仿佛只是传达问题,实质上却既是传达问题,又是构思问题。贾岛的"僧敲月下门"的"敲"字,王安石的"春风又绿江南岸"的"绿"字,都是关乎诗的整个意境问题。诗人所以要反复选择,其中固然有追求音节韵律等形式美方面的原因,但主要因为诗人不满足于原有的艺术构思而欲使诗的境界更新、更美。这样的选词用句,既是传达,又是构思,二者相互渗透融为一体。艺术构思在传达过程中的继续,是对原先构思中产生的艺术形象的进一步完善,也是艺术家对对象认识的进一步深化,只有当艺术传达结束,艺术构思活动才告结束,艺术形象才算最后完成。

第二,写作必须遵循一定文学样式的审美规范,掌握熟练的写作技巧。任何一种艺术形式都有其特定的审美规范,有独特的自身规律,艺术家必须认真研究它、掌握它、遵循它又突破它。艺术作品是艺术的内容与形式相结合的体现。艺术作品的成功与否及其价值的高低只有通过艺术表现来证实,艺术必须尽心竭力,调动一切技巧,力求达到内容与形式的高度统一。任何艺术,如果不能凭借熟练的技巧达到形式上的完美,再好的内容和意图也无从充分体现出来。

第三,写作过程中的反复修改。当作家写出初稿之后,为了提高作品的思想和艺术质量,还要反复修改,多次斟酌,然后才能定稿,修改是写作过程的一个不可缺少的组成部分。

---

① 王蒙:《漫谈小说创作》,上海文艺出版社,1983年版,第128页。

修改是为了使艺术构思更加合乎情理,艺术表现更加完美。历来的优秀作家都非常重视作品的反复修改,托尔斯泰《安娜·卡列尼娜》写了5年,其中个别章节有12种稿本,《复活》写了10年,开头部分有20种稿本。他认为要把同一篇东西改上10遍、20遍才行,必须永远抛弃那种认为写作可以不必修改的想法。巴尔扎克对稿件的严格修改也是人所熟知的。曹雪芹写《红楼梦》"披阅十载,增删五次"。这类例子不胜枚举,它们证明写作过程中的反复修改是写好作品的重要条件。

第三节　文学创作的心理系统

文学创作作为一种复杂而微妙的精神创造活动,首先表现为它是一种复杂而微妙的心理活动。这一活动的奥秘至今不能被人类全部揭示,所以被称为"黑箱子"。但是,从系统论的角度看,可以肯定它是一个完整的心理系统,其中包含着以下几个相互联系的子系统。①

一是感受系统,包括感觉、知觉、统觉乃至错觉等心理机能,其生理机制主要是耳、鼻、口、眼、肤等感觉器官和相应的感觉神经。这是作家接受外来信息的通道,作家凭借这一系统获取素材并体验艺术构思过程中的内部情景。二是动力系统,包括欲望、动机、兴趣、热情、激情、冲动等心理功能。作家创作动机的酝酿、创作欲望的形成、创作冲动的勃发,都和这一系统有密切联系;文学作品的生动性、感染性的奥秘也隐藏在这里。三是思维系统,包括人的言语活动及概括、分析、判断、推理、综合、联想、想象、幻想等心理机能,既包括抽象思维,也包括形象思维。四是控制系统,其主要心理机能表现为意志活动、技能活动、注意活动。一部文学作品体裁的选取、篇章的布局、情节的安排、言辞的润饰等无不和作家审美上的、技巧上的以及道德上的控制活动有关。五是整合系统,其心理要素包括气质、能力、性格、习惯等,即被称之为个性和人格的东西。它是作品中通体灌注的生气,是作品的灵魂。正是它决定了文学创作的有机性与独创性,决定了文学作品的风格、气韵、格调、境界。作家正是靠了这一系统将上述几个系统的功能协调起来,融为一体。全面分析创作心理系统的奥秘是不可能的,下面选择其中几个重要心理因素,讨论一下它们在创作活动中的作用。

一、艺术知觉

知觉作为一般心理学概念,指的是客观事物的外部形式作为整体折射于人的大脑皮层而产生的映象。传统心理学认为知觉是人的大脑对客观事物较为客观的反映,就像照镜子一样,很少带有主观因素。但现代心理学认为知觉也同样带有明显的主观性。艺术知觉是在一般知觉的基础上形成的一种特殊的知觉,其特点是除了一般知觉的特点外,还

---

① 参见鲁枢元《创作心理研究》,黄河文艺出版社,1987年版,第166~170页。

带有审美趣味、欣赏习惯、艺术观念等因素的印记。简单说,艺术知觉就是主体用艺术的眼光审视对象产生的知觉形象。

文学以生动具体的艺术描写见长,这种描写不是对于对象的纯客观模仿写,而是融汇着作家的主观感受,来自于作家的艺术知觉。换句话说,艺术描写不是对世界物理场的直接描摹,而来自于作家的心理场。因为,客观事物只有首先成为心理的,才有可能成为审美的和艺术的,文学作品中的艺术天地,不过是作家知觉到的心理场的具体展示。

物理场和心理场的概念来自于格式塔心理学。格式塔心理学认为,现实世界有两重性,它既是物理的,又是心理的。对于同一个物理场,不同的人,或同一个人在不同情境下,有着不同的心理感受、心理知觉,即呈现为不同的心理场。如当一个人无比欢乐之时,冰冷的雪花也会热烈起来;当一个人极度悲哀之时,明亮的太阳也会暗淡无光甚至于会变成"黑色的";当一个人沉浸于幸福中时,一个钟头就像一分钟眨眼即过;当一个人身处困境时,一天就像一年那样长……

物理场是科学家的世界,其最高境界是真实,因而科学家眼里的世界只有一个。心理场则是渗透着文艺家心灵和感情的世界,这里的感觉、知觉都隐含着主体的心理特征。在艺术家的心理场中,最高的境界是真诚。真诚也是一种真实,一种知觉上、感情上、心理上的真实。对于文学艺术作品来说,这是一种更高意义上的真实。例如"黄河之水天上来"(李白《将进酒》),"红杏枝头春意闹"(宋祁《玉楼春》),"黄河燃烧起来啦"(张承志《北方的河》),没有人怀疑其真实性,因为读者知道这是艺术的知觉。

二、艺术想象

在艺术创造中,最主要、最基本的心理活动是想象,所以文艺理论家们无不重视对想象的研究,认为想象是一种神奇的精神创造活动,是艺术创造能力的灵魂。因此雨果把想象看成是"艺术的魔杖",黑格尔把想象称为"一种最杰出的本领",也有把它们叫做孕育文学世界的太阳。这一切表明,文学创作离不开想象,没有想象就没有艺术世界。

想象是通过自觉的表象运动,借助原有的表象和经验以创造新形象的心理活动与过程。艺术想象是人类想象的一种,是作家艺术家调动记忆表象,经过艺术加工创造艺术形象的心理活动,它是一种饱含情感、充满形象或形式因素,心灵自由的创造活动。艺术想象外延宽泛,联想、幻想、空想、梦想等一系列相近的思维形式,乃至臆想、虚构等皆可包括在它的范围之内。

艺术想象与科学想象以及其他想象不同。首先,艺术想象不像科学想象那样,是一个纯粹的认识反映过程。它不仅遵循一般的认识逻辑,而且遵循特殊的情感逻辑。当作家展开想象的翅膀时,其心灵活动总有一股强大的内驱力和渗透力,这就是审美情感的作用。情感是艺术想象的动力,作家在艺术想象中总是以情取舍,以情贯通,以情渲染。其次,艺术想象不像科学想象那样是一个尽量排除想象者主观因素影响的过程。恰恰相反,它在想象时必须熔铸进想象者主观的情志,必须加进自己的东西。再次,艺术想象不像科学想象那样,仅仅把形象作为达到思维目的的手段,而必须始终不脱离形象。科学想象的结果是舍象取质,而艺术想象的结果则必须是造象显质。最后,艺术想象还不像科学想象那样必须要实验或现实的验证,而是具有内指性,它超越客观、超越现实,在心灵的广阔空间里自由自在地飞翔。总之,与科学想象比起来,艺术想象具有情感性、主观性、形象性、内指性等特征。

想象在艺术创造活动中的作用是多方面的,如催生艺术的思维,加工改造生活素材,对生活经验不足的地方加以补充和虚构,把散乱、零星、无序的材料加以联结和整合,以合情合理为原则虚构故事情节,创造新的艺术世界,对心理活动加以深化和开拓等。

艺术想象的种类,以想象产生时有无目的和意图为依据,可以划分为无意想象和有意想象。以想象的新颖性、独立性和创造性为依据,又可以把有意想象划分为再造想象和创造想象。根据文学想象的展现方式,有人把它分为联系性想象、回忆性想象、再现性想象、拟人化想象、类比性想象、虚幻性想象、推测性想象、迷狂性想象、替代性想象、创造性想象,等。

三、艺术情感

艺术情感也叫审美情感,指艺术作品的创作者或欣赏者在创作或欣赏活动中所产生的高度和谐、愉悦的情感体验。它是审美主体对符合自己审美需要的客体所作出的一种心理反应。历来的作家艺术家都特别重视情感对艺术创作的作用。罗丹在遗嘱中讲"艺术就是情感";歌德认为"没有情感也就不存在真正的艺术";托尔斯泰认为"艺术起源于一个人为了要把自己体验过的感情传达给别人,于是在自己的心里重新唤起这种感情,并用某种外在的标志表达出来"。从这一角度看,说情感是艺术的本质、情感价值是艺术的基本价值也不为过。

情感对文学创作活动的重要意义表现为,它不仅是文学创作的动力,而且是文学创作所要表现的内容。人类的种种创造都伴随着一定的情感活动,并以一定的情感为动力,但这种情感并不需要在其成果中得到表现,而在文学创作活动中情感不仅作为一种推动力量在起作用,而且还必须在创作成果中鲜明生动地表现出来,使接受者受到感染。古今中外的优秀作品证明,只有真情实感熔铸成的艺术形象才能真正动人。历来的作家艺术家都懂得情感的意义,所以都重视情感的积累、提炼与表现。

艺术情感来自于日常的自然情感又区别于日常的自然情感。自然情感具有务实性、功利性,艺术情感大多具有务虚性、非功利性。自然情感大多是即兴的、短暂的,艺术情感大多是稳定的、长久的。自然情感大多属于个人的,因而影响范围狭小,艺术情感则突破了个体的限定,带有公共的、普遍的性质,因而影响范围广大。自然情感大多牵扯现实利害,虽真不美,艺术情感由于经过加工,相对超脱,所以虽假却美,可以成为审美对象。

艺术情感不是自然生成的东西,而是在具体的创作过程中孕育产生、逐渐成熟的。艺术情感的孕育生成伴随整个艺术创作的全过程,其间情感的勃兴、汹涌、沉淀、平复、奔突、生长与衰退、冲撞与消释、调整和控制是经常不断、此起彼伏的,而不是一劳永逸的。创作主体的情感之流必须经历多次的取舍、调整、改造之后,才会逐渐从散乱趋向集中,从游移不定趋向明朗稳定。只有经过这样多次的反复调控、情感操作,主体的情感之流才会变得丰满而充沛、磅礴而稳定、真实而独特、深厚而细腻,并逐渐转化生成为一种具有明确趋向,具有恒定追求目标的热情,一种有内容有节律的情感涌动。

四、艺术灵感

艺术灵感是文艺创作活动中一种特别引人注目的心理现象,作家们称它为"神的昵近"(屠格涅夫),"来潮"(托尔斯泰),"一团热火"(巴尔扎克),"是诗人对于外界事物的一种无比协调,无比欢快的遇合,是诗人对于事物的禁闭的偶然的开启"(艾青)。从以上描述可以看出,灵感是作家在创作活动中忽然出现的顿悟,是作家思维活动极度兴奋时的一种高峰体验。当灵感到来之际,作家的创作欲望特别强烈,想象极为丰富,无数生动的意象纷至沓来,思绪泉涌,许多优美奇特的艺术构思忽然形成。灵感是推动创作活动的一种心理动力,真正成功的艺术创作总要出现灵感现象,灵感是创作力旺盛的一个重要标志。

灵感具有以下特点。第一,突发性。灵感的出现不是由作家、艺术家的主观意志支配的,而往往是不期而至,突然而来,具有偶然性、突发性。对于灵感的这一特点,我国古人有许多精彩论述。如"若夫应感之会,通塞之纪,来不可遏,去不可止"(陆机);"其来如风,其止如雨"(姜夔);"自然灵合,恍惚而来,不思而至"(汤显祖);"尽日觅不得,有时还自来"(谢榛)等。第二,瞬时性。灵感来也匆匆,去也匆匆,如电光石火,稍纵即逝。王夫之形容说是"才着手便煞,一放手又飘然而去";苏轼形容说是"作诗火急追亡逋,清景一失后难摹"。第三,情感性。灵感来时往往同时伴有强烈的情感,艺术家处于无比兴奋、激动的心境中。如郭沫若创作《凤凰涅槃》时,诗意袭来竟激动得全身都有点作寒作冷,连牙关都在打战。第四,独创性。灵感中萌生的艺术形象、艺术境界都具有鲜明的独创性,即不可重复、不可模仿性。不但不重复别人,而且不重复自己。

灵感作为一种创作心理现象,它的产生是创作主体长期积累、长期思索的结果。作家丰富的生活体验是灵感产生的前提,创作过程中的苦苦思索是触发灵感的直接动因。正如我国古人所说,"得之于俄顷,积之在平日"(袁守定)。

五、艺术理解

理解指通过揭示事物间的联系而认识其本质、规律的思维活动,它包括比较、分析、综合、抽象、概括等一系列思维过程。艺术理解是指作家、艺术家在创作活动中所进行的分析、判断、识别、思考等理性思维活动。

文学创作的主要思维方式是艺术思维,但也离不了理性思维。因为作家对社会人生的把握,绝不是浅层的、表面的,而是深层的、本质的;不仅仅是简单的现象描摹,重要的是要有自己的解释和评价。诚然,文学创作对生活的把握离不开感受,但正如毛泽东所说,感觉到的东西人们不能深刻地理解它,只有理解了的东西才能更深刻地感受它。所以,离开理解的作用,对于对象的把握一定是浮浅的。

理性思维贯穿于文学创作全过程。在进入具体的作品创作之前,理性思维指导作家确立自己的创作目的、创作意图。在艺术构思过程中理性思维指导作家选材,离开理解的分析判断,就不知哪些材料是有价值的,应该从哪些方面来处理它。理性思维还规定构思的性质和方向(虽然还可能有所改变),从人物性格的刻画到情节的编织及安排,都要做到合情合理。构思完成之后作家还要用理性思维审视艺术构思是否得当,看艺术构思是不是体现了自己的创作目的、创作意图。艺术传达之后还要用理性思维检验艺术传达的得失,以批评家的眼光检视整个艺术环节、艺术因素是否精益求精,尽善尽美,还有哪些需要修改和加工。整个创作过程中,作家还要时时考虑读者的反应,考虑作品的社会效果,如此等等,都需要理性思维,即艺术理解因素的作用。

上述各种心理因素,不是独立存在的,而是相互交织,相辅相成,共同推动着作家的创作活动。

第四节　文学创作活动中的悖论

前面我们说文学创作是一种复杂微妙的、特殊的精神创造活动,还表现在这一活动中充满各种悖反现象,即存在诸多既相互对立相互冲突,又相互联系相反相成的现象。

一、个人独特性与社会普遍性

文学创作,一方面看是最个人化、最私密化的个体精神劳动,体现着创作主体的精神独特性;另一方面,文学创作又是最富于社会性的活动形式之一。实际上,离开社会、离开人类群体就不可能有文学创作(写什么和写给谁看呢?)。这是一个明显的矛盾:一方面作家作为社会的一员不能孑然独立;另一方面在创作时又须离群独思,进行个体劳动。一方面创作最富于个人独特性,另一方面又最能体现人的普遍本质。文学创作正是在这个矛盾中进行的。这里体现着个人与社会的辩证关系。

个体与社会的矛盾,是人类社会的普遍矛盾,也同样渗透于文学创作活动中。文学创作,作为一种特殊的精神活动,更侧重于这一矛盾中个体与自我这一面。"文学创作主要是通过肯定和确证自我个体,来肯定和确证社会群体。在文学创作中,前者(肯定和确证自我个体)是直接的,后者(肯定和确证社会群体)是间接的。文学创作的过程就是从自我个体出发而又超越个体的过程,是超越自我个体达到与社会群体的融合、而又不断返回自我个体的过程,是不断以社会群体的丰富内涵来充实和深化自我个体、并且始终不脱离自我个体的过程,是始终以自我个体的直接形式进行创造的过程。"[①]

文学创作的这一特性,决定了任何文学创作都不能不从个体出发,离开了自我个体,离开了自我意识,所谓文学创作就无法进行。但是,从自我、个体出发同时又必须超越自我、超越个体,把自我、个体引向社会,引向人类生命的大空间。作家把自我、把个体牢牢扎根于社会群体的最深层次,使自己连接着整个世界。在进行创作的时候,作家强烈地要求走出自我,突破自我,把自我融入社会之中,吸取社会的精神滋养,使自己得到深化和本质化。这样,作家创作就不仅是表现自我、表现个体,同时也是通过自我或个体而表现社会、表现群体,表达社会大众的意愿和要求。总之,文学创作中的个人独创性和社会普遍性是互为存在条件地共处于一个统一体中。文学创作既是在社会普遍性制约下的个人独特性活动,又是

---

① 杜书瀛:《文学原理——创作论》,人民文学出版社,2001年版,第245页。

以个人独特性形式而进行的社会普遍性劳动。作家总是以个人独特的创作个性,同时代、民族、阶级、地域等社会普遍性相结合,在二者的辩证统一中创造审美价值。

二、自律和他律

作家为什么而创作?马克思说:"作家当然必须挣钱才能生活,写作,但他决不应该为了挣钱而生活,写作。"①马克思的意思是,创作是作家自身的生命需求,是其自身的生存方式,生存目的,而不是谋生的手段。"诗一旦变成诗人的手段,诗人就不成其为诗人了。作家绝不把自己的作品看做手段。作品就是目的本身;无论对作家或其他人来说,作品根本不是手段,所以在必要时作家可以为了作品的生存而牺牲自己个人的生存。"②在谈到英国诗人密尔顿时,马克思又说:"密尔顿出于同春蚕吐丝一样的必要而创作《失乐园》。那是他的天性的能动表现。"③马克思深谙艺术规律,对作家艺术家的创作有着深度的理解。他看到了文学创作按其本性而言,不是狭隘的功利手段,否则就不再是真正的文学创作。文学创作有其自身的目的,在一定意义上说,正是这种自身目的(而不是外在目的)引导自己,规定自己。这就是说,文学创作是无功利的,它必须以摆脱直接的、物质利益和狭隘的功利目的而取得某种精神自由为前提。正是从这一意义上说,文学创作是自律的。

换一角度看,文学创作又是他律的。最根本的理由就是,文学创作作为人类的高级精神活动之一,总是要为人类自身服务,对人类自身的生存发展有利、有益。作家创作时直接的现实的功利目的或许是没有的,但作品作为一种现实的精神产品,其对社会的效用是最终存在的。因此就不能说创作活动是纯然个人的行为,想怎么样就怎么样,而是必然要受社会制约的。再从作家的身份看。作家既是有独特个性的个体存在,同时又是无限复杂的社会关系网上的一员,用马克思的话说即社会关系的总和。作家身份的这种双重性,决定其一切思想行为包括其艺术创作所具有的双重性,即既是个人的又是社会的。因此他不可能不受社会等外界因素的制约,他无论如何也摆脱不了客观因素加给他的或直接或间接的影响。即使他必须像春蚕吐丝一样出于天性而创作,那么他所吐的丝也不纯粹是个人之物,而是在社会生活中有所感悟的结晶。由此来看,文学创作又是他律的。

那么文学创作的自律性和他律性是什么关系呢?其实二者决非互不相关,而是同一事物自身两种性质的互相包含和交融。自律中同时有他律,他律中同时有自律,即康德所说的"无目的而合目的","有意图而似无意图"。关键的问题是,在这里,创作的他律性须转化为自律性、隐没于自律性,通过自律性来实现。例如外在的社会历史环境对文学创作的制约和影响,不应该是表现为外在的强制作用,不是强加给它外在的目的,不是硬派给它外在任务,不是用外力使它成为实现某种外在目的和任务的手段和工具,而是将它完全

---

① 中共中央马克思恩格斯列宁斯大林著作编译局:《马克思恩格斯全集》第1卷,人民出版社,1956年版,第87页。

② 中共中央马克思恩格斯列宁斯大林著作编译局:《马克思恩格斯全集》第1卷,人民出版社,1956年版,第87页。

③ 中共中央马克思恩格斯列宁斯大林著作编译局:《马克思恩格斯全集》第26卷(Ⅰ),人民出版社,1972年版,第432页。

转化为创作主体自身的内在要求而自然而然地起作用。一个作家如果只是为了完成别人交给他的任务而写作,那是肯定写不好的,只有变成自己不可遏止的内在的创作冲动,才有可能获得创作的成功。也就是说,文学创作是无功利的有功利,无目的的合目的,是自律与他律的辩证统一①。

三、再现与表现

谁都知道文学创作既离不开客观的生活,也离不开作家,但在二者的关系问题上,却长期争论不休。一种意见认为艺术来源于生活并再现生活,从古希腊的"模仿说",中经文艺复兴时期的"镜子说"到十九世纪俄国的"再现说",都坚持这种观点。这种观点源远流长,被认为雄霸西方两千年。另一种意见把文学创作归结为作家的心灵或本能的表现,主张创作只需从主观自我出发。这一观点在近现代的西方世界,尤为众多作家和理论家所推崇。

应该说,两种观点各有道理而又各有所偏。事实上,作家与生活,或者说,主体与客体,在创作活动中从来就是互动互渗、密不可分的。没有主体心灵的观照,客观生活就永远只是客观生活而进入不了作品;没有生活本身的启发,主体心灵就永远空洞无物,无所凭依。优秀的艺术作品永远是主客双方融洽无间的神奇遇合,是作家的主观精神与客观社会生活热情拥抱的结果。主体心灵未到之处,生活的意义是被遮蔽的,主体心灵使生活的意义得以解蔽;反过来,如果生活本身没有某方面的意义,主体心灵无论如何也是无法"发现"的。正如鲁迅先生所说,画家可以画蛇、画鳄鱼、画字纸篓等,但没有人画鼻涕、画大便,因为从鼻涕、大便中无论如何也发现不出美来。

文学作品中永远没有纯客观的生活,因为一切都已被主观化了,都沐浴着作家主观心灵的光辉。在创作主体与创作客体的关系上,歌德有过一段著名的话:"艺术家对于自然有着双重关系:他既是自然的主宰,又是自然的奴隶。他是自然的奴隶,因为他必须用人世间的材料来进行工作,才能使人理解;同时他又是自然的主宰,因为他使这种人世间的材料服从他的较高的意旨,并且为这较高的意旨服务。艺术要通过一种完整体向世界说话。但这种完整体不是他在自然中所能找到的,而是他自己的心智的果实,或者说,是一种丰产的神圣的精神贯注生气的结果。"②在歌德机智而辩证的论述面前,一直争论不休的再现说和表现说都显得浅薄而可笑!

四、个性化与概括化

在叙事性作品的创作中,特别强调人物形象塑造的典型化。所谓典型化,就是作家根据文学的特殊规律,把不典型或不够典型的生活材料,经过艺术加工,使之成为典型艺术形象的方法或过程。这里有两层意思,一是"方法",二是"过程"。典型化所要解决的基本矛盾是有限与无限、特殊与普遍、个别与一般的矛盾,典型化的基本规律是通过个别(有限、特殊)表现一般(无限、普遍),即通过独特的生动的艺术形象反映一定时代社会生活的内在意蕴。而这样的艺术形象就是典型形象。

---

① 参见杜书瀛《文学原理——创作论》,人民文学出版社,2001年版,第46~48页。
② 爱克曼辑录:《歌德谈话录》,朱光潜译,人民文学出版社,1978年版,第137页。

为了创造出典型形象，典型化就理所当然地包括相互联系、相互制约的两个方面：个性化与概括化。因为只有通过个性化，才能使艺术形象具有鲜明独特的个性；只有通过概括化，才能使艺术形象体现社会生活的普遍意蕴。

　　所谓个性化，就是作家在创造形象时，一定要千方百计地找到某一形象自身的特殊之处，加以突出和强化，使之鲜明、独特。只有个性鲜明独特才符合生活本身的逻辑，才有存在的价值，因为生活中的任何事物都是富有个性特征的。有人说世上没有两粒绝对相同的沙子，没有两片绝对相同的树叶，这话从哲学意义上讲是深刻的。所以要创造有生命的艺术形象，必须突出形象的个性，这个突出、强化形象特征的过程就是个性化的过程。

　　所谓概括化，就是在使艺术形象具有个性特征的同时，使之具有代表性、普遍性，能够概括同类事物的共同本质特征。这是一而二、二而一的辩证统一的过程，绝不是先个性化后概括化，在时间上可以分出先后的所谓两步走。

　　个性化与概括化相辅相成，各自只有与对方结合，自己的存在才有价值。没有概括化的个性化，可能是没有内在意蕴支撑的怪异之"个别"，而没有个性化的概括化便不能与公式化、模式化、概念化相区别。

五、直觉与理性

　　作家在创作过程中，心境或宁静澄澈，或激情涌动，物我交融，浮想联翩，没有有意识的推理和思索，一切都是自由的、轻松的，好像是自动发生似的。这就是艺术思维的直觉性，或曰艺术直觉。

　　有人根据这种现象下结论说艺术创作是非理性的、下意识的，任何理性的介入都会损害艺术。这种看法显然是错误的。事实上，创作活动中的直觉不仅不排斥理性，相反它本身就是包含理性的。人的直觉能力有两个不同的发展阶段和结构层次，即低级的感性直觉能力和高级的理性直觉能力。低级的感性直觉能力只能把握事物的表面现象，不包含理性；而高级的理性直觉能力则是包含理性的，它能够在现象的感受中直接把握事物的本质。艺术思维中的直觉就是这种高级理性直觉，巴尔扎克把这种能力称为"透视力"。他说："在真正是思想家的诗人或作家身上出现一种不可解释的、非常的、连科学也难以明辨的精神现象。这是一种透视力，它帮助他们在任何可能出现的情况中测知真相；或者说得更确切点，是一种难以明言的，将他们送到他们应去或想去的地方的力量。"①

　　为什么艺术直觉能够一下子"透视"事物的底蕴呢？因为它里面积淀着深沉的理性内容。这可以从两方面论证。从艺术家的审美心理结构和人类群体的审美心理的关系来看，艺术家个人的审美心理主要为群体的社会审美心理所决定，成为一种无意识的社会本能。这种无意识的社会本能的形成是千百万年人类历史发展的结果，人类今天的审美心理结构已不同于动物的生理结构，人类审美心理是文明创造的结果。正如马克思所说，五官感觉的形成是以往全部世界历史的产物。再从个体角度说，艺术家个人审美心理结构的形成，与他的全部生活经历、知识积累等的总和相关。艺术家直觉能力的基础不是一张

---

　　① 古典文艺理论译丛编辑委员会：《〈驴皮记〉初版序言》，《古典文艺理论译丛》（第10册），人民文学出版社，1965年版。

白纸,而是储存着往日丰富经验与知识材料的信息库。它平时是关闭着的,它构成人的无意识,但一旦被对象触发,信息库里的有关信息被激活,就由无意识变为意识,与新来的信息结合,豁然贯通。这时产生的理解和顿悟,并非由于概念的运动、推理,而是表现为感性经验材料——直觉——顿悟的心理运动模式。这样的心理运动模式并不是纯粹的感性、本能,而是感性直觉和理性的统一形式。所以,那种把艺术创作视为单纯非理性、无意识的活动的观点是错误的。

以上举例性地列举了几种创作活动中的背反现象,类似的还有许多。如意识与无意识,自觉与非自觉、冲动与控制、热情与冷静、最高技巧是无技巧、文无定法与文有定法、文如其人与文不如其人、作者必须注意自己的统一风格与不必注意统一风格、作家学者化与不必学者化、雅俗共赏与不必雅俗共赏,等等。这诸多背反现象再一次证明文学创作是一种极为复杂的精神创造活动,任何简单化的结论都是靠不住的。文学创作活动的秘密既是可以解析的又是不可解析的,既是澄明的又是混沌的——这种特性本身就是悖论。不止一位前辈大师说过,艺术活动的奥秘本来就说不太清楚,完全说清楚了,也许就不再是艺术了。关于文学创作的奥秘,人类永远在探索而又永远探索不到底,这,正是理论研究的永恒魅力!

名词解释

1. 创作个性

创作个性是作家在生活和创作实践中所形成,并在艺术创作中呈现出来的个性特点。这些特点与作家本人的个性气质、人格精神、艺术追求、审美情趣和艺术才能等精神因素有关,是上述精神因素的总和。创作个性的形成既有社会的影响也有个体的原因。

2. 艺术思维

艺术思维又称形象思维,是作家、艺术家在艺术创造和接受者在艺术欣赏活动中所运用的主要的思维方式。与理论或逻辑思维方式不同,艺术思维有自身鲜明的特点,主要有:始终不脱离活生生的感性材料,总是与事物的感性形象、与人的观察和感受相连接;联想、想象和幻想具有突出的意义;常常伴随着主体强烈的情感活动,且渗透着主体的精神个性;思维的结果与思维所用的材料相比已有本质的区别,等等。

3. 艺术发现

所谓艺术发现,就是作家对已熟知素材中所蕴含的精神意味的突然悟解,既可以说是主体心灵突然对材料的照亮,也可以说是材料的意蕴突然向主体的开放。在此之前,材料是死的、无意义的,在这之后,材料负载着鲜活的生命信息进入主体心灵,于是一篇作品的艺术生命随之形成。

4. 创作冲动

创作冲动又称艺术冲动,指由心理或外界触发而引起的强烈的创作激情和创作欲求。它是长时间郁积的创作动机和创作欲望的情绪表现形式,是创作过程中一种积极的情感准备。创作冲动是客观社会生活与创作主体心灵高度契合的产物。

5. 艺术构思

艺术构思是作家在创作冲动的驱动下,调动各种艺术手段,孕育具体作品的思维活动和思维过程。包括选取提炼题材、构筑形象体系、确立主题思想、安排结构布局、设计表现形式等。艺术构思是创造性精神劳动中最紧张的阶段。

6. 艺术知觉

艺术知觉是在一般知觉的基础上形成的一种特殊的知觉,其特点是除了一般知觉的特点外,还带有审美趣味、欣赏习惯、艺术观念等因素的印记。简单说,艺术知觉就是主体用艺术的眼光审视对象产生的知觉形象。

7. 艺术想象

艺术想象是人类想象的一种,是作家、艺术家调动记忆表象,经过艺术加工创造艺术形象的心理活动,它是一种饱含情感、充满形象或形式因素,心灵自由的创造活动。艺术想象外延宽泛,联想、幻想、空想、梦想等一系列相近的思维形式,乃至臆想、虚构等皆可包括在它的范围之内。

8. 艺术情感

艺术情感也叫审美情感,指艺术作品的创作者或欣赏者在创作或欣赏活动中所产生的高度和谐、愉悦的情感体验。它是审美主体对符合自己审美需要的客体所作出的一种心理反应。艺术情感既是创作表现的对象,也是创作的动力。

9. 艺术灵感

艺术灵感是作家在创作活动中忽然出现的顿悟,是作家思维活动极度兴奋时的一种高峰体验。当灵感到来之际,作家的创作欲望特别强烈,想象极为丰富,无数生动的意象纷至沓来,思绪泉涌,许多优美奇特的艺术构思忽然形成。灵感是推动创作活动的一种心理动力,是创作力旺盛的一个重要标志。

10. 艺术理解

理解指通过揭示事物间的联系而认识其本质、规律的思维活动,它包括比较、分析、综合、抽象、概括等一系列思维过程。艺术理解是指作家、艺术家在创作活动中所进行的分析、判断、识别、思考等理性思维活动。

思考题

1. 为什么说文学创作是一种特殊的精神创造活动?
2. 作家的思维方式有什么特点?
3. 简述文学创作的过程。
4. 艺术知觉、艺术想象、艺术情感、艺术理解的含义及特点有哪些?
5. 什么是艺术灵感?艺术灵感的特征是什么?
6. 怎样理解文学创作的秘密是既可以解析的又是不可解析的?

阅读链接

1. 杜书瀛:《文学原理——创作论》,人民文学出版社,2001年版。
2. 鲁枢元:《创作心理研究》,黄河文艺出版社,1987年版。
3. 余秋雨:《艺术创造工程》,上海文艺出版社,1987年版。
4. 王宁等:《诺贝尔文学奖获奖作家谈创作》,北京大学出版社,1987年版。

第五章 文学技巧

文学是语言的艺术,然而如何锤炼和驾驭语言,创造出属于艺术家特有的具有独创性的艺术形式呢?从某种意义上讲,这无疑是个技巧问题。古往今来,中外艺术家们运用自己的天才、智慧和实践,创造出各种各样的文学表达技巧,给人们留下了数不清的文学瑰宝。作为读者,也常常从文学技巧入手解读作品。那么,到底什么是技巧呢?是不是只有艺术家才拥有创造和运用技巧的能力呢?传统和现代的文学技巧都有哪些呢?为了解开这重重谜团,帮助读者破译"技巧密码",本章将从"技巧"的辞源分析入手,逐步探讨文学技巧的内涵、观念,总结梳理文学作品中常见的传统与现代的技巧、方法,为读者粗略地绘制一幅文学技巧的地图。

第一节 文学技巧的内涵与观念

一、文学技巧的内涵

1. 技巧

技巧,通常指技能和本领,《现代汉语词典(第5版)》把技巧描述为"表现在艺术、工艺、体育等方面的巧妙的技能"。也就是说,人们在具体的行为活动中根据经验或培训习得的一定的行为能力,这种能力标志着人们与所从事活动的某种契合程度,从一般意义上讲,这种行为能力就称为技巧。这种技巧认识也可见于早期的中国古代典籍,如《礼记·王制》中记载:"凡执技以事上者,祝、史、射、御、医、卜及百工。"有时候,技巧也特指作战的技术,如《汉书·艺文志·兵技巧》中记载:"技巧者,习手足,便器械,积机关,以立攻守之胜者也。"从以上释义中我们不难看出,技巧常常被视为一种技能、技艺和本领,技巧的高低决定着行为者最终取得的效果,也是衡量行为者能力、水平的一种标尺。

2. 文学技巧

就文学技巧而言,它是作家在文学创作中所运用的技能。一般说来,主要表现在作家在选取素材、塑造形象、组织情节、运用语言、结构安排等方面所达到的程度。文学技巧的运用对作品的艺术形象、思想内容、艺术水平等都会产生很大的影响。从古至今,中外优秀的作家往往是善于运用技巧的大师,如李白、杜甫、韩愈、李商隐、蒲松龄、曹雪芹、鲁迅、老舍、但丁、莎士比亚、卡夫卡、乔伊斯、艾略特……文学大师们无论是素材提炼、艺术构思、形象塑造、遣词造句还是谋篇布局等都巧妙地将技巧融汇其中,将独具特色的艺术形式呈现在读者面前。可见,文学技巧是作家塑造形象、反映生活所具有的特殊本领,是创造完美的艺术形式必不可少的条件。某些时候,技巧在文学创作中被提到了一个至关重要的位置,而技巧掌握与运用得恰当与否甚至决定着作品的成败优劣。如南朝文学理论家刘勰就很看重创作中的技巧,他认为:"才之能通,必资晓术,自非圆鉴区域,大判条例,岂能控引情源,制胜文苑哉!"美国的文学理论家肖勒也曾说过:"内容(或经验)与实现的内容(或艺术)之间的差距就是技巧。因而,当我们谈论技巧时,我们几乎就谈到了一切。"①因此,对作家而言,拥有娴熟的文学技巧显得十分必要,它能够帮助作家将生活中的体验与感想化为可见的艺术形式,并通过各式各样的艺术形式寄予作家对人生世事的理解与感悟。对读者而言,了解并熟悉一些文学常用的技巧与方法可以很好地理解文学作品,并透过作家运用的文学技巧探究其渴望表达的深层意蕴。

二、文学技巧的观念

在西方,理论家们很早就开始关注艺术技巧。如亚里士多德的《诗学》主要谈的就是悲剧技巧,书中列举出悲剧的六个要素,即情节、性格、思想、言语、唱段和戏景,并逐一对这些要素进行分析,给人们创作、欣赏、评价悲剧带来很大的启示。古罗马的贺拉斯在《诗艺》中也详细剖析了文学创作的技巧,广泛涉及了选材、条理、韵律、性格、情节、幕次、音乐等诸多问题。在中国,技巧概念大都隐含在创作实践中,但也有一些理论家对文学技巧进行过系统的研究。如南朝的文学大家沈约将四声与音韵学结合,并和当时的一些文坛巨匠们一起提出五言诗创作上的"四声八病"说,为后来近体诗的产生奠定了基础。与他同时代的刘勰,其《文心雕龙》有近一半的篇幅阐述创作理论,其中声律、章句、丽辞、比兴、夸饰、事类、练字、隐秀等为后世的文学创作提供了可资借鉴的具体技巧。既然中西的文论家们都如此关注创作中的技巧,那么历史上关于文学技巧的观念都有哪些呢?简要说来,大致有三种:

1. 天才论

康德在艺术创作中是天才论的积极倡导者,他认为"大自然通过天才替艺术而不替科学立法规"②。他把天才放在至高无上的地位,宣扬天才是天赋的才能,它给艺术制定法则。其实,康德是想说艺术是天才的独创,一旦创造出来就不可模仿、不可重复,但却自然成为后人不可超越的典范。另外,康德还将天才与科学进行区分。他认为科学知识可以通过学习得来,其逻辑推理过程明晰可见。但是天才就不同了,比如作诗就是天才的独特技能,无法向人们揭示其中的技巧法则,因为连天才自己也说不清究竟怎么回事,最后只能归之于大自然给予的特殊禀赋。如康德在《判断力批判》中写道:"所以牛顿在他不朽的自然哲学原理那一著作里所写的一切,人们全可以学习;虽然论述出这一切来,需要一个伟大的头脑。但人不能巧妙地学会做好诗,尽管对于诗艺有许多详尽的诗法著作和优秀

---

① 转引自王先霈等《文学理论批评术语汇释》,高等教育出版社,2006年版,第259页。
② 伍蠡甫等:《西方文论选》,上海译文出版社,1979年版,第411页。

的典范。"①可见,康德的天才理论将文学创作的过程神秘化了,似乎文学技巧只是作为天才的艺术家才能掌握的"独门秘籍",一般人只能等着伟大范例的出现,然后叹为观止,望之止步而已。

2. 技术论

古希腊时期,人们把技巧与技术混同,甚至认为艺术无非就是一种单纯机械性的技术,谈不上什么创造性,正如木匠会制造桌椅、厨子会烹饪美味的饭菜。这种看法有其两面性,一方面,把技巧等于技术有利于将不可见的技巧外化、量化,成为可模仿效法、便于实际操作的方法。另一方面,把技巧降低为技术,简化了技巧的内涵,使技巧沦为零碎肢解的技术,忽视了技巧的整体性、独创性和艺术性。在这里,我们提倡从积极的意义上理解"技巧是一种技术",摆脱康德天才论的阴影,让技巧成为人们易于掌握和习得的方法。实际上,作家的创作技巧更多地来自于生活的实践,是反复的艺术实践与独特的艺术才能综合在一起的产物。恰如贺拉斯所言——"有人问:写好一首诗,是靠天才呢,还是靠艺术?我的看法是:苦学而没有丰富的天才,有天才而没有训练,都归无用;两者应该相互为用,相互结合。"②

3. 形式论

在20世纪,人们更多地从形式入手理解文学,文学形式再也不是内容的附庸,甚至成为比内容更为重要的东西,具有本体论的意味。象征主义、唯美主义、形式主义、结构主义者们都极力鼓吹文学形式的重要性,花样翻新地摆弄各种文学技巧,霎时间,文学的存在几乎与形式技巧等同。如象征主义的"纯诗",唯美主义的"为艺术而艺术",俄国形式主义的"陌生化"都把艺术技巧奉为圭臬。这些艺术理论无疑都过分倚重技巧,都认定技巧就是艺术的一切。如俄国形式主义者什克洛夫斯基明确主张"艺术即技巧",雅各布森认为"如果文学科学想要成为一门真正的科学,它就必须把'手段'看做是它唯一的'主角'"。而且,什克洛夫斯基提出的"陌生化"原则,特别关注文学语言的运用,把语言看做文学的本体,文学与其他社会文献之间的区别就在于对语言的特殊处理,延长人们对语言的理解时间,对生活中司空见惯、早已麻木的东西产生新奇感,重新恢复对生活的诗意感知。

当然,以上三种看法并不能涵盖所有文学技巧的观念,但是从中我们可以得出一个较为中肯的短小结语:文学技巧依靠作家独特的观察力、感受力和创造力,体现在作家对素材提炼、形象塑造、情节安排、结构组织等方面时所表现出来的熟练而高超的艺术技能。这是作家融汇长期的艺术实践,甚至是通过勤学苦练得来的结果。文学技巧的高低标志着作家在艺术上成熟的程度,有时候会直接影响作品的艺术水准。

---

① 康德:《判断力批判》上卷,宗白华译,商务印书馆,1985年版,第154页。
② 亚里士多德、贺拉斯:《诗学·诗艺》,罗念生、杨周翰译,人民文学出版社,1962年版,第158页。

第二节 传统表现手法与表达技巧

一、传统表现手法

就文学技巧而言,它究竟以怎样的形态展现出来呢?从约定俗成的角度来讲,技巧表现为对表现手法灵活而巧妙的运用,因此人们在使用的时候往往将技巧与手法等同。比如常见的叙述、描写、抒情、议论,通常都称为文学的表现手法,其实也是文学的表达技巧。这四种表现手法是文学用以表达自身最基本的手段,读者在阅读文学作品的时候,首先是通过这些表现手法进入文学作品为其构建的艺术世界的。

1. 叙述

"叙述"一词,源于拉丁文 narrare,英语为 narration,意为进行叙事、讲述,通常是对人物、事件、环境等进行的形象说明和交代,是文学创作中最基本的表现手法之一。然而,叙述并非文学特有的手法,任何表意的工具都可以用来叙述,如图像、音乐、言语、文字。自文字产生以来,文字叙述就成为人类最重要的叙述方式。[1] 在西方古典文论中,如《诗学》就将情节的组织和再现放在悲剧的首要位置,人物的行为及其后果成为叙述的中心。在现代文论中,叙述仍保留了其最原初的含义,通常指叙述行为,侧重叙述自身的行为特征。如美国结构主义批评家罗伯特·史柯尔斯认为:"叙述首先是一种人类的行为。它尤其是一种模仿或表现的行为,通过这样的行为,人类传达出各种信息。"[2]

文学中的叙述不同于日常生活中的叙述,更不同于严格的科学意义上的叙述。与那些叙述的客观性、真实性、逻辑性相比,文学叙述带有主观性、虚拟性和假定性。如卡夫卡的小说《变形记》的开头:

一天早晨,格雷高尔·萨姆沙从不安的睡梦中醒来,这时,他发现自己在床上变成了一只很大的甲壳虫。他的背像铠甲一样坚硬,他脸朝天躺在床上……

这种叙述开始就给人一种梦幻感,读者不会把它误认为是生活中真实发生的事情,一切叙述都是建立在生活真实上的想象加工与虚拟创造。

叙述可因方式的不同,分为顺叙、倒叙、插叙。顺序即按时间的先后顺序叙述事件的发展过程。倒叙即先写出事件的结局,再从头交代事件正常发生发展的过程。插叙即在叙述中心事件或情节的发展过程中突然插入一些相关的情节或事件作为补充,以此完整中心事件或情节的内容。

---

[1] 乐黛云等:《世界诗学大辞典》,春风文艺出版社,1993年版,第639页。
[2] 转引自王先霈等《文学理论批评术语汇释》,高等教育出版社,2006年版,第347页。

叙述也可因人称的不同,分为第一人称叙述、第三人称叙述、第二人称叙述。

第一人称叙述以"我"的口吻来写所见、所闻、所想、所感,造成身临其境、真实可感的效果,局限是不能超出"我"耳闻目睹和感受想法之外。如老舍的短篇小说《月牙儿》,以"我"的口吻来讲述旧社会一个悲惨不幸的女子的人生经历,读之让人感同身受,难以抑制同情的泪水。

第三人称叙述用"他、她或它"来进行讲述,可分为全知叙述和限制叙述。第三人称全知叙述,叙述者好像一个无所不知、无所不晓的上帝一样,他熟知每一个人物的命运和内心隐秘,知道事情发展的来龙去脉,一切尽在叙述者的掌控之中。其优点是便于读者理解故事,把握人物,缺点是给读者留下的想象空间过于狭窄。如托尔斯泰的《安娜·卡列尼娜》中对安娜卧轨前的心理和行动的叙述。安娜那绝望的爱,对弗朗斯基的恨,渴望抱负的强烈冲动,犹豫不决,却又突然镇定,思绪的杂乱,对美好少女时代的回忆以及卧轨一刹那间的后悔等都叙述得细致入微。第三人称限制叙述,叙述者把焦点固定在人物身上,用人物的眼去看,用人物的心去感受一切,笔锋所及不超出人物。这种叙述非常贴合人物,有利于塑造富有特征的人物性格,给读者留下一定的审美想象空间。如汪曾祺的《异秉》中对一生辛苦奔波的小手艺人王二的描述,可谓真切自然、朴实生动,例如:

> 钱龙满了时,王二面前的东西也稀疏了,搪瓷盆子这才现出了它的白,王二这才看见那两盏高罩子美孚灯,灯上加了一截纸套子……一说冷,王二可就觉得他的脚有点麻木了,他掇过一张凳子坐下来,膝碰膝摇他的两条腿。手一不用,就想往袖子里笼,可是不行,一手油!倒也是油才不皴。

汪曾祺不愧是语言大师,他的叙述平淡自然但又饶有意味。如这里写的"麻木"、"掇过"、"膝碰膝"、"往袖子里笼"、"一手油"、"不皴"都是王二的动作和感觉,作者没有超出王二进行过多的叙述,而是始终贴着人物来写。

当然,还有最不常见的第二人称叙述,以"你"的口吻来展开叙述,给读者造成一种错觉,仿佛自己也被强行拉入作品内,成为作品中的一个人物,易造成叙述上的一种魔幻效果。

2. 描写

描写,英文为 description,指用形象的语言对人物、事件、环境等所作的较为具体、生动、细致的描绘,是文学创作的基本表现手法之一。描写并非客观的机械描摹,其中渗透着作家个人的见解、情感和个性。描写,从方式上分,有直接描写、间接描写、概括描写、具体描写;从对象上分,有人物描写、环境描写、情节描写、细节描写;从风格上分,有白描、细描等。① 当然,还可以进一步细分,比如人物描写中又有肖像描写、语言描写、心理描写、行动描写等。这里我们着重谈谈间接描写、环境描写与肖像描写。

间接描写,与直接描写相对,又称侧面描写,指作家不直接表现被描写的对象,而是旁敲侧击地通过其他人物或事物的描绘来反衬所要描写的人和事。这种手法因为避免了直

---

① 李屏锦等:《文艺知识大全》,花山文艺出版社,1988年版,第19页。

接性,所以显得含蓄蕴藉,给人留下想象回味的余地。如南朝乐府诗《陌上桑》中对罗敷形象的描绘,就是通过行者、少年、耕者、锄者的行为反应来刻画罗敷的美貌,虽然没有华丽绚烂的词句,但罗敷那倾城的美可想而知。

环境描写,指对人物所处的社会关系、风俗人情以及具体的生活场所、自然条件和景物器具的描绘。在叙述事件和塑造人物时起着重要作用,有助于揭示人物的性格,说明人物行动的原因。如巴尔扎克在《高老头》的开头对伏盖公寓的细致刻画。作者详细交代了公寓的位置、光线、旁边的街道、花园、花木、招牌以及公寓内的分布、材质、摆设、味道等。通过巴尔扎克细致入微的描写,人们就不免产生许多疑问,曾经显赫富贵的高老头怎么会住在如此寒酸的地方?他身上又有着怎样离奇曲折的故事呢?因此,恰到好处的环境描写为推进情节、塑造人物形象起到了铺垫作用。

肖像描写,指用生动、形象化的语言对人物身体外在状态的描绘。通常包括身材、相貌、服饰、表情、仪态、气质、风度、动作等。肖像描写是打开通向人物心灵的一扇窗户,精彩的肖像描写能够帮助读者准确把握人物的处境、状态,有利于塑造人物的性格特征。如《红楼梦》中第三回写到林黛玉进贾府时对迎春、探春、惜春、王熙凤、宝玉、黛玉的肖像描写,可谓形态各异、形神兼备,人物独特的个性跃然纸上。

3. 抒情

抒情,即在刻画人物、叙述事件、描写环境等时抒发情感、表达认识、态度的一种方式,也是文学创作的基本表现手法之一。抒情一般分为间接抒情和直接抒情两种。间接抒情,即通过作者客观的叙述与描写间接地抒发自己的感情,特点是把主观的情感寄托在所描述的事物上,显得比较含蓄、委婉,又有"托物言志"、"寓情于景"的说法。如屈原的《橘颂》、周敦颐的《爱莲说》,都是借描述的事物寄托作者美好崇高的人格理想。

直接抒情即直抒胸臆,将所要表达的感情不加掩饰地尽情抒发,特点是感情强烈鲜明、情绪奔放热烈,具有浓郁的个性色彩。但是,直接抒情并不等于情感的直接描述或宣泄,也可以借助叙述、描写、意象等手段来表达。如奥地利小说家茨威格在《一封陌生女人的来信》中,女主人公写给作家的信的大部分内容就是直接抒发对作家那强烈、浓郁、持久的爱恋之情。

> 我十三岁到十六岁,每一小时都是生活在你的身上的,啊,我干了多少傻事!我去吻过你的手摸过的门把手,捡了一个你进门之前扔掉的雪茄烟头,在我心目中它是神圣的,因为你的嘴唇在上面接触过。晚上我上百次借故跑到下面的胡同里,去看看你哪一间屋子亮着灯,这样虽然看不见你,但是清清楚楚地感觉到你在那里。你出门去的那几个星期——我每次看见那善良的约翰把你的旅行袋提下楼去,我的心便吓得停止了跳动——,那几个星期我活着像死了一样,毫无意义。

这里,作者采用第一人称直接抒情的方式表达女主人公的内心世界,叙述得细致入微,读者仿佛可以亲身感受到女主人公对作家那刻骨铭心的爱。

4. 议论

议论，指作者在作品中直接表达对人物、事件等的立场、观点和看法，是文学创作常用的表现手法之一。用议论来说理使现象的描绘上升到理性的概括，从而达到画龙点睛、深化主旨的艺术效果。议论多用于议论文中，但很多政治抒情诗、哲理诗、杂文、历史散文、人物传记、历史小说等也用议论表达作者的意见和思想。如《史记》中的"太史公曰"，《水浒传》、"三言二拍"中每回、卷开头出现的议论性诗文，都起到总结全文、点明主旨的作用。如《水浒传》第十回"林教头风雪山神庙 陆虞候火烧草料场"的开头就将善恶忠奸一语道破。

诗曰：
    天理昭昭不可诬，莫将奸恶作良图。
    若非风雪沽村酒，定被焚烧化朽枯。
    自谓冥中施毒计，谁知暗里有神扶。
    最怜万死逃生地，真是瑰奇伟丈夫。

另外，文学议论不同于科学议论，科学议论常用概念、判断、推理的逻辑形式，显得客观、公正、以理服人；文学议论则常运用形象化的描写，感染读者，通过形象阐发深刻的哲理。

二、传统表达技巧

文学技巧的运用，除了基本的文学表现手法外，还经常采用一些修辞手法作为表达的技巧，如比喻、夸张、意象、象征、幽默、讽刺、含蓄、歧义等。将多种修辞手法融会到文学表达技巧中，体现了文学技巧的多样化、细微化，由此产生的文学效果也更为形象、生动、耐人寻味。

1. 比喻与夸张

比喻，也称譬喻，通常称打比方，即用某些有相似点的事物比拟想要说明的事物，使表达显得形象生动。宋代朱熹说："比者，以彼物比此物也。""此物"即要说明的事物，又叫本体，"彼物"即用来作比的事物，又叫喻体，把本体和喻体联系起来的词语叫喻词，例如像、如、犹、若、似等。比喻的分类可按喻词的隐显与否分为：明喻、暗喻、借喻、引喻。比喻作为修辞的一种方式，能使想要说明的事物更加具有想象力和感染力。如《诗经·卫风·硕人》中形容卫庄公夫人庄姜的美貌时，一连串的比喻使一个纯洁高贵、清新脱俗的美女跃然纸上：

  手如柔荑，肤如凝脂，领如蝤蛴，齿如瓠犀，螓首蛾眉，巧笑倩兮，美目盼兮。

对比喻而言，明喻较好把握，暗喻显得稍微困难些。暗喻，又叫隐喻，在作比时可略去本体，有时候连喻词也略去，只出现喻体。如屈原在《离骚》中用"香草美人"比君子，"毒草恶臭"比奸佞小人。暗喻是一种较为特殊的言说方式，通过这种方式，一物的若干方面被带到或转移到另一物之上，以至第二物被说得好像就是第一物。亚里士多德认为，隐喻产生的机制在于比喻对象和被比对象之间存在含蓄的对比或相似。20世纪的新批评学派认为,现代诗歌的技巧可以概括为一句话:"重新发现隐喻并充分运用隐喻。"①

夸张,又称夸饰,是文学修辞的一种,指通过对人和事进行明显超出正常水平的描写来突出其特征。通过夸张可将作者的思想感情予以充分表达,读者读后也能留下深刻鲜明的印象。但是,夸张并不意味着毫无依据地肆意夸大,要在现实生活的基础上进行合理的夸饰,如鲁迅说:"漫画虽然有夸张,却还是要诚实。'燕山雪花大如席',是夸张,但燕山究竟有雪花,就含着一点诚实在里面,使我们立刻知道燕山原来有这么冷。如果说'广州雪花大如席',那可就变成笑话了。"②

夸张按其效果可分为夸大和缩小。以夸大为例,如法国文艺复兴时期的作家拉伯雷的《巨人传》,其塑造的形象卡岗都亚和他的儿子庞大固埃都是身材高大无比、食量惊人、力大无穷的巨人。小说开始用极为夸大的手法描绘卡岗都亚,如卡岗都亚出生时要喝17913头奶牛的奶,一岁零十个月时他的下巴足足有18层,要穿的贴身衬衣要用布900码,做鞋子要用的黄牛皮就要1100张。正是通过这些出奇的夸张,拉伯雷成功地塑造了吃喝玩乐、纵情享乐的巨人形象,以抨击中世纪的禁欲主义,呼唤人性的解放。

2. 意象与象征

意象,是中国古典美学和诗学的重要范畴。其源头最早可上溯到《周易·系辞》。

> 子曰:"书不尽言,言不尽意。"然则圣人之意其不可见乎?子曰:"圣人立象以尽意。设卦以尽情伪。"……

但是,《周易》中的"象"并非真正意义上的"审美意象",而是表意之象、哲理之象,借助"象"让那些只有圣人才能体悟和领会的深奥哲理形象直观地呈现出来。魏晋南北朝时期,玄学大家王弼在《周易略例·明象》中对"言、象、意"三者的关系进行了系统阐发。渐渐地"象"转化为"意象",成为情趣、情思与物象的融合。如南朝山水画家宗炳的"澄怀味象",刘勰的"独照之匠,窥意象而运斤"。意象在南北朝之后作为标示艺术本体的范畴,逐渐被美学家普遍地使用。唐以后至清各代有很多人围绕审美意象进行理论探讨,如清代王夫之建立了以诗歌的审美意象为中心的美学体系,认为诗的本体即意象,是情和景的统一。

意象广泛地应用在中国文学中,有些意象已成为人们寄托固定情思的替代物。如月亮代表永恒、相思,如李白的《静夜思》,张若虚的《春江花月夜》;柳代表离别,如《诗经·采薇》中的"昔我往矣,杨柳依依",李白的《忆秦娥》中的"年年柳色,灞陵伤别"。意象的种类很多,如自然山水类的有日、月、山、石、河、波浪等;植物类的有松、菊、梅、兰、竹、柳、梧桐、黄叶等;动物类的有马、鸭、鸡、犬、喜鹊、鹧鸪、乌鸦、猿猴、大雁等。以意象为表情达意的手段,能把隐秘细微的情思化为形象直观的感受,如郭沫若的"天狗"、"凤凰",臧克家的"老马",李金发的"弃妇"等,给人无限遐想。运用意象构图,更能带来咀嚼不尽的艺术效

---

① 转引自乐黛云等《世界诗学大辞典》,春风文艺出版社,1993年版,第698页。
② 转引自李衍柱等《文学理论简明辞典》,山东教育出版社,1987年版,第80页。

果。例如唐代诗人刘长卿的《逢雪宿芙蓉山主人》,把一幅旅客暮夜投宿、风雪夜归的图画展现得惟妙惟肖:

> 日暮苍山远,天寒白屋贫。
> 柴门闻犬吠,风雪夜归人。

同时,西方诗学也讲意象,尤其是20世纪初在英美文学界出现了意象派。他们强调诗人应摆脱用空泛的抒情、陈腐的说教和抽象的感慨作诗,要将主观感受与客观事物很好地融为一体,寻找恰当、鲜明的意象来表现诗意。如英美意象派的代表人物庞德把意象称为"一刹那时间中理智和情感的复合"①,他那脍炙人口的诗《地铁车站》就是意象作诗的典范:

> 人群中这些面孔幽灵一般显现;
> 湿漉漉的黑色枝条上的许多花瓣。

这里,庞德巧妙地运用意象的组合把在他在地铁车站里看到的一些活泼可爱的鲜活面孔凸显出来,读之让人回味无穷。

象征,似乎与暗喻有些近似,但事实上不同,暗喻侧重于两种事物间的相似性,象征则是借助特定的具体形象曲折地传达某种感情或观念,其手段不是类比,而是暗示。黑格尔把象征性的艺术看做最古老的艺术,并把象征分作两个部分:"意义"和"意义的表现"。对象征而言,具体事物或形象仅仅是观念的载体,呈现于感性观照的一种现成的外在事物,并不直接就它本身来看,而是就它所暗示的一种较广泛、较普遍的意义来看。因此,黑格尔认为:"象征一般总是一个形象或一幅图景,本身只唤起对一个直接存在的东西的观念。"②

侧重暗示是象征的特征。具体客观的形象与观念的联系是一种结合,或是约定俗称的,或是主观特别赋予的。前者我们通常称为传统象征,寄托的意义比较固定,读者易于辨认。如龙凤呈祥象征富贵、狮子象征勇猛、玫瑰象征爱情、莲花象征君子高洁的品格。那些融会个人独特情感体验的称为个人象征,在理解和把握上显得有些困难。刘若愚认为:"具有个人特点的象征是诗人用以表现一种心理状态、一种外界景象或其自身个性的特征。这类象征的使用可能是自觉的,也可能出于无意。"③20世纪的现代派作家创造的象征大多具有强烈的个人印记,如波德莱尔笔下的"猫",里尔克描绘的"豹",卡夫卡塑造的"甲壳虫",奥尼尔眼中的"毛猿"等。另外,象征还具有朦胧性,给人一种捉摸不透的神秘性。如法国象征主义的著名诗人波德莱尔,他的诗集《恶之花》中的《感应》(钱春绮译):

---

① 伍蠡甫等:《西方古今文论选》,复旦大学出版社,1984年版,第422页。
② 黑格尔:《美学》第二卷,朱光潜译,商务印书馆,1996年版,第12页。
③ 刘若愚:《中国诗学》,赵帆生等译,河南人民出版社,1990年版,第160页。

> 自然是一座神殿,那里有活的柱子,
> 不时发出一些含糊不清的语音;
> 行人经过该处,穿过象征的森林,
> 森林露出亲切的眼光对人注视。
>
> 仿佛远远传来一些悠长的回音,
> 互相混成幽昧而深邃的统一体,
> 像黑夜又像光明一样茫无边际,
> 芳香、色彩、音响全在互相感应。
>
> 有些芳香新鲜得像儿童肌肤一样,
> 柔和得像双簧管,绿油油像牧场,
> ——另外一些,腐朽、丰富、得意扬扬,
>
> 具有一种无限物的扩展力量,
> 仿佛琥珀、麝香、安息香和乳香,
> 在歌唱着精神和感官的热狂。

这首诗具有很强的神秘主义色彩。自然在象征主义者看来是活的生命体,诗人把人与自然的相处共存体验为视觉、听觉、嗅觉、触觉等人类感官相互交织带来的神奇效果。诗人认为人与自然之间进行的是生命与能量的神秘交汇,这一切微妙不可言传,只能通过人类感官的相互打通才能暗示出来。

3. 讽刺与反讽

"讽刺"一词,据巴赫金在《文本对话与人文》中的描述"这个词本身就来源于拉丁文'Satura',它最初表示盛满各种祭品的盘子,后来表示肉饼,饼馅。最后是各种杂拌"[①]。讽刺通过讥刺、嘲讽的笔法描绘丑恶的人和事,有时运用夸张的手法加以突出、暴露,最终达到贬斥假恶丑,赞扬真善美的理想。讽刺往往善于把人生无价值的东西撕破给人看,剥去种种伪装,暴露其本来面目。讽刺是文学创作的基本手法之一,讽刺文学也是文学中一道独特的风景。

中国文学从先秦散文、寓言神话到汉魏六朝的志人志怪小说,再到唐传奇、明清的小说,讽刺一直是文学表达的重要手法,尤其是明清时期的讽刺小说,更是蔚为大观。如清代作家吴敬梓的《儒林外史》,他以嬉笑怒骂、酣畅淋漓的文笔对旧的社会、不合理的制度和利欲熏心的人们进行了无情的嘲讽与鞭挞,周进、范进、汤知县、胡屠户、严贡生、匡超人这些形象鲜明突出,让我们看到了人性的丑恶,对旧社会的黑暗有了更加深刻的了解。清代小说家李汝珍的《镜花缘》中对女儿国、君子国、两面国、无肠国的描绘形象生动,用辛辣的笔法描绘了一幅人生百态图。如两面国的人天生都长着两张脸,一张和善,一张冷漠,对那些穿戴好的达官贵人就笑容可掬,殷勤备至,对破衣烂衫者就冷冷淡淡、不理不睬。

西方文学中也有很多优秀的讽刺作品,如文艺复兴时期西班牙作家塞万提斯的《堂吉

---

① 巴赫金:《巴赫金全集》第四卷,白春仁等译,河北教育出版社,1998年版,第28页。

诃德》,那个头顶破钢盔、骑着瘦马、手拿长矛与风车搏斗的骑士形象让人啼笑皆非。18世纪英国作家斯威夫特的《格列佛游记》是讽刺文学的典范,小说讲述了主人公格列佛的游历、冒险过程。主要写了格列佛在小人国、大人国、飞岛国、慧骃国四个国度的奇遇,书中对小人国的奸诈与贪婪、大人国的粗俗与铁石心肠的揭示其实都是影射现实社会的。19世纪俄国作家契诃夫也是善用讽刺的高手,他著名的短篇小说《套中人》、《变色龙》、《小公务员之死》中对小人物的不幸给予深刻的同情,对飞扬跋扈、暴力专横的上层统治者及其走狗进行了无情的揭露。

"反讽"一词来自希腊文 eironeia,英语为 irony,原本是希腊戏剧中的一种角色,即假装无知,在那些自以为很聪明的对手面前故意说出一些可笑愚钝的傻话,而实际上最终证明这些所谓"无知的傻子"才是真正聪明有智慧的人。柏拉图笔下的苏格拉底就是这种人物,在《对话集》中苏格拉底经常以无知者的身份提问,引自作聪明的对手自相矛盾,最后不得不承认自己错了,身不由己地接受苏格拉底的结论。从修辞的角度理解,反讽是一种讲话方式,即实际要说的意思和表面的意思相反,它体现了说话者对当下情境的一种超越,以更加智慧的态度看待一切,可以说反讽"是对有限世界的超越,是'凌驾于艺术作品之上'和'从高处俯瞰艺术作品'的轻松愉快的气氛,是人摆脱完美无缺的东西并与之拉开距离之后所产生的智慧和放松感"①。

一直到18世纪反讽都是作为修辞学的表现形式之一,到了19世纪经过德国浪漫派的重新阐释,反讽才被提高到存在和哲学的高度。德国浪漫派从自我体验的内心出发解释世界,经常以嘲讽的态度看待现实,带有很强的唯心主义色彩,但也创造了一个虚拟、想象、无限的精神世界。反讽成为文学作品的核心概念应归功于20世纪的英美新批评派。英国批评家理查兹和艾略特都从不同的角度对反讽进行了独特的阐释,从此西方现代修辞诗学把反讽作为分析文学作品的重要手段之一。

反讽作为文学的修辞方式之一,常见于诗歌中。刘禹锡的《乌衣巷》、杜牧的《过华清宫》、李商隐的《贾生》都很好地运用了反讽手法,如《贾生》:

宣室求贤访逐臣,贾生才调更无伦。
可怜夜半虚前席,不问苍生问鬼神。

诗中的前两句从表面看是赞颂汉文帝的求贤若渴,而满腹才华却被贬长沙的贾谊恰好又有了和君王共同商讨国家大事的机会,这是多少文人儒生盼望已久的事啊!可是,到后两句却笔锋一转,文帝虚心请教、凝神倾听的不是黎民苍生的疾苦,而是虚无缥缈的鬼神之事。全诗运用反讽手法将历史上明君贤臣会面的场景变成了深夜关于鬼神的对谈,揭露了君王的昏庸以及人才的不得其用。

---

① 曼弗雷德·弗兰克:《德国早期浪漫主义美学导论》,聂军等译,吉林人民出版社,2006年版,第315页。

第三节 现代技巧的类别与举隅

一、现代技巧概述

1. 现代技巧

文学技巧发展到 20 世纪,呈现出光怪陆离、花样翻新的景象:意识流、陌生化、复调、荒诞、黑色幽默、迷宫、元叙述、戏仿、拼贴……新技巧的出现有着深刻的社会历史原因,体现了作家在处理主观世界与客观世界的关系上一种不同于传统的新的文学观念。

简而言之,现代技巧是在现代生活的急剧变化下产生的,是作家们为了传达某种特殊的感知和认识世界的方式,而创造出来的体现很大创新性、独立性和特殊美学旨趣的写作技巧。在艺术与生活上,现代技巧不把再现外部客观世界作为自己的任务,而是彻底反叛自古希腊以来的模仿与反映的传统,转而强调关注人的内心世界,运用各种方式方法去表现内心的真实,具有很强的主观性。在内容与形式上,现代技巧体现了作家们对艺术形式的高度自觉的追求,与传统"内容决定形式,形式是内容的手段"的观念不同,现代技巧颠覆了传统的内容与形式的关系,宣扬"有机的形式主义",即强调内容离不开形式,形式即内容,离开形式内容将不复存在。在具体手段上,现代技巧开创了很多新的文学表现方法,如意识流、陌生化、复调、荒诞、自由联想、梦境、假面具、迷宫、戏仿、拼贴等,掀起了有史以来最大规模的文学表现手法的实验热潮。

2. 现代技巧的产生背景

文学现代技巧的产生有着深刻的社会历史背景,它是西方垄断资本主义发展的时代产物。19 世纪中叶以来,西方经济迅猛发展,贫富分化日益加剧,社会矛盾更加突出,进入 20 世纪后,随着资本主义进入帝国主义,资本主义本身的内部各种矛盾的激化导致两次世界大战的爆发。战争的摧残,经济危机的频发,劳资冲突的加剧,加上核恐怖的阴影,国内、国际关系的紧张,使得西方资本主义世界不再像启蒙主义时期资产阶级宣扬的那么美好,反而是充满威胁、苦难、焦虑的牢狱。很多中小资产阶级开始不满现状,对前途充满忧虑,觉得世界没有前途、找不到出路,而原来的信仰世界也已动摇,人们出现普遍的信仰危机,但又找不到精神的家园。

另外,文学现代技巧的产生也与现代哲学、心理学、美学有着密切关系。现代技巧产生的哲学基础有康德的先验唯心主义、叔本华的唯意志论、尼采的权力意志和柏格森的直觉主义。心理学方面有威廉·詹姆斯的意识流理论和弗洛伊德的精神分析学。如康德的先验唯心主义认为意识的先天形式优于经验,人对外部世界的认识是从先天的形式中得来的。他宣扬物自体的不可知论,可知的现象界也仅仅是人通过先验的形式得来的感觉而已。因而,康德在美学上主张形式主义,认为美是无利害的形式,这对现代技巧而言具有重要意义。笼统而言,现代技巧从康德那里获得启示,体现了一种艺术形式本体论的观念。叔本华的唯意志论强调世界是意志的表象,而意志则是盲目痛苦的,它让人产生无止境的欲望,而欲望过后又是无边的痛苦,因而有极强的悲观主义色彩。尼采的权力意志宣扬一种超人哲学,要求打破一切传统,进行价值重估,他蔑视传统道德,坚决反对理性,宣扬非理性主义。柏格森的直觉主义中的"生命冲动"、"绵延"、"心理时间"等概念彻底颠覆了人们的传统观念,把世界看做纯粹直觉的产物,世界是被非理性的直觉不断向前绵延的产物,人类所有的理性壁垒都被摧毁,而人们的生命冲动和心理时空被则被放在了首要位置。从中我们可以看出,现代技巧突出展现的直觉、梦幻、悲观、非理性都和这些思想密不可分。

文学现代技巧着力表现的是一种丧失理性的世界,是一个全面异化的世界。这种异化主要体现在三个方面:人与社会的异化,人与人的异化,人与自然的异化。如现代技巧在表现人与社会的异化上,通常把社会描绘成压抑人的官僚、霸权、腐败、虚无的社会,人在社会中只能被迫无力地听之任之。如卡夫卡的《变形记》、《城堡》、《审判》、《在流放地》。在人与人的异化上,现代技巧把人和人之间展现得变态、离奇,人是压迫人的工具,人是人的地狱,萨特在戏剧《禁闭》中就充分表现了这种关系,提出"他人即是地狱"。在人与自然的异化上,现代技巧表现的自然不是温情美好的自然,自然也成了人的对立面,如表现主义戏剧家奥尼尔的《毛猿》,工人扬克要和动物园中的猩猩交流,他打开铁笼却被猩猩伤害,猩猩将他关在笼子里,扬克最后悲惨地死去。

二、现代技巧举隅

文学的现代技巧种类繁多,有些技巧是在传统技巧上的进一步发展,如意象、象征、反讽,它们都成为西方现代派文学中的一些重要表达技巧。如英美的意象派对意象的重新发现、法国的象征主义者对象征的再阐释,英美新批评派对反讽修辞的深入探讨。因此,为了让读者接触到更多的现代技巧,本节将着重介绍19世纪末至20世纪中后期出现的一些新颖独特的文学技巧,如意识流、陌生化、荒诞、复调、黑色幽默,期望这些现代技巧对读者的阅读和写作能有所助益。

1. 意识流

意识流,这一术语是由美国心理学家威廉·詹姆斯在1884年《论内省心理学所忽略的几个问题》中首次提出的。他说:"意识并不是片段的连接,而是不断流动的。用一条'河'或者一股'流水'的比喻来表达它是最自然的了。以后,我们再说起它的时候,就把它叫思想流、意识流或主观生活之流吧。"①詹姆斯认为人类意识中很大一部分是非理性和无逻辑的,人的过去的意识会浮现出来与现在的意识交织在一起,汇聚成一条主观意识之流。这种意识流具有很强的主观性,与日常的时空感和心理感不同,它能够超越现实和时空的限制,不受社会规范、伦理道德的约束,自由自在地任意驰骋。意识流作为文学手法,还融会了法国哲学家柏格森的直觉主义和奥地利精神病医生弗洛伊德的精神分析学说。柏格森在生命冲动与绵延的概念下提出了"心理时间",这个概念肯定了人对外部世界的一种主观主义的把握,更看重时间对人类精神生活的内在意义。弗洛伊德提出的潜意识

---

① 转引自李衍柱等《文学理论简明辞典》,山东教育出版社,1987年版,第853页。

理论、梦的学说、人格结构、性的本能与升华等思想都成为意识流手法的理论源泉。

就现有文学史的资料来看，最早的意识流作品出现在1888年，是法国作家杜雅尔丹创作的小说《被砍倒的月桂树》。这部小说没有连贯的故事情节，主要叙述一个叫达尼埃尔的公子哥和风骚多情的女演员莱奥·达塞的约会。整部作品一共9章，大部分篇幅都在叙述达尼埃尔沉浸在纷乱无逻辑的想象回忆中。从与好友会面到对莱奥的性幻想，从咖啡馆吃饭到对有姿色美女和秃顶男人的想象，卢浮宫、酗酒、赌博、美女、烟草、冰激凌……从巴黎大街漫步到回家看到约会信后的想象……杜雅尔丹的写作天马行空、无拘无束，基本上显示了后来意识流小说的一些重要技巧。

意识流作为文学手法，成为西方现代文学普遍采用的一种创作技巧。它着重表现人的意识流动，描绘人物的内心独白与自由联想，让现实与虚幻交织在一起，打破时间和空间、主观和客观的界限。它将人的感觉同思维、回忆、判断、愿望、想象等全部混合在一起，展现心理的真实，表现极端主观的自我意识，在创作中从社会转向了自我，从内心思索寻找个人的价值，体现了文学创作中的一种技法革新。美国当代文论家艾布拉姆斯说："自20年代始，意识流就成了文学的一种模式。作家利用它来捕捉人物的心理活动过程的范围和轨迹。在这一过程里，人的感觉认知与意识的和半意识的思想、回忆、期望、感情和琐碎的联想都融合在一起。"①意识流的代表作品有爱尔兰作家詹姆斯·乔伊斯的《尤利西斯》，美国作家威廉·福克纳《喧哗与骚动》，法国作家马塞尔·普鲁斯特的《追忆逝水年华》，还有英国女作家弗吉尼亚·沃尔夫的《达罗威夫人》。

意识流手法在具体运用时，常常呈现以下几个特征：

第一，时空的颠倒与融合。意识流小说打破传统按时间顺序展开叙事的正常结构，常常把过去、现在、未来交织在一起，让人物的视觉、回忆、向往重叠浮现，创造出全新的"心理时间"。如沃尔夫的《达罗威夫人》，描写的就是时髦浅薄、出身上流的资产阶级贵妇人漫无边际的任意联想。小说描绘的正常时间仅仅是12小时，但达罗威太太却追溯了自己从18岁到52岁的人生经历。她在庸俗无聊的生活中浮想联翩，国会大楼的钟声、祖辈基业、早年的未婚夫、手套、鞋子、花店、汽车爆胎、自杀的史密斯、考古学家、飞机、太妃糖……虽然思想天马行空，但达罗威太太却感觉生活一潭死水，令人窒息，认为最幸福的事就是立刻死去。

第二，情节的穿插与跳跃。意识流小说的情节没有传统小说的那种明晰性，而呈现出穿插、跳跃、重叠、反复的万花筒景象。从表面看好像前后情节毫无联系，仔细分析后发现有隐藏的主观意识的暗线贯穿其中。如乔伊斯的《尤利西斯》中的第三章写斯蒂芬在海滩散步，通过他所见、所想，全景式地展现他丰富微妙的内心世界。为了便于分析，我们把文本中的句子分为ABCD四种类型。

  Franenzimmer：她们小心翼翼地从莱希高台街走下来了（A），下完台阶又挪着八字脚下坡，一脚脚地陷在带淤泥的沙中（B）。她们和我，和阿尔杰一样，来看我们的强大的母亲来了（C）。第一位沉甸甸地晃着她的收生婆提包，另一

---

① 转引自王先霈等《文学理论批评术语汇释》，高等教育出版社，2006年版，第255～256页。

位用一把粗大的雨伞捅着沙滩(A)。自由区来的,出来干她们一天的营生来了(C)。弗洛伊丝·麦凯布太太,布莱德街深受悼念的已故派特克·麦凯布的未亡人(B)。正是她那帮子中的一个把我拽出来的,哇哇地叫着开始了生命(D)。从无到有的创造(D)。她的提包里是什么东西(C)?流产儿,拖着脐带,闷在红色的毛绒里头(C)。人的脐带全都是连着上代的,天下众生一条肉缆(D)。正是因为如此,才有一些神秘教派的僧侣(D)。你愿学神仙吗?那就凝视自己的昂发楼斯吧(D)。喂!我是啃奇。请接伊甸园。甲子零零一号(D)。①

上例(A)为叙述语句,基本上是表达斯蒂芬意识层次中逻辑性较强的句子,(B)是描述语句,是斯蒂芬视觉印象引起的感受及反应,(C)为联想、猜测和判断,(D)是意识深处的意念激发另一个意念。这段叙述表面看来毫无逻辑联系,仔细搜寻后发现它的线索是这样的:女人→母亲→产婆→提包→死婴→脐带→僧侣→脐带→电话线→伊甸园。小说中的斯蒂芬受过良好的教育,文化素养高,博览群书,才思敏捷,想象力丰富,因而联想的跳跃性很强。许多意识流小说乍看起来都让人摸不着头脑,但通过全面理解和把握人物的内心世界还是有迹可循的。

第三,心理分析式的内心意识独白。意识流小说在展现人物内心世界的时候比较注重运用心理分析的手法,将人物内心的隐秘与矛盾揭示出来。如当代作家王蒙的《蝴蝶》,写张思远在一个高级干部的"我"和一个乡村质朴的"张老头"之间的挣扎、纠结,即便在梦中这种分裂的人格特质仍在折磨着他。如在片段"枣雨"中,写张思远终于请假回到家乡,和乡亲们在一起感觉好像回到了从前,但在睡梦中内心长久的矛盾又向他袭来:

真不好意思。张思远就在这里呢!张思远没有变。张思远是山里人,张思远就是自己。什么?到时间了?我马上就去。开不完的会,在睡梦里也还要开会。同志们!现在的形式很好。我们要安定团结,要进行改革,要精兵简政,官比兵多的现在再也不能继续下去了。

从上例中我们可以感到主人公张思远在"内心真实的自我"与"外部社会身份的我"之间的挣扎何其剧烈,以致深入到他的潜意识当中,甚至在潜意识里也很难在这两者中作出抉择。

2. 陌生化

陌生化是俄国形式主义文学理论的一个术语。1917年,俄国形式主义理论家什克洛夫斯基在《作为手法的艺术》中说:"那种被称为艺术的东西的存在,正是为了唤回人们对生活的感受,使人感受到事物,使石头更成其为石头。艺术的目的是使你对事物的感觉如同你所见的视象那样,而不是如同你所认知的那样;艺术的手法是事物的'陌生化'手法,是复杂化形式的手法,它增加了感受的难度和时间长度,既然艺术中的领悟过程是以自身为目的的,它就理应延长;艺术是一种体验事物之创作的方式,而被创作物在艺术中已无

---

① 乔伊斯:《尤利西斯》,金隄译,人民文学出版社,1994年版,第60~61页。

足轻重。"①什克洛夫斯基的意思是说，艺术不是认知的手段，而是传达感受体验的方式，人们通过艺术的描绘仿佛能够亲身体验到事物一样。但是，日常生活中的感知很多已经被习惯化、自动化了，很多事物在人们看来已经失去新鲜感，而艺术的任务就是重新帮助人们发现这些司空见惯的事物的独特新颖之处，"使石头更成其为石头"。因此，在形式主义者看来，艺术的材料直接取自现实生活的时候丝毫不会引起人们的兴趣，也谈不上审美感受，但经过艺术家有意识的变形，就会在外表、形状、大小、色彩、特性等方面发生变化，从而展现出极大的新奇感和表现力，使读者产生浓厚的兴趣，并从新的角度获得对日常生活的全新感知。

简而言之，陌生化作为文学创作的手法，有以下几个重要特征：

第一，叙述上的初见性。陌生化强调在描述事物的时候仿佛第一次看到一样，要用新颖独特、毫不知情的眼光来看待，以脱离日常的自动化反应，增强事物的新奇感。什克洛夫斯基在阐述陌生化手法的时候就以托尔斯泰的作品为例，以一匹马的视角叙述它对人类所有权的看法：

> 譬如，把我叫做自己的马的那些人中，有许多人并不骑我，骑我的完全是另外一些人。喂我的也不是他们，而完全是另外一些人。侍候我的也不是他们，不是那些把我叫做自己的马的人，而是马车夫、马医，总之都是一些旁的人。后来，由于我扩大了观察的范围，我才相信不仅是我们这些马，对任何东西使用"我的"这个字眼并没有什么理由，它只是反映人类低级的没有理性的本能——他们认为"我的"这个词包含有私有感或私有权。比如有人说："我的房子"，可他从来不住在里面，而只关心房子的建筑和维修。比如有个商人说："我的铺子"、"我的呢绒商店"，可他穿的衣服没有一件是用他店里上等料子做的。有些人把土地称为"我的土地"，可是他从来没有看到过这块土地，也没有在上面走过。有些人把另外一些人称做他们的人，其实他从来也没有看见过那些人，而且他们总是去伤害那些人。②

这里，托尔斯泰以马的口吻来叙述人类所有权问题。本来在人们看来财产的私有是天经地义的事情，属于谁谁就拥有支配权，但人类的这些所谓的"合法的规范"，当从一匹马的视角来看的时候就显得非常不合理，从而揭示人类社会中的合理的荒谬感。

尽管陌生化作为理论在 20 世纪初才出现，但是，文学中运用陌生化手法的例子在古典文学作品中就时常出现了。如《红楼梦》第六回写刘姥姥一进荣国府时在王熙凤的堂屋里看到了一个西洋的挂钟，对此曹雪芹在叙述的时候完全是从一个乡下老太太的眼光来写的：

> 刘姥姥只听见咯当咯当的响声，大有似乎打箩柜筛面的一般，不免东瞧西望

---

① 扎娜·明茨等：《俄国形式主义文论选》，王薇生编译，郑州大学出版社，2005年版，第216页。
② 托尔斯泰：《霍斯托密尔——一匹马的身世》，转引自扎娜·明茨等编《俄国形式主义文论选》，王薇生编译，郑州大学出版社，2005年版，第218~219页。

的。忽见堂屋中柱子上挂着一个匣子,底下又坠着一个秤砣般一物,却不住地乱幌。刘姥姥心中想着:"这是什么爱物儿? 有甚用呢?"正呆时,只听得当的一声,又若金钟铜磬一般,不防倒唬的一展眼。接着又是一连八九下。

对一个乡下老妇人来说,她所熟悉的都是自己身边的事物,箩柜、筛面、匣子、秤砣,刘姥姥来到富贵豪奢的贾家自然很多东西都看着新奇。但对贾府的人甚至是下等丫鬟来说,谁都不觉得一个西洋挂钟有什么稀奇,贾府里比这值钱、珍贵的东西多着呢。陌生化手法在这里的运用恰到好处,从一个极小的侧面反映出贾府里数不清的奇珍异宝。

第二,语言上的变异性。陌生化手法经常与多种文学表达技巧相结合,如象征、隐喻、夸张、讽刺、张力、反讽、倒装……其基本意图是对语言施行一种暴力变形、扭曲,即对日常语言规范的一种背离,从而制造出一种陌生的效果,让人们感知变形后事物带来的新奇感。因此,俄国的形式主义理论家尤其关注诗歌的语言问题。如什克洛夫斯基就明确主张诗歌的语言是难懂、晦涩的语言,不同于日常语言的可理解性,诗歌语言是充满障碍的语言。他给诗歌下了这样一个定义:"这是一种困难的、扭曲的言语。诗歌的言语是经过加工的言语。"①在古典诗歌中,语言的陌生化往往是通过倒装实现的。如李白的"晓战随金鼓,宵眠抱玉鞍"(《塞下曲》);杜甫的"香稻啄馀鹦鹉粒,碧梧栖老凤凰枝"(《秋兴八首》),还有"绿垂风折笋,红绽雨肥梅"(《陪郑广文游何将军山林》);苏轼的"岭上晴云披絮帽,树头初日挂铜钲"(《新城道中》)。背离日常语序的语言打破常规的组织规范,重新唤回人们的审美感受力。

第三,接受上的延长性。从接受者的角度而言,由于陌生化的手法将日常生活中的事物进行了特殊处理,人们不能再像以往那样能够轻易地获得对事物的习惯性感知,而只有通过延缓对事物的理解,加长对事物的感知过程,才能获得新鲜的感知。其实,读者在日常阅读中也会碰到这种语句,比如"穿过你的黑发的我的手"、"那个从我身边走过而又充满无限忧伤的女人"、"他坐在冰冷、光秃秃的而又寂寞无比的石头上"。什克洛夫斯基把文学中的这种现象称为"摆脱自动性而有意识地创造",他说:"艺术中的视象表示创作者的目的,并且是人为构成的,为的是使感觉停留在视象上,并使感觉的力量和时间达到最大的限度。作品不是在其空间性上被感觉的,可以说是从它的延续性上被感觉的。"②

3. 荒诞

荒诞一般有两种含义,一种指音乐上的不谐和音,一种指缺乏理性、毫无意义。该词的拉丁文为 surds(耳聋),引申在哲学领域指个人与他的生存环境之间相互脱节。荒诞与怪诞不同,怪诞多指形象上的夸张、奇特、不可思议,荒诞则具有本体论的意味,指人们丧失了信仰和精神的家园,孤独无助、虚无痛苦地生活在一个陌生的无意义世界。荒诞在本体论上的发现与阐释归于法国存在主义哲学家萨特和加缪。他们认为每个人都是沦落异乡的孤独客,与他人之间不存在和谐友爱的关系;这个世界也没有固定永恒的真理,不存在生命的标准、价值与意义,人生就是徒劳无功的探索与占有,但最终的一切都将化为虚

---

① 扎娜·明茨等:《俄国形式主义文论选》,王薇生编译,郑州大学出版社,2005年版,第227页。
② 扎娜·明茨等:《俄国形式主义文论选》,王薇生编译,郑州大学出版社,2005年版,第226页。

无,因此人生的存在是件荒诞而又痛苦的事情。加缪在《西西弗的神话》中说:"一个哪怕可以用极不像样的理由解释的世界也是人们感到熟悉的世界。然而,一旦世界失去幻想与光明,人就会觉得自己是陌路人。他就成为无所依托的流放者,因为他被剥夺了对失去的家乡的记忆,而且丧失了对未来世界的希望。这种人与他的生活之间的分离,演员与舞台之间的分离,真正构成荒谬感。"①

20世纪50年代在法国出现了将存在主义与表现主义结合在一起的荒诞派戏剧。它打破传统戏剧以情节和对白为基础的特点,呈现没有情节、没有冲突、毫无逻辑、毫无理性、杂乱无章的面貌。英国荒诞派戏剧理论家马丁·艾斯林在其《荒诞派戏剧》中对这种新的艺术形态作了具体分析。他认为荒诞派戏剧是新的、发展中的戏剧样式,它在主题、情节结构、人物刻画和对时代的反映上都不同于传统戏剧。它的主题是"在人类的荒诞处境中所感到的抽象的心里苦闷",它在舞台上表现的荒诞状态是对生活的提炼和抽象的摹写。荒诞派戏剧的舞台上尽是些稀奇古怪、荒诞不经的场景:满地的椅子,遍地的鸡蛋,伸在垃圾桶外的头,半截入土的人,堆满房子的家具,恶性膨胀的尸体……人们看不到面貌清晰、性格突出的人物,语言的颠三倒四、文不对题,人物像精神病人一样疯狂呓语。

荒诞派戏剧20世纪50年代兴起于法国,后流行于德国、英国和美国。代表作品有法国作家尤金·尤奈斯库的《秃头歌女》,塞缪尔·贝克特的《等待戈多》,英国作家哈罗德·品特的《送菜升降机》,美国作家爱德华·阿尔比的《动物园的故事》。他们的作品普遍反映世界的不可知,命运的无常,人生的低贱、无意义。他们将目光伸向人类的精神世界,用看似荒诞不经的内容揭示精神的痛苦与无助,指出了人类共同面临的精神信仰的危机。

荒诞作为文学创作的技巧主要用来揭示以下几个思想特征:

第一,物对人的压迫感。进入现代社会以来,人类的异化一直是文学表达的主题。在荒诞派戏剧里,这种异化首先表现为物对人的压迫。随着人类欲望的无限度增长,人的生存空间被物挤压得越来越小,世界几乎被物占满,人找不到自己的存身之地,这大概是人类在20世纪真实的生存写照。如尤奈斯库的《新房客》写的就是一位新房客看好房子后准备搬家,他请来搬运工帮忙。起先是小物件,后来越来越大,越来越多,舞台上到处是堆放杂乱的家具,房客和搬运工都被物重重包围,连站的地方都快没有了。后来房门被堵住了,他们就把天花板打开,接着向空中发展……终于人物被家具淹没,消失了人形。我们来看其中的一段对话:

  搬夫甲 先生,真叫人发愁啊……
  先 生 什么?
  搬夫乙 剩下的家具太大了,门没有那么高。
  搬夫甲 进不来。
  先 生 什么家具?
  搬夫甲 立柜。
  先 生 那个绿的,紫的?

---

① 加缪:《西西弗的神话》,杜小真译,三联书店,1987年版,第6页。

搬夫乙　对啦。
搬夫甲　不止这些,还有呢。
搬夫乙　楼梯上全满了。人家都不能上下楼了。
先　生　院子里也是,满了。街上也是。
搬夫甲　城里的车子不通了。满是家具。
搬夫乙　(对先生)至少,您没什么可抱怨的,先生。你还有个坐的地方呢。
搬夫甲　也许地铁还通行。
搬夫乙　噢,不。
先　生　(仍旧坐在原处)不。地下都堵住了。
搬夫乙　(对先生)你家具可真多呀!您把全国都塞满了。
先　生　塞纳河不流了。也被堵住了,没有水了。

最后,新房客的家具将整个巴黎彻底堵死,虽然极度夸张,但有力地说明了物质的无限度膨胀对人的压抑。

第二,人与人之间的威胁感。在荒诞派戏剧家的笔下人与人之间是彼此冷漠、缺乏沟通的陌生人。在他们看来,人和人之间的真正交流是不可能的事,即便有对话也都是些文不对题、无关紧要的琐事,谁也不会透露自己内心的隐秘。如品特的《送菜升降机》,剧中只有两个杀手班和格斯,他们共同生活在一个狭小阴暗的地下室里,他们与外界的联系仅仅是通过一架送饭菜的升降机。两个人也经常聊天,但都是毫无意义的话题,比如七十多岁的老人爬到汽车底下过马路,最后被碾死了;八岁的女孩杀死了一只猫;烧水的煤气没有了;吃的东西不合自己的口味,等等。其实,两个杀手心里都清楚自己在等待什么,他们在等待杀人的命令,只是不知道什么时候下达,目标是谁。其实,两个人心里对杀人都有些恐惧,但谁也不主动提出来反思杀人的行为。最后直到他们接到命令杀死对方,其中的一个将另一个杀死。例如在杀手班和格斯两人同时看到上司下达的杀人命令后的一段对话:

格　斯　(呆板地)瞎扯!
班　　　是真的。
格　斯　别胡说啦。
班　　　白纸黑字写在这儿。
格　斯　(声音很低)那是事实吗?
班　　　你可以想象。
格　斯　很难叫人相信。
班　　　足以叫你作呕,是不是?
格　斯　(几乎听不出来)真难相信。

两人都心照不宣,但谁也没有说出要杀死对方的真实命令,最终还是班更为冷酷一点,把格斯给干掉了。从中可以看出人类即便共同生活在一间屋子里,也是彼此隔膜,相互充满敌意的,他们之间很难真心面对,而是想着如何除掉对方。

第三,人生意义的虚无感。荒诞派戏剧家们认为人生是荒谬、无意义的过程,人处在一个与世界相脱节、不和谐的状态,人在世界中茫然不知所措,一切好像都丧失了意义,人对未来无法预测,只有痛苦的等待。如贝克特的《等待戈多》中描绘的两个流浪汉弗拉季米尔和爱斯特拉冈。他们在舞台上重复穿靴子、脱靴子、戴帽子、摘帽子的动作,觉得人生毫无意义,他们应该等待些什么,两人商议等待"戈多"。这里,戈多其实不是什么特别具体的上帝或救世主,而是用来反衬人生的无意义、需要有所寄托,是人们的一种抽象的精神寄托。但是,荒诞的是他们等来等去戈多都没有出现,等来的只有一主一仆波卓和幸运儿,还有常常带来希望的孩子。戏剧中的波卓与幸运儿是人类关系的一种真实写照。在人生虚无的过程中,很多人把生命的精力用在压迫和控制别人上,在奴役与被奴役中浑浑噩噩地生活。《等待戈多》揭示了人生的荒诞、虚无,但是最终还是没有放弃对希望的等待,如戏剧的结尾:

弗拉季米尔:咱们明天上吊吧。(略停)除非戈多来了。
爱斯特拉冈:他要是来了呢?
弗拉季米尔:咱们就得救啦。

4. 复调

复调,原为音乐术语 polyphony,与单声部音乐相对,指由几个声部构成的多声部音乐,且构成复调音乐的各个声部并无主次之分,彼此之间形成对比和补充的关系。苏联文艺家巴赫金 1929 年在其著作《陀思妥耶夫斯基的创作问题》中借用音乐上的复调概念,来指称由陀思妥耶夫斯基开创的一种崭新的小说形式——复调小说。他认为复调小说的形成发展虽然有漫长的历史过程,但真正作为一种新的艺术形态呈现出来是在陀思妥耶夫斯基那里。

巴赫金在后来更名再版的《陀思妥耶夫斯基诗学问题》中提出:"有着众多的各自独立而不相融合声音和意识,由具有充分价值的不同声音组成真正的复调——这确实是陀思妥耶夫斯基长篇小说的基本特点。在他的作品里,不是众多性格和命运构成一个统一的客观世界,在作者统一的意识支配下层层展开;这里恰是众多的地位平等的意识连同它们各自的世界,结合在某个统一的事件之中,而互相间不发生融合。"[①]在巴赫金看来,陀思妥耶夫斯基的小说特点在于不同于传统小说的"独白型",是一种新型的"对话型"小说。在他那里,人物不是作者创造的被动客体,而是作者创造出来的具有独立自我意识的主体,他们与作者处于平等的地位。复调小说的目的就是把这些不同人物的思想意识展现出来,与各种人物放在同等的地位进行交流和对话,彼此间谁也不能相互取代,就连作者也不能用自己的观点强硬地统一人物之间矛盾的思想。

有学者指出复调小说的出现有其社会历史必然性,更是资本主义精神最纯粹、最真实

[①] 巴赫金:《陀思妥耶夫斯基诗学问题》,见《巴赫金全集》第五卷,白春仁等译,河北教育出版社,1998年版,第4页。

的表现。传统小说的统一性体现传统世界中共同的世界观和信仰价值体系,人们尽管分属于不同的社会集团和阶层,各自过着相对封闭独立的生活,虽然在思想上各有差异,但在根本的价值信仰层面是共同一致的。随着资本主义的兴起,世界的分层和孤立都要被逐一打破,除了无产阶级和资产阶级的对立不能再有其他。资本主义要求世界的整齐划一,原本世世代代存在的独立阶层和集团受到很大的冲击,他们再也无法独立地存在于一个共同的世界里。因此矛盾就被推到了历史的前台,而陀思妥耶夫斯基的小说正是诸多社会矛盾交织在一起的产物,各色人物的思想在其中逐一展现,各种矛盾以不同的形式集中地爆发出来。

对话性是复调小说的根本所在。既然作者无法用统一的思想观念来融合异质,那么把各色各样的思想认识展现出来就是作者的任务。作者在文中不作道德评判,也不能用固定的价值标准来衡量人物的思想,他的任务就是展示共存的甚至是互为矛盾的一切。就其对话的形式而言,主要分为三种:

第一,主人公与作者的对话。在复调小说中,作者一旦创造出人物就创造出了能够独立思想的意识主体,虽然他们的形象、思想和命运是作者描绘的客体,但作者的权力受到很大限制。作者不能用自己的思想去统一人物,人物在呈现自己声音的时候与作者形成一种共时的对话关系。如在陀思妥耶夫斯基的小说《罪与罚》中,大学生拉斯科尔尼科夫想杀死放高利贷的老太婆,在他前去踩点的路上,作者这样叙述:

> 他衣衫褴褛,如果换了别人,即使一向穿得破破烂烂,也羞于在白天穿着这么破烂的衣服上街……可是这个青年满腔怒火,鄙视一切,所以他在街上丝毫不觉得自己衣服破烂是可耻的,虽然有时他那年轻人的敏感是很强烈的……这是一顶圆形高筒帽,破洞累累,污迹斑斑,没有宽边,歪戴在头上,构成一个不成形状的角度。但他并不觉得害臊,却有一种完全不同的心情,甚至象是一种恐惧的心理。
>
> "我早就知道了!"他惶窘地嘟哝说。"我也这样考虑过! 这样的糊涂事情,或者一个细枝末节,都会破坏整个计划的! 的确,这顶呢帽太惹人注意了……一顶很可笑的帽子嘛,所以它引人注目……我那破烂的衣服得配一顶制帽才好,哪怕是一顶薄饼样的旧制帽,只要不是这种奇形怪状的东西就行……干这种事,必须尽可能少惹眼……事情很小,但细节也是很重要的! 这些细枝末节也常常会破坏全局的……"①

从引文中我们可以看出,作者从外在的角度来叙述、评价主人公的穿戴,而主人公拉斯科尔尼科夫对自己的穿戴自有一番认识,他早意识到自己的帽子会惹人注意,对即将要施行的计划中帽子可能会暴露的破绽他都考虑得一清二楚。这里,作者只是从外在的视角进行描绘和评论,但对主人公却无法完全控制,让主人公自由拥有独立的意识,从而与作者形成了一种共时的对话关系。

---

① 陀思妥耶夫斯基:《罪与罚》,岳麟译,上海译文出版社,2004年版,第3~4页。

第二，主人公与主人公的对话。复调小说重视人物不同声音的交织和交流，认为人物的存在和思想都是和他者相联系的，应当在联系中将各自的观念都呈现出来，让不同的声音在矛盾中相互碰撞，谁也不能取代谁。如在《罪与罚》中作者将拉斯科尔尼科夫、马尔美拉陀夫、索尼娅、卢仁各自的思想全都呈现出来，将他们各自的一套人生哲学不加批判地和盘托出，各种思想和观念共同存在一个共时的空间里，形成多声部的效果。

第三，主人公与自我的对话。复调小说中的内心独白更是一种人物的自我辩论，人物仿佛把自己分成两个对立的人，相互间进行激烈的论辩，以此写出人物复杂的内心冲突。如陀思妥耶夫斯基的《地下室手记》，小说描写一个内心变态、自卑、人格猥琐的主人公，他被有钱有势的同学欺侮、鄙夷，属于被侮辱与被损害的人，但他又用同样卑劣的手段去侮辱一个比他命运更凄惨的妓女，在思想上折磨她，摧毁她的灵魂。小说以第一人称"我"的口吻进行叙述，在开头就揭示了人物内心的自我矛盾：

> 我是一个有病的人……我是一个心怀歹毒的人。我是一个其貌不扬的人。我想我的肝脏有病……
> ……我曾是个心怀歹毒的官吏。我待人粗暴，并引以为乐……但是，诸位，你们可知道我最生气的是什么吗？最让我生气，最让我恶心的事就是，甚至在我最恼火的时候，我心中还时时刻刻可耻地意识到，我不仅不是个心怀歹毒的人，甚至也不是个怀恨在心的人，我只会徒然地吓唬麻雀，聊以自娱……
> 我方才说我是一个心怀歹毒的官吏，这是冤枉我自己了。因为我心中有气。我不过是存心胡来，拿那些有事来求我的人和那个军官开心，其实我从来也不会变成一个心怀歹毒的人……①

小说以"我"来讲述主人公的灵魂自剖，但是主人公在对自我的评价上时时发生冲突，两个"我"的交锋形成了一种对话关系，对人们深刻理解人物的内心提供了双重视角。其实，这里的复调技巧就是在于展示人物内心的矛盾，从矛盾中揭示主人公的卑劣其实不是他的自然本性，他的不幸是社会造成的，他也是一个值得同情的被侮辱与被损害的人。

5. 黑色幽默

黑色幽默的概念来自于20世纪60年代的美国。1965年美国学者弗里德曼编辑了一本小册子，收录了约瑟夫·海勒、托马斯·品钦、小库尔特·伏内格特、约翰·巴思、康纳德·巴塞尔姆等人的作品，发现了它们的共同之处并将书名定为《黑色幽默》。所谓黑色幽默是一种病态的幽默，它将思想情绪上的黑色阴暗与幽默结合在一起，它表面看是幽默的，但其中充满绝望的东西，在绝望中又对丑恶的事物进行嘲讽。它常把现实生活中的荒诞现象拿来进行嘲弄，用玩世不恭、逗笑的态度看待一切丑恶、阴暗的事物，类似于用喜剧的形式表现悲剧的内容。这就好比绞刑架上的人对行刑的人问道："你肯定这玩意儿牢靠吗？"然后，双方纵声大笑，因为绞刑架上的人的命运与绳子一样岌岌可危，因此又有人把黑色幽默称为"绞刑架下的幽默"或"大难临头时的幽默"。

---

① 陀思妥耶夫斯基：《双重人格 地下室手记》，臧仲伦译，译林出版社，2004年版，第177～178页。

黑色幽默与存在主义密切相关。存在主义认为人的存在是荒诞无意义的,在此基础上黑色幽默又进行了发挥,认为人在生存条件中的选择极为有限,甚至根本就不存在选择。它把绝望的痛苦隐藏起来,以更加玩世不恭的面孔去撩拨那些精神的创伤,然后发出一阵仰天的大笑,认为只有在笑声中或许才能减轻生活的痛苦,才能继续麻痹地活下去。因此,黑色幽默没有强大的超越力量,它对现实是无可奈何的,它的笑声是苦涩的,在幽默中难掩凄凉绝望的色彩。黑色幽默的产生反映了第二次世界大战以来美国社会的精神危机。战争给人带来的创伤还未平复,科学技术的进步造成人的异化,人人都想升官发财,并且不择手段。传统的价值观念被遗弃,新的价值观还未确立,人们生活在一片精神的荒原当中。

黑色幽默作为文学创作的一种技巧,主要有以下几个特点:

第一,大胆地运用想象,故事荒诞离奇。黑色幽默的作品大都构思奇特,异想天开,没有传统小说中情节的合理性特征,大都通过有违常理的荒诞情节,表现深刻的社会意义。如冯尼格的《猫的摇篮》,这部小说表面看类似于科学幻想小说。故事写了一个作家准备写一本关于《世界末日》的书,他开始追踪调查发明原子弹的科学家霍尼克尔博士,根据线索他找到了发明者的三个孩子,并且得知他们的父亲除了发明原子弹还有一项鲜为人知的秘密,就是9号冰。这种名叫9号冰的东西能把所有的液体都变成冰块,孩子们的父亲就是在实验9号冰功能的时候不小心被变成冰而死去。孩子们在当时私自将9号冰一分为三,每人一份装在保温桶中保存。后来,科学家的大儿子拿9号冰和独裁者交易,换来了他想要的地位,但是独裁者后来吞食9号冰自杀,身体变成冰块。在一次军事演习中,飞机坠落撞在了安放独裁者尸体的城堡上,独裁者的尸体坠入大海,狂风将9号冰吹散,大海也变成了冰块,整个世界除了少数几个幸存者之外全部遇难,世界再次进入洪荒时代。整部小说描绘了一幅由权力欲与残暴导致的可怕图景,实际上传达了作者对人类前途的忧虑。题名"猫的摇篮"其实并不是一种具体所指,它更带有隐喻意味,指的是孩子小时候玩的翻花绳的游戏,绳子里既没有猫,也没有摇篮,只是一种哄小孩的把戏。其实,小说名字的意思暗指科学技术的进步包含两种意味真与假、好与坏、幸福与灾难。

第二,塑造非英雄的小人物,揭露社会黑暗。黑色幽默小说的主人公都不是传统意味上的英雄硬汉,他们都是些平常卑微的小人物,看清了世界的黑暗和不合理,没有远大的理想抱负,不想与这个世界硬碰,但又渴望活下来。如海勒的《第二十二条军规》中的主人公尤索林,他是一名上尉轰炸员,本来也打算报效祖国,可军部的黑暗让他逐渐明白:在一个极端官僚化的军队中献身是不值得的,他变得非常珍惜自己的生命。在战争打得激烈的时候他躲在医院装病;在执行轰炸任务时他谎称飞机出了故障,要求脱离战斗返航。按照传统观念,尤索林是个胆小怕死的小丑,是应该批判的对象,但是与那些位高权重、利欲熏心的高级将领相比,我们又从"尤索林式"的小人物身上看到了他的闪光点。尤索林说:"我抬头一看,就只看见人们拼命捞钱。我看不见上帝,看不见圣人,也看不见天使。我只看见人们利用每一种正当的冲动,每一出人类的悲剧,拼命捞钱。"①

第三,巧妙地运用语言,思想寓意深刻。黑色幽默小说的语言诙谐幽默,仔细品味又

---

① 海勒:《第二十二条军规》,南文等译,上海译文出版社,1981年版,第681页。

十分精巧,独具匠心,隐含的深意蕴含在荒谬的言辞中。如在《第二十二条军规》第五章中写到了尤索林和丹尼卡医生关于到底什么是第二十二条军规的探讨:

> 尤索林严肃认真地望着丹尼卡医生,想从另一个方向再来试一下。"奥尔是不是疯子?"
> "他当然是疯子罗。"丹尼卡医生说。
> "你能不能让他停止飞行呢?"
> "当然能。可是首先他得向我提出要求。军规中有这一条。"
> "那么他为什么不向你提出要求呢?"
> "因为他是疯子嘛,"丹尼卡医生说,"他几次三番死里逃生,可是他还在执行飞行任务,只有疯子才会这样。唔,我当然可以让奥尔停止飞行,可是首先,他得向我提出要求来。"
> "只要他向你提出要求,你就可以让他停止飞行,是吗?"
> "是的。要他来向我提出要求。"
> "这样你就可以让他停止飞行了,是吗?"尤索林问。
> "不行。这样我就不能让他停止飞行了。"
> "你意思是说这里面有个圈套吗?"
> "当然有圈套,"丹尼卡医生回答。"就是第二十二条军规。凡是想逃避战斗任务的人,不会真是疯子。"

精妙的语言道出了第二十二条军规的实质:只有疯子才能停止飞行,但必须提出要求;一旦疯子提出要求停止飞行,就证明他没有真疯,他必须坚持飞行。也就是说,第二十二条军规是个永远不可能完成的悖论,象征着官僚统治机构的一张无形大网,它是残暴专横,人们根本无力与之抗衡。总之,黑色幽默的确传达了一种绝望的情绪,然而出毛病的根源在于社会,黑色幽默无非是对社会问题的形象表达而已。

名词解释

1. 文学技巧

文学技巧依靠作家独特的观察力、感受力和创造力,体现在作家对素材提炼、形象塑造、情节安排、结构组织等方面时所表现出来的熟练而高超的艺术技能。这是作家融汇长期的艺术实践,甚至是通过勤学苦练得来的结果。文学技巧的高低标志着作家在艺术上成熟的程度,有时候会直接影响作品的艺术水准。

2. 现代技巧

简而言之,现代技巧是在现代生活的急剧变化下产生的,是作家们为了传达某种特殊的感知和认识世界的方式,而创造出来的体现很大创新性、独立性和特殊美学旨趣的写作技巧。

3. 意识流

意识流作为文学手法,成为西方现代文学普遍采用的一种创作技巧。它着重表现人的意识流动,描绘人物的内心独白与自由联想,让现实与虚幻交织在一起,打破时间和空间、主观和客观的界限。它将人的感觉同思维、回忆、判断、愿望、想象等全部混合在一起,展现心理的真实,表现极端主观的自我意识,在创作中从社会转向了自我,从内心思索寻找个人的价值,体现了文学创作中的一种技法革新。

4. 荒诞

荒诞一般有两种含义,一种是音乐上的不谐和音,一种是缺乏理性与毫无意义。该词的拉丁文为surds(耳聋),引申在哲学领域指个人与他的生存环境之间相互脱节。荒诞与怪诞不同,怪诞多指形象上的夸张、奇特、不可思议,荒诞则具有本体论的意味,指人们丧失了信仰和精神的家园,孤独无助、虚无痛苦地生活在一个陌生的无意义世界。

5. 黑色幽默

所谓黑色幽默是一种病态的幽默,它将思想情绪上的黑色阴暗与幽默结合在一起,它表面看是幽默的,但其中充满绝望的东西,在绝望中又对丑恶的事物进行嘲讽。它常把现实生活中的荒诞现象拿来进行嘲弄,用玩世不恭、逗笑的态度看待一切丑恶、阴暗的事物,类似于用喜剧的形式表现悲剧的内容。

思考题

1. 简要说说关于文学技巧的观念历来都有哪些认识。
2. 举例说明讽刺与反讽的文学技巧在运用上的区别与联系。
3. 请从教材里介绍的几种现代技巧中选取合适的文学技巧分析下面的片段。

他近来觉得孤冷得可怜。

他的早熟的性情,竟把他挤到与世人绝不相容的境地去,世人与他的中间介在的那一道屏障,愈筑愈高了。

……

他看看四边,觉得周围的草木,都在那里对他微笑。看看苍空,觉得悠久无穷的大自然,微微的在那里点头。一动也不动的向天空看了一会,他觉得天空中有一群小天神,背上插了翅膀,肩上挂着了弓箭,在那里跳舞。他觉得乐极了。便不知不觉开了口,自言自语地说:

"这里就是你的避难所。世间的一般庸人都在那里嫉妒你,轻笑你,愚弄你;只有这大自然,这终古常新的苍空皓日,这晚夏的微风,这初秋的清气,还是你的朋友,还是你的慈母,还是你的情人;你也不必再到世上去与那些轻薄的男女共处去,你就在这大自然的怀里,这纯朴的乡间终老了罢。"

这样的说了一遍,他觉得自家可怜起来,好象有万千哀怨,横亘在胸中,一口说不出来的样子。含了一双清泪,他的眼睛又看到他手里的书上去。

(郁达夫《沉沦》节选)

阅读链接

1. 高行健:《现代小说技巧初探》,花城出版社,1981年版。

2. 杜书瀛:《文学原理:创作论》,社会科学文献出版社,1989年版。
3. 徐振宗等:《汉语写作学》,北京师范大学出版社,1995年版。
4. 杨文虎:《文学:从元素到观念》,学林出版社,2003年版。
5. 刘若愚:《中国文学理论》,杜国清译,江苏教育出版社,2005年版。
6. 鲁枢元等:《文学理论》,华东师范大学出版社,2006年版。
7. 刘恪:《先锋小说技巧讲堂》,百花文艺出版社,2007年版。

第六章 文学作品

文学作品是文学现象的核心,没有文学作品就无所谓文学现象的存在。那么,文学作品由哪些因素构成?文学作品的体裁该如何划分?各种体裁有哪些特征?这些都是文学理论中必须回答的问题,所以,我们在这一章中着重讨论文学作品的结构和体裁问题。

第一节 文学作品的结构

一、文学作品的结构层次

1. "内容与形式"二分法

传统的文学理论教材,通常把文学作品分成内容和形式两个部分。所谓文学作品的内容,是指作品所反映的、渗透着作者的思想感情和审美评价的社会生活,包括题材、主题、情节等。而文学作品的形式,则是指表现作品内容的内部组织构造和外部表现形态的总和,包括体裁、结构、语言、表现手法等。这种划分方法简单明了,也有其合理性。从文学创作来看,一般是由内容到形式,即根据内容,选择、寻求与之相适应的形式,并运用形式表达作品内容;从文学鉴赏来看,一般则是由形式到内容,即通过对形式的了解,去探求、把握作品的内容。

但"内容与形式"的二分法缺陷也是明显的。首先,对文学作品而言,内容和形式本来是水乳交融地交织在一起的,内容和形式的区分,把二者人为地分裂开了,从而损害了作品的整体性、文学性。其次,"内容与形式"的二分法容易导致内容为主,形式为次的观念,即内容先于形式,内容决定形式。但事实上,作品的形式和内容是二而一的。一首诗,哪怕改动了一个字,都意味着不仅这首诗的形式发生了变化,而且这首诗的内容也变化了,不能说这个字的变化是属于内容方面的还是属于形式方面的。最后,并非全部文学作品都可以明确区分出内容和形式,在现代小说中,这种区分有时候显得相当模糊,甚至根本无法区分。

2. 中国的作品层次论

中国首先论及文学作品层次问题的,不是出于分析文学作品的需要,而是哲学思辨的产物。中国古代的《周易·系辞》在探讨人类思想的表达问题时,曾提出"书不尽言,言不尽意"和"圣人立象以尽意"的观点。后来三国时期的著名经学家王弼,在对《周易》进行阐释时,则更为详明地理清了三者之间的关系。他说:

> 夫象者,出意者也。言者,明象者也。尽意莫若象,尽象莫若言。言生于象,故可寻言以观象;象生于意,故可寻象以观意。意以象尽,象以言著。故言者,所以明象,得象而忘言;象者,所以存意,得意而忘象。犹蹄者所以在兔,得兔而忘蹄;筌者所以在鱼,得鱼而忘筌也。①

在王弼看来,"言、象、意"是一个由表及里的审美层次结构。人们首先接触的是"言",其次"窥"见的是"象",最后才能意会到由这个"象"所表示的"意"。三个因素都是重要的,缺一不可。在三国时期,王弼能有这样全面的文本构成观,是难能可贵的。王弼所讲的虽然并非针对文学作品,但对理解文学作品的审美层次的构成至少有两方面的启迪意义:一为作品是应该分层次的;二为作品的重心在于表达意义。从这两方面出发,后来不少诗评家对作品层次问题进行了论述。唐代的司空图论诗讲究"味",强调"象外之象,景外之景",任何"象""景",在作品中,都是通过语言表现出来的,相对于"象"和"景",语言是较次要的一层;作品中虽然有"象"和"景",但又不能局限于"象"和"景",还应该追求"象"和"景"之外的东西("味"),即"象外之象,景外之景",相对于"象外之象,景外之景","象"和"景"又是较次要的一层。显然,在这三层中,"象外之象,景外之景"是最重要的、作品应着力追求的一层。宋代梅尧臣认为"诗有三本":声调、物象、意格。其《续金针诗格》曰:"一曰声调则意婉,二曰物象明则骨健,三曰意圆则髓满。"清人李重华《贞一斋诗话》有类似看法,"诗有三要,曰:发窍于音,徵色于象,运神于意"。可见,受言意之辨的启发,古典诗学无不把诗歌本文区分为言、象、意三个层次。

3. 西方的作品层次论

关于作品由表及里的构成观,西方早在古希腊时期就有萌芽。不过真正把它当做一种理论提出来的是黑格尔。黑格尔认为:一件艺术作品,我们首先见到的是它直接呈现给我们的东西,然后再追究它的意蕴和内容。黑格尔把"直接呈现给我们的东西"称为"外在形状",它的作用是"能指引到一种意蕴",而"意蕴"是一种内在的东西,"一种内在的生气、情感、灵魂、风骨和精神"②。

这一论题,也是西方现代美学的热门话题。其中最值得借鉴的是波兰现象学派理论家英加登的见解。他在《文学的艺术作品》中将文学作品区分为四个基本层次:字音层、意义单元、图示化方面、被再现的客体。字音层是作品的最基本层面,它主要指作品的字、词、句等显示出来的语音组织,它具有很强的稳定性。意义单元是指在某一个单元内部,字、词、句等都随着上下文的不同而显示出特定的含义,但只要这个"单元"确定了,字、词、句的意义也就确定了,进而章节的意义也就确定了。意义单元是文学作品的核心层面,因为文学作品是由诸多意义单元构成的,只有透过意义单元才能进入文学形象。图示化方

---

① 贾文昭等:《中国古代文论类编》(上册),海峡文艺出版社,1990年版,第6页。
② 黑格尔:《美学》第一卷,朱光潜译,商务印书馆1979年版,第24~26页。

面,是由意义单元所呈现的事物的大致面貌,其中有"不定点",需要读者去想象补充。被再现的客体是指由意义单元通过图示化方面所显示出来的事物的整体面貌或情态,换句话说,意义单元的目的是为了显现被再现的客体,但在作品中,意义单元直接显现的只是客体的某一图示化方面。在这四个基本层次之外,英加登还认为,在优秀的文学作品中,还存在一种形而上品质,这就是在作品中所感觉到的崇高、悲剧性、神圣、静谧感,等等。英加登的这种理论,把内容与形式融为一体,每个层面层层深入、互相沟通、互为条件,几乎是对王弼"言、象、意"理论的补充与完善。但是他把"声音"单列一个层面,似无必要,一般在文学中字音和意义是无法剥离的。

4. 文学作品的层次

综合古今中外对文学作品层次的探讨,我们从总体上可以将文本分为三个大的层面:即文学言语层面、文学形象层面和文学意蕴层面。

将文学作品的层次划分为言、象、意三层,既基于上述中国和西方的作品层次论,也符合文学作品的实际。文学作品首先是语言的艺术,任何文学作品都离不开语言。不仅作家的写作要靠语言来组织,读者的阅读也首先要借助语言,语言构成了文学作品的最基本层面。同时,文学作品中的语言不同于一般的语言,它主要是为了塑造栩栩如生的人物或逼真可感的情境,就是说,活生生的艺术形象是文学作品应有的品格。形象是文学自身固有的特性,是文学区别于其他社会科学的根本所在,它一端连接着语言,一端连接着它所表达的意义,可以说,形象层是文学作品的核心层面。此外,这种由语言所塑造的艺术形象总是要指向某种深厚的意蕴世界,缺少意蕴的作品就会显得平面、肤浅,缺少韵味,经不起咀嚼;富有意蕴的作品才能较好地展现形象所体现的空间深度和心理深度,给人一种悠长的回味和绵绵的情思,可以说,意蕴层是文学作品的最高层面。一般而言,优秀的文学作品,总是做到语言、形象、意蕴这三方面的有机融合。

二、文学言语

文学言语作为文学作品的构成要素,对文学作品形象塑造具有十分重要的作用。它既是文学作品诉诸读者的感性物质外观,又是作品的本体存在。对文学言语的分析,实际上也就是对文学作品构造的整体艺术世界的分析。不过,言语作为一个结构整体的存在,它也可以进行层面分析,文学言语大体可以分为两个层面,即语音和语义,读者对文学作品的接受和欣赏也大体从这两个层面展开。

1. 语音层面

所谓语音层面,是指文学言语组织的语音组合系统,主要强调音律的和谐和节奏的鲜明。

音律包括音韵和旋律。汉语的音韵泛指声、韵、调。我国传统语言学的一个门类音韵学(又叫声韵学),就是以汉语书面语言的语音为对象,分析汉字音节的声韵调结构的。音节是听觉上容易分辨的最自然的语音单位,一个汉字就是一个音节。音节一般有声母、韵母、声调三个构成要素。所谓音韵的和谐,就是声、韵、调的和谐,即通过音节之间声、韵、调的协调配合,而产生一种悦耳动听的效果。

在声、韵、调的关系中,声调有着很重要的作用。汉字有四声之分,四声不但含有节奏性,还能区分调质(即音质)、区别意义。英法等西语中,也有与四声相近的调质的分别,音韵的和谐便主要从调质的悦耳性中见出。我国远在魏晋时代,文学创作就注意到了声调之美,诗人们开始有意识地探索用平仄声调的交互来写诗。六朝时,沈约、王融等人通过佛经的"转读",而发现了汉语的四声,即平、上、去、入(今为阴平、阳平、上声、去声)四种声调,并积极地加以提倡,这使人们认识到汉字的读音有轻、重、清、浊之分,从而更自觉地将其运用于文学语言,尤其是诗歌语言的表达,以造成声律的美。同时,与此相关的诗学和文学理论也相继产生,如刘勰的《文心雕龙·声律》就强调"剖字钻响","音以律文",按照平仄调配来构成音节的和谐。自近体诗开始,平仄的交互作为一种规则固定下来,并形成了严整的格律,不但诗歌,词律和曲律也讲究平仄,从而形成了中国古典诗词特有的语言美。唐诗作为中国古典诗歌的高峰,其成就即与格律密不可分。

  音律的和谐还往往在语音的旋律上见出。旋律突出体现为语音高低升降的规律性变化以及相同、相近语音成分的反复或再现。因此,语调升降、平仄声调的配合、双声、叠韵、叠音以及押韵等语音修辞手法的运用,都可以形成抑扬、回环的旋律美。双声、叠韵作为上古汉语双音词的重要构词手段,常被古人用来加强诗歌的音乐性,如《诗经·关雎》,以叠音字"关关"起首,又接连甚至反复运用了"雎鸠"、"之洲"、"窈窕"、"参差"、"辗转"等双声、叠韵词,造成了一唱三叹、余音萦绕的诗意旋律。再如杜甫《秋日荆南抒怀》中"苍茫步兵哭,辗转仲宣哀","苍茫"与"辗转"为叠韵对叠韵;李商隐《过陈琳墓》中"石麟埋没藏春草,铜雀荒凉对暮云",这里"埋没"与"荒凉",则是双声对叠韵;它们都从字音和旋律上显出一种和谐。汉语如此,西文亦然。古英文诗不用韵脚,每行分前后两部分,前部必有一两个字与后部一两个字成双声,把散漫的音借同声纽的字联络贯串起来,这种双声叶韵的功用,有时叫做"首韵",与"尾韵"相对;古法文则以叠韵为韵脚。近代西方诗常用双声产生和谐,并于行尾相同母音之后,再加上相同的子音而成韵。押韵能在一首诗之内,使散乱的音节联络贯串起来,构成一个音调和谐的有机体。比较而言,中国字尽单音字,又大半以母音收尾,所以双声和同韵字极多,押韵和叠韵都是很容易的事。总之,韵的去而复返、奇偶相错、前后呼应,声调的平仄相间和对仗,都能造成一种回环起伏的旋律美。

  节奏也是语音层面构成的一个重要因素。所谓节奏即由声音长短、高低、轻重、疾徐配合而成的一种有规律的起伏变化。节奏实际上也是自然界的一个原则。四季的交替、月亮的盈亏、潮水的起伏,都有各自的节奏。各种艺术体裁也都有各自的节奏。朱光潜先生说:"节奏是一切艺术的灵魂。在造型艺术则为浓淡、疏密、阴阳、向背相配称,在诗、乐、舞诸时间艺术则为高低、长短、疾徐相呼应。"[1]如李白《早发白帝城》:"朝辞白帝彩云间,千里江陵一日还。两岸猿声啼不住,轻舟已过万重山。"诗以轻快流利的节奏传达出诗人遇赦后重获自由时轻松、喜悦的心情。又如李清照词《声声慢》:"寻寻觅觅,冷冷清清,凄凄惨惨戚戚。"三句诗由低音调的叠音词构成七个均等的音步。从这缓慢、低沉的节奏中,不仅可以真切地感受到诗人那无限凄凉、悲苦、空旷和寂寞的心境,而且仿佛听到了诗人寻来觅去的沉重而迟缓的足音。

  在讨论文学言语语音层面时,我们应特别注意,语音作为言语层的表层,它是指向语

---

[1] 朱光潜:《朱光潜美学文集》第2卷,上海文艺出版社,1982年版,第110页。

义深层的。对语音层的把握,绝不能离开语义层。讲语音层,讲音律的和谐和节奏的美,都是对的,但关键还在于这种音律和节奏的表现应该与意义很好地结合起来,做到声音和意义的谐和。朱光潜先生曾用《诗经》中的诗句"昔我往矣,杨柳依依;今我来思,雨雪霏霏"来说明声音和意义的关系。他说,如果把以上诗句译成现代散文,则是:从前我走的时候,杨柳还正在春风中摇曳;现在我回来了,天已经在下大雪了。朱先生认为,这一翻译虽保留原诗的大致意思,但它的情致就不知去向了。义存而情不存,就是因为译文没有保留出原文的音节。反过来说,诗的音节、韵律也应该和表达的意思取得和谐一致,使诗的音韵节奏美与诗所表达的情趣和意义很好地结合起来。① 朱光潜还举了欧阳修作《昼锦堂记》时一个改句的例子,也很能说明何题。欧阳修文章原句是"仕宦至将相,锦衣归故乡",后改为"仕宦而至将相,锦衣而归故乡"。加了两个"而"字,原句的局促便变得舒畅,原句的意直率便变得抑扬顿挫,可见声音和意义是不能强分的,改动了声音也就连带改动了意义。

2. 语义层

言语符号是语音和语义的统一。普通的言语作为日常交际符号,其语义较为明确、单一,所传达的内容和信息清晰明白,一般不引起人们的误解。文学言语则不同,它不是以传递某种准确的信息和清晰无误的逻辑内容为目的的,而是要传达人们复杂的审美体验,激发人们的审美情感的,所以在语义表达方面常常具有复杂多义性。

多义性作为文学言语的一个重要特点,中国古人早有认识。刘勰《文心雕龙·隐秀》说:"隐以复意为工。"又说:"隐也者,文外之重旨者也。"刘勰所说的"复意"、"重旨",就是指言语的多义性。在西方,亚里士多德在《诗学》第二十一章中也讨论过言语多义性的问题。不过,古代文论对言语的多义性尽管有所认识,但并没有进行深入系统的研究。真正引起人们重视,把它作为文学言语的一个基本特征提出来,是20世纪随语义学、新批评等理论的建立而开始的。瑞恰慈在《修辞哲学》中系统地讨论了多义性问题,他认为,在旧的修辞学那里,认为多义性是言语的一个错误,而新的修辞学则认为它是言语力量的必然结果,是言语表达的不可缺少的方式,尤其在诗歌言语中不可缺少。他的学生燕卜荪在《朦胧的七种类型》中集中地探讨了诗歌的复义性。燕卜荪把"朦胧"(亦即"复义")看做诗歌的基本要素之一,认为"'朦胧'一词本身可以指你自己的未曾确定的意思,可以是一个词表示几种事物的意图,可以是一种这种东西或那种东西或两者同时被意指的可能性,或是一个陈述有几重含义"②。为人们理解文学言语的多义性提供了理论的借鉴。

这里,我们将文学言语的多种含义大致分为表层含义和深层含义。表层含义指文本的言语明确传达出来的字面义,它一般比较确定、明了。深层含义是指隐含在字面义之下的内在涵义或言外之意,它往往是含蓄的、不确定的、有弹性的,甚至是不同含义并存的,因而提供了多种理解的可能。表层含义和深层含义的有机结合使文学言语成为多种意义的完整综合,给人以言有尽而意无穷的审美感受。

例如李清照词中有"东篱把酒黄昏后,有暗香盈袖"之句,出自陶渊明《饮酒》"采菊东

---

① 朱光潜:《朱光潜美学文集》第2卷,上海文艺出版社,1983年版,第98~99页。
② 燕卜荪:《朦胧的七种类型》,周邦宪等译,中国美术学院出版社,1996年版,第7页。

篱下,悠然见南山"。这本是写实,所指是陶家庭院东边有一道篱笆,篱笆下种着菊花。这是"东篱"一词的表层含义。因为陶渊明是一位著名的隐士,他又特别喜欢菊花,在诗中屡次咏菊,菊花几乎成了陶渊明的化身,所以连带"东篱"这个词也具有了丰富的深层意义,成为一种远离尘俗、洁身自好的精神人格的象征。若不借得古代作家用这个词的深层意味,就很难感受古人的心胸和情怀。

三、文学形象

文学形象是由文学言语所创造的艺术世界中的具体生活画面,包括人物、景物等具体形象。文学形象可以分为一般文学形象和理想艺术形象两个层面。文学形象具有如下审美特质:

1. 假定性和真实性的统一

从存在形态看,文学形象是假定性和真实性的有机统一。所谓形象的假定性,表明它不是生活本身,不是一种真实的现实存在,而是一种通过想象和幻想创造出来的假定性的生活幻象。形象的假定性用苏珊·朗格的话来说,就是一种虚假的"生活幻象",而"艺术家的使命就是:提供并维持这种基本的幻象,使其明显地摆脱周围的现实世界,并且明晰地表达出它的形式,直至使它准确无误地与情感和生命的形式相一致。"① 假定性是文学形象最基本的存在特点。在文学作品中,屈原可以上叩天庭之门,但丁可以下睹地狱之惨,对这类神奇荒诞的故事情节和人物形象,读者非但不指责其为无稽之谈,反而与人物形象同悲同喜。

文学形象既是假定的又是真实的。它是实质上的假定性与具体描写的逼真性的有机统一。所谓形象的逼真性,是指文学作品对人物的刻画、故事的叙述、环境的设置和细节的描写等,虽出于虚构却又合情合理,甚至严守日常生活的逻辑,因而往往给人一种真实的感觉。文学形象的真实性也有两种表现形式。一种是现实主义文学,自觉遵循以"生活的本来面目"反映生活的原则,严守细节描写的真实性,因此作品中的形象虽然都是想象和幻想的产物,却给人一种绝对真实的感觉。另一种是大量使用象征、幻想、荒诞、传说和神话等艺术手段的超现实浪漫主义文学和现代派文学,这类作品以虚幻荒诞为外表,以"合情合理"为内质,魔幻与现实相融合,形成一种奇妙的新现实。所谓"合理",是指荒诞的故事情节与生活场景反映了社会生活的本质和内蕴;所谓"合情",是指虽写花妖狐魅仍传达人的生活体验和真挚感情。

2. 具体性与概括性的统一

从审美认识看,文学形象是具体性和概括性的有机统一,读者通过假定而真实的感性形象,认识和把握作品艺术地概括出的人性内核。

所谓"形象",顾名思义就是有形有象,可触可感。因此,形象必然是具体感性、生动个别的。文学形象的具体性,不仅要求作家用形象化的语言,通过对人物、事件、场面的具体描绘,把作品的艺术情景生动如画地展现出来,而且还要赋予不具形的情感情绪和思想意识以具体可感的形态。面对这种具体的人生画卷,读者不知不觉地被带进作品的艺术世

---

① 苏珊·朗格:《情感与形式》,周邦宪等译,中国社会科学出版社,1986年版,第80页。

界,如见其人,如闻其声,如临其境,如与其事,亲身感受和体验作品中复杂的矛盾纠葛和人物的内心世界。

真正的文学形象不仅具有外形的具体可感性,而且外形的具体性和内质的概括性必然达到有机统一。所谓形象的概括性,就是指作家通过具体个别的形象描写,艺术地概括某种具有普遍意义的人性本质和精神内涵,这样的文学形象才能满足读者更高的心灵旨趣。文学作品中对一人一事、一景、一物的描写,到整个作品展示的完整的艺术情境,都应当具有概括性和普遍性。一般地说,一部称得上"时代的镜子"的叙事性作品,总能让读者从具体个别的人物形象中认识到一定时代、阶级或某一类人的某种人性本质。

3. 再现性与表现性的统一

从艺术功能看,文学形象应是再现性和表现性的有机统一。一方面,文学形象是对客观世界的反映与再现;另一方面,它表现了作家的内在体验。

清代文论家章学诚把形象分为两种,一种是"天地自然之象",即物象,是自然存在的,不是人为构造出来的,是客观的;一种是"人心营构之象",即作品中的形象,这是人创造出来的,或者说是主观创造的产物。这种形象虽是人们有意为之,不是天生自然之物,但最终还是客观物象曲折的反映。所以章学诚认为"人心营构之象,亦出于天地自然之象也"这就是说,形象来自于客观世界,是对客观世界一定程度的反映与再现。

另一方面,在文学创作中,外在世界经过作家情感体验的过滤,排除客观事物中不适合作家主观情感的因素,所把握到的只是与作家主观心灵契合的那一部分现实。正是由于这样,致使某些类似的客观对象,不但出现在不同作家笔下,就是同一作家在不同的心情支配之下写来,也会显得情趣各异。如同梁启超所说的:"'月上柳梢头,人约黄昏后',与'杜宇声声不忍闻,欲黄昏,雨打梨花深闭门',同一黄昏也,而一为欢愉一为愁惨,其境绝异。'桃花流水杳然去,别有天地非人间',与'人面不知何处去,桃花依旧笑春风',同一桃花也,一为清净,一为爱恋,其境绝异。'舳舻千里,旌旗蔽空,酾酒临江,横槊赋诗'与'浔阳江头夜送客,枫叶荻花秋瑟瑟,主人下马客在船,举酒欲饮无管弦',同一江也,同一酒也,一为雄壮,一为冷落,其境绝异。"

四、文学意蕴

1. 文学意蕴的内涵

朱光潜在翻译黑格尔论艺术的经典巨著《美学》时说,"意蕴"的原文是 des Bedeutende,意思是"有所指"或"含有用意"的东西,近于汉语的"言之有物"的"物",因此译为"意蕴"[①]。

黑格尔非常强调意蕴在作品构成中的地位。他认为,文艺作品由两种因素构成:外在因素和内在因素。外在因素即直接呈现给我们的东西——即我们通常所说的题材,在叙事性作品里表现为人物、情节、环境,在抒情性作品里表现为意象和意境等;内在的因素即意蕴。"意蕴总是比直接显现的形象更为深远的一种东西。艺术作品应该具有意蕴,……它不只是用了某种线条、曲线、面、齿纹、石头浮雕、颜色、音调、文字乃至于其他媒介,就算

[①] 黑格尔:《美学》第一卷,朱光潜译,商务印书馆,1979年版,第24页。

尽了它的能事，而是要显现出一种内在的生气，情感，灵魂，风骨和精神，这就是我们所说的艺术作品的意蕴"①。

黑格尔的意见代表了许多作家、理论家对于意蕴的共识，即认为意蕴是作品中所蕴涵的心灵、思想等精神性因素。基于这种认识，余秋雨把意蕴简捷地概括为"蕴藉于艺术生命体内的精神能量"②。

2. 表层意蕴与深层意蕴

文学意蕴一般可分为表层意蕴和深层意蕴。表层意蕴是指文学形象层所传达出的特定的社会历史内容和具体的情感观念，深层意蕴是指超出形象的具体内涵而达到一种普遍、永恒的精神体验和哲理思考，在某种程度上是通过形象对人生的终极意义进行索求和追问。与表层意蕴相比，深层意蕴具有抽象性、普遍性、超越性特征。

以白居易的《长恨歌》为例，从表层看，人们的意见比较一致，即表现了唐玄宗（李隆基）与杨贵妃的爱情悲剧；深一层看，"除了有一个显在的爱情悲剧的主题之外，还有一个隐在的美的主题：美的存在、美的毁灭和人类对美的向往的主题。"③在《长恨歌》中，白居易把杨贵妃的美作为她格外突出的唯一特征加以描写，因此，杨贵妃也就成为"美"的代号，她的命运也就可以视为美的命运。爱美、追求美是人类的本性，唐玄宗的"重色思倾国"就建立在爱美本性上。但是，在现实社会中，不只有美的原则，还有实利原则。当二者发生冲突的时候，实利原则往往压倒美的原则而使美遭到摧残和毁灭。所以唐玄宗在"六军不发无奈何"的情况下，为了政治的需要，只好让"宛转蛾眉马前死"。这是人类的深刻悲剧，是人类永远难以摆脱的两难困境。所幸的是，无情的现实虽然可以毁灭掉美的事物，但它却不能毁灭掉人类对美的向往。追求美、向往美将永远是人类的精神寄托、精神安慰。《长恨歌》中蓬莱仙景的神话就证明了这一点。显然，这个"隐在的美的主题"比"李杨的爱情悲剧"的主题更具有人类学的本体意义，更具有形而上的意味。

第二节　文学体裁的划分

体裁是文学作品的形式因素之一，它是指文学作品的具体样式。像神话、史诗、寓言、抒情诗、叙事诗、长篇小说、中篇小说、短篇小说、悲剧、喜剧、正剧、抒情散文、杂文、报告文学等，都是不同的文学体裁。

文学体裁对于创作、鉴赏、批评都有着重要意义，但依据什么样的原则标准来界定文学体裁却显得十分复杂。迄今为止，古今中外的体裁区分呈现多样化，还没有哪一种界定

---

① 黑格尔：《美学》第一卷，朱光潜译，商务印书馆，1979年版，第24~25页。
② 余秋雨：《艺术创造工程》，上海文艺出版社，1987年版，第53页。
③ 详细分析见王富仁《角度和意义　所指和所指——白居易〈长恨歌〉赏析》，载《名作欣赏》，1992年第3期。

得到普遍公认,人们只是在约定俗成的情况下灵活变通地运用。

一、体裁分类多样化的原因

造成体裁区分困难的原因来自多方面,其主要原因有两个:一是体裁自身的复杂性,二是分类方法的多样性。

人类创作了浩如烟海的文学作品,这些作品本身品类繁多,而文学本身又处于发展变化之中,随着文学和社会生活的发展,一些文学文体被淘汰,一些新的文体又被创造出来。而且,即便是那些被继承下来的文体,也处于发展变化之中,这就给文体的划分与界定造成了困难。另外,文体划分复杂还因分类方法的多样性。文学体裁具有类型学的意义,它实际上是建立在分类基础上的。任何一部文学作品,总是处于一定的关系和联系之中,有种可属,有类可归。借助分类,我们可以从纷繁复杂的作品中求得相同或相异的整体性结构,再从这些整体性结构中概括总结出各种文体的规律和特点。但是,任何一部作品,都是由多种因素、多个方面构成的复杂系统,存在着若干要素、若干联系、若干特点。这就意味着人们可以截取其中任何一个要素作分类标准。例如,依据作家塑造形象反映生活的方式,可以把作品分为抒情的、叙事的、戏剧的;依据作品的样式,可以把作品分为诗歌、散文、小说、戏剧;依据文学作品的句式,可以将其分为"骈文"和"散文";依据文学作品是否押韵,可以将其分为"韵文"和"非韵文";依据文学作品的篇幅,可以将其分为长篇、短篇、中篇,等等。

如果说传统的体裁划分主要依据作品的特征而定,那么在20世纪的文艺学中,种种新的现代学科和方法又成了文体划分的出发点。如现代心理学、现代语言学向文学类型学研究的渗透,就构成了当代更为复杂的文体分类现象。例如从心理学的观点出发,文学的不同种类往往被视为种种心理变化与转换的结果,与情感、意志、思想相对应的分别是抒情诗、戏剧、叙事作品。从语言学的理论出发,人称、时态、语法结构也成了划分文学体裁的基本依据。

除了不同的要素都可能构成文体划分的分类标准外,类型学的考察还可以在不同的层面进行。例如,从作品具体样式出发,可以划分出诗歌、小说、戏剧、散文、影视文学,在此之下,又可以分出许多品类,如诗歌可以划分出抒情诗、叙事诗、新诗、旧体诗、自由诗、格律诗、山水诗、田园诗、哲理诗等,这样也构成文学体裁分类的复杂多样性。

二、"三分法"和"四分法"

文体分类虽然纷繁复杂,但最流行、最基本的还是西方的"三分法"和中国的"四分法"。所谓"三分法",就是把文学作品分为抒情、叙事、戏剧三类。所谓"四分法",也就是把文学作品分为诗歌、小说、戏剧、散文四类。

在西方,早在古希腊时期,文学艺术就取得了辉煌的成就。最先得到高度发展的是史诗,然后依次出现了抒情诗和戏剧。与这种文学发展状况相适应,便形成了古希腊文学分类的思想。亚里士多德是西方文体分类的主要奠基者,他首先把文学的本质定义为"生活的模仿",然后根据模仿的不同方式,把文学分为三类:

> 假如用同样的媒介模仿同样的对象,既可以像荷马那样,时而用叙述手法,

时而让人物说话；可以始终不变，用一个人的口吻叙述下去；也可以使模仿者用动作和活动来模仿"。①

亚里士多德所说的"像荷马那样"，指的是叙事类；"用一个人的口吻叙述下去"，指的是抒情类；"使模仿者用动作和活动来模仿"，指的是戏剧类，文学的"三分法"由此而得到确立。在亚里士多德之后，尽管文学有了很大发展，但西欧一些著名的文学批评家（贺拉斯、歌德、雨果），仍然采用了这种分类。德国古典哲学家黑格尔第一个从主客体的关系的角度说明了这三类文学的区别。他在《美学》中从正题、反题、合题的"三段式"出发，认为史诗是一般诗歌发展的正题，描写客观；抒情诗是反题，表达主观；戏剧则是合题，即主客观的结合。他透彻地发挥和极大地丰富了亚里士多德的文学思想。继黑格尔之后，俄国19世纪批评家别林斯基对"三分法"作了进一步地发挥，他说：

> 把诗歌分为三类——抒情的、叙事的和戏剧的——是从它作为对真实的认识的意义出发，也是从认识精神——主体对于认识对象——客体的相互关系出发的。抒情诗表现一个人的主观方面，把内在的人场示于我们眼前，因此它整个儿是感觉、感情、音乐。叙事诗是当时已经完成的事件的客观描写，是艺术家为我们选好最恰当的观点，显示出一切方面，表现给我们看的一幅画。戏剧诗是这两个方面，主观的或者抒情和客观的或者叙事的方面的调和。展现在我们眼前的，不是已经完成，而是正在完成的事件；不是诗人向你报导事件，而是每一个登场人物向你现身说法，为自己说话。②

此后，在西方文艺理论的发展中虽然还出现过许多其他的分类法，但都没有从根本上动摇或改变"三分法"的性质和原则，人们通常还是依据"三分法"来确定文学的基本类型。

中国古代文学的发展与西方不尽相同，文体分类的传统也很不一样。在我国，最早产生并得到充分发展的是诗歌，而后产生了散文，小说、戏剧产生得较晚。所以，早期的文体分类是围绕着诗文进行的。由于诗文（特别是文，当是统指一切文章）内容极广，品类繁多，当时的批评家对文体的分类主要集中在众多文章体制的辨析和归类上。最早对文体进行分类的是魏晋时期的曹丕，他在《典论·论文》中指出："夫文本同而末异，盖奏议宜雅，书论宜理，铭诔尚实，诗赋欲丽"，把文章分为奏议、铭诔、书论、诗赋四类八体。此后，陆机的《文赋》、挚虞的《文章流别论》、萧统的《文选》、刘勰的《文心雕龙》都沿着曹丕的路子，对诗文体制作了更为周详、深入的研究。大约在晋以后，开始出现了"文"、"笔"之分。如刘勰在《文心雕龙·总术》中就曾说："今之常言，有文有笔，以为无韵者笔也，有韵者文也。"他所讲的"文"，包括诗赋等；"笔"，则指散文。随着文学的发展，辞赋这种文体逐渐衰落，而诗歌则进一步发展。在散文中，文学散文与非文学散文也逐渐区分开来，这样，就形成了文体分类的"二分法"。在我国古代，诗歌与散文在相当长的一段历史时期内居于正

---

① 亚里士多德、贺拉斯：《诗学·诗艺》，罗念生、杨周翰译，人民文学出版社，1962年版，第5页。
② 《别林斯基选集》第2卷，上海译文出版社，1972年版，第99页。

宗地位,是两种主要的文学体裁。虽然从六朝开始,志人、志怪的笔记体小说经由唐代传奇、宋元话本到明清长短篇,小说已取得了很大发展,宋元之后戏剧也渐趋成熟,但小说、戏曲一直为封建统治者和正统封建文人所轻视,不能登大雅之堂。直到晚清,随着外国文学作品和文学理论的翻译介绍,随着我国文学创作的进一步发展,人们才逐步认识,文学体裁不仅包括诗歌和散文,还应包括小说和剧本,于是便产生了"四分法"。自此,"四分法"作为我国文体分类的传统开始在我国普遍采用。例如,鲁迅、茅盾等人所选编的《中国新文学大系》就是按这四类编排的。目前,我国使用的文学理论教科书、文学刊物和按体裁编辑的作品集,也多采取这种分类方法,只是在诗歌、小说、散文、戏剧的基础上,加上了后起的影视文学。

依据"三分法","叙事类"指的是通过事件的描述和人物的刻画来反映生活表达思想感情的作品,主要包括史诗、叙事诗、小说等体裁;"抒情类"指的是通过抒发某种思想感情来反映现实的作品,主要包括抒情诗、抒情散文、散文诗等体裁;"戏剧类"指的是那些在舞台时空中让人物通过自己的语言和动作来表现性格、推动情节的作品,包括悲剧、喜剧、正剧等。

依据"四分法",文学体裁主要有诗歌、小说、散文、戏剧。"诗歌'包括三分法抒情类中的抒情诗,叙事类中的叙事诗、史诗等,它们在音韵节奏、语言结构和组织形式方面有着共同性;"小说"专指三分法中叙事类中的小说,而排除了叙事诗和史诗,因为它在人物塑造、情节组织、环境描写等方面有着突出特点,在文学中有着独特地位,所以自成一类;"散文"则统指小说、诗歌、戏剧文学之外一切的文学体裁,包括抒情类的抒情散文、叙事类的叙事散文(包括游记、传记等),以及"三分法"中无法归类的某些文体(如小品、杂文),它包容最广,品种最多;"戏剧文学"则与三分法中的戏剧相同。

"三分法"主要是以文学塑造形象,反映生活的方式作为分类的标准的。由于它从比较宏观的角度来把握不同类型文学作品的审美性质,分类的标准统一而具有科学性,有相当的概括性。但是,由于它对作品的形式结构与外部形态注意得不够,将抒情诗与叙事诗、抒情散文与叙事散文这些具有明显共同特征的文体割裂开来而分属抒情类、叙事类,又给人们把握文体具体特征带来不便。严格说来,它考察的是文学的种类,并未注意文学作品体式上的特点。

"四分法"与"三分法"相反,它注重从文体的形态出发进行分类,着重于体制、样式的研究,较好地适应了我国文体发展的实际,也有助于人们对某一文体特征的把握,但它的分类标准不严,有的太实,有的太泛,并且种类与体裁间的界限不很分明。

"三分法"与"四分法"各具特点,虽说人们采用哪种方法往往面临非此即彼的选择,但在对具体作品进行归类研究时情况却恰恰相反,似乎两种方法都具有效性。例如李白的《静夜思》,既可按"三分法"归于抒情类,又可按"四分法"归于诗歌类;曹雪芹的《红楼梦》,既可按"三分法"归于叙事类,又可按"四分法"归入小说类。这就告诉我们,采用哪种分类法,取决于文体研究的目的和性质,同时也告诉我们,在"抒情类"与"诗歌"、"叙事类"与"小说"之间,也存在着某种相应的关系。

三、文学体裁的稳定性、变异性与相对性

1. 文学体裁的稳定性

每种文学体裁,它一旦形成也就具有了一定的形式规范与法则,对作品的语言、结构、篇幅、内容构成等方面有着特殊的要求,作为人们艺术把握世界的一种具体形式而长期存在着,并对文学创作起着规范作用。尽管不同时期产生的文学作品在其所反映的社会生活上、在其传达的情感性质上发生了很大变化,甚至完全不同,但它们依然会保留某一体裁形式上最稳定的特点。例如,两千多年前出现的屈原的《离骚》和郭沫若"五四"时期创作的《女神》,均可以归为抒情诗一类;曹雪芹的《红楼梦》和托尔斯泰的《安娜·卡列尼娜》,均可以归为长篇小说一类;因为它们都没有完全超出抒情诗或长篇小说的规范。

文学体裁这种稳定性与它的历史继承性有关。苏联文艺理论家米·巴赫金指出:"在文学发展的过程中,体裁是创造性记忆的代表。""文学体裁就其本质来说,反映着较为稳定的、'经久不衰'的文学发展倾向。"[①]和文学发展历史一道,每种文学体裁都有其形成和发展的过程,都经历了由不成熟到成熟,由不完善到完善,由简单到复杂的演变,但是,它们在不断演变的同时,仍然保留作为一种体裁标志的某些稳定特征。一种文学体裁应反映社会生活的需要而产生,它就具有反映生活的某些独特性。并在后世文学的不断创新拓展中顽强地绵延着这些特性。例如中国古代的诗歌,由《诗经》的四言诗,经魏晋以后的五言、七言诗,到唐代达到形式的高度完美,每一次演变,都使诗歌这一体裁的特征更为明晰完备,虽然句式变了,格局变了,但作为抒情诗的抒情本质和音韵节奏等特点却稳定地留存了下来。

2. 文学体裁的变异性

虽然文学体裁具有一定的稳定性,但我们如果用一种动态的、历时性的眼光来观察,就会发现文学体裁总是处于一种异彩纷呈的运动变化之中。

任何一种文学体裁,都是一定社会生活的产物,都可以从当时社会的政治经济制度、科学技术发展、科学文化政策等背景中找到依据,它们都反映着当时社会的需要。因此,随着社会的发展,随着文学自身的发展,总是有一些旧的文学体裁逐渐地衰落和消隐,一些新的文学体裁不断地涌现出来。例如,随着生产力的发展和现代社会的到来,作为远古时代最主要的文学体裁——神话、传说、史诗等,便逐渐在文学家族中消亡,取而代之的是报告文学、影视文学等新的体裁样式。另外,从体裁的形式规范看,虽然作为一种普遍的样式,一定的体裁总是具有相对的稳定性,但具体到某一作品,即便同一体裁内部也千殊万变各不相同。每一个时代的文学,每一位杰出作家的创作,总要给原有的体裁规范注入新的因素。以小说为例,在中国,它主要经由了魏晋的志人、志怪小说,唐传奇,宋元话本,明清小说,现代白话小说,直到各式各样的当代小说,每一次发展和变化,都意味着传统写法被打破了,这些小说,就其体制而言当属同一,但在具体形态上却相去甚远。就西欧而言,小说发展大致经历了由神话到英雄故事,到史诗,再到中世纪骑士小说,流浪汉小说,再到近代日常生活小说,到被称为"文体爆炸"的西方现代派小说,如意识流小说、表现

---

① 巴赫金:《陀思妥耶夫斯基诗学问题》,白春仁、顾亚铃译,三联书店,1988年版,第156页。

主义小说、结构主义小说等阶段,其变化之大,也远非原有小说体裁的尺度所能界定。

文学体裁的变异性,一方面是由社会历史条件决定的,另一方面则与文学自身创新发展的要求密切相关。马克思在谈到希腊艺术时曾指出:"任何神话都是用想象和借助想象以征服自然力,克服自然力,把自然力加以形象化,因而,随着这些自然力之实际被支配,神话也就消失了";"从另一方面看:阿基里斯能够同火药和弹丸并存吗?……或者,《伊利亚特》能够同活字盘甚至印刷机并存吗?随着印刷机的出现,歌谣、传说和诗神缪斯岂不是必然要绝迹,因而史诗的必要条件岂不是要消失吗?"①马克思这些论述虽然不全是从文学体裁的演变着眼的,却科学地说明了文学体裁的演变,包括旧的体裁的衰落和新的体裁的产生,都与一定的社会发展阶段、社会生活相联系。另外,文学体裁不是一种僵死的框框,决定作品艺术价值和魅力的独创性原则对体裁同样起作用。克罗齐曾指出:"每一个真正的艺术作品都破坏了某种已成的种类。"事实确实如此,一个作家对一种体裁的掌握和运用,决不意味着在体裁上做着简单重复的工作。以长篇小说为例,不正是因为有了《三国演义》的恢弘博大,《红楼梦》的绵密精巧,托尔斯泰的史诗性构架,陀思妥耶夫斯基的"灵魂拷问",马尔克斯的"神奇与现实的混合",才真正获得生命吗?与此相反,当一种体裁缺乏生机,如我国古代的格律诗,当它越过辉煌的顶点之后蜕变为一种缺乏生机的模式,它适应的范围也就自然缩小,其影响力自然递减。

3. 文学体裁的相对性

文学体裁具有类型学的意义,但这种"类型"只是相对的。首先,所有的文学体裁,都只是对于过去的一种归纳和概括,它不能囊括未来所可能出现的新的样式;即便是对过去的归纳和概括,它也只能是大体的、基本的,它不能巨细无遗地穷尽一切。其次,从方法论的角度看,我们无法坚持一个唯一的标准对文学体裁作穷尽的划分。文学体裁的界定是建立在比较和分类的基础上的,目前我们对文学体裁的划分,实际上很难做到坚持唯一的标准,而更多的是出于社会的约定俗成。这就使各种文体之间只能是一个大致的区分。最后,各种文学体裁虽然都有其自身的规范,但并不排斥它们之间的相互渗透。例如,形式上是史诗类的作品,却可能具有戏剧的特性;诗剧既保持了戏剧的特点,也兼具诗的特质;散文诗兼具诗和散文的特点;小说可能吸收诗、散文、戏剧、影视文学的技巧。因此,我们不能把"文学体裁"绝对化。

---

① 中共中央马克思恩格斯列宁斯大林著作编译局:《马克思恩格斯选集》第2卷,人民出版社,1972年版,第113~114页。

第三节 主要文学体裁的基本特征

一、诗歌

诗歌是文学史上最早产生的文学体裁,它起源于原始时代结合着简单语言的劳动呼号。后来作为劳动的伴唱及庆祝丰收时的祝祷,与音乐、舞蹈一同得到发展。《诗大序》中说:"诗者,志之所之也,在心为志,发言为诗。情动于中而形于言,言之不足,故嗟叹之,嗟叹之不足,故咏歌之,咏歌之不足,不知手之舞之,足之蹈之也。"这段话解释了诗歌、音乐、舞蹈三位一体的原始状况。

进入文明时代以后,艺术逐步分化,诗歌日益成为一种以鲜明的节奏表现超验性体验的一种独立的文学体裁。

诗歌的审美特征应从以下几方面加以把握:

1. 表现性

文学艺术最基本的审美创造形式有两种,即"再现"和"表现"。小说、戏剧等擅长于人的外部世界的客观描写、模仿,属于再现的艺术,其基本手法是叙事;诗歌和它们最显著的区别就是它主要着眼于人的内部世界,抒情是它的基本手法。因而诗歌被认为是典型的表现性艺术。中国古老的文艺传统一直强调诗歌的这种"表现"功能。如《尚书·尧典》中说"诗言志";《诗品序》也说"气之动物,物之感人,故摇荡性情,形诸舞咏"。诗所言之"志",人摇荡之"性情",都是指主体的情志,包括情绪、感受、思想、意志等。作为客体世界在诗人心灵中的主观反映,它们既是诗歌创作的原动力,又构成了诗歌的基本内容。亚里士多德虽然力主"模仿论",但他也指出抒情诗的模仿媒介是诗人"自己的口吻"。显然也是强调了诗人对外部世界的主观反映。

对于诗歌而言。情感是诸种心理内容中最重要的因素。白居易概括诗歌的特征说:"诗者,根情,苗言,华声,实义。"他把情感放到诗歌之树的"根本"的位置。的确,优秀的诗歌应该是真情的流露。清代诗人袁枚曾称颂过他家乡一个做小买卖人的诗。他不识字,但很爱词曲,母亲死后,他做了一首《哭母》:"叫一声,哭一声。儿的声音娘惯听。如何娘不应?"语言虽俗,但听过的人无不落泪。可见只要动真情,哪怕是大白话,也仍然是一首好诗。

2. 超验性

所谓超验性,是指诗歌所表达的不完全是诗人在现实生活中所"经验"到的内容,更多的则是对主体心灵在现实生活的启发下所感悟到的形而上境界的抒写。超验离不开经验,但又不能拘泥于经验,它必须是对经验的升华和超越。诗的真实性不体现于对生活外在现实的忠实,而是体现为对主体情感的忠实。诗歌的艺术形象被称为"意象",意象就是带有超验性质的形象。它既来源于生活的"象",又融合了诗人主观的"意",因而成为物我合一、主客观交融的新形象。

从经验到超验,从生活物象到诗歌意象,所依赖的不是严密的逻辑思维,而是直觉、灵感、想象等形象思维。因此柏拉图称"诗是心灵迷狂的产物"。在各种心理活动中尤以想象最为广泛和重要,可以说,想象逻辑是诗思运行所遵循的主要规律。正是凭借神思飞越的想象,诗人才能"观古今于须臾,抚四海于一瞬","寂然凝虑,思接千载;悄焉动容,视通万里",熔铸成灵活新鲜的超验性的意象。超验性的诗歌意象具有三个特点。其一,意象既遵循于想象的逻辑,遵从诗人情感的真实,就难免会违背理性逻辑,对现实作出变形化的反映。苏东坡《水龙吟》咏的是杨花,但经由丰富的想象,杨花逐渐脱离它的本相,最后竟"细看来不是杨花,点点是离人泪"。类似的变形,在诗歌中是极为普遍的。其二,通过想象熔铸而成的诗歌意象和意象群,往往是含蓄、朦胧的,能够启发读者的想象。诗歌忌晦涩,更忌直白。既非一无游踪可觅,又非一览无余,只有调动接受者积极的想象活动参与意象的重建,诗才能常读常新。李商隐《锦瑟》、戴望舒《不寐》之所以能流布久远、众口传诵,奥秘就在于此。其三,意象的结构方式常呈现出跳跃性。诗人牢牢把握色彩最明丽的一些意象,而省略了它们之间赖以联结的语义关系,这样就在诗的链条上出现很多断裂和缝隙。这些断缝正是解诗的关键之处,读者从这儿深入,才得以寻绎意象的逻辑。中国古典诗歌常用名词连排的方式勾画深邃的意境,如马致远《天净沙·秋思》中"枯藤老树昏鸦,小桥流水人家,古道西风瘦马",温庭筠的《商山早行》中"鸡声茅店月,人迹板桥霜"等都是如此。新诗当中具有突出跳跃性特征的可举金克木先生为悼老友戴望舒逝世三十周年而写的《夜雨》一诗:

> 点点滴滴,点点滴滴,点点滴滴,
> 稀疏又稠密。
> 记忆。
> 模糊的未来,鲜明的往昔。
> 向北,向南,向东,向西。上天,下地。
> 悠长的一瞬,无穷无尽的呼吸。
> 喧嚣的沙漠,严肃的游戏。
> 西湖,孤山,灵隐,太白楼,学士台。
> 惆怅的欢欣,无音的诗句。
> 迷蒙细雨中的星和月;
> 紫丁香,白丁香,轻轻的怨气;
> 窗前,烛下,书和影;
> 年轻的老人的叹息。
> 沉重而轻松,零乱而有规律。
> 悠长,悠长,悠长的夜雨。
> 短促的雨滴,
> 安息。

诗作以大跨度的跳跃,在简短的篇幅里浓缩了诗人戴望舒的一生,也浓缩了作者丰富的思绪。

3. 音乐性

早期的诗歌和音乐密不可分。后来诗歌虽然和音乐分化开来,但音乐的特质仍保留在诗歌中,成为诗歌的美学特征和体裁标志之一。中外诗人均十分强调诗歌的音乐性,如闻一多提出著名的诗的"三美"①原则。第一条便是音乐美;法国诗人魏尔仑也提出"音乐先于一切"②的主张。汉语被称为诗性的语言,就是因为单音节汉字便于灵活安排以体现音乐性。汉语诗歌也因此创造了诗歌音乐美的典范。

节奏是音乐性的主要因素,它分为内在节奏和外在节奏。内在节奏是指诗人情绪流动本身的抑扬、轻重、疾徐等节奏规律。外在节奏是内在节奏的自然体现,指诗歌语流中有特定规律性的抑扬顿挫。在中国古体诗中体现为"顿"的安排,如四言诗每句两顿,五言诗三顿,七言诗四顿。近体诗(格律诗)及词、曲的节奏,除了"顿"的节拍划分外,还必须合乎一定的平仄规范。一般而言,现代诗(自由诗)更强调内在节奏。但也创造出了不少内在节奏和外在节奏俱佳的杰作。如戴望舒的《雨巷》:

> 她静默地走近
> 走近,又投出
> 太息一般的眼光
> 她飘过
> 像梦一般地
> 像梦一般地凄婉迷茫

诗歌音乐性的另一表现是押韵,即在诗句末尾使用韵母相同的字。押韵使得诗句前后呼应,朗朗上口,增强诗的节奏和旋律,便于诵读。押韵是诗的普遍规则,但各民族诗歌有不同的押韵规则和传统。中国古典诗歌大多双句押韵,现代诗押韵方式较自由、或句句押韵、或双句押韵、或无定则押韵。

诗歌从格式规范上可以分为格律诗、自由诗及散文诗。从内容上,则可以分为抒情诗和叙事诗。

二、散文

"散文"这一名称的含义,无论是在西方还是中国,都经历了从广义到狭义的演变。在西方,最古老的文体分类中把无韵而体散的非文学作品称为散文(Prose),以与韵文(Verse,指文学作品)相对。这是广义的散文。16世纪法国学者蒙田开创了一种新文体,他把自己的一些以漫谈的口吻、散体的形式写成的文章命名为Essay。这种行文活泼、充

---

① 指"音乐的美"、"绘画的美"、"建筑的美"。闻一多:《诗的格律》,《闻一多全集》第1卷,湖北人民出版社,1993年版,第141页。

② 转引自吕进《中国现代诗学》,重庆出版社,1991年版,第208页。

满形象和理趣、情调亲切优美的新文体从此在欧洲长盛不衰,这就是狭义的"散文"。"五四"时期多译作"随笔"、"小品文"。

在中国古代"两分法"中,与骈文或与韵文相对的"散文"是广义的散文。既包括纯粹的实用文章,也包括一些具有审美特征的文学散文。"五四"以后,受西方 Essay 影响,文学散文从广义散文中独立出来,形成现代狭义散文。朱自清先生曾作过详细的解释:

> 按诗与散文的分法,新文学里的小说、戏剧(除掉少数诗剧和少数剧中的韵文外)、"散文",都是散文。——论文,宣言等不用说也是散文,但通常不算在文学之内——这里得说明那引号里的散文,那是与诗,小说,戏剧并举,而为新文学的一个独立部门的东西。或称白话散文。或称抒情文。或称小品文。①

这种狭义的散文,也即作为"四分法"体系中文学体裁之一的散文。

散文的审美特征表现在以下几个方面。

1. 写真纪实,袒露个性

散文是各种文学体裁中最讲究真实性的文体,这是散文的最重要特征。但对散文的真实性历来却有两种理解。一种是认为散文必须完全忠实于生活的原貌,除了在材料的剪裁、细节的描写上做必要的艺术加工以外,散文中的人物与事件不允许有任何虚构。倘有失真,必定虚假做作,削弱表达效果。另一种认为散文在整体纪实的前提下,为了增强艺术真实性,在细节或局部上可以有些虚构。这种虚构不同于小说戏剧在广阔范围内的艺术概括,而仅指对素材适当改造,添枝加叶,其中写实仍占主导地位,虚构只是补充,即所谓"大实小虚"。

对这两种理解,我们应辩证地分析。首先,真实程度不同的两种散文,都大量地存在着。前者多为史传、怀人、回忆等纪实性散文,后者则多为抒情色彩强烈的"务虚"性散文。其次,由于生活的复杂性和人认识的局限性,完全真实地再现生活原貌是很困难的,甚至是不可能的。我们不妨说,散文中的一切真实都是作者意识中的真实,即使在纪实性散文中也不例外。徐悲鸿的前后两位夫人蒋碧微、廖静文各自为徐悲鸿写了一部传记,但在二书中徐悲鸿的形象大为不同。② 陈徒手《午门城下的沈从文》和范曾《忧思难忘说沈老》都写到了发生在沈、范间的同一个故事,可在两篇文章中故事又迥然相异。③ 最后,属于第二种真实的一些散文,读者未必不知其虚构成分的存在,但作品价值似乎并不因此降低。如刘亮程的《一个人的村庄》中一些叙事成分的虚构因素一望即知,但也不妨碍它成为众口交誉的散文佳构。

无论哪种理解,有一点是毋庸置疑的,散文是作家直接面对读者袒露自己个性的文体。这不同于在小说中作家往往戴上假面具、穿上隐身衣,换用叙述人的口吻说话。鲁迅

---

① 朱自清:《什么是"散文"》,载郑振铎、傅东华编《文学百题》,岳麓书店,1987年版,第180页。
② 蒋碧微:《我与悲鸿》,岳麓书社,1986年版。廖静文:《徐悲鸿一生》,中国青年出版社,1999年版。
③ 二文分别刊于《读书》1998年第10期、1999年第10期。

的《祝福》《故乡》中的"我"虽有鲁迅的影子,但我们绝不可把他看做鲁迅本人。他只是鲁迅安插的承担叙述任务的虚构人物。而散文《风筝》《藤野先生》里的"我",则可以断定就是鲁迅。散文是作家和读者的正面交流,在这里,他用赤裸的灵魂,最真诚地讲述他的见闻,倾吐他的心声。

因此,我们不妨对散文的真实性作较宽泛的理解,凡是忠实于自己的人格和个性、真实准确地表达自己的思想和艺术感觉的散文,都不算逾越真实性的规定。

2. 题材广泛,以传达感受为中心

散文的"散"本来是指"不押韵"、"非骈偶"而言,但如果我们把它理解成"散漫随意",也未尝不切合散文的本性。这种散漫随意表现在题材上,就是散文的选材自由。小说和戏剧的选材仍有一定要求,如小说的材料需包含较丰满的人物形象和较完整故事,戏剧的题材需要具备激烈的矛盾和紧张的冲突,这些标准都不是散文的必要条件。这样,散文的取材就获得了广阔的自由度。

散文家虽有万物皆挫于笔端的自由,但只有那些触动作家情思、包蕴独特而典型的生活感受的材料,才能转化成精美的散文艺术。因此,散文家选择和处理素材不像小说家那样看它的完整性、深刻性,也不像剧作家那样看它的戏剧性,而是首先看情绪的真切和感受的独到。史铁生在《我与地坛》中围绕地坛公园,先后写到的人物有十几个,但每个人都不是带着分明的性格特征和戏剧化的完整经历出现于作家笔下的。史铁生关注的只是他们的某个侧面:母亲的慈爱忧虑,老夫妻的相濡以沫,女工程师的素朴敬业,歌者的热情,长跑家的执著,饮酒老头的逍遥闲逸,小兄妹的手足情深……这些平凡的生活侧面,并非他们每个人一生中最精华的部分,但对散文家史铁生却是最重要的。正是这些片断透射出的质朴的生存意识和生命状态,他们的追求或不幸,映照出作家丰富独特的心灵感受。

3. 笔法章法灵活,语言富有美感

散文的"散"还可以看做对散文的表现方式的灵活性的概括。散文率性自然,没有形式格套,因而行文自如,像苏轼所说"吾文如万斛泉源,不择地而出","与山石曲折,随物赋形","如行云流水,初无定质,但常行于所当行,常止于所不可不止,文理自然,姿态横生"。

散文行文的灵活自如表现在笔法和章法两方面。笔法上,散文自由运用叙述、描写、抒情、议论、说明等各种表达方式,可以正面表现,也可以寓托暗示。在章法上,散文没有固定的结构法则,其结构中心多种多样,既可以人物为结构中心,也可以典型细节为中心;既可以景物为中心,也可以象征性事物为中心,还可以抽象的情思为中心;结构形式也不拘一格,时空的转换,情绪的递进,认识的深化,都可以成为组织材料的依据。总之,散文反映生活、表情达意的手法是十分自由的。有人称散文是"老年人的文体",正是取其"随心所欲而不逾矩"之意。

优美的语言是散文美感的重要因素。散文的语言美首先表现为自然质朴,不事雕琢,话语方式里透露出作家的人格特征;其次表现在写人叙事绘景状物,能把内情和外物、心声与天籁和谐地交融为一体,通过语言文字及其描摹出的色彩鲜明的画面传达出作家独特的感受和情趣。优秀的散文家都十分注重锤炼语言,以形成鲜明的语言风格。鲁迅的《野草》、何其芳的《画梦录》、朱自清的《荷塘月色》、余光中的《听听那冷雨》、史铁生的《我与地坛》等都是现代汉语散文语言美的典范。

三、小说

小说是用散文化的语言讲述故事、刻画人物的一种文学体裁。它在文学史上兴起较晚,但后来居上,很快便在文学家族中占据了举足轻重的地位。

西方小说叙述传统的远古来源是史诗和神话,但其直接母体是13世纪盛行欧洲的"罗曼司"(Romance),也译为骑士传奇,是一种把贵族气质和爱情崇拜相结合的优雅的叙事作品。文艺复兴时期,意大利作家薄伽丘以《十日谈》为西方小说树立了第一块丰碑。18世纪的启蒙运动中,小说作为启蒙思想的武器迅速崛起于英法德诸国,18世纪因此被称为"小说的世纪"。19世纪,小说又有了长足发展,并产生了巴尔扎克、托尔斯泰这样的小说艺术巨匠,小说从此成为文学领域中最为重要的体裁。

中国最早的小说形态,在深厚的史传叙事传统孕育下兴起于魏晋时期的志人小说和志怪小说,唐传奇标志着中国小说的正式形成,这些都属文言小说系统。另一方面,宋元时代兴起了口语体的话本,后发展为白话小说。明清时代以《三国演义》《水浒传》《西游记》《红楼梦》《金瓶梅》《三言》《二拍》《聊斋志异》《儒林外史》等为标志,中国古典小说达到了成熟和巅峰状态。虽然中国小说的形成远早于欧洲,但长期以来得不到正统文艺观念的承认,因而发展缓慢。"五四"运动以后,小说的正统地位才得以确立,在西方小说影响下形成的现代小说,在短短一百年里取得了长远的发展。

小说的审美特征主要有以下几点:

1. 以虚构的叙事达到对生活的逼真再现

首先,小说不同于诗歌、抒情散文等表现性文体,它从根本上是对人的外部现实的模仿和再现,无论是短篇小说对生活横断面的展示还是中长篇小说对长时段、大空间历史风云的重现,其描摹现实的逼真细腻和广阔无边都是其他模仿艺术所不能比拟的。

其次,小说模仿和再现现实生活的手段是叙事。所谓"叙事",包括两方面的含义。第一,作为名词,亦即叙事之"事",指叙述的对象——故事。小说的直接物质材料是语言,而语言是一种线性、单维、时间性的存在,这导致了小说在表现对象上与绘画、雕塑等纯空间艺术及戏剧、影视等时空综合艺术的区别。小说主要是时间性的艺术,对持续的客观过程的模仿是它的特长。这样,由人物的行动、事件及其后果所构成的"故事"就成为叙事的基本对象,它是小说的第一要素。可以说,讲故事是小说家的天职,没有故事就没有小说。第二,作为动词亦即叙事之"叙",指的是"叙述"行为本身。故事在小说中不像在人类经验中那样自动展开,它必须被编织为语言文字通过讲述呈现出来;小说也很少按照故事的本来形态来讲述它,而是按照某种策略,在讲述中有目的地把故事加以改造。因此,叙述就是故事在文本中的特殊展开方式,这种经过改造后讲述出来的故事叫做情节。传统小说理论将故事与情节等同混用,英国小说家福斯特首先区分了二者,他说:"故事是叙述按时间顺序安排的事情,情节也是叙述事情,不过重点是放在因果关系上。'国王死了,后来王后也死了',这是一个故事。'国王死了,后来王后由于悲伤也死了',这是一段情节。"① 当

---

① 福斯特:《小说面面观》,冯涛译,上海文艺出版社,1990年版,第271页。

代叙事理论对此种解释未必赞同,但却一致接受将故事和情节加以区别的做法。我们可以简单地理解为故事是事件的原貌,情节是故事被讲述的结果。读者从小说中看到的是情节,但通过情节又可以还原故事的原貌。在从故事到情节的转变过程中,作家采取一系列手段,以实现特定的美学目的。这些手法有事件顺序的重组,视角的选择,概述与场景的交错,叙事速度的调节,重复、悬念等技巧的运用,抒情议论的穿插,等等。从故事到情节的转变彰显、淡化、转移故事的原有意义或赋予故事新的意义。例如俄国作家普宁的《轻轻的呼吸》本来是一个血腥的凶杀故事,但作者通过重组事件顺序,完全改变了故事的意味,死亡的残酷被消解,相反,女中学生奥丽雅那充满活力的青春美荡漾在情节的字里行间。① 总之,好的故事是重要的,但小说家的创造力更表现在如何讲述它,亦即如何驾驭情节上。

最后,小说是虚构的产物。小说中的故事具有"经验"和"符号"的两重性,它既描写活生生的、具体的个别的现实,又超越了个别,蕴含着作家对世界的普遍认识。亚里士多德早就说过:"诗人的职责不在于描述已发生的事,而在于描述可能发生的事……因此写诗这种活动比写历史更富于哲学意味。"②小说家在现实中把握生活的"必然律与可然律",然后通过想象在更具概括力的虚拟生活中传达出来,所以虚构是小说的普遍特征。

2. 多方面地塑造人物形象

人是生活世界的主人公,也是小说世界的主人公与核心要素。法国"新小说"派曾以"静物写生"的方式写小说,将人从小说中驱逐出去,这不过是个极端的试验。况且,"新小说"也仍是关于人的,它是被高度物化的现代人处境的隐喻。可以说,没有人物的小说是不存在的,刻画人物形象是小说家的重要任务。小说拥有着最丰富的人物塑造手段:肖像描写、语言描写、行动描写、心理描写;既可静态地描画,也可在激烈斗争中展现;既可正面呈示,又可侧面点染。除了直观性不足外,小说在一切方面都胜于同是刻画人物的戏剧和影视。

亚里士多德曾强调"行动"是叙事艺术的首要因素。"悲剧中没有行动,则不成为悲剧。但没有'性格',仍然不失为悲剧。"③"行动"也确实是历来小说(特别是早期西方小说和中国古典小说)中人物塑造的有力手段。但晚近以来,人们逐渐认识到人不仅是一种物质存在,更是一种心理现实,性格乃是人的本质所在。自从黑格尔指出性格才是"艺术表现的真正中心"④,小说艺术描写的重心开始有所转移——日益转向对人物心理世界的描摹。恰恰在这一点上,小说显示了无与伦比的优势。19世纪以来,小说家们各显身手创造了心理分析、客观投射、内心独白、意识流等多种多样的心理描写手段,使小说成为勘探灵魂深度的最有效的武器。

环境是人物生活的背景,也是小说艺术的重要描写对象。现实主义小说把环境描写

---

① 参见维戈茨基《艺术心理学》第七章及附录,周新译,上海文艺出版社,1985年版。
② 亚里士多德、贺拉斯:《诗学·诗艺》,罗念生、杨周翰译,人民文学出版社,1962年版,第29页。
③ 亚里士多德、贺拉斯:《诗学·诗艺》,罗念生、杨周翰译,人民文学出版社,1962年版,第21页。
④ 黑格尔:《美学》第一卷,朱光潜译,商务印书馆,1979年版,第300页。

视为塑造好人物形象的必要条件,"真实地再现典型环境中的典型人物"①是现实主义的原则。人们习惯上把环境同情节、人物并列称为小说的三要素,可见对环境的重视。好的环境描写不仅是人物刻画的手段和逼真再现现实的途径,而且它本身也具有独立的审美价值,如风景画大师屠格涅夫笔下的景物描写。

四、戏剧文学

戏剧是由演员在舞台上用动作和语言当众表演来塑造形象、反映生活的一种综合艺术。戏剧的综合性体现在它由多种艺术因素构成,如表演艺术(动作、舞蹈、音乐)、造型艺术(布景、服装、化妆、道具、灯光等)、语言艺术(文学剧本)。其中剧本是戏剧演出的文字依据,从戏剧的角度看,它和其他因素一样是戏剧整体的有机组成部分,服从和服务于表演中心;而从文学角度看,剧本又有独立的审美价值,常被单独阅读欣赏。因此它又成为一种文学体裁,称为戏剧文学。戏剧文学的特点是由其母体——戏剧的特点所决定的,概而言之,有以下几点。

1. 适应舞台时空的戏剧结构

任何文学作品都有一个结构的问题,但戏剧的结构有其特定的要求。戏剧只能在有限的时间和有限的空间内面对观众演出,它无法像小说、影视那样自由地转换场景,怎样在有限的时空内表现丰富的生活内容,并让观众始终保持审美注意,也就成了剧本写作中必须要考虑的一个问题。西方古典主义戏剧根据其对亚里士多德《诗学》的理解,提出了"三一律":即"时间的一律"、"地点的一律"、"动作的一律"——事件只能发生在24小时之内,事件必须发生在同一地点,动作必须是围绕同一主题——以求得剧情时空与舞台时空的高度统一。但这种机械的规定无法解决戏剧写作中的实际问题,有些剧本的剧情空间极其广阔,其时间从几天、几十天长达几年、几十年。剧作家如何解决剧情时空与演出时空之间的矛盾呢?那就是分场、分幕、分景。剧作家首先是"立主脑"、"减头绪",将剧情发展中最富有戏剧的那些部分,最能显示人物性格和剧作主题的部分处理在台前,而把那些戏剧性不强、不适宜于在舞台表演的部分处理到幕后,只通过台词加以介绍,从而使剧情更为集中,更具有戏剧性,更能吸引观众。

2. 具有动作性的人物语言

戏剧文学是代言体的艺术,这是它和其他体裁的一个显著区别。它排斥作家出面,作者需将自己的意识分派到不同角色身上,通过他们的表演间接地反映出来。演员的表演手段是语言和动作,又尤以动作为中心。但在剧本中,除了舞台指示部分有些动作说明外,台词是主要的构成部分。这样,就要求人物的台词必须具有强烈的动作性,也就是每句台词都产生于人物性格冲突中,成为人物对矛盾的态度与反应的一种表露,并且能有力地冲击对方,使他采取新的行动更积极地投入到冲突中,从而推动情节发展。台词的动作性不仅体现为其对外部形体动作的伴随性,更体现为它通过"潜台词"所暗示出来的内部动作——即活跃在内心的活动。试将巴金的小说《家》和曹禺所改编的同名四幕话剧加以

---

① 中共中央马克思恩格斯列宁斯大林著作编译局:《马克思恩格斯选集》第4卷,人民出版社,1995年版,第683页。

比较,在小说第 36 章,陈姨太借口所谓"血光之灾"逼瑞珏到城外分娩时,写到了众人的反应。其中对觉新和瑞珏,分别只用一句话交代了他们此时的直接反应——"他没有说一句反抗的话","瑞珏也不说一句抱怨的话",然后主要通过叙述人深入分析他们无言的哀楚。在剧本中则是这样表现的:

  陈姨太:(阴沉)大少爷?
  觉新:(望一望低着头的瑞珏,转对克明,痛苦地)三爸,您看——(克明毫无勇气地低下头来。觉新转对周氏)母亲,您——(周氏用手帕擦着眼角。觉新缓缓转头,哀视着瑞珏,——)
  瑞珏:(哀痛中抚慰着觉新)不要着急,明轩。(对陈姨太,沉静地)我就搬,(转对周氏)城外总可以找,找着房子的。

  主人公那些无言的哀楚在这里变为伴随着动作的精练台词,无直接剖白,我们却分明能够深切地体察到。
  3. 具有尖锐集中的戏剧冲突
  人物之间或人与环境之间存在着政治、道德、思想、意志、感情的矛盾,各种矛盾或表现为潜在的抵触,或爆发为公开的对抗,这就构成了冲突。冲突是"戏剧性"的重要来源。小说用多姿多彩的笔墨通过叙述、描写、抒情展现生活,虽然也会有冲突,但它未必是首要因素,更多是偶尔从和谐底色上突显出来,作为平缓生活的一些高潮或转换点而存在的。戏剧作为直观展示的艺术,却必须依靠性格冲突、意志冲突、人与环境的冲突等多种冲突来刻画人物形象、推动情节发展。冲突表现在对话中,就是人物台词和"潜台词"对对方的猛烈冲击力。在戏剧理论史上,曾有人把"冲突"提到戏剧本质的高度来看待。如黑格尔强调"戏剧的中心问题"是"各种目的和性格的冲突",悲剧所表现的是两种相互对立的理想或"普遍力量"的冲突和调解。可见冲突在戏剧中的重要地位。

名词解释:
1. 文学形象:文学形象是由文学言语所创造的艺术世界中的具体生活画面,包括人物、景物等具体形象。
2. 意蕴:意蕴是作品中所蕴涵的心灵、思想等精神性因素,余秋雨把意蕴简捷地概括为"蕴藉于艺术生命体内的精神能量"。
3. 体裁是文学作品的形式因素之一,它是指文学作品的具体样式。
4. "三分法":所谓"三分法",就是把文学作品分为抒情、叙事、戏剧三类,亚里士多德是西方文体分类的主要奠基者,他根据模仿的不同方式,把文学分为抒情、叙事、戏剧三类。此后,在西方文艺理论的发展中虽然还出现过许多其他的分类法,但都没有从根本上动摇或改变"三分法"的性质和原则,人们通常是依据"三分法"来确定文学的基本类型。
5. "四分法":在我国古代,诗歌与散文在相当长的一段历史时期内居于正宗地位,是两种主要的文学体裁。晚清时期,随着外国文学作品和文学理论的翻译介绍,随着我国文学创作的进一步发展,人们才逐步认识到文学体裁不仅包括诗歌和散文,还应包括小说和剧本,于是便产生了"四分法"。自此,"四分法"作为我国文体分类的传统开始在我国普遍采用。

6. 诗歌:诗歌是以鲜明的音乐性节奏表现超验性体验的一种文体。

7. 散文:在西方,最古老的文体分类中把无韵而体散的非文学作品称为散文(Prose),以与韵文(Verse,指文学作品)相对。这是广义的散文。16世纪法国学者蒙田开创了一种新文体,他把自己的一些以漫谈的口吻、散体的形式写成的文章命名为 Essay。这种行文活泼、充满形象和理趣、情调亲切优美的新文体从此在欧洲长盛不衰,这就是狭义的"散文"。在中国古代"两分法"中,与骈文或与韵文相对的"散文"是广义的散文。既包括纯粹的实用文章,也包括一些具有审美特征的文学散文。"五四"以后,受西方 Essay 影响,文学散文从广义散文中独立出来,形成现代狭义散文。

8. 小说:小说是用散文化的语言讲述故事、刻画人物的一种文学体裁。

9. 戏剧文学:戏剧剧本是戏剧演出的文字依据,从戏剧的角度看,它和其他因素一样是戏剧整体的有机组成部分,服从和服务于表演中心;而从文学角度看,剧本又有独立的审美价值,常被单独阅读欣赏。因此,它又成为一种文学体裁,称为戏剧文学。

思考题

1. 简述文学作品的结构层次问题。
2. 举例说明文学言语的审美层次。
3. 简述文学形象的审美特征。
4. 如何理解文学体裁的稳定性、变异性与相对性。
5. 举例说明诗歌的文体特征。
6. 举例说明散文的文体特征。
7. 举例说明小说的文体特征。
8. 举例说明戏剧文学的文体特征。

阅读链接

1. 王春元:《文学原理·作品论》,社会科学文献出版社,1989年版。
2. 童庆炳:《文学活动的审美维度》,高等教育出版社,2001年版。
3. 吴调公:《文学分类的基本知识》,长江文艺出版社,1982年版。
4. 冯光廉:《中国近百年文学体式流变史》,人民文学出版社,1999年版。

第七章 文学接受(一)
——基本理论

文学接受,一般文学理论教材又叫文学欣赏、文学鉴赏,本书采用"文学接受"这一概念。关于这几个概念的基本涵义,首先进行必要的辨析和界定。

第一节 欣赏、鉴赏与接受

欣赏、鉴赏,是文学教学及大众日常生活中使用频率比较高的两个概念,但其涵义究竟是什么,却未必都能说得清,包括文学从业者乃至于某些专家学者也未必说得清。证据多多:一是国内高校的《文学概论》或《艺术概论》教材,通常设一章"文学(艺术)欣赏"或"文学(艺术)鉴赏",有的用欣赏,有的用鉴赏,想用哪个用哪个,没有明确区分,但所指却是一回事;二是20世纪80年代人民文学出版社出版的《鉴赏文存》①,里面收有包括老一代文学理论名家(如叶圣陶、朱光潜、丰子恺、朱自清等)文章在内的诸多论述文学鉴赏的名篇,仅从目录就可以看出也是欣赏、鉴赏不分的;三是2007年语文出版社出版的"语文版普通高中课程标准实验教科书",选修课教材共五个系列15种,其中有《中外现代诗歌欣赏》《唐宋诗词鉴赏》《中国现当代散文鉴赏》《唐宋八大家散文鉴赏》《优秀电影作品欣赏》,这里五本中两本是"欣赏",三本是"鉴赏"。同类内容同类性质的教材,却用了两个概念,这说明在编者或主编的意识里,这两个概念没有区别。

然而,欣赏和鉴赏真的没有区别,可以相互混用吗?非也。事实上二者的区别还是比较明显的。

第一,二者的语义和心理状态不同。从语义上看,鉴赏也是欣赏,但鉴赏的"鉴"字有鉴别、分析、审察的意思,人们常说的"品鉴",就是在"品"(味)中有所鉴别、分辨、细察,意味着理性的分析。而欣赏的语义则主要是用喜爱的、愉悦的心情来领会对象的意味,并不特别突出或强调分析鉴别之意。从心理状态上看,欣赏是一种感性直觉的即审美的把握,欣赏者对作品心有所动,情有所感,意有所悟,但往往可意会不可言传,可神通不可语达。

---

① 龙协涛:《鉴赏文存》,人民文学出版社,1984年版。

欣赏时的心态偏于感性、直觉,情感比较活跃;而鉴赏时的心态感情色彩已经淡化,理性成分已经介入并逐渐加强,情感趋于平和与冷静。

第二,二者的境界不同。简单说,欣赏是进入作品的艺术天地,理解了作品的故事情节或意境,领悟了作品的思想内涵,从中受到了感染,激起了多种多样的情感反应,并有了较为模糊的审美判断和道德判断(情感倾向)。而鉴赏更进一步,不但产生了情感反应和相应的审美与道德判断,而且还能讲出其中的道理,即不但知其然,而且知其所以然。由此可知,鉴赏也是一种欣赏,但不是一般的欣赏,而是较高层次、境界的欣赏,是欣赏的高级阶段。要进入鉴赏的层次,需要具备一定的条件,有较高的艺术修养,有必要的专业知识。因此,鉴赏可以说是专门化、学者化的欣赏。相比较而言,能进入这一层次的人并不是很多。即使专业人员,在日常接触艺术时也并不是对任一具体作品都能进入鉴赏境界,并不都能说出"所以然"。

由辨析可知,欣赏、鉴赏都是对文学作品的把握,但性质却不同:一为感性,一为理性;一为直觉,一为分析;一个用形象思维,一个用抽象思维;一个是审美活动,一个是知性活动。

欣赏、鉴赏既是把握文学作品所必不可少的心理活动,同时也是文学作品的教与学所必不可少的两种心理活动和两个必不可少的阶段。也就是说,对于文学作品的阅读与教学,首先是欣赏,然后才可以进入鉴赏;首先是让学生感受、体验,然后教师才可以进入分析、阐释,这一过程是不能颠倒的。

本书采用"文学接受"这一概念,既不完全等同于欣赏,也不完全等同于鉴赏,而是同时包含了欣赏和鉴赏,即既包含了对文学的感性的直觉的审美活动,也包括了理性的分析阐释活动,所以用"文学接受"更为稳妥和全面。

第二节 文学接受的基本特性

一、文学接受具有心理实验的性质

文学接受和文学创作一样,都要求活动主体设身处地进入对象,才能感受对象、理解对象、把握对象。正如脂砚斋针对《红楼梦》第 24 回中宝玉、黛玉谈心所下的批注:"若观者必欲要解,须自揣自身是宝黛之流,则洞然可解。"脂砚斋不愧是高明的欣赏家,既通作者心理,也深通接受心理,这里指出的理解人物的途径,可以视为文学接受的普遍规律。

设身处地地把自己想象成艺术对象,体验对象的生活经历和思想感情,由"进入"对象进而扩大到更广大更普遍的艺术世界。在这一过程中,接受者对于艺术形象、艺术境界的介入,是一种心理性质的介入,是全部身心的介入。这是一种整体的心理效应,一种渗透着个人主观色彩的综合性观照,所以具有明显的心理实验性质。

文学作品是社会生活的反映,是艺术家的心灵创造,是艺术家心理实验的产物,文学史其实相当于人类的生存生活史、灵魂演变史、情感密码室。这是一个无限广阔深远的心理试验场。接受者可以借助作品的艺术媒介展开想象的翅膀,尽情地徜徉、沉醉于古今中外的生活情景中,了解彼时彼地的生活,参与那里的矛盾和斗争,体验各色人物的各种情感,追索人物的心路历程,探索生活的奥秘。

这是一种极惬意、极可心的心理活动。这一活动的动因来自人类生命存在的有限性与社会人生的无限性之间的永恒矛盾。宇宙无限,人生有限,于是每个人都想超越自身局限,在想象中尽可能地体察身外世界。而能满足这一心理欲求的途径,唯有文学创作和文学欣赏。在这种自由自在的精神活动中,现实的局限被突破了,有限与无限的界限消逝了。精神脱离了有限的肉体的、个体的存在,而飞升到了无限高远辽阔的境界,从而窥得几分宇宙的真髓、生活的奥秘,心理上得到极大的满足和快慰。

二、文学接受具有自我发现的性质

正如我们从明净的镜子中能够忽然发现自己的"尊容"一样,接受者从文学作品中常常能忽然发觉自己的心灵、自己身上存在但却并不自知的东西,从而不胜惊奇和喜悦。这是一种很美妙的心理体验。这种心理体验的实质,是从欣赏对象上发现了自我,找到了自己,确认了自己。这是每个接受者都可能有的一种非常普遍的心理体验。据此我们说,文学欣赏具有自我发现的性质。

文学作品中写的肯定不是"我"而是"别人",为什么人们能从中照见自己、发现自我呢?这里有主客体两方面的原因。首先从客体方面说,文学作品表现和再现了人类情感(广义),是人类情感的对象化、形式化、物态化。文学作品像电脑具有存储功能一样,存储着古往今来人类各种各样的复杂情感,可以供人们从中寻找、检索、提取到与自己的情感相对应、相近似、相沟通的艺术信息。换句话说,就是文学作品的博大丰富已经具备了供读者从中观照自我的功能。再从欣赏主体方面说,读者有自我认识的愿望并确实有与作品内容相近似的心理体验。读者对自己的内心世界并不是都能清醒自觉地意识到的,他们可能有能力认识别人但不一定有能力认识自己,这就是人们常说的缺乏自知之明。为什么呢?原因很简单,缺乏一个认识自己的参照物,缺乏一面"镜子",所以当局者迷。那么什么才有资格充当这面"镜子"呢?笔者认为就是文学作品。在你身上发生过、发生着的那些事、那些情感,其实在前人那里早就发生过,因此会让你产生似曾相识之感。当你从作品中发现与自己经验、体验相通相近的信息时,犹如老友重逢,忍不住动情地叫道:"啊,就是它!""是的,就是这样的!"这时候的读者,与其说欣赏的是艺术形象,不如说欣赏的是自己;与其说是对艺术形象的观照和发现,不如说是对自我的观照和发现。

读者和作品之间建立起这样的关系,是最理想、最令人兴奋的关系。作家期望的正是这样的读者,读者盼望的正是这样的形象和意境。最深切的艺术体验,就来自于读者以自己内心最深藏的东西去感应、去拥抱作品之最深层的东西。正是这两个深层东西的相互印证,读者才会对欣赏对象产生似曾相识之感,感到对象就是自我的镜子,因而感到无比亲切。正如歌德笔下的绿蒂姑娘所说的:"我最喜欢的作家必须让我能找到我的世界,他书里写的仿佛就是我本人,使我感到那么有趣,那么亲切。"(《少年维特之烦恼》)

三、文学接受具有心理交流的性质

在对文学接受活动进行内省时,首先为我们把握到的心理现象就是进入角色。作品为我们提供了一个具体可感的形象体系,其艺术魅力一下子吸引我们愉快地进入其中,产生艺术幻觉,全身心沉浸于艺术情境之中,与角色化为一体。对于没有角色的作品,如古典诗词,"进入角色"即为"进入意境"。如清代词论家况周颐就说过:"读词之法,取前人名句意境绝佳者,将此意境缔构于吾想望中。然后澄思凝虑,以吾身入乎其中而涵咏之。吾性灵与之相浃而俱化,乃真实为吾有而外物不能夺。"(《蕙风词话》)

进入角色,是接受心理活动中最容易把握的层次,是处于浅表的层次。在这一层次下,与进入角色同时进行着的还有另一种心理活动,即跳出角色、离异角色、旁观角色、把角色当做对象来接受、来品评。这一心理活动是深层的、不易被发觉的,但却是实实在在存在着的。读者此时的心理活动是双重的:体验对象与观察对象。

既然这样,读者和角色之间就存在着一种双向交流互动的复杂关系。在进入角色的过程中,读者既是表演者又是观察者,既是想象者又是思考者,既是活动者又是评判者,既与角色对立又与角色同一。作为表演者和想象者,读者在想象中经历着角色的生活,体验着角色的情感;作为观察者和思考者,读者又审视着、评判着角色的一切,暗中在进行着道德判断、价值判断和审美判断。因此,接受活动中任何精神效应的产生,都是主客体相互契合、相互交流的结果。这种交流,是心灵与心灵的对话,是情感与情感的呼应。不可言传的审美体验就在交流中默然产生,潜移默化的精神变革就在交流中悄然实现。

欣赏活动中除了读者与角色的交流之外,还有另一系列的相互交流,即读者与作家的交流。任何一篇(部)文学作品中都隐伏着一个作家。读者接受作品,直接是在同艺术形象交流,间接是在同作家进行交流,人们通常认为读一本好书就是在同一位高尚的人谈话,就是从这一意义上而言的。这种交流不像前一系列的交流那样容易省察,一般是隐伏的、潜在的、不动声色的。如果把读者与角色的交流视为显性的话,那么读者与作家的交流则是隐性的;如果说前者是直接的话,那么后者是间接的。

四、文学接受具有心理愉悦的性质

事实上,文学所以具有吸引人的强大魅力,就因为它能给人以愉悦,使人得到休息,与人避苦趋乐的本性相契合。这里要趋的"乐",既是生理上的,更是心理上和精神上的。避苦趋乐并不是人性的沉沦和堕落,而是大自然赋予人类自我保护、自我调节、自我完善的本能。它植根于生命力发展的需要,是一种深层需要、本能需要。正是依靠这个,人类才逐渐完善,逐渐优化,趋向更高境界。而文学接受活动能够满足人们避苦趋乐的需求,能够给人以愉悦,所以才有永不衰竭的魅力,吸引着大众沉浸、陶醉于其中,乐此不疲。据此我们说,文学欣赏具有心理愉悦的性质。

心理愉悦,不同于日常的口腹之乐。心理愉悦的内涵,既包括愉快、喜悦、轻松、和谐等所谓快感,也包括悲愁、哀怨、悲伤、惆怅等所谓的痛感、不和谐感。中国古人很早就明白这一道理,这从使用率极高的"痛快"一词就可以看出愉悦的内涵:既痛且快,又痛又快,痛中有快,快在痛中。中国人大胆把看起来截然相反的两种情感糅在一起,说明了中国人已明确两种情感之间奇妙、复杂的辩证关系,从中可以看出中国古人的智慧和思想的深度。从个人的欣赏体验中也可以体会到,单一的、纯粹的快感是肤浅的,而与"痛"结合在一起的"快"才是深沉的、感人的。

文学接受活动中读者的心理愉悦分为不同层次。首先是生理层次的愉悦。对于文学作品的接受来说,生理层次的愉悦主要是音节的作用。这时候的愉悦,是视听感官与身体的快适反应,叫做直觉的快感,或快感的直觉。其次是情感层次的愉悦。这是接受活动中最常见、最大量、最基本、最普遍的心理状态,不管读者是否意识到,只要自己心有所动,情有所感,意有所悟,情感上就已经获得了某种体验、某种满足。最后,愉悦的最深层面在精神,主要是指对于人生、历史、宇宙本真意义上的领悟,是一种"形而上"的愉悦,其特点是超越了具体和现实的内容而进入到抽象的哲理层面。这时候的精神感觉升腾到无限辽远的高空,俯瞰天地人生,与宇宙本体融化在一起。

五、文学接受具有人生体验的性质

以上我们论述了文学接受的心理实验、自我发现、心理交流、心理愉悦的性质。这里需要进一步说明,这几点并不是相互孤立的而是相互联系的。具体表现在:第一,几点之间相互渗透,相互包涵,例如心理实验的同时,也就是在心理交流、自我发现等,反之亦然;第二,几点之间有明显相通之处,即都具有人生体验的性质。文学欣赏最内在、最根本的特质,可以说就是对人生的体验。

众所周知,文学是人学,在所有的学科中文学与人生具有天然的内在联系,文学作品是作家人生体验的对象化和符号化,既然如此,对文学作品的接受,其实质也就是对人生的体验。只不过这是由艺术品所激发起来的人生体验,是由别人的人生体验而唤起的人生体验。

欣赏活动中对人生的体验是通过心理实验、心理交流、心理愉悦、自我发现等途径实现的。通过心理实验,读者在想象中经历了无限丰富的人生境界,扮演了无数不同类型的人生角色。这等于是扩大了生活领域,使自己有限的生命沿着时间、空间两个方向无限延展,从而在精神领域完成了由有限向无限的转化,使人们追求无限的心理欲望借文学接受而得以实现。通过心理交流,读者的感情得到了滋润和灌溉,空虚者得到了充实,沉寂者得到了活跃,寡淡者得到了丰富,激烈者得到了调整,郁结者得到了宣泄。自我发现是借对象寻觅自己,观照自己,反省自己,分析自己,这是读者的自我确认和自我肯定。心理愉悦是人的生命从生理层面到精神层面的自我享受。心理实验主要表现为主体由内向外的开拓,自我发现主要表现为主体由外向内的探寻。心理交流是主客体的双向沟通、相互建构。心理愉悦是生命在对象中得到全面解放而产生的轻松感、自由感、陶醉感。这是读者在对象化世界里对人生的全面体验、全面把握、全面占有。生命力在接受活动中被激发、被调动、被燃烧,焕发了夺目的光彩。所以有人说,只有在文学欣赏时,才充分体会到生命是可爱的,人生是幸福的、有趣的。

第三节　文学接受能力

马克思说:"对于没有音乐感的耳朵说来,最美的音乐也毫无意义,不是对象,因为我的对象只能是我的一种本质力量的确证,也就是说,它只能像我的本质力量作为一种主体能力自为地存在着那样对我存在,因为任何一个对象对我的意义(它只是对那个与它相适应的感觉说来才有意义)都以我的感觉所及的程度为限。"①马克思的话十分清楚地告诉我们,要接受文学作品,主体必须具备相应的接受能力,否则就不能与对象产生交流,就建立不起接受关系,接受对象也就不成为真正的对象化的存在。所以,接受能力是一切接受活动得以进行、得以实现的条件和前提。

什么是能力?按心理学的解释,能力一般是指完成一定活动的身体和心理的力或本领,包括完成一定活动的具体方法以及所必需的心理特征。能力是人们顺利完成某项活动的条件和前提。因此,要了解文学接受活动的规律,也就必须研究接受者的主体条件——接受能力。

一、接受能力的心理要素

接受能力作为接受主体的一种心理能量,是有机整一的。分而析之,主要有感受力、想象力、感情力、理解力几种基本心理要素。

感受力。感受是接通接受对象与接受主体的一道桥梁,是联系双方的第一个通道,是进入接受过程的第一道门户。感受是接受过程中的直接感知效果,主体首先被激起的心理反应。其心理内涵首先是审美感官对于对象的感知,但又不仅仅是五官感觉的感知,随之而来的还有主体相应的体验。也就是说,感受不仅仅是一种生理反应,更是一种心理反应。感受是由欣赏对象所激起,是主体对对象的被动地接受,但同时也包含着主体情感的积极参与,带有主体的个性色彩。总之,感受是感知与体验、生理与心理、受动与主动的融会统一,是主体用全身心拥抱欣赏对象而带来的心理反应。感受力具有直觉性、直观性、穿透性等特征。正如古人所说:"目击其物,便以心击之,深穿其境。"(王昌龄语)

想象力。想象是文学接受中最为重要的心理能力之一,想象对于文学接受活动具有极为重要的意义,因为文学运用的文字符号没有形象的直观性,必须依靠想象才能让文学世界呈现于读者的心理屏幕上。想象力在接受活动中可以使接受对象由"死"变"活",没有想象力的唤醒,所谓艺术品就永远只是静止的文字、抽象的符号、僵硬的物态,就永远成不了精神所面对的对象。想象力可以让艺术形象一以当十,从有限见出无限。正如巴尔扎克所说:"最高的艺术是要把观念纳入形象。一个字应包含无数的思想,一个画面要概括整套的哲理。"(《幻灭》)所以,"真正懂诗的人会把作者诗句中只透露一星半点的东西拿

---

① 马克思:《1844年经济学哲学手稿》,人民出版社,1985年版,第82~83页。

到自己心中去发展"。(《幻灭》)在文学接受过程中,想象力还可以化隐为显,领悟含蓄。即通过想象,接受者不但可以从作品中获得艺术所给予的言内之意,还可以从作品中获得艺术家所给予的言外之意,甚至还能够获得艺术家也不曾想到的意外之意。接受活动之所以是有趣的,不只因为接受者被动地接受了什么,也因为他可能主动地发现了什么,补充了什么。

感情力。这里的"感情"一词不是名词,而是动宾词组,即感应、感觉、感受情感的意思。接受对象(艺术品)是艺术家某种情感(广义的)的物化实体,具有无可置疑的情感价值。在接受过程中,艺术品中的情感信息自然而然会向接受者释放,与此相对应,接受者就要具备接受艺术信息、感应情感的能力。这就是我们所说的"感情力"。接受过程和创作过程中都充满着情感活动,但两者的情感流向是有区别的。创作过程中的情感活动主要表现为由主体流向客体,由艺术家流向艺术品;而欣赏过程中的情感活动则相反,主要表现为由客体流向主体,由艺术品流向接受者。艺术品作为情感刺激物,是接受者情感产生的客观源泉。当然,艺术活动是极为复杂的精神活动,艺术活动中的情感流向也不会是机械的僵死的单一流向。如创作过程中,人物一旦被作家创造出来并获得了独立自在的品格,那么人物就可能作为一个"客观存在"反过来影响作者的情感倾向。不少作者被自己构思出来的情节感动得热泪纵横就是明证。接受活动也一样。作品的情感因素影响接受者,但接受者的情感因素也会反过来影响对对象的欣赏和评价。这就证明整个艺术活动中的情感流向是双向往复,互相影响的。但是,这种复杂性并不能改变两种领域情感活动的基本流向。接受活动中主体的情感首先是为对象所调动、所激发、所诱导、所唤醒,接受者的情感首先是对于艺术情感信息所作出的反应。这是无可置疑的事实。接受能力高的欣赏者,必然同时具有很灵敏、很丰富的感情力,这是无可置疑的。

理解力。在文学接受过程中,接受者有一种强烈的内心期待,即能"懂"(看懂、听懂、读懂)对象。"懂"就是理解,就是对对象的整体把握和全面占有,就是在感知的基础上达到对对象意味、意蕴、意义的心领神会。这是艺术家所希望出现的理想境界,也是接受者所执意追求的艺术效果。而要达到这种效果,从主体方面来说,要求具备相应的能力,这就是理解力。接受活动中的理解,大体可以分为两个层次:表层理解和深层理解。所谓表层理解,是指对艺术形象本身的理解。前边我们多次说过艺术形象是艺术家创作意旨的物态化,是创作意旨的"形式"、"符号"和"载体",艺术家就借助于它向世界说话。接受者要听懂艺术家的话,首先要接触、要借助的也就是艺术形象本身。因此,接受者对艺术的理解首先就是对形象本身的理解,即首先明白形象是什么,什么样。所谓深层理解,即对作品意蕴的把握和开掘。有些作品,尤其是旨在探索社会人生内在规律的作品,大抵都有其独特的领悟和发现。这种独特的领悟和发现既在故事框架之中又在故事框架之外,它往往是在特殊中蕴含着普遍,具象中蕴含着抽象,有限中蕴含着无限,有着规律的普遍适应性。接受活动中对作品的最深理解就表现为对这种深层意蕴的理解。

二、接受能力的境界

接受能力的释放表现为接受者对接受对象的征服与占有、接受与把握、协调与适应。但接受者能不能征服欣赏对象,征服的程度如何,却以每个接受者接受能力的程度不同而表现出种种差异。接受能力大体有三种境界。

第一种,"画者得之,览者未必识也"。

这一境界指的是接受对象蕴涵深微或技巧新颖独特,而接受者的能力有限,不能把握或不能全部把握创作者的用意。即客体"压倒"主体,主体能力与客体水平不相适应,"有眼不识金镶玉"。古人对此有很多感慨。欧阳修说:"萧条淡泊,此难画之意。画者得之,览者未必识也。"苏东坡也说过,"杜子美论画云:'更觉良工心独苦',用意之妙,有举世莫之知者,此其所以为独苦欤?"观画如此,读诗也一样。包恢说:"诗有表里浅深,人直见其表而浅者,孰为能见其里而深者哉!"从来都是"浅者歆羡常多,而深者玩嗜反少"。

出现这种情况的原因是复杂的,有作品方面的,有接受者方面的。从接受者来说,原因也是多方面的。有的是因为政治立场保守落后、思想观念僵化陈旧,因而无法理解作者先进的思想,如《红楼梦》发表后,封建卫道者们认为它有伤礼教,"诱坏身心性命","海淫之甚者"。有的是因为生活阅历和思想深度不够,因而无法理解作者深意。如举世认为《红楼梦》意蕴深沉,富有哲理,然而却也有不少人不以为然,认为书中所写尽是些男男女女、婆婆妈妈,没有什么意思。作者曹雪芹对此似乎早有所料,他在书中满怀忧虑地说:"满纸荒唐言,一把辛酸泪。都云作者痴,谁解其中味。"看来他的担心是有预见性的。

第二种,"作者得于心,览者会以意"。

克罗齐说:"要判断但丁,我们就须把自己提升到但丁的水平。"①从文艺接受的实践出发,克罗齐的要求可能过于严苛,过于绝对化了,但在其过于夸大其辞的语言形式下面所强调的理论命题却是有道理的。文艺接受活动是主客体之间的遇合和对话,接受者要征服和占有对象,就要具有与作者同等或相接近的水平,这样才能洞晓作者用心,明察作品深意,做到"作者得于心,览者会以意"。这就像收音机与无线电发射台的关系,只有把收音机调到某一波段、某一频道,才能收到电台的同频播音信号。例如,苏轼对陶渊明的"悠然见南山"的理解就体现了这种同频接收的关系。陶渊明在《饮酒》第五首中有"采菊东篱下,悠然见南山"之名句,活现了避俗世悠闲自得的心境。而唐宋时关于末句的"见"字颇有分歧,有人以为应为"望"字。苏东坡以为应该是"见"字,因为"采菊之次,偶然见山,初不用意,而境与意会,故可喜也",若作"望南山","觉一篇神气索然也"。"见"与"望"均为观看的意思,为什么着"望"字就神气索然了呢?苏东坡对此是这样解释的:"陶渊明意不在诗,诗以寄其意耳。'采菊东篱下,悠然望南山',则既采菊又望山,意尽于此,无余蕴矣,非渊明意也。'采菊东篱下,悠然见南山',则本自采菊,无意望山,适举首而见之,故悠然忘情,趣闲而景远,此未可于文字精粗间求之。"苏东坡的解释是极有道理的。陶渊明辞官避世,追求悠然自得、闲静自适的心境,而"悠然见南山"之句,正准确恰当地传达出了陶渊明的闲情逸趣,所以后来人皆称东坡"乃真得渊明本意","东坡之说为可信"。苏东坡之所以能得渊明本意,是因为他有艺术识见,更因为他也是追求超脱、追求闲适心境的人,他的心与渊明心心相印,心有灵犀一点通。

第三种,"作者未必然,读者未必不然"。

接受者与创作者两心相契,融洽无间固然是一种理想境界,但现代的接受理论更尊重

---

① 克罗齐:《美学原理·美学纲要》,朱光潜译,外国文学出版社,1983年版,第132页。

接受者的主动性、能动性和创造性。文学接受固然是以文学作品为对象的心理活动，要以对象为出发点展开自己的接受活动，但接受者自有其主体性和主动性，接受者在接受欣赏对象艺术信息的同时，完全可能而且应该根据自己的生活经验、艺术修养对接受对象作出与创作者（也包括与其他接受者）不同的理解。优秀作品一般都具有独立自在的特征，具有丰富的内涵，为接受者提供了从不同角度观察、理解的多种可能性。"作者之用心未必然，而读者之用心何必不然"（清代谭献《复堂词录序》）。高明的读者完全可能由作品出发而比作者想得更深邃、更高远。换句话说，读者不仅可以读出作品的言内之意，还可以读出言外之意，甚至可以读出意外之义，即作者也没有想到的"义"。此之谓创造性阅读，这就是接受美学所推崇的最高境界。

三、接受能力的培养

一个人的能力是怎样形成的呢？辩证唯物主义认为，能力是在先天素质的基础上，经过个体在生活实践中的努力而锻炼培养出来的。接受能力的形成同其他能力的形成遵循着共同的规律，也是在先天禀赋的基础上经过后天的培养和训练而逐渐形成起来的。

在接受能力的后天培养中，又分为无意识培养与有意识培养两种途径。无意识培养一般指的是家庭影响、学校教育、社会文化背景的熏陶濡染等。有意识培养需要从多方面进行努力，诸如生活经验的积累，思想水平的提高，艺术知识的丰富等。现在我们缩小范围，仅就通过文学接受活动培养接受能力问题谈几个方面。

1. 多欣赏最好的作品

德国文豪歌德曾不止一次向他的秘书爱克曼推荐第一流的好作品观赏。他说："这样才能培养出我们所说的鉴赏力。鉴赏力不是靠观赏中等作品而是要靠观赏最好的作品才能培养成的。所以我只让你看最好的作品，等你在最好的作品中打下牢固的基础，你就有了用来衡量其它作品的标准。"[①]

歌德的说法是有道理的。多观赏最好的艺术品，无疑是培养鉴赏力的有效途径。因为第一流的作品里蕴含着艺术的奥秘，理解了它，就取得了衡量艺术的标准和尺度，有了打开艺术奥秘的钥匙，有了相应的视界和眼力。这就像登山一样，只有登上峰巅，才能将万里江山尽收眼底，才能领略"会当凌绝顶，一览众山小"的愉快，才敢豪迈地宣称"不畏浮云遮望眼，只缘身在最高层"。

2. 博览

多欣赏第一流的作品对于培养接受能力是必要的、有效的，但仅有此点还不够，还要勤于博览，尽可能多地接触涉猎各家各派、各种体裁、各种样式的作品，从博览中培养自己的欣赏力。清代袁枚在《与稚存论诗书》中就提出过这样的意见。他说："文学韩，诗学杜，犹之游山者必登岱，观水者必观海也。然使游山观水之人，终身抱一岱一海以自足，而不复知有匡庐、武夷之奇，潇、湘、镜湖之妙，则亦不过泰山上一樵夫，海船中一舵工而已矣。"[②]所以他认为学者当以博览为工。

[①] 爱克曼辑录：《歌德谈话录》，朱光潜译，人民文学出版社，1980年版，第32页。
[②] 郭绍虞等：《中国历代文论选》（第三册），上海古籍出版社，1980年版，第475页。

袁枚的意见是有道理的。如何提高接受者的欣赏能力,这不是一个通过理论思辨就能解决的问题,而是一个现实的实践问题。能力都是从实践中培养出来的,离开了实践,主体的任何能力都无从谈起。对于接受能力的培养来说,实践就是多欣赏文艺作品。这一点,有眼力的理论家早就意识到了。刘勰在《文心雕龙·知音》篇中说:"凡操千曲而后晓声,观千剑而后识器;故圆照之象,务先博观。"狄德罗也曾说过,所谓艺术欣赏力其实就是由于反复的经验而获得的敏捷性,是通过不断地观察各种现象而获得的。许多有杰出欣赏力的人的经验也充分证明博览对于提高欣赏力的重要性。如马克思,从小就酷爱文艺作品,在父亲的指引下他熟读了法国文学,在未婚妻家里又大量接触了古代文化和希腊艺术,熟悉了莎士比亚。中学大学时期曾热心文艺创作,写过诗歌、小说和剧本。成年后仍广泛博览古今优秀作品。在艺术领域里,他几乎是无所不涉的猎人。据他女儿和女婿拉法格的回忆,他能大量背诵歌德、海涅的诗作,每年都要重读希腊悲剧的原文,对但丁、莎士比亚、巴尔扎克、狄更斯、萨克雷、菲尔丁等人的作品,他几乎如数家珍。据有人统计,他在《福格特先生》一书中,引用的文艺家就有49人,引用的文艺作品竟多达59种。

总之,博览是提高艺术鉴赏力的一条有效途径,这条途径完全符合辩证唯物主义实践论和认识论。不能设想,一个从来不接触文艺作品或接触很少的人能有很高的艺术鉴赏能力。

3. 比较

朱光潜先生提出,要提高欣赏能力,"比较"的方法也是不可忽视的。他说:"一切价值都由比较得来……要把山估计得准确,你必须把世界名山都游历过,测量过。研究文学也是如此,你玩索的作品愈多,种类愈复杂,风格愈分歧,你的比较资料愈丰富,透视愈正确,你的鉴别力(这就是趣味)也就愈可靠。"①

比较是一种有意识的心理活动。没有比较,博览可能只是欣赏量的扩大而不会有欣赏力质的提高。所以,博览必须与比较相结合,博览是比较的基础和前提,比较是博览的升华和提高。

4. 读点好的评论

有的作品,尤其是优秀作品,欣赏者未必能一下子认识它的价值,看出它的"门道"。这时候不要轻易宣布作品"没意思",从而弃之不看。最好的办法是找一些态度严肃、鉴赏力也高的评论家关于这一作品的评论,看他们是如何分析、评价作品的,由于他的职业的特点,一般来说眼力是高于普通读者的,他的职责之一就是分析作品,指导欣赏。事实上,凡是好的文艺评论都是能帮助接受者提高艺术欣赏力的。20世纪30年代,当人们对鲁迅杂文的价值认识不足的时候,瞿秋白著文《〈鲁迅杂感选集〉序言》,深刻地论述了鲁迅杂文在中国思想战线上的伟大意义,从而把人们对鲁迅杂文的认识提到一个新的高度。在19世纪的俄国,当奥斯特洛夫斯基的《大雷雨》开始上演时,人们只把它当做一出一般的家庭悲剧,并指责它有伤风化。年轻的评论家杜勃罗留波夫以犀利的眼光高度评价了这部剧作,指出女主人的反抗显示了"黑暗王国里的一线光明",预示了受沉重压迫的俄罗斯妇女争取自由解放的美好前景。评论高瞻远瞩,深刻透辟,帮助人们大大地提高了对剧作

---

① 龙协涛:《鉴赏文存》,人民文学出版社,1984年版,第395页。

价值的认识。还有法国19世纪作家司汤达,生前寂寞寥落,全然不为人知。他的长篇名著《帕尔玛修道院》,被迫廉价卖掉五年版权。但大作家巴尔扎克发现了这部小说,撰文给予高度评价,才使司汤达获得应有的地位,并至今声名显赫。可见,高明的评论对于提高接受者的欣赏能力是大有好处的。

5. 多读书多穷理

宋人严羽论诗有这样一段名言:"诗有别材,非关书也;诗有别趣,非关理也。然非多读书,多穷理,则不能极其至。"①意思是说,诗自有独特的审美特征,不是一般的知识、事理所能解释清楚的,因而必须靠妙悟。但是这并不是说要懂诗就不需要读书穷理、积累知识,而是要达到妙悟之境还必须多读书多穷理。严羽的认识很全面很辩证。虽然谈的是创作,但其精神完全适用于欣赏。文艺欣赏要靠感受和领悟,但这个感受和领悟的主体不是抽象的空洞的主体,没有广博的知识储备是"悟"不出什么东西来的。

如我们经常见到的佛像,一般人看来永远是那么呆板,毫无表情,看不出任何东西,觉得无甚趣味。这就是没有看懂。佛像的毫无表情正体现了佛教的精髓。真懂的人是这样理解的:"雕刻家所要显示的不是劳瘁于生老病死,被时间磨蚀刻镂的肉躯,而是证真如的金刚法身,出离烦恼,寂然常住,不增不减。如果说有表情,那是一种纯存在的恬然;说是无情也可以,那是一种太上的无情。由这恬然中,无情中弥漫出意志主体的大自在。"②这样的理解才称得上透彻的理解,这种理解建立在对佛教哲学深刻把握的基础上。没有相应的佛教知识,可能吗?!

第四节 文学接受动机

一、接受动机与精神需求

人类的一切行为都是由动机发动的,文学接受是一种高级的、复杂的精神活动,是人类精神生活的一个重要方面;也是人类的一种行为。那么文学接受的动机是什么呢?

心理学认为,动机是推动人行动的内在力量,是引起和维持个体行为、并将此行为导向某一目标(个人需要的满足)的愿望或意念。心理学所揭示的规律证明,动机是由主体的需要所激发的,是需要驱使人们趋向某个目标,从而形成种种行为。也就是说,动机是由需要转化来的。动机与需要密切相关,因此要探索人们的动机首先必须研究人们的需要。

需要是社会心理学的一个重要范畴,最为普遍而常见的是将需要分为物质性需要和精神性需要。精神需求是人类与一般动物的质的区别,这种需求是文明发生的内在原因,

---

① 北京大学哲学系美学教研室:《中国美学史资料选编》(下册),中华书局,1981年版,第78页。
② 熊秉明:《关于罗丹——日记择抄》,湖南美术出版社,1987年版,第241页。

起源于人类文明曙光微露之时。为了满足精神需求,人类进行了不懈的艰苦努力,开辟了许多有效途径(如哲学、科学、宗教、文艺等),而文学活动(包括文学创作与文学接受,本书只谈文学接受)就是其中一条很重要的途径。

我们说文学接受是满足精神需求的一条重要途径,这是由文学接受的对象——文学作品的特质所决定的。人类精神生活的强烈冲动经过艺术的升华,凝铸成千姿百态、林林总总的艺术品,所以艺术品是人类精神生活的物化和确证。整个文艺史其实就是一部人类精神生活的形象记录,是一部人类精神生活的发展史、演变史。精神生活的需要催生了艺术品,艺术品的产生反过来满足了人类精神生活的需要。正所谓需要"创造"了生产,生产满足了需要;需要"决定"着产品的功能,产品功能反映着人们的需要。运用这一观点考察文艺现象使我们知道,之所以喜爱文艺欣赏,是因为文艺作品适应了人们精神生活的需要,人们从中找到了精神生活的对应物,找到了满足精神需求的最佳对象。也就是说,文艺接受活动的引起决定于两个方面:一是接受主体有某种精神需求,二是对象具有满足主体需求的特性与功能,客体对主体具有吸引力,是产生"行为"的诱因。这样,一方面是需求驱力(推力),一方面是诱因吸引力(拉力)。文学接受活动的产生正是由于主客体的相互呼唤、相互适应、相互契合,正是驱力和诱因,推和拉两种作用相结合的产物。

文学接受动机总的来说是为了满足精神上的需求,为了使精神生活更充实、更丰富、更高尚、更健康。具体地说,主要有以下几方面:认识社会与人生(认识动机)、理想境界的追求和憧憬(理想动机)、感情的调整与丰富(感情动机)、人格的修养与完善(修养动机)、身心的娱乐和休息(享乐动机)。

二、认识社会与人生

许多调查材料证明,认识社会与人生是人们接受文艺作品很重要的动机。

日本文艺理论家桑原武夫于 1964 年~1965 年两年间,就文艺的价值问题向社会各个阶层作过广泛的调查。他的调查题目是:"诸位在阅读文学作品之际,是怎样的必要条件得到满足的情况下,你们才认为这部作品具有价值呢?"从我们的研究角度看问题,这一问题可以"改造"为"诸位在阅读文学作品之际,希望从作品中得到的是什么呢?"希望得到的东西就是所要追求的东西,也就是潜在的接受动机。桑氏将调查结果归为 17 类:1. 反映特定时代的社会;2. 提供有关人生的知识;3. 完善地表现人性;4. 窥视他人秘密的感受;5. 有关人生和社会的发现;6. 启示应该如何度过人生;7. 增强对人生的信念;8. 对作品中的人物产生共鸣;9. 语言表现技巧;10. 美丽的自然景物的描写;11. 准确地表现朦胧的感觉;12. 描写具有魅力的异性;13. 超脱日常世界的体验;14. 为想象力所刺激;15. 具有幽默感;16. 惊险及悬念;17. 同时表现多种多样的生活方式。[①] 以上所列诸类,有的意思相近,但又各有所指,并不雷同。在这 17 类中,有 10 类(1~8、12、17)与认识社会和人生有关。也就是说,在诸多接受动机中,认识社会和人生的动机最为强烈、最为突出;在文艺所具有的诸多价值中,反映或表现社会和人生的价值最引人注目。

类似的调查在各个时代、各个民族、各个社会都有,结果大同小异,认识社会和人生的

---

① 桑原武夫:《文学序说》,黄河文艺出版社,1985 年版,第 77~79 页。

动机永远占据绝对优势。这是为什么呢？从现实角度说，这是由人类生存的根本处境所决定的。人类生存于其中的社会作为既定存在，就像一个以千百万年的历史积淀为经、以错综复杂的现实为纬所织成的大网，这张网之庞大、之复杂，使个人在它面前感到自己的渺小，感到迷惘和困惑。为了驱除这种迷惘和困惑，更好地适应环境并进而驾驭它、改造它，首先要认识它、掌握它，这就自然而然地激起了认识社会与人生的迫切愿望。

要想认识社会和人生，最好的途径当然是亲身参加社会实践。但人的生命有限，活动范围有限，因而实践活动也必然很有限，凭个人的经验远远不足以全面深刻地认识社会，所以就自然地生出了借助于书本、尤其是借助于文艺作品来认识社会和人生的强烈愿望。借助文学作品，接受者在想象中看到了、经历了各个历史时代各种社会形态里各种各样的生活，体验了人世间的悲欢离合、酸甜苦辣。认识了历史上的生活，也就间接地认识了现在的生活，因为现在的生活正是历史生活的延续和发展；认识了艺术中的生活，也就相应地、间接地认识了现实中的生活，因为艺术中的生活正是现实生活的映照和折射。正如车尔尼雪夫斯基所说，"艺术的价值就在于当现实不在时在某种程度内来代替现实，并且成为人的生活教科书"①。

人们不仅强烈地要求认识自身之外的世界（即所谓社会和人生），而且还强烈地要求认识自身。认识世界和认识自我，是人类两大严峻课题。既了解自己所处的外部世界，又了解自身的内部世界。正确的行动方案、坚定的生活勇气就产生于对两方面的透彻了解中。但人们并不是都能清醒地认识自己，这是人生不易克服的局限。要克服局限就需要借助于外物，其中包括文艺作品来完成这一任务。在文艺作品里，到处都是可供自我观照的镜子，到处都有可供自我比照的参考系，为自我认识提供了极大的方便。

接受者有认识社会、认识人生、认识自我的需求，文学作品正好有这种功能，主客体相互"寻找"，相互呼应，合成了文学接受的一种重要动机。

三、理想的追求与憧憬

俄国作家冈察洛夫曾经说过："艺术家的目的，哪怕是无意识的、被动的或隐蔽的目的都是追求某些理想，譬如说，追求把他观察到的现象加以改善，追求以最好的事物代替最坏的事物。这种最好的事物便是理想，艺术家摆脱不了它，特别是当他除了智力之外，还有热情的时候。"②冈察洛夫以坚定明确的语言指出艺术的根本目的在于追求理想，不管作家是否意识得到。冈察洛夫的这一论断，拨开了令人眼花缭乱的表面现象看到了隐蔽着的内在实质，穿透了观念、成见所结成的硬壳，追寻到了无意识层次，应该说是很深刻的。

人类对理想的追求常常体现在、保存在艺术作品里。因为，首先从理想的特质看，理想与现实相"对立"，具有幻想性、想象性、主观性，它总是作为一种生动具体的境界或意象出现，而这种境界或意象本身即是艺术的绝好材料，将其外化或物化即为艺术品。其次从

---

① 车尔尼雪夫斯基：《艺术与现实的审美关系》，周扬译，人民文学出版社，1979年版，第106页。
② 冈察洛夫：《迟做总比不做好》，《古典文艺理论译丛》（第一册），人民文学出版社，1961年版，第184页。

动力心理学来看,理想是一种追求的对象,它没有在现实中得到实现(一旦实现,也就不成其为理想了)。不能实现就意味着作为一种心理力量受到了压抑,就要寻求实现的途径,于是就找到了艺术。艺术是最自由的精神天地,在那里,任何理想和愿望都可以自由地得到"实现"。由此看来,理想之于艺术具有双重意义,即既是艺术的材料又是艺术的动力。

整个文艺发展史也充分证明了文艺作品与人类的理想之间的密切关系。当原始人被倾盆而下的暴雨以及随之而来的洪水灾害逼得生存不下去的时候,"女娲补天"的神话就出现了;当原始人被炎炎烈日炙烤得无处藏身,大地干裂、庄稼(假如已有的话)早死的时候,"羿射十日"的神话就产生了;当封建社会青年男女为不能自由婚恋而苦恼、而愤懑、而遗憾的时候,《孔雀东南飞》、《梁山伯与祝英台》、《牡丹亭》、《聊斋志异》就相继出现了。当我们仔细考察文艺作品的思想内容的时候,就可以清楚地看到每个时代、每个特定社会条件下人们的所思所想,人们的理想和愿望,从而看出人类心灵发展的轨迹。

理想在文艺作品中的表现形态是多种多样的,主要有两种。一是"以最好的事物代替最坏的事物"①,如在封建社会里没有一处是乐土,但陶渊明却创造出了一处"极乐世界"桃花源。这种方法是把理想的形态当做真实的对象去描绘,这一般被视为浪漫主义。二是"把观察到的现象加以改善"②,如在生活中好人并不总是胜利,坏人也并不总是失败,但在艺术里一般都是经过斗争坏人失败好人胜利;在生活里有情人未必终成眷属,但艺术里有情人最后总能结合。即使是在以反面形象为主的艺术作品里,只要是好作品,也是可以看到作者的理想的,作者借对反面事物的批判放射自己的理想之光。

人们追求理想的精神需求创造了艺术,而艺术一旦被创造出来,反过来又成为人们寄托理想的载体,成为人们满足追求理想的精神需求的对象物。人们渴望在文艺作品里看到自己所理想、所希望、所憧憬的东西,愿意在文艺作品所创造的理想境界里进行精神漫游,这就是人们乐意欣赏文艺作品的动机之一。"梦想就是创造。希望就是召唤。制造幻想就是促成现实。"③对理想境界的追求和憧憬永远是推动人类活动当然也包括文艺接受活动的一种内在动力。

四、情感的调整与丰富

"人是感情动物"(只在某种意义上才是正确的),当然就需要丰富的感情生活。人的感情需求作为内在动力,自然倾向就是驱使人们去寻求能满足自身需求的有效途径。这样的途径简单说来无非两条:一是生活领域(如谈恋爱、访朋友),一是艺术领域,即文艺创作或文艺接受。对于绝大多数人来说当然是接受而不是创作,因为能创作者毕竟是极少数,而接受却是人人都能参与的大众化行为。

为什么文艺接受是满足人们感情需求的一个有效途径呢?道理很简单,文艺作品本身蕴含着丰富的感情,就是感情的形象化、形式化、物态化、符号化,或者说就是对象化、形

---

① 冈察洛夫:《迟做总比不做好》,《古典文艺理论译丛》(第一册),人民这出版社,1961年版,第184页。
② 冈察洛夫:《迟做总比不做好》,《古典文艺理论译丛》(第一册),人民这出版社,1961年版,第184页。
③ 纹绮:《雨果妙语录》,甘肃人民出版社,1988年版,第123页。

象化了的感情,二者具有异态同质的对应关系。精神只能与精神对话,感情要求与感情相交流,文艺接受活动其实就是主客之间在精神和感情上的交流与应答,所以我们说文艺欣赏具有情感交流的性质。

正因为文艺欣赏与人的感情生活有如此密切而巨大的作用,所以感情生活的调整和丰富就成为人们欣赏文艺作品的又一重要动机。

五、人格的修养与完善

许多心理学家都指出人有追求优越、追求人格自我完善的倾向。如奥地利心理学家阿德勒认为,每个人都有一种力量驱使他为了更好适应环境而不懈地追求优越。他说:"由于企图达到优越地位的努力是整个人格的关键,所以我们在个人心灵生活中的每一点,都能看到它的影像。"[①]荣格对弗洛伊德一味注重人的低级动物性也持批评态度,他认为人自然而然地有追求高级价值的倾向,并相信人强烈地而且是本能地需要精神上的满足。美国人本主义心理学家马斯洛更提明确地提出了"自我实现"的口号,认为人有追求完满、追求自我实现的倾向,追求人格的完满是精神健康的最重要的标志。中国有句俗语叫"人往高处走,水往低处流",如果摒弃了升官发财等世俗的杂念,单从人性本身来讲,它倒是用更朴素无华的语言道出了人有追求优越、追求发展、追求人格完善的精神需求,体现了人类改造自身,积极进步,奋发向上的宝贵品质。正是这种精神素质,支持着人类一步步向着更完美的境界发展。

怎样满足追求人格完善的精神需要呢?途径很多,其中之一就是读书,当然也包括阅读文学作品。培根就曾简捷明了地说过,读书在于造就完全的人格。英国现代哲学家怀特也说,伟大的艺术是某种增强灵魂的自我实现的东西,它不但以它给人的那种直接的愉悦来证明自己的意义,而且以它对人深层意识(自我实现)的训练作为证明。他们的话都说明了文学接受对于人格完善的重要作用。

人们是怎样通过文学接受走向人格自我完善的呢?粗略地说,有以下几方面:

第一,通过文学接受塑造健康的心灵,培养高尚的情操。

古今中外的艺术长廊里,屹立着一个个令人感佩的正面和英雄人物形象。这些形象的精神境界是高尚的、纯洁的,他们代表了人类的精华,为世世代代的人们所尊敬、所崇拜。这些形象被塑造出来,正是人类向往高尚,追求完美的"本质力量"的确证,而他们一旦被塑造出来又反过来成为引领人类走向高尚、走向完美的目标。当然,对于现实中的多数人来说,未必都能像作品中的英雄(高尚)人物那样臻于完美。但这不要紧,只要人们承认英雄(高尚)的崇高与伟大,英雄(高尚)人物作为一种巨大的精神能量就已经对人们起到了不可估量的作用。这种作用表现在,它吸引人们向着完美靠拢乃至逐渐接近,阻止人们向着邪恶的方向发展。它恰似精神上的"砝码",压上它就不会使人心向着邪恶方向倾斜。所以,令人敬仰的高尚人物是照耀人类精神生活的不可缺少的灯塔。只要有高尚人物始终陪伴着你,无疑你就有了一张抵御邪恶的盾牌;只要有崇高的境界在你前边照耀,你就不会走进黑咕隆咚的深渊。

---

① 阿德勒:《自卑与超越》,作家出版社,1986年版,第64页。

第二,通过文学接受抑制自己人格中某些不健康的内容。

现实生活中人都可能有这样那样的缺陷,即人格中或多或少存在一些不太健康的东西。对于这些缺陷,有些可能被意识到,有些可能没有被意识到;有些可能已表露于外,有些可能还隐藏于内。怎样才能使人格中的缺陷得到认识,得到抑止,得到荡涤呢?这就需要借助于外力,其中也包括文艺作品的帮助。在优秀的文艺作品里,作家以对人性的洞察,披露、揭发同时也批判、嘲讽了人类的种种缺陷,指出了缺陷存在的不合理及其严重危害。这些作品犹如一面面镜子矗立在人们面前,使人们从对比和观照中发现自身的影子,发现自己的缺陷,从而引起自我警惕、自我忏悔,下决心克服它、荡涤它,使自身人格逐渐走向完善。

第三,通过文学接受使人的心灵得到全面发展和解放。

从本性上讲,人的心灵是最自由(哲学意义上)的,它渴望自由,追求自由。但事实上却又不得不时时受到各种各样的限制。例如,要受到客观规律的限制,受到现实社会关系的限制,受到无数的规范、条例、标准的限制,受到自身物质欲念和功利打算的限制,等等。另外,现代教育往往为了过分现实的目的而把学生驱赶到死读书、读死书、争分数的狭窄道路上去,使学生疲于奔命,心灵自由被窒息了,全面发展被扼杀了,内部潜力被压抑了,创造力被销蚀了,人们可悲地陷于精神饥渴之中。迂腐、僵化、痴呆成了他们的通病,他们缺乏活力,缺乏情感,缺乏生命感。

对这种通病有没有办法预防和医治呢?办法之一就是欣赏艺术。艺术,是自由的象征;审美,是自由的运动。黑格尔说:"审美带有令人解放的性质。"[①]美的欣赏是一种无为而为的自由的欣赏。在审美的王国中,人类摆脱各种关系网的束缚,把人从一切物质和精神的压力中解放出来,正如席勒所说,通过自由去给予自由,这是审美王国中的基本法律。事实正是这样,艺术,只有艺术,才是医治精神偏枯病的秘方之一,而艺术接受,是使人格得到全面发展和解放的一条重要途径。

文学接受活动对人的人格、个性的培养是全面的、深远的、内在的,这一观念正在为越来越多的人所承认。以前人们在谈到文学接受的意义时,大多只是从认识和思想教育方面着眼,这当然是不错的,但仅仅认识到这一点又是远远不够的,它的意义更全面更深远。美学家们指出,文学艺术欣赏的功能,远远不只是一个认识问题,也不仅是情感的表现,而是对人的心灵的塑造,对人的感情的塑造,使人的生理性情感变成审美情感,即建立人的情感形式。换句话说,对人的情感的塑造或陶冶,就是感情的人化,这是人化自然的另一方面。人化自然有两方面:一方面是外在自然即山河大地的"人化",这是指人类通过劳动直接或间接改造自然的整个历史成果;另一方面是内在自然的人化,这是指人本身的情感、需要、感知以至器官的人化,也就是人性的塑造,人格的培养。这样就把文艺欣赏的意义提到哲学的高度。这样认识问题不但深刻,而且也符合实际情形。

正因为文艺欣赏对人的心灵塑造、对人的人格培养有如此奇妙的作用,所以它一直自觉不自觉地成为人们欣赏文艺作品的重要动机之一。

---

① 黑格尔:《美学》第一卷,朱光潜译,商务印书馆,1981年版,第147页。

六、身心的娱乐与休息

现实生活中人人都有娱乐与休息的需求,为了满足这种需求,人们的自然倾向常常是趋向于文艺欣赏。为什么文艺欣赏能满足人们娱乐的需求呢?这是因为文艺有多种功能,其中一个就是娱乐功能,舍此就不成其为文艺。正是因为有娱乐作用,才使文艺作品与其他社会科学著作区别开来而成为一种特殊的精神产品,才使文艺欣赏受到人们的特别青睐。一般说来,文学艺术满足接受者娱乐需求的途径大体有两种类型。

第一类,教化娱乐合一型。即寓教于乐,在教化中得到娱乐享受。由于追求娱乐享受可能是较为直接、较为明显的动机,所以也可以反过来说是在娱乐享受中得到教化。因为文艺作品的种类和性质不同,其教化作用和娱乐作用是大有差异的:或教化作用大于娱乐作用;或二者大体平衡;或娱乐作用大于教化作用。

教化作用大于娱乐作用的作品偏重于认识价值和思想价值,追求真实和深刻,着重于社会生活的真实反映和人生哲理的探索,如巴尔扎克、托尔斯泰、鲁迅的作品就是这样。这类作品的娱乐价值虽然小(或少),但却高雅而且深沉、浓烈、醇厚。这种作品的娱乐价值不在强度而在深度,或者说不在数量而在质量。由深沉的思想力量、透彻的哲理领悟所带来的快感是一般浮泛之作根本无法此拟的,因而自有其独特的魅力。有较高文化修养的人大多喜欢读这类作品。教化价值和娱乐价值大体平衡之作在所有作品中比例较大,因为它并非"高不可攀"乃至令人生畏,所以能获得大多数欣赏者的喜爱。再一种作品就是教化价值较为浅淡而娱乐价值则比较高。如大量的武侠小说、言情小说乃至大部分所谓的通俗文艺都可归入这一类。这类作品思想内容一般是惩恶扬善,除暴安良,打抱不平,朋友义气,报仇雪耻,恩恩爱爱,等等。它们吸引人的奥秘不在于思想的深刻而在于可供取乐。因为作品大多都有惊险曲折的情节,离奇古怪的故事,武艺超群的人物,生死离别的情感,吊人胃口的悬念,通俗明白的语言,流畅连贯的叙述,能迎合不同文化水平读者的娱乐需求。

第二类,单纯娱乐型。有相当一部分文艺作品由于题材的限制,说不上有什么认识价值和思想价值,但却有较高的审美娱乐价值。如一些写景抒情诗词"一片水光飞入户,千竿竹影乱登墙"(唐·韩翃);"野旷天低树,江清月近人"(唐·孟浩然);"忽如一夜春风来,千树万树梨花开"(唐·岑参),"细雨鱼儿出,微风燕子斜"(唐·杜甫),等等。还有无标题轻音乐,人们也说不出它再现了什么或表现了什么,但优美的旋律能使人陶醉。我们可能都有这样的欣赏体验,听某人唱戏唱歌,其中的戏词或歌词一句也没听出来,因而也就谈不上教化价值,但人们也觉得美,也感到无比的愉快和舒服。看来,即使是教化娱乐合一型的作品,其娱乐价值也有相对的独立性。

文艺接受给接受者带来的娱乐,其内涵是复杂的、多层次的,既有精神性的、心理性的,也有生理性的,混合型的,因作品的样式、类型、体裁的不同而不同。不管是哪种类型,都可使接受者得到愉快,得到放松,得到休息。这是有利于接受者的身心健康的。这种美妙的效果吸引着人们寻找它,追求它,成为推动人们接受艺术的重要动机。

以上我们主要论述了文学接受的五种动机,但是,由于文学接受是一种极为复杂的精神活动,其动机因人因情境而异,因而接受动机不但是多样的,同时也是复杂的,而不是单一的,一般是多种动机的复合,即所谓动机簇。所有这些都是研究接受动机时不应忽视的。

第五节　文学接受与文学创作的关系

文学创作与文学接受的相互依存、相互作用的辩证关系,已经为人们普遍认识到了。这种辩证的互动关系具体表现为以下方面。

一、文学接受对文学创作的制约

1. 读者接受是诱发作家创作激情的重要心理动因

作家、艺术家开始进行创作的动机十分复杂,多种多样,但无疑,期待有人接受,希望与接受者进行交流,是调动创作积极性的内在动机之一。

期待有人接受、渴望与人交流作为一种创作动机,可能源于不同的精神需求:或者出于崇高的社会责任感,期望自己的创作能为社会所承认,从而最大限度地发挥社会作用,为社会的精神文明作贡献;或者出于抒发感情、寻求理解、寻求知音的心理冲动;或者为了获取名声,饮誉天下;或者是综合需要,等等。

时至今日,还没有发现不打算让任何人接受而专为自娱进行创作的作家、艺术家。我们所知道的是,凡是创作总是想让人欣赏,而且欣赏的人越多越好,历时越久越好。

列夫·托尔斯泰的处女作是中篇小说《童年》,他怀着战战兢兢的心情把它投给了涅克拉索夫主持的文学刊物《现代人》,期待着能得到编辑部的肯定,期待着能够发表。他随书稿给涅克拉索夫附信说:"我焦急地等待着您的判决。这判决或许鼓励我继续从事我心爱的事业,或许迫使我烧毁已开始的一切。"涅氏回信充分肯定并热烈赞扬了托尔斯泰的作品,托氏接信后在日记中高兴地写道:"……收到……编辑的来信,使我高兴得变糊涂了。"[1]托尔斯泰从此坚定了投身于文学事业的信念,于是世界多了一个大文豪。

托尔斯泰的激动是可以理解的。当某一个人开始一项工作的时候,总是希望得到社会的承认和鼓励。这种承认具有极大的精神鼓舞作用,会唤起积极的工作情绪。不少作家为了能使自己的作品赢得读者的喜爱,甘愿鞠躬尽瘁,死而后已。还是这个托尔斯泰,若干年后在给朋友的信中曾袒露这样的思想——"如果有人对我说,现在的小孩 20 年后将读我写的东西,并且为之痛苦和欢笑并从而热爱生活,那么,我甘愿为这部小说献出自己的整个生命和毕生精力。"[2]托尔斯泰的愿望诚恳而动人,充分证明接受者的热情肯定是对于作家劳动本身的最大报酬和最高奖赏,期待并追求这种报酬和奖赏,是从事文学创作的强大动力。

---

[1] 列夫·托尔斯泰:《托尔斯泰文学书简》,张其译,湖南人民出版社,1984年版,第31~32页。
[2] 列夫·托尔斯泰:《列夫·托斯泰论创作》,戴启篁译,漓江出版社,1982年版,第4页。

2. 接受心理制约着作家"表现什么"

创作之笔在作家手中,作家想要表现什么,当然是自由的。但是,我们还要看到,作家想要表现什么的自由是相对的而不是绝对的,是有条件的而不是无条件的。因为,实际上与这种自由同时存在的还有很多"制约"(即限制)。其中相当明显的一个方面就是来自读者接受心理的制约。读者心理的存在就像无线电波一样,虽然摸不着、看不见,但却可以被电视机、收音机接收得到,从而转换成可视的图像或可听的声音。作家也是带有精神接收天线的人,他们能够感受到来自读者心灵方面的信息,从而把创作当做与读者进行的对话。这时候,对话的对象就作为"内心视象"朦朦胧胧地呈现于作家的心理屏幕上,不知不觉地左右着创作活动的方方面面,作家要表现什么和不表现什么就不得不先征求接受对象的同意,听一听读者的意见如何。这也就是说,在表现什么的问题上接受心理对于创作的制约主要表现为接受要求、接受意向对内容处理的引导。如暗示作家、艺术家在题材的选择、主题(立意)的提炼、人物的塑造、感情的倾向等方面都要与读者的内心要求相适应、相谐调。

一般来说,读者期望在作品里看到自己的所思所想,自己的喜怒哀乐,希望能在作品里重新发现自己,和对象产生共鸣。这一要求带有极大的普遍性。正如黑格尔所说:"事实上一切民族都要求艺术中使他们喜悦的东西能够表现出他们自己,因为他们愿在艺术里感觉到一切都是亲近的、生动的、属于目前生活的。"①正因为这种接受意向如此执著、如此普遍,毫无疑问,它对创作意向具有强烈的诱导作用。所以,无论哪个时代、哪个社会,作家、艺术家们总是把反映当代人的生活,表现当代人的意愿作为自己的首要任务。即使是以历史为题材的作品,传达的也应当是当代人的情感,至少是和当代人相接近、使当代人能够理解的情感。这一规律,已为古今中外文学创作实践所证明。

当然,因为读者的自身条件各不相同,所以接受意愿也是复杂的、多样的。每一种接受意向都可能成为创作者的诱导,于是就有了不同题材、不同风格的作品,就有了千姿百态、争奇斗艳的文艺园地。广大接受者的阅读意向既有一致性又有多样性,与之相适应,在"表现什么"的问题上,既应当首先保证满足"一致性"的一面,如反映千百万人民共同关心的重大社会问题,表达大众共同心声,这也就是所谓的重大题材;同时也要照顾"多样性"的一面,力争创造出丰富多彩的文艺作品满足人民群众多方面的欣赏要求。

3. 接受心理制约着"怎么表现"

"怎么表现"属于艺术技巧问题。浅层地看,怎么表现完全服从艺术上的需要,即怎样才能使艺术形象更生动、更准确、更感人、更有魅力;但如果更深层地看,就会发现艺术需要的背后仍然站着一个读者(接受者),仍然受着接受心理的深刻影响。因为,所谓"更生动更准确更感人更有魅力"云云,标准何在?是否要酷肖自然事物(原型、模特儿、对象)?当然不是。细察之,"更生动……"其实是一种心理感觉,一种心理效果。那么是谁的感觉呢?当然是接受者的心理感觉。"白发三千丈"、"山月随人归"、"感时花溅泪"之类之所以被公认为生动感人有艺术魅力,归根结底是因为使接受者"感到"了这一点。离开了接受心理的认可,就失去了评判艺术表现力高低的标准。艺术表现是否成功,不是取决于酷肖

---

① 黑格尔:《美学》第一卷,朱光潜译,商务印书馆,1981年版,第348页。

自然物,而主要取决于接受者的认可。

例如,无论中外艺术、尤其是中国艺术,十分推崇含蓄、蕴藉,讲究"义生文外"、"言近旨远"、"言有尽而意无穷",而不喜欢直露浅白,不喜欢说尽道绝、不留余地。恩格斯也主张应当从情节中自然而然地流露出来而不应直接说出来。为什么?艺术不是要"告诉"人们点什么吗?不是要让人感受点什么,领悟点什么吗?直接说出来岂不是更清楚明白、更省心吗?是的,是更明白、更省心,但省心是省心了,却没有味道了,也就失去"艺术"了。奥秘就在接受心理中。接受者是想从艺术中接受点什么,但他愿意通过自己去接受,而不愿意由别人施舍。自己去接受,就要用点心力,这个用力的过程,既是艰苦的过程也是愉快的过程。接受主体在这里调动了自己的感情和理智,运用了自己的知识和智慧,释放了一定的心理能量,终于获得了什么,从而也就肯定了自己,体验到自我实现的满足感。由别人给予,自己毫不费力,感情、智力等心理能量无从释放,反而索然寡味。当然也不能走向另一个极端:说尽道绝不好就来个一点不露,清楚明白不好就来个艰深晦涩。那样一来,接受者捕捉不到接受的线索,就像面对永远打不开的黑匣子,心理能量照样无从释放,当然也就没有味道。接受心理的奥秘就在于保持在不可不用力亦不可太用力的适度上,反馈到艺术创造上就要求艺术手法、技巧的运用要有分寸感。如含蓄,既不可没有亦不可过分(过分就转化为晦涩、含混);如空白,既不可不留亦不可太大(太大就转化为空洞);如此等等。

通过以上分析可以看出,任何一种艺术手法、艺术技巧与接受者的接受心理之间都有着奇妙的契合对应关系。艺术手法、艺术技巧的运用即怎样表现的问题当然首先是艺术问题,但又不是单纯的艺术问题,而主要还是一个艺术与接受心理的关系问题。接受心理是艺术手法、艺术技巧产生和存在的内在依据,是决定需要什么技巧,怎样运用技巧,以及创造什么样的技巧的内在准绳。对于这一点,中外作家、艺术家以及理论家们早就认识到了,并有过很好的意见和精彩的论述。

总之,社会在发展,接受者的审美观念也在发展,与此相适应,艺术表现手法也应当有所发展,传统的手法需要更新,新的手法应当创造。艺术表现手法的发展是无止境的,只要取得了接受心理的认可,有了接受者的理解和支持,任何大胆、新颖的表现手法都应该并且可以创造出来。

二、文学创作对文学接受的引导

1. 适应与引导

前面我们着重讨论了文学接受对文学创作的反馈和制约作用,指出文学创作是一种为对象而存在的工作,因此不得不在各个环节上受到对象的制约,不得不首先对接受者有所适应。从这个意义上说,文艺创作是被动的。但是,这种被动并不是绝对的,而是可以转化的。创作者完全可以在充分把握接受心理的基础上化被动为主动,在适应的同时有所诱导。"适应为了征服",这是著名美学家王朝闻先生的名言,它充分揭示了创作与接受的辩证关系,至今仍有指导意义。

历史上凡是有成就、有见地的理论家和艺术家,都是在注意到接受对创作的制约作用的同时,充分重视创作对接受的引导作用的。例如,古希腊哲学家亚里士多德对在他的著名文学理论名著《诗学》中就特别注重、特别强调创作对接受心理的引导。为了使"引导"得到落实,他甚至对艺术处理的诸多具体细节都提出了很有针对性的意见,制定出相应的原则和规范。如他认为悲剧的理想效果应当是唤起人们的恐惧和怜悯,从而使情感得到净化。为了达到这一效果,他认为悲剧主人公的性格既不应该是好到极点的人,因为这样的人遭受厄运令人厌恶;也不应该是普普通通的一般人,因为这样的人无足轻重,不配当悲剧英雄;更不能是极恶的人,因为这样的人与我们太不相似,我们不认为也会像他那样遭受厄运,也就不会引起恐惧和怜悯。最理想的悲剧人物的性格应当是比极好的人坏、又比一般人好。这样的人与一般人接近,具有可比性、可体验性、可亲近性,因此他遭受不应遭受的厄运能引起我们的恐惧和怜悯。① 再如,为了达到应有的悲剧效果,在情节的安排上他规定要遵循以下几条原则:第一,不应写好人由顺境转入逆境;第二,不应写坏人由逆境转入顺境;第三,不应写极恶的人由顺境转入逆境……② 以上几点"不应写",每一点他都有解释,说明为什么"不应写"。他的考虑完全是从欣赏效果出发的。对于每一条艺术处理意见,他都先以接受者的身份设身处地地体验过、想象过,对于可能产生的心理效果都作出相应的估计和预测,所以胸有成竹。他反复告诫悲剧作者要时时考虑应追求什么,当心什么,悲剧的效果怎样产生。亚里士多德对艺术处理的具体意见,现在看来有的也不尽合理,但他从接受效果角度考虑问题的思路则是绝对正确的。

　　贺拉斯是最早提出"寓教于乐"的人,他十分重视艺术的教化作用,重视艺术可能产生的社会效果,因此也明确主张作家要善于通过艺术处理对接受心理进行引导。他有一段话是很著名的:"不该在舞台上演出的,就不要在舞台上演出,有许多情节不必呈现在观众眼前,只消让讲得流利的演员在观众面前叙述一遍就够了,例如,不必让美狄亚当着观众屠杀自己的孩子,不必让罪恶的阿特柔斯公开地煮人肉吃,不必把普洛克涅当众变成一只鸟,也不必把卡德摩斯当众变成一条蛇。你若把这些都表演给我看,我也不会相信,反而使我厌恶。"③ 读了这段告诫,我们马上联想起并立即就会确认,如果是从作品可能产生的社会效果出发,某些所谓的文艺作品中赤裸裸地大量展示淫秽、凶杀的详情与细节究竟有没有必要。

　　亚里士多德与贺拉斯主张通过艺术处理对接受心理进行引导的意见,立足于对接受心理的深刻理解,立足于对创作与接受内在关系的洞察。真正是既懂艺术规律又最善于驾驭艺术规律的内行之见。因为,艺术作品对接受者思想上产生什么影响,依靠接受者的想象活动,而接受者的想象活动,是由艺术形象本身所唤起的。唤起什么样的想象,既决定于接受者的主观条件,但首先决定于特定的艺术形象的诱导和规定。因此,作为艺术家,就要善于控制接受者的想象,善于通过艺术形象把接受者的想象引导到自己规定的方

---

① 亚里士多德、贺拉斯:《诗学·诗艺》,罗念生、杨周翰译,人民文学出版社,1982年版,第38~39页。
② 亚里士多德、贺拉斯:《诗学·诗艺》,罗念生、杨周翰译,人民文学出版社,1982年版,第37~38页。
③ 亚里士多德、贺拉斯:《诗学·诗艺》,罗念生、杨周翰译,人民文学出版社,1982年版,第146~147页。

向和目标,认识作品反映的生活,了解作品的思想意蕴,受到应有的启发和审美教育,而不是让接受者想入非非,做白日美梦。这就要求作家、艺术家在创作中强调和突出那些应该强调和突出的东西,而舍弃那些可能将接受者的想象和联想引入歧途的东西,从而导向预期的接受效果。

伟大的、有社会责任感的作家、艺术家从来就是这样做的。例如鲁迅,为了使作品对欣赏者起到更好的社会作用,收到预期的社会效果,总是不断地调整和修改着自己的创作构思。在《呐喊·自序》中,他说过这样一段话:"既然是呐喊,则当然须听将令的了,所以我往往不恤用了曲笔,在《药》的瑜儿的坟上凭空添上一个花环,在《明天》里也不叙单四嫂子竟没有做到看见儿子的梦,因为那时的主将是不主张消极的。至于自己,却也不愿将自以为苦的寂寞,再来传染给也如我那年青时候似的正做着好梦的青年。"①主将不主张消极,自己也不想使青年们消极,于是有"花环"之类情节的有意安排。不仅如此,为了使作品有好的社会效果,他还尽量摒除那些可能产生无聊的副作用的艺术处理。例如,为了避免有人拨弄是非,穿凿附会,说某作品是在攻击谁、讽刺谁,使作品的力量发挥得更强烈,使相关的人疑心到像是写自己,又像是写一切人,由此开出反省的道路,鲁迅小说中所写的背景,指明着某处的少得很。他解释说,"假如写一篇暴露小说,指定事情是出在某处的罢,那么,某处人恨得不共戴天,非某处人却无异隔岸观火,彼此都不反省,一班人咬牙切齿,一班人却飘飘然,不但作品的意义和作用完全失掉了,还要由此生出无聊的枝节来"。为了免除这些副作用,鲁迅作《阿 Q 正传》,其中地点是未庄,人物用赵太爷、钱太爷,是《百家姓》上的头两个姓,至于阿 Q 的姓呢,谁也不十分了然。再如,因为鲁迅是老大,下有两个兄弟,为预防谣言家毒舌起见,他作品中的坏角色,不是老大就是老四或老五,而避开了老二和老三。为了作品的社会效果,他当年真是用尽了苦心。鲁迅的这些做法,至今仍值得我们效法和借鉴。

2. 适应≠迎合

适应是为了引导,为了征服,为了提高,这是处理创作与接受心理关系的最正确的方针。这一方针充分体现了创作者严肃的社会责任心,体现了社会主义文艺的目的和宗旨,每个作家、艺术家在创作时务必时刻牢记,不可稍有懈怠。但是也有一些人忘记了社会主义文艺的目的和宗旨,完全放弃了"引导"与"征服"的社会责任。面对种种腐朽思想的冲击,金钱与物欲的冲击,一些作家、艺术家昏昏然迷失方向。在创作与接受的关系上,他们不是在适应的基础上进行引导,而是把适应当成了迎合,当成了媚俗,当成了迁就,当成了讨好。为了迎合某些接受者庸俗、无聊的欣赏趣味,胡编乱造一些格调低下的作品推向社会。更有甚者,有些人制造黄色淫秽作品蛊惑人心,致使某些图书和音像市场色情、暴力、凶杀、隐私之类的东西甚嚣尘上,"脱、裸、性、色、杀"的画面公然展示在光天化日之下。文化市场出现如此混乱的现象,有政治、经济、思想、文化等各方面的原因,对此我们不能全面论述。我们要说的是,这些精神垃圾的产生应当说与制作者的动机有直接关系。作家、艺术家应当研究接受者的欣赏要求、欣赏兴趣,但是,接受者作为一个群体,其要求和兴趣是极为复杂的,有的高雅有的低下,有的健康有的猥亵,有的文明有的粗鄙,对此创作者应

---

① 鲁迅先生纪念委员会:《鲁迅全集》第 1 卷,人民文学出版社,1982 年版,第 419~420 页。

有清醒的认识。创作要适应的应当是高雅健康的接受需求而不是相反。对于那些低级庸俗的接受需求应当进行引导、教育和改造,而不应当一味迎合,甚至予以鼓励。

作家、艺术家是创造精神产品的人,是能影响甚至支配公众的思想、参与形成社会舆论的人。"在这种情况下,要那些由于他们有写作才能而能控制千百万人心灵内部活动的人(他们的作品被那样无限认真地阅读),……要那些有这种支配力的人正确地运用自己的影响,就非常必要。""他应该比其他任何人发表意见更谨慎,应该比其他任何人更顾及他所面向的读者,……留心自己所写的每一句话,仔细推敲自己的每种想法,用最严格的尺度校准自己的每种意见的根据。简言之,作家应该认清自己的责任。"①

"认清自己的责任",这一提醒十分重要。每一个作家、艺术家都不妨把它当做长鸣的警钟,以社会文明、社会进步为准则,校正好自己的创作方向,以健康优美文明的艺术作品为社会服务,而不应该见钱眼开,放弃自己的责任,做了大众的小丑和尾巴。

名词解释

1. 文学欣赏

文学欣赏是指人们在阅读或听讲文学作品、把握艺术形象的过程中,通过感知、想象、情感、理解等一系列心理因素的调动,使读者进入艺术世界,从而产生的直觉的、感性的审美体验。"欣赏"状态中的读者,心理处于心有所动、情有所感、意有所悟的朦胧状态,可意会不可言传、可神通不可语达。一般大众对文学作品的体验大致都处于这种状态。

2. 文学鉴赏

鉴赏也是欣赏,但鉴赏的"鉴"字有鉴别、分析、审察的意思,人们常说的"品鉴",就是在"品"(味)中有所鉴别、分辨、细察,意味着理性的分析。换句话说,鉴赏是指在对文学作品直觉、感性的审美基础上,又能够对作品从内容到形式进行比较理性的分析和赏玩。如果说欣赏是主体对客体知其然而不知其所以然,那么鉴赏是既知其然又知其所以然;如果说欣赏时的心态偏于感性,情感比较活跃,那么鉴赏时理性成分已经介入并逐渐加强,情感趋于平和与冷静。

3. 文学接受

文学接受是一个包含了阅读、欣赏、鉴赏、批评等诸多活动在内的宽泛概念,它与文学创作概念相对应,文学创作和文学接受构成了文学活动的两大环节。由此看,文学接受既不完全等同于欣赏,也不完全等同于鉴赏,而是同时包含了欣赏和鉴赏,即既包含了对文学的感性的直觉的审美活动也包括了理性的分析阐释活动。

4. 接受能力

心理学认为能力一般是指完成一定活动的身体和心理的力或本领,而文学接受能力则是指接受主体在主观方面所具有的相应的力和本领;接受能力是文学接受活动得以进行、实现的条件和前提。文学接受能力作为一种心理能量是有机整一的,具体表现为感受力、想象力、感情力、理解力等几种基本心理要素。

---

① 弗兰克·诺里斯:《小说家的责任》,《美国作家论文学》,三联书店,1982年版,第146、149页。

5. 接受动机

心理学认为,动机是推动人行动的内在力量,是引起和维持个体行为、并将此行为导向某一目标(个人需要的满足)的愿望或意念。动机是由主体的需要所激发的,是需要驱使人们趋向某个目标,从而形成种种行为。文学接受的动机指文学接受者从事文学接受活动的内在动力。文学接受的内在动机主要有认识社会与人生(认识动机),理想境界的追求和憧憬(理想动机),感情的调整与丰富(感情动机),人格的修养与完善(修养动机),身心的娱乐和休息(享乐动机)等。

思考题

1. 文学欣赏、文学鉴赏、文学接受的联系与区别是什么?
2. 文学接受的基本特性是什么?
3. 文学接受能力的基本心理要素有哪些?
4. 文学接受的主要动机是什么?
5. 怎样理解文学接受与文学创作的关系?
6. 怎样理解"适应为了征服"?

阅读链接

1. 龙协涛:《鉴赏文存》,人民文学出版社,1984年版。
2. 姚斯、霍拉勃:《接受美学与接受理论》,周宁、金元浦译,辽宁人民出版社,1987年版。
3. 刘小枫:《接受美学译文集》,三联书店,1989年版。
4. 龙协涛:《文学阅读学》,北京大学出版社,2004年版。
5. 金元浦:《文学解释学》,东北师范大学出版社,1997年版。
6. 胡山林:《文艺欣赏心理学(修订本)》,河南大学出版社,1999年版。
7. 宋伟、胡山林:《文艺效果论》,河南大学出版社,2002年版。

第八章 文学接受(二)
——文本解读

第一节 概说

文学文本的解读,也就是文学接受或文学鉴赏活动,是一个反映、实现和丰富文本的过程,也是一个融汇了读者的感受体验、联想想象,以及审美判断等多种心理机制的特殊的认识和心智活动过程。

一、文本解读的基本步骤

文学文本的解读要经过哪些步骤呢?从实践上看,文学文本的解读大体上是一个由一般性阅读、细读到解读(即评判性阅读)组成的相互联系、逐步深入的过程。

一般性阅读是一个由通晓文字(词、句),到把握作者意图或文本原意的阅读过程。这一过程就是要初步把握组成文本的字、词、句、段之间的关系和相互作用,领会文本在特殊的词、句组合中包含的基本意思,乃至文本的基本主旨。在一般性阅读过程中,解读者应该将默读会意与诵读玩味结合起来。文学语言不仅通过语义来传达意义,也要通过不同的语音组合来体现文学文本语言的整齐美、回环美等,通过语音来渲染某种氛围,暗示某种情绪和意味。诵读能让我们更直接地体会文本的语音效果。

细读是一个在一般性阅读的基础上,通过细致研究词的搭配、特殊句式、句群的意味、语气以及修辞手段的运用等,来细致体味每个词的本义、暗示义和联想义,在词、句的关系上,也即由上下文构成的具体语境中,重新确定词义的过程。这是一个由字到篇、再由篇到字的往复过程。钱钟书《管锥编》中论及的乾嘉"朴学"的文本解读方式,可以看成是这一过程的恰当的概括:"乾嘉'朴学'教人,必知字之诂,然后识句之意,识句之意,而后通全篇之意,进而窥全书之旨。"①

文本解读的最后一个过程,即评判性阅读。这是一个将文本与作者、与时代联系起来,对文本作延伸性阅读的过程。细读过程,大体上还是一个在相对中立的意义上理解文

---

① 钱钟书:《管锥编》(第一册),中华书局,1979年版,第171页。

本的过程。也就是说,我们在细读过程中,仍然是将文本看成是一个自足独立的客体,所获得的理解,也是对文本自身在语言的特殊组合中传达出来的特别意味的捕捉,是对于文本本身的一种主观反应。但是,文学文本的解读既不能完全停留在文本本身,也不能仅仅停留于个人的反应,还要求我们能够对文本的美学趣味、社会意义、审美价值等作出分析和判断。例如,我们只有对鲁迅走过的道路有比较清楚的了解,才能理解为什么他能够写出《狂人日记》《阿Q正传》那样的小说,也才会对这些小说中的人物有更深刻的认识。

应该注意,区分解读的三个步骤,只是为了论述的方便所做的相对划分。事实上,具体文学文本的解读是由这三个步骤相互联系、相互交叉构成的一个完整过程。在阅读过程中的某个特定的片刻,其中某一个步骤的特征可能显示得更突出一些,但我们并不能据此就可以在时间过程上绝对地划定它们分属的步骤。

二、文本解读的基本角度

解读文学文本应当有不同的角度。解读活动,也就是文学接受或文学鉴赏活动,而鉴赏作品的角度来自哪里呢?来自于欣赏对象,即文学作品的构成因素。作品的每一构成因素都是文学欣赏的一个角度。文学作品的构成因素有多种说法,但较为合理也更具普遍意义的是言、象、意几个层面,亦即言语层面、形象层面和意蕴层面。言语层面是指呈现于读者面前供其阅读的具体话语系统,文学形象层面是文学话语经过读者的想象和联想而构成的艺术世界,而文学的意蕴层面则是文本所蕴含的思想、感情等内容,是文本结构的纵深层次。

具体来讲,语言以文字为载体,文字具有音和义两方面。这两方面都参与了文学的艺术建构,成为文学的艺术性的构成因素。因而要对文本进行解读,在语言层面上就应该从音和义两方面入手,同时把握字词的含义和叙述语气。文学是以感性的形象形态传情达意、表现人生的,因此,运用语言的直接任务在于描绘、创造生动具体的艺术形象。这种形象在抒情性作品里表现为意象、意境、氛围;在叙事性作品中表现为人物、环境(背景)等。文本创造"形象"不是艺术的目的,目的在于通过"形象"隐喻、象征、暗示一定的"意蕴"。"意蕴"是艺术作品的灵魂,体现了艺术家对人生和世界的认识、感悟和理解。"意蕴"在艺术品中是隐形的,不可"见"的,它渗透于、蕴涵于、消融于具体可感的形象中,因此必须靠感悟、靠分析和抽象才能把握。"意蕴"也可以分层次,如言内意、言外意、意外意等,还可以分类型,如政治性意蕴、伦理性意蕴、社会性意蕴、人生意蕴,等等。这是解读文学文本最基本的角度,它适合运用在包括文学在内的任何艺术作品。

除了"言、象、意"这一主线系列解读角度外,还有第二系列即综合感悟系列(气势、情调、格调、趣味等)以及第三系列即表现手法系列(描写、抒情、比喻、夸张、佯谬,以及结构安排、情节构思等表现方法和技巧),我们将在对具体的文本类型的解读中有选择地给予阐述和运用。

第二节　诗歌的解读

对于诗歌文本的特征,我们可以从它的外形式和内形式两个层面来加以把握。

诗歌的外形式,是指它呈现于我们面前的可直接感知的语言组合形式,主要是指诗歌在句式上和音韵上的特点。视觉上分行排列、句式整齐;听觉上则合辙押韵、抑扬顿挫、节奏分明,合于音律。这是从外形式上将诗歌文本与其他文本样式区别开来的一个最显著的外在特征。诗从它产生的那一天起,就在起源上规定了它特殊的文本形式,并最大限度地造就了语言的形式美。实际上,读诗,对于诗歌语言本身的兴趣有时甚至会超过对文本意义的兴趣,人们常常能从诗歌语言形式美的品味中获得审美享受。诗歌体现在外形式层面的审美特征,是我们获得阅读快感的来源之一。

诗的内形式,则是指与诗的外形式相融合的,使诗情、诗意、诗味得以感性显现的表情形态。具体说来,即诗的意象、意境等。正是这些内在的特质,决定了诗所具有的品格,即能够唤起我们相应的情感体验,使我们在诗情诗味的品味中得到人生的感悟和启迪,并由此获得更加深刻的审美愉悦。对于诗歌文本的解读,自然应该是从它的外形式入手,进入对其内形式的把握,最终达于对其所传达的诗情、诗味的领悟和玩味。

一、音韵与节奏

汉语言中的同声重复、双声、叠韵、双关、拟声等语音效果是文学作品常用的手段。诗歌中这些表现音韵与节奏的声音不仅能刺激人的听觉,而且加强了语言的直观性、形象性和生动性,给人一种身临其境的感觉,使人产生象征性的联想,取得了声情并茂、相映成趣的效果。对作品意味的感受与体验,可以从作品整体切入,可以从艺术各具体因素切入,我们这里最先选择的切入角度是文学的音乐因素——音韵与节奏(或称音节)。

其一,悦耳动听,给读者一种生理—心理上的愉悦感。如汉乐府《江南》:

　　江南可采莲,莲叶何田田。鱼戏莲叶间。鱼戏莲叶东,鱼戏莲叶西,鱼戏莲叶南,鱼戏莲叶北。

诗人不惜文字,用轻快的节奏,不厌其烦,反复咏唱,句句有莲字。读起来悦耳动听,优美宜人,而不觉其啰唆。我们也仿佛如闻其声,如见其人,感觉到采莲人的快乐,使自己也融入到了这种欢欣之中。

其二,帮助传情达意,使意境更加鲜明、生动、形象。如李煜词《玉楼春》的结尾:"归时休放烛花红,待踏马蹄清夜月。"两句是讲李后主夜阑舞罢,回归寝宫的时候,不让侍从点燃蜡烛,他要骑马静静地欣赏一下皎洁的月色。末句的"待"、"踏"、"蹄"都是舌头音,这样不仅在意思上说出马蹄踏月的事实,而且也让人似乎听到了马蹄在洒满月光的路上"得得"踏过的声言,抑扬顿挫,清晰逼真。

其三,强化作品的情绪基调,增强作品的艺术表现效果。吴世昌在《诗与语音》一文中以陶渊明的"采菊东篱下,悠然见南山"为例,分析了语音在诗歌中表情达意的效果。这里为什么要用"悠然见南山"而不用西山、东山和北山呢?他解释说,西山的西字以X音起,宜于写凄清轻俏的感情;而东山二字都有发扬洪亮之声;北山的北字以b音起,这种爆破音所表现的是迫切急遽的情感。这些不仅难以与陶渊明当时的情境相称,而且与文中的"悠然"也不协调。只有"南"字才能更好地表达他迟暮采菊的心境。这一分析是深得语音真味的。又如下面这首小诗:

天天天雨/细细的雨/细细想你/推开小窗/一列婷婷的棕榈/伴风细语/如情话蜜蜜出去出去/出去听雨撑着伞/沿着小溪/细细的雨/细细想你/想你在雨天里

由此可见,文学作品中的节奏和韵律,有独立的审美价值。梁启超在谈到李商隐的诗歌时说过,李商隐的许多诗歌很难懂,但即使不懂它的内容,当你反复念着时,那节奏和声律也使你陶醉,觉得诗写得很美。他曾举李商隐的《锦瑟》、《碧城》、《燕台》等为例说:"这些诗,他讲的什么事,我理会不着;拆开一句一句的叫我解释,我连文义也解不出来,但我觉得它美,读起来令我精神上得到一种新鲜的愉快。"①

二、悖谬

悖谬是指诗歌语言乖谬悖理而不合常情的特征。在所有的文本类型中,诗歌语言最显乖谬悖理,不合常情,这一点早已被古今中外的文论家们注意且成为一种共识。证之中外文学史,语言的乖谬悖理,在诗歌文本中比比皆是,如"白发三千丈,缘愁似个长"(李白《秋浦歌》之一)。因此,在现代文论研究领域中,有的文论家甚至将诗歌语言的乖谬悖理,看成诗歌文体与其他文体相区别的一个主要标志。

诗歌语言的不合常情,自然与诗歌本身的美学特质密切相关。抒情性是诗歌最本质的美学特征,而诗歌语言乃是情感语言的最高形式,这一点在中外文学研究中都是一个常识。而正如我们都知道的,由于人的情感本身的微妙复杂性,也决定了它事实上难以被语言顺畅有序地加以传达,诗歌要完成的是对不可传达的传达。诗的这一美学特质,迫使诗必须跨过日常语言的框架去活动。在语言的运用上,与科学语言和一般日常语言的运用不同,很多时候,诗人无需甚至无法遵循事理逻辑而只能遵循情感传达的需要。他关心的不是某种信息传达的"正确"或"真实",而是借助语言所能唤起的情感或态度的性质,以及由此所产生的情感效果。换句话说,诗歌语言只要求能够激发出相应的情感,而不要求自己去做某种具有可验证性的、可以被经验事实加以证实的表述。诗歌的美学本质,天然地赋予了诗歌语言可以不必合乎常情常理的"权力"。

在诗中,语言的运用似乎永远被置于突破事理逻辑和语言常规的的结合之中,而形成一种对于常情常理的反叛。多数时候,诗语言表面上越是显得不合常情,诗的情味也就越

---

① 参见《中国韵文里头所表现的情感》,见《梁启超饮冰室合集·文集》第13册。

显得深长丰沛,耐人品味,更能给人以深刻的印象。比如这首诗:

  上邪!我欲与君相知,长命无绝衰。山无陵,江水为竭,冬雷震震,夏雨雪,天地合,乃敢与君绝!

  这首诗也是以不可能出现的自然现象为喻,来表达愿与天地同长久的爱的坚贞。在读这首《铙歌》时,我们不必也不能去一一求证高山是否会成平地,天地是否会合并在一起。正如英国文论家瑞恰兹在他的《文学批评原理》一书中指出的:"诗歌中出现的指称极少带有科学的真理或虚假的道理。"对于诗歌文本来说,经过推究,"即使发现指称明摆着是虚假的,这也绝非缺点"①。

  悖谬,首先体现语言逻辑的错位上。典型的如杜甫《秋兴八首》中的名句:"香稻啄余鹦鹉粒,碧梧栖老凤凰枝。"正常语序应该是"鹦鹉啄余香稻粒,凤凰栖老碧梧枝",而且调整过来,完全符合律诗对偶及平仄要求。但是,诗人偏偏要打破正常的语序。这种有意为之,只能说明诗人除了要使自己的诗句符合诗律要求之外,还要通过这种语词的错位追求一种语言效果。其次,体现在对日常生活逻辑的背离上。如上面所举出的《铙歌》,再如北岛的《回答》:"我不相信天是蓝的,我不相信雷的回声,我不相信梦是假的,我不相信死无报应。"这里诗人使用违背日常生活逻辑的话语,表现对生活决绝的批判、否定和毫不妥协的反抗情绪。又如臧克家《有的人——纪念鲁迅有感》:"有的人活着,他已经死了;有的人死了,他还活着。"诗人使用悖谬表达了对死者精神永存的赞扬和对苟活者的批判。日常生活逻辑的错误,造成陌生化的阅读效果,读者在延迟的理解中,感受到的却是真挚深沉的情感和在一般言语中难以领悟到的意味。

三、意象

  意象,是中国美学中一个最基本也最重要的概念,是文学作品构成的重要因素。在中国古代诗歌理论中,"意象"即表意之象、寓意之象、见意之象,即为表达某种意念或意蕴,客观物象经过创作主体独特的情感活动而创造出来的使读者得之于言外的一种艺术形象。比如:

    夜来风雨声,花落知多少?   ——孟浩然
    雨中黄叶树,灯下白头人。 ——司空曙
    落花人独立,微雨燕双飞。 ——晏几道

  以上诗句中都有可视可闻可感的物象(风雨、落花、黄叶树)或事象(人独立、燕双飞、雨中、灯下),它们巧妙地组合在一起,传达出不尽的意味。"在诗歌艺术中,这种通过一定的组合关系,表达某种特定意念而让读者得之言外的语言形象,如'黄叶树'、'白头人'等

---

 ① 瑞恰兹:《文学批评原理》,杨自伍译,百花出版社,1992年版,第248页。

等,就叫意象。"①

从意象的实质看,意象就是作家情感的客观对应物。意象在不同作品中的表现形态是不同的,有物象、事象、场景等。如《诗经·桃夭》:"桃之夭夭,灼灼其华。之子于归,宜其室家。"这里的意象是物象——桃花,以桃花象征妙龄青春的女子。再比如《越中览古》:"越王勾践破吴归,战士还家尽锦衣。宫女如花满春殿,只今惟有鹧鸪飞。"(李白)这首诗的意象是两个场景:前三句是想象中昔日的热烈、繁华、煊赫,后一句是眼前之荒凉、衰颓、破败,两种场景相对比,盛衰无常,世事变迁的意味隐含其中。

那么,怎样借助意象解读诗歌呢? 首先,要仔细品味意象本身所蕴涵的丰富独特的情感信息。诗歌的辞藻(意象的载体)和日常语言不同,在它上面总是蕴涵着更细微、更丰富的情感信息,有着更动人的审美意味。当我们读着这些辞藻时,马上就会唤起一幅意象,马上就会感觉到"象"中的意味。如下列诗句同为写夕阳,但所蕴涵的情感却不同:

　　李商隐:夕阳无限好,只是近黄昏。　　——昏暗、低沉
　　王之涣:白日依山尽,黄河入海流。　　——明亮、开阔
　　马致远:夕阳西下,断肠人在天涯。　　——愁苦
　　毛泽东:苍山如海,残阳如血。　　　　——悲壮
　　叶剑英:满目青山夕照明。　　　　　　——明朗

其次,要充分了解意象所凝聚的文化内涵。意象原本是诗人为表达某种特定的情思意念而创造出来的。它一旦被创造出来并广泛流传,就为社会大众所认可,某一意象就和某种特定的情思意念建立起比较稳定的内在联系,从此成为一种现成思路被诗人反复运用。于是,特定意象上就积淀起相应的文化内涵,成为文化传统的表象符号。比如"折柳"一词寓含"惜别怀远"之意,人们离别时折柳相送,在思念亲人、怀念故友时也会折柳寄情。"折柳送行"的习俗最早见于我国第一部诗歌总集《诗经》里的《小雅·采薇》:"昔我往矣,杨柳依依;今我来思,雨雪霏霏"。古时柳树又称小杨或杨柳,因"柳"与"留"谐音,可以表示挽留之意。离别赠柳表示难分难离、不忍相别、恋恋不舍的心意。北朝乐府《鼓角横吹曲》中有《折杨柳枝》:"上马不捉鞭,反拗杨柳枝。下马吹横笛,愁杀行客人。"又比如:"为近都门多送别,长条折尽减春风"(白居易《青门柳》)和"羌笛何须怨杨柳,春风不度玉门关"(王之涣《凉州词》)。而张九龄"纤纤折杨柳,持此寄情人"中"折柳"一词则寓含"怀远"之意。我们只有理解了这一意象所凝聚的文化内涵,才能正确深刻地解读诗歌所蕴含的特定情感。

最后,从意象的组合中感悟"味外之旨"。意象常常并不孤立地在作品中出现,而是相互叠加组合,共同完成"意"的传达。诗歌中每个意象都有其相对独立的意味,而当它们通过艺术手段组合在一起时,就会产生新的意味,产生"象外之象"和"味外之旨"。

如温庭筠的《商山早行》中诗句:"鸡声茅店月,人迹板桥霜。"从语法上看是六个词语的堆砌,从意象角度看是六个意象的巧妙组合。"鸡声"是早行的时间意象,"茅店"、"板

---

① 陈植锷:《诗歌意象论》,中国社会科学出版社,1990年版,第13页。

桥"是早行的空间意象,"人迹"、"霜"是早行的场景意象,"月"与"鸡声"相并也是时间意象,与"茅店"衔接,一上一下,又是一个空间意象;与对句"霜"组合,极写凌晨之冷清,又是一个场景意象。单个地看,六个意象每个都可以用来描写早行之辛苦;所有意象排列组合在一起,行人的羁旅愁思、行走的艰辛劳苦得到了更强烈的表现。

四、意境

意境是中国古典诗学的重要范畴,指诗人的主观情意与客观物象相互交融而形成的一种艺术境界或审美境界,具有"境生于象而超乎象"的特点。意境是一种特殊的意象体系。在这种体系中,既有鲜明、富于启示性的生活景象的图画,又包含着丰富、可供思索体味的意蕴,二者有机融合所形成的艺术境界即意境。意境包括了境和意两个方面,在构形和表意两个环节上,表意居于主导地位,意境的表意对于绘形具有积极的主导性,即根据主观意念对客观事物的面貌和性质作种种渲染和改造,对客观物象之间的联系作调整和虚构。所谓意境指的就是作品中心灵化了的特定"生活"场景,它是由意象与意象的有机组合而形成的。意境具有具体可感性、空间性、超越性和哲理性等特点。

意境的"境"不同于"景"、"物",而相当于整体性的"生活"情景,相当于一个"场"。意境的创造离不开意象,各种意象的有机组合构成"意境"。意象构成意境主要有两种情况。其一,由一个意象构成一个意境。如王冕的《墨梅》:"我家洗砚池边树,朵朵花开淡墨痕。不要人夸颜色好,只留清气满乾坤。"诗中只有一个意象——墨梅,但这梅已非自然界之梅,而是作者心中之梅,一树带着墨色的有个性的梅。细细品味,我们能感受到诗中有一种狂放不羁、特立独行、安然自适的艺术境界,这种境界是通过这树梅形成的,这就是本诗的独特意境。一般咏物诗大都如此。其二,意象组合形成意境,即由多个意象构成一幅生活图景,形成一个整体意境。如李白的《送孟浩然之广陵》:"故人西辞黄鹤楼,烟花三月下扬州。孤帆远影碧空尽,唯见长江天际流。"这首诗由一系列单个的意象——黄鹤楼、烟花、孤帆、长江等组合起来,便成了一幅藏情于景的逼真画面,虽不言情,但情藏景中,更显情深意浓。诗中没有直抒对友人依依不舍的眷恋,而是通过孤帆消失、江水悠悠和伫立江边怅然若失的诗人形象,表达得情深意挚。表面上这首诗是写景,实际上却句句都在抒情,引发读者无尽的审美想象,形成了诗歌隽永的意境。从上述两例我们可以发现,意象离不开意境,"梅"离开全诗意境,就失去了其在诗中的独特涵义,"孤帆"脱离原诗意境,也就与眷眷离情无关了。下面我们运用意象和意境来解读一下柳宗元的《江雪》:

> 千山鸟飞绝,万径人踪灭。孤舟蓑笠翁,独钓寒江雪。

这里的"千山"(物象)、"鸟飞绝"(事象)等都是意象,诸多意象构成了一个可"见"的"生活场景",一个空灵的艺术空间:在冰天雪地、荒无人烟的严寒之中,一个老渔翁正驾一叶扁舟悠然垂钓于寒江之上——这里已经不是单独存在的意象,而是意象的综合。综合之后形成了一个"场",一个具有空间性、立体性、流动性的可供读者体验的"生活场"。在此我们也能体会到柳宗元的心灵,体会到一切清高孤傲、不与世间污浊相妥协的心灵。它是一种具有普遍意义的理想人格,一种具有典型性的精神品格。一切有此类心灵品质的人都可以在这里找到精神寄托、精神参照和精神慰藉。更进一步,我们还可以从超越性和哲理性来领悟它。在这种眼光里,诗的头两句描绘出的是一个空无虚静、万籁俱寂的恒寂世界。渔翁在这寥廓的宇宙空间中悠然自得地垂钓,其意义已远不在垂钓本身,而是象征了渔翁超世拔俗、游心太玄、独与天地相往来的精神境界。对于渔翁来说,身外世界已不成为限制束缚其行为的客观羁绊,他已获得了自由——心灵的自由和行动的自由。从这一意义来说,渔翁其实是庄子所说的"真人"、"至人"。

第三节 小说的解读

小说的解读角度较多,因而解读方法也很多。这里我们拟从通常使用的三个角度来阐明,即一般性解读(情节、人物、环境三要素解读)、意蕴解读和叙事学解读。

一、小说的一般性解读——情节、人物、环境三要素

小说的任务有三。第一,叙述故事情节。小说总是要"说"故事的,通过故事的叙述并且在故事叙述中传达一定的意义。故事叙述可以多种多样,可以是完整的、也可以是片段的、还可以是关于故事叙述本身的,如当代以反思小说传统为主的"元小说"(Metafiction)。小说也可以抒情,无论在古典白话小说还是在现代小说中都可以发现抒情或诗歌因素(如沈从文、汪曾祺、孙犁等人的小说),但一般说来,小说还是应以叙述为主导。没有足够的叙述因素是谈不上小说的。第二,刻画人物。小说的一个主要任务是在叙述中刻画人物。人物可以只有一个,也可以有若干,总之应展现出自身的独特形象或性格风貌。第三,创造一定的时空情境。小说的故事叙述和人物刻画,都必须发生在虚构出来的时间与空间情境中。这种虚构性时空情境显示出与现实的物理时空相对照的审美的宇宙模式。因而,解读小说一般首先从这三个基本要素出发。

(一)故事情节

情节是小说中用以表现主题或人物性格的一系列有组织的生活事件。也就是一系列相互有因果联系的、主要按时间顺序发展的那些事件,因此有故事就有情节。情节是一篇(部)小说的骨架,也是作家创作意图和作品主题的基本载体。小说情节发展一般分为:开端、发展、高潮、结局。因此,读者欣赏小说的时候,当然也就要特别注意去把握小说的故事情节。如何解读小说的情节呢?主要从以下几个方面入手:

1.了解情节的基本形态,从宏观视野上解读

(1)写实主义小说的情节形态

这类小说的艺术形态表现在情节上各有不同。具体说来,写实小说的情节大致可分为三种形态。

传奇型

基本特点是情节中的人,一般都是不寻常的奇人(豪杰,怪人,能人,美人,恶人等);

事,也是奇事(英雄争勇,官场斗心,商场斗智、情场奇闻等)。在情节的组织上制造奇局,注重连贯性、偶然性、奇巧性、戏剧性,一般都跌宕多姿、复杂曲折、波澜起伏、引人入胜。情节中的矛盾冲突相对来说都比较尖锐、紧张、激烈,而且有起因,有发展,有高潮,有结局,来龙去脉比较清楚,节奏快捷,毫不拖沓。主要人物和主要事件有头有尾,线索分明。在艺术表现上,以叙述为主,少用工笔细描及写意、象征等手法。由于情节推进速度较快,所以与主线无关的细节较少,基本上没有或很少心理刻画,一般是将心理融化在人物的语言行动之中,这就使情节密度较大。

传奇型情节最明显的艺术效果是扣人心弦,有很强的吸引力,使人过目不忘。如《三国演义》中关云长的"温酒斩华雄"、"过五关斩六将"、"单刀赴会"、"刮骨疗毒"、"水淹七军"、"败走麦城"等;《水浒传》中林冲的"误入白虎堂"、"刺配沧州道"、"风雪山神庙"、"雪夜上梁山"等,都能给读者留下很深的印象。

我国古代的传奇、话本、武侠小说、公案小说等,现当代小说中曲波的《林海雪原》,金庸、梁羽生的新武侠以及陈杰的《大染坊》等小说中的情节,都基本属于这一类型。

生活型

与传奇型情节相比,生活型情节的最大特点是追求"常"而不追求"奇"。选择日常生活、凡人小事作题材,内容充分生活化、现实化、日常化、凡俗化,反映生活深入细微,就像生活本身。在艺术表现上特别注重细节的描绘,用绵密、逼真、细腻的细节编织生活之网。生活型情节由于与现实的生活形态接近,所以具有充分的可体验性、可比照性。读着这样的情节,恍如走进真实的生活氛围,使人于布帛菽粟、柴米油盐、衣食住行中品味人生的滋味。生活型情节的审美效果是让读者感到亲切、亲近而不是惊奇。

中国古典小说《红楼梦》和《儒林外史》,托尔斯泰的《安娜·卡列尼娜》,福楼拜的《包法利夫人》,奥斯丁的《傲慢与偏见》等,其故事情节都是典型的生活型。这些年我国文坛上出现的被称之为"新写实主义"的小说,也属于这一类,比如池莉的《烦恼人生》、刘震云的《一地鸡毛》等。

心态型

与前两种类型的情节相比,心态型情节最大特点是写人物外在行动少而内心活动多。人物心态成为作品压倒一切的艺术内容,因而作为传统情节骨骼的事件短、小、少、散,而且推进不长,往往是写了好多,情节才前进了一小段。然而就在这一小段上,却生发延展出数不清的枝杈——人物的所见、所闻、所感、所思。由那一小段"情节"线所触发,人物的各种感受、印象、联想、幻想、幻觉、回忆、情绪、情感纷至沓来,人物的心理活动和感情因素成为结构的主要依据,心理时空成为结构的中心线索,物理世界的现实时空被心理时空打乱、分割,成为两者错综复杂的结构形态。

如王蒙的短篇小说《春之声》,用传统眼光来看,其情节很单纯很单薄:一个科学家春节前回家探亲在闷罐子车里乘车的过程。他坐在车里,没做什么事,也没什么事好做,顶多只是为一位抱孩子的妇女让了"座",与她交谈,其余全写的是他的所见、所闻、所感、所思。

以上三类情节形态比较典型,容易识别。然而也有许多小说的情节形态并不典型,而是同时兼有两种形态特点的两栖型。

(2)浪漫主义及现代主义小说的情节形态

这类小说更复杂多样,它是由其超验形态特征决定的。超越现实的范畴不同,情节形态也就不同,综合考虑可分为两大类型:幻异型和变态型。

幻异型

吴承恩的《西游记》、斯威夫特的《格列佛游记》、威尔斯的《星际大战》,产生时期不同,内容、形式也不同,但有一个共同点:天马行空、荒诞奇异,超越现实,因而同属幻异型。根据三者超越自然的性质不同,由此又分属三种形态:神话式,变异式和科幻式。

神话式又称神怪式、魔幻式,鲁迅谓之"神魔小说",是神话传说的艺术发展,也是宗教观念与现实生活在小说中互相融合的结晶,它运用神鬼灵异、妖魔幻化之类具有宗教渊源、民俗信仰的超自然意象表达作者对现实的理解和生活理想。如《西游记》、《聊斋志异》等。

变异式是不带任何迷信色彩而使自然之人或物发生不可能发生的变异,如人化为物,物具人格之类。这类情节的最早形态出现在寓言、童话中,这两类作品经常把物人格化。但变异的范围更广、更多的是人的变异。如变异型的代表作拉伯雷的《巨人传》、斯威夫特的《格列佛游记》、卡夫卡的《变形记》等。

在特定范畴之内,科学与神话是对立的,但科学幻想与神话幻想一样,成为小说超越现实自然性的一种形式手段,成为幻异型的又一形态——科幻式。科幻式小说主要在科学技术领域驰骋幻想,既要借助现实的科学,又要超越科学的现实,从而造成超越现实自然性的奇幻意象。如凡尔纳的《地心游记》、《从地球到月球》,威尔斯的《时间旅行机》等就是这类小说的代表作。

变态型

如果小说的形象、内容并不超越现实的自然性,只是超越其社会性,换句话说,所写之事不是人做不到的,而是人不会去做的,违反正常的生活逻辑、人情事理,这就会造成与幻异型并立的另一超验小说——变态型。

变态是变形艺术的一种,变形有自然性的,也有社会性的,变态型仅指后者。从其变态途径来看,又可分为夸诞式、奇想式等。

夸诞式夸张是小说常用的艺术手段。但拟实之作的夸张不超出生活逻辑的最大限度,所以还是现实性的。如果夸张大大超出生活限度,使现实人生大变其态,从而失去现实性,具有荒诞的艺术品格,这就是夸诞的表意形态。如中国古代寓言中的"刻舟求剑"、"守株待兔"、"揠苗助长"等,都是把人的某种不智的特征夸张到荒诞程度的产物,是现实人事的艺术变态。现代小说如马克·吐温的《竞选州长》、契诃夫的《套中人》、王蒙的《冬天的话题》等都是这类小说的精品。

奇想式讲求艺术构思的奇与巧。所谓奇,就是造设的形象世界新奇特异,使生活大变其态,以出奇吸引注意,表达作者的情思意念。如清代小说家沈起凤在其《谐铎·桃夭村》中创造了一个风俗奇特的所在:每到仲春,地方官先将女子"以面目定其高下",再将男子按考业排列次序,"然后合男女两案,以甲配甲,以乙配乙"。商人马某为得美妇贿通考官,得中榜首,不料奇丑女子也用同样办法"列名第一",两者相配,哭笑不得;不肯行贿的才士和美女都被考官"缀名案尾",因而也侥幸相配,因祸得福。作者以其奇思异想嘲讽了官场

163

的舞弊之风,发泄了才士的不平之气。

2. 解读情节结构,感受作者的匠心独运

情节的生动曲折、波澜起伏和扣人心弦,应该说是多数优秀小说的显著特点。什么地方是伏笔,什么地方是照应,什么地方是有助于塑造人物的精彩描写,如《项链》中有一系列出人意料的情节:小说写女主人公一直向往上流社会,可是接到部长的请帖后,却懊恼发愁;她在舞会上大获成功,却又丢失了项链;赔完项链,最后才得知项链是假的。这些情节看似出人意料,却是合乎情理的,这与作者作的一系列铺垫是分不开的。且看小说开端,作者大段大段介绍玛蒂尔德向往过上流社会生活的心理,这就为下面描写人物懊恼、发愁、遭到挫折提供了依据。小说还提到女主人公与她的朋友佛莱思节夫人的关系,看似无足轻重,却是下文情节发展的重要因素,女主人公借项链、失项链、赔项链、还债务、发现项链是赝品,都与此有关,在借还项链时,佛莱思节夫人毫不在意,这蕴藏着一个暗示,项链不是值钱的东西。小说最后点出是假的,读者这时再想到上文的暗示,才会恍然大悟,这都要细细加以赏析才可以悟解到作家精妙的结构手段。再如《红楼梦》刘姥姥三次进荣国府的情节,即可看出它具有复杂回旋、含意深远的特点。这三次均是写同一个人物进荣国府,但每次却是各不相同。一进,只让刘姥姥见了王熙凤,借此给读者展示了荣国府这个诗礼簪缨之族、温柔富贵之乡的豪奢;二进,刘姥姥见了贾母,又是饮宴,又是饱览,让读者见到了荣国府也有各种矛盾,由此埋下了贾府即将败落的伏笔;三进,则那位曾向刘姥姥伸出援助之手的琏二奶奶也不得不向她呼救了,一层更深一层。在中国古典小说中,设置情节的曲折多用"三"来体现和实现,如《三国演义》中的"三顾茅庐"、"三气周瑜",《水浒传》中的"三打祝家庄",《西游记》中的"三打白骨精",等等。鉴赏这样的情节,我们不仅要注意情节本身跌宕起伏的变化所带来的引人入胜的阅读快感;同时,又可领会到作者在组织情节时所显现出的胸有全豹、高屋建瓴的艺术驾驭力。

3. 解读情节发展在塑造人物上的妙处

情节是人物性格发展的历史,是作为人物运动的形式出现的。所以,解读情节应该由事见人,将人物性格与情节发展变化联系起来分析。如高尔基《母亲》中的母亲尼洛夫娜,起初她同一般劳动妇女没有什么区别,但随着情节的发展,经过一系列的事件,她的思想逐渐达到了高的境界,最终成为了坚定的革命者。又如贾平凹的《鸡窝洼的人家》,家住深山的回回和烟峰、禾禾和麦绒原是夫妻,经过一番周折却变成了回回和麦绒,禾禾与烟峰的重新组合。从部队复员回来的青年禾禾,在放弃土里刨食而转向做生意时,但却一而再、再而三地失败,这就一次次导致了妻子麦绒的不满和疏离,同时也获得了回回妻子烟峰的一次次理解支持,并逐渐接近、亲近,最终导致了两个家庭的裂变和重组,整个故事情节曲折跌宕、复杂多变。小说就是通过这一系列的情节描写来完成对四个人性格的刻画的。阅读鉴赏时,要逐一分析,挖掘情节的意义。

(二)人物

小说无论采取什么方式来叙事,最终总是围绕着一个核心因素,即人物展开的。归根到底,小说要通过叙事来展现和刻画人物。"人物是小说最重要的一个因素。"[1]这是几乎

---

[1] 戴维·洛奇:《小说的艺术》,王峻岩等译,作家出版社,1997年版,第76页。

所有小说理论家们的共识。解读人物形象,可以从这样几个方面进行:

1. 了解人物形态分类

关于人物形态的分类,比较有影响的是英国作家福斯特的分法。他在《小说面面观》中将人物性格分为扁形和圆形两种类型。所谓"扁形人物",就是按照一个简单的意念或特征而被创造出来的类型人物或漫画人物,其性格特征可以用一句话加以概括。所谓"圆形人物",就是性格比较复杂,因而不能用一句话加以概括的人物。

圆形人物的性格比较丰满、复杂、立体感强。这种人物往往有一个比较稳定的性格轴心,同时又呈现出不同的性格侧面和性格层次,这些不同的性格侧面和性格层次相互交错融合,构成一个独立自足、气象万千的"世界"。如阿Q、堂·吉诃德、哈姆雷特等。圆形人物是作者花大笔墨着力描写的对象,其性格轴心及多侧面、多层次的性格特征,是在不断变化的环境和复杂的矛盾关系中显现出来的,因而人物性格稳定而不凝固,给人一种流动感。这是一种动态型或发展型的人物塑造方式,它要求空间感和强调色彩。因此,典型的圆形人物,其性格必然是一个闪烁着各种色彩的多面体,它容量大,具有说不尽的性格内涵、多方面的审美意义,显示出多质、多向、多义的特点。

扁形人物的性格比较单一、突出、鲜明。这种人物的某一种性格特征被突出地强调出来,其他性格侧面则往往被压倒、吸收,似乎仅仅成了表现这一种性格特征的方式。这种方式是一种"静态"的塑造人物的方式,它只表现人物身上占统治地位的或在社交中表现出的最明显的特征。因而扁形人物虽置身于各种环境,面对各种关系,却只和对方发生一种矛盾联系,其性格始终如一,稳定性极强,几乎没有什么发展变化。如阿巴贡的吝啬,答尔丢夫的虚伪。以这种方式塑造人物,必然造成人物单质、单向、单义的特点。扁形人物显然是一种极度夸张的性格表现。因其夸张,人物性格往往有悖于常规常情而导致漫画化,从而产生喜剧效果。同时,这种极度夸张的性格表现,还往往导致人物性格的抽象化,使人物成为某种品格的象征而达到对自身的超越。这种超越使扁形人物貌似远离生活,而实质上却又在较高的层次上实现了对某种生活内容的深刻把握,并因此而获得一定的典型意义。其作用为可与圆形人物形成一种繁简对照的辩证关系,烘托圆形人物。

2. 通过解读人物形象把握作品的主题意蕴

首先,通过人物性格的丰富内涵揭示主题。乔典运的《问天》,塑造了一个农民形象——三爷。支书让民主选村长,候选人是张文和李武,选谁呢?三爷首先想的是"看谁对咱好":张文在公共场合挽回过自己的面子,为答谢这份情义,于是决定选张文;李武的妈在吃食堂时照顾过自己,此恩不能不报,于是又决定选李武。儿子说谁对咱好是白搭,得看谁对支书好,谁对支书好了才能当。思来想去两人都对支书好,三爷又决不定了,于是只好掷硬币占卜。抛了两次俩结果,没办法只好直接问支书。支书不表态,难坏了三爷。万般无奈中三爷只好弃权。三爷的性格有点夸张和漫画化,但让人觉得很真实、很典型、很有代表性。三爷有了民主权利,却不习惯使用——他习惯于啥也不想,听上级的话。面对"民主",他的惯性思路是自己的利益(看谁对咱好),要不就是揣摩上级的意图(支书想叫谁当),以上级的意志为自己的意志。这就把三爷自私、愚昧、奴性的性格特征充分刻画出来了。把握了人物性格,主题大体上也就明确了:揭示了某些农民缺乏民主意识和独立人格、愚昧奴性的精神状态,批判了极"左"政治所造成的恶劣影响,提出了要推进民主政治,必须大力提高广大人民群众的精神素质的大问题。

这里还有一个典型问题。典型又称典型人物或典型性,是叙事性作品所创造的在整体个性的表现中显示了社会历史意蕴的具有高度审美价值的人物形象。典型基本上是西方文论创立的一个概念。它的发展大致经历了三个阶段:类型说(17世纪以前)、个性典型观(18世纪至19世纪中后期)、马克思主义的典型观(19世纪80年代末至今)。

随着马克思主义在中国的传播,西方典型观于"五四"之后传入中国,但真正的讨论和应用是在新中国成立之后。后来出现过"阶级典型说"、"共性与个性统一说"等。这些见解从不同角度,逐步逼近了典型的本质和特征,丰富了典型论。现实主义文学理论对典型问题的论述,集中体现在对人物形象的创造,并提出的如下观点:第一,典型人物具有"整体个性"的特点;第二,典型人物的普遍性在于体现了深广的社会历史蕴涵;第三,典型人物在表现人生上具有独特的审美价值。从面临历史责任却优柔寡断上认识了哈姆雷特,从天真与空想混杂的热情上了解了堂·吉诃德,贪婪让我们知道了老葛朗台,精神胜利法让我们记住了阿Q,等等。

(三)背景

人物是小说的核心因素,而从最一般的意义上说,任何一个人物,都只能是一个特定时间、空间中的存在,小说中人物的行动、由人物行动构成的事件,也都是在一定的时间和空间中完成的。因此,小说在刻画人物时,还必须提供一个人物活动的空间,也就是我们所说的"背景"。在一些理论教科书上,背景通常也被称为"环境",指叙事作品中人物活动于其中的那个物质的和精神的现实空间。背景包含了人物活动或故事展开的外部环境的全部内容。背景的构成比较复杂,粗略说大体上可以分为两个层次:具体背景和社会背景。具体背景即故事发生的具体环境(又可称为"小环境"),包括时间、地点以及人物间具体的人际关系。如《红楼梦》中的贾府、大观园,《高老头》中的伏盖公寓,《孔乙己》中的咸亨酒店。更具体的是"一天夜晚"、"小河边"等时令和自然背景。具体背景与人物活动有直接关系,一般作品都有直接的叙述和描绘,可以在作品中直接看到。社会背景(又可称为"大环境"),指故事发生的时代,也包括特定的文化氛围,如风俗、人情、习惯,等等。这是大范围的"背景"。正是这种大范围的时空背景,决定某一时期社会生活的性质,规定了人与人之间的"现实关系",制约着人们生存活动的大致走向。

背景是小说结构的重要元素,它决定着情节纵向延伸和横向扩展的幅度。一个小说文本,无论它是侧重于人物性格的刻画,还是人物命运、心态的展示,都必须由人物的生存背景来提供其合理性的依据。优秀的小说家都重视背景的精心经营,充分发挥这一因素在文本中的作用,使之与其他因素一起共同建构伟大的作品。因此,解读小说的背景因素就要充分了解其在小说中的作用。

1. 背景起着烘托人物性格的作用。如巴尔扎克的《欧也妮·葛朗台》中对于葛朗台老头所居住的索漠城的那条街,那所"灰暗、阴森、静寂"的屋子的描绘,无不处处表现着葛朗台贪婪吝啬的性格;俄国批判现实主义作家果戈理的小说《死魂灵》中的泼留希金也是这样。他实为富豪却形似乞丐,他的仓库里堆满了麦子、面粉和农产物,充塞着呢绒和麻布、生熟羊皮、干鱼以及各种蔬菜和果子,然而他本人的吃穿用度却极端寒碜。衣服像一件妇人的家常衫子,且沾满了面粉,后背还有一个大窟窿。头上戴的帽子,正如村妇所戴的,颈子上围得的围巾好像旧袜子又像是腰带或绷带。他的住室,如果没有桌子上的一顶破旧睡帽作证,谁也不相信这房子里是住着活人的。这些细致的背景描写,把吝啬鬼的性格表现得十分生动。

2. 通过揭示主题思想的深浅来解读背景的作用。背景的选择与设置对于主题思想的表现关系极大。某些特定的时间、空间具有特定的意义,作家特别注意选择这类具有特定意义的时空背景。如法国作家都德的《最后一课》。故事发生于最后一堂法文课上,这堂课的大背景是普鲁士打败了法国,在占领区强制推行文化奴役政策,学生一律改学德语。这对于具有强烈民族自尊心的法国人来说,无疑是一种奇耻大辱。这是最后一堂法文课了,在这堂课上,教师、学生乃至于自动涌来听课的村民,都极为激动;就连平时不爱学习的小弗朗士也被一种悲壮庄严的感情所控制,对本国语言表现出强烈的留恋,痛悔过去没有好好学习它。《最后一课》集中表现了法国人的爱国热忱。最后一堂课在漫长历史中是极短暂的一瞬间,但在特殊情况下,它却熔铸着极为深刻的社会历史内容,具有极大的象征意义,唤起了人们深沉的亡国之痛和爱国感情。可以肯定,换一个时间背景,就很难产生如此强大的艺术效果。

3. 通过是否能渲染气氛、映衬人物的心情来解读背景。鲁迅小说《药》中对"坟场"的一段描写:

> 微风早已经停息了;枯草支支直立,有如铜丝。一丝发抖的声音,在空气中愈颤愈细,细到没有,周围便都是死一般静。两人站在枯草丛里,仰面看那乌鸦;那乌鸦也在笔直的树枝间,缩着头,铁铸一般站着。

这里渲染的气氛是阴冷、晦暗、凄凉的,令人毛骨悚然,同时也展示了现场人物悲哀欲绝的心境。

4. 通过对故事情节发生发展所起的作用来解读背景

有位作家说过,在人生,环境是招徕行为的,事件和它发生的场所之间,有一种相生相应的关系。人生中的某些行为(表现为故事情节)常常是由环境所产生出来的。"老井村"(郑义小说《老井》中的具体背景)因为地处黄土高原,常年缺水,人的生存极为困难,这才有孙旺泉的爷爷率众舍身求雨的壮举,才有老井村祖祖辈辈为打井找水所作的艰苦努力,才生发出一系列故事。再如某些特殊地域中流行的民俗风情、生活习惯、文化观念、图腾禁忌,等等,也是某些特殊故事发生的生活根源。离开了这些"背景",人物、故事都可能会变得让人不可理解。徐贵祥的长篇小说《历史的天空》,就描述抗日战争阶段而言,铺排的背景有敌后战场和正面战场、城市和山村,涉及的武装力量有八路军、国军、日军、伪军和游击队等,正是因为把人物和故事情节置放在扑朔迷离、错综复杂的战争环境中,在各种关系的激烈碰撞中,才使得其情节引人入胜,人物形象血肉丰满,这是《历史的天空》之所以取得成功的重要因素。需要指出的是,在有些小说中,背景所起的作用是综合的。如台湾作家陈启佑的《永远的蝴蝶》,小说以雨开篇,并以雨贯穿全文,环境描写,篇幅虽小,作用很大。首先,雨是不幸和灾难发生的原因;其次,雨又是泪水和痛苦的象征;最后,雨还造成了笼罩全文的阴冷氛围。

二、意蕴解读

相对于文学文本的语言层和现象层,意蕴层是比较抽象的,它强调的是文学作品应当具有超越性的价值,而不是仅仅拘泥于对于文学形象的创造。文学形象的创造并不是文学的最终目的,意蕴才是文学文本的灵魂。文学文本的意蕴并不独立存在,它以前两个层面为基础,与非文学文本相比,文学文本的意蕴不是单一的,而是具有含蓄多义的特点。

意蕴不完全等同平常所说的主题,我国文艺理论关于"主题"的通常解释是:"又叫主题思想。文艺作品通过描绘现实生活和塑造艺术形象所表现出来的中心思想。"①从这一定义可以看出,通常所说的"主题"即一种思想。它是通过对整个作品的分析、提炼,从而归纳总结出来的一种理性认识,具有抽象性和概括性。与主题相比,意蕴包含"思想",但又不只是"思想"。要言之,"意蕴"包含思想又大于"思想"。

意蕴的类型一般可以分为情感性意蕴、道德性意蕴(即作品所体现出来的某种道德倾向、道德理想、道德观念)、政治性意蕴(具有历史使命感和社会责任感的作家艺术家,总是时刻关心着国家大事,关心着政治生活的状况,常常以政治生活为题材进行创作,表达着自己对政治问题的认识、见解和建议,而这些就形成了作品的政治性意蕴)、社会性意蕴(指作品真实反映了一定历史时期社会生活的面貌及其本质,具有较高的认识价值,使读者能够通过作品更好地认识社会、理解社会)、人生意蕴(即作品所传达出的对人生况味的品尝与玩味,对有关人生诸问题的思考与回答,理想性意蕴是指作品所表现出来的追求美好事物美好生活的理想和愿望)、宗教性意蕴(作品中体现出来一种类似宗教性的情感体验)以及哲理性意蕴(是指作品的意蕴具有哲理品格,涵盖的时间和空间更久远、更阔大、更具有超越性)等。

那么,"意蕴层"主要具有哪些特点?第一,文学文本的意蕴层隐含在现象层之中,并不独立存在。对文学文本来说,意蕴层有它的特殊性,那就是文学文本的意蕴层并不独立存在,其意义不可能从形象或现象层中分割出来,意蕴不可能脱离现象层独立存在,它蕴含在现象层或形象体系之中,只能存在于形象之中,也只能通过对形象的感受才可把握。第二,文学文本的意蕴不是单一、明晰的观念,具有含蓄多义的特点。因为文学文本所要表达的内容往往是对人生的感悟,甚至就是一种情感、情绪,而且又是通过现象层来表达的,因此文学文本的意义往往具有一定的模糊性,具有含蓄、多义的特点。如对诗经中的名篇《蒹葭》的解读:深秋清晨,秋水森森,芦苇苍苍,露水成霜,抒情主人公在河畔徜徉,凝望追寻河对岸的伊人——这是诗歌的现象层。对于意蕴层,历来意见分歧。归纳起来,主要有下列三种说法。一是"刺襄公"说。《毛诗序》认为:蒹葭,刺襄公也。未能用周礼,将无以固其国焉。因此,在水一方的所谓伊人(那个贤人),隐喻周王朝礼制。二是"招贤"说。《诗经通论》和《诗经原始》都说这是一首招贤诗,"伊人"即"贤才"——贤人隐居水滨,人慕而思见之,但隐者避而不见。三是"爱情"说。认为这是一首恋歌,由于所追求的心上人可望而不可即,诗人陷入烦恼,说河水阻隔,是含蓄的隐喻。

这样看来,意蕴是多层次的,人们一般把它分为表层意蕴与深层意蕴。优秀的文学作

---

① 辞海编辑委员会:《辞海》,文学分册,上海辞书出版社,1979年版,第11~12页。

品,除了表层意蕴之外,往往还有深层意蕴。表层意蕴即通过作品的艺术描写,直接体现出来的意蕴,可以从艺术形象中直接归纳和概括;而深层意蕴则是通过直接的艺术描写所暗示、所象征出来的意蕴。深层意蕴不脱离具体的艺术描写又远远超越了具体的艺术描写,它由具体的艺术描写出发向人类精神生活的深层掘进,往往代表了人类精神生活的某种模式和范型。与表层意蕴相比,深层意蕴具有抽象性和超越性等特征。

如对唐代杜牧的诗《江南春绝句》的意蕴解读:

千里莺啼绿映红,水村山郭酒旗风。南朝四百八十寺,多少楼台烟雨中。

这首诗中,诗人为准确生动地表述自己的体验,不得不最终按照一定的规则而精心选择和创造了这些语句——这就是文学语言层。读者正是通过这一层面而想象出它所创造的形象——这就是文学的形象层面。除了首先聆听或阅读话语层面本身,今天的读者虽然与杜牧的时代远隔千载,但却能从他留下的这些话语层面中,读到他那依然鲜活动人的形象体验。千里江南,听不尽莺歌燕语,赏不完柳绿花红,村郭依水傍山,酒旗迎风漫舞,春景明朗,色调错综,层次丰富。那南朝以来的无数座寺院,掩映在迷蒙的烟雨中。除了对景物的赞美和向往之外,诗人并不以此单纯抒发景色凄迷、令人莫名怅惘的情绪,而是还别有一番深层意蕴:南朝统治者耗竭人力财力营造的大批佛殿经台,如今还悄然伫立在烟雨中,只留下难以追忆的一片迷离朦胧,可营造寺院的人们又在哪里呢?这一历史沧桑感慨,应属于这首诗的深层意蕴。

三、叙事解读

(一)叙事角度

叙事角度又称叙事观点、叙述角或聚焦型,是指叙事者叙述小说所采取的角度或视点。读者由此得知构成一部虚构作品的叙述中的人物、行动、情境和事件。选择什么样的角度来叙述一件事情,会构成不同的故事,所以英国作家帕西·路伯克把叙事角度解释为"叙事者与故事的关系"。一般来说,叙述角度可以分为全聚焦叙事、内聚焦叙事和外聚焦叙事三种。

1. 全聚焦叙事

又称为全知叙事或零聚焦叙事,是传统的无固定视角的全知叙述,也是迄今为止发展得最成熟、运用得最广泛的一种叙事角度。这种叙述的主要特点就是叙事者无所不知、无所不晓,他不仅知道小说中每一个人物的任何事情,叙述者可以从任何角度、从任何时空来叙事,既可以居高临下地俯瞰全貌,也可以看到在其他地方同时发生的一切;既可以对人物的过去、现在和未来了如指掌,也可以自由地进入人物的内心,透视人物的意识或潜意识,知道他们的内心活动。所以被比喻为"上帝的眼睛"。用法国文学理论家罗兰·巴特的话说,就是叙述者既在人物之内又在人物之外,知道他们身上所发生的一切但又从不与其中任何一个人认同。在中国古代传统小说如《三国演义》、《红楼梦》就是这样,现当代绝大多数写实主义作品也都是运用这种叙事方法。例如柳青小说《创业史》里的一段:

郭振山木愣愣地站在砖脚地这样想着，后悔自己不该撞进这房来。他还不如在校院里、操场上和校门外溜达；听听人们说些什么呢。现在既然进来了，他总不能一句话也不说就走。可是他说什么呢？肚里又没现成的词儿。他只好从棉袄口袋里掏出烟锅，在砖脚地蹲下来装烟，满腮胡楂的大脸盘作出难受的样子，吧砸着嘴，表示他也是听到这事件很关心而来的。

留在这房里的两个区干部很苦恼。他们开始吸纸烟，给蹲在旁边的郭振山一支。他站起从烟袋里拿出装好的烟锅。

叙事者叙述了正在发生的事情，又同时进入了人物的内心世界，对他们的心理活动全都知道。叙事者成为全知的上帝。

2. 内聚焦叙事

又称"人物视点叙事"，叙事者只叙述从这个角度能看到的事情，其视野之外的一切就不能叙述了，所以内聚焦叙述也是一种限制叙事。至于叙述者所选择的视点，可能有两种：其一，是作品中某个人物的视点；其二，叙述者也可以不直接在作品中露面，但他始终附着在某个人物的内心深处，成为他的灵魂的窥探者。那些以第一人称为叙事者的文本中基本都属于这种叙事，如"意识流"小说的叙事也有这个特点。如詹姆斯·乔伊斯的《尤利西斯》中的叙事：

他躲开75号门牌的地窖那松散的盖板，跨到马路向阳的那边。太阳快照到乔治教堂的尖顶了。估计这天挺暖和。穿着这套黑衣服，就更觉得热了。黑色是传热的。或许反射热。可是我总不能穿浅色的衣服去呀，那倒像是去野餐哩。他在洋溢着幸福的温暖中踱步。

3. 外聚焦叙事

外聚焦叙事也是一种限制叙述，叙事者所知道的事情少于故事中任何一个人物，他只能以旁观者或局外人的身份来叙述。与内聚焦叙事不同的地方是，内聚焦叙事所受的限制是局部限制（只能采取一个人物的视点），而外聚焦叙事所受的限制却贯穿于所有的地方和故事的始终，一直处于故事的"外部"。叙事者不能像内聚焦叙事那样，深入到某个人物的内心深处。例如鲁迅小说《示众》中的叙述：

在电杆旁，和他对面，正向着马路，其时也站定了两个人：一个是淡黄制服的挂刀的面黄肌瘦的巡警，手里牵着绳头，绳的那头就拴在别一个穿蓝布大衫上罩白背心的男人的臂膊上。这男人戴一顶新草帽，帽檐四面下垂，遮住了眼睛的一带。但胖孩子身体矮，仰起脸来看时，却正撞见这人的眼睛了。那眼睛也似乎正在看他的脑壳。他连忙顺下眼，去看白背心，只见背心上一行一行地写着些大大小小的什么字。

霎时间，也就围满了大半圈的看客。待到增加了秃头的老头子之后，空缺已经不多，而立刻又被一个赤膊的红鼻子胖大汉补满了。

鲁迅对于"看客"强烈的否定和批评态度,在《示众》中得到了最为集中而又形象的艺术表现。然而,通篇小说却显得超然地冷静、客观,作者炽热的思想情感并未外溢,原因就在于在外聚焦叙事模式下,作者的声音极好地隐藏起来,并未出现一个替代作者说话的叙述者来发表议论,但运用这一叙述方式,显然起到无声胜有声的作用。

(二)叙事结构

叙事结构体现了叙述者对小说叙事的组织与安排,其要点在于以什么为出发点来组织叙述。我们经常看到的主要有以下四种,即情节结构、人物结构、心理结构和散文结构。

1. 情节结构

情节结构的特点在于以故事情节的发展为线索来组织叙事,通常都是按照自然时序,按照事件发展的逻辑线索,从因到果,从头到尾,以情节发展的开端、发展、高潮、结局的顺序,来安排叙事的。虽然不排斥情节结构的叙事也会有倒叙或者插叙,但是从总体上说,情节结构的基本线索还是以情节发展为主,所以其常常呈现为一种线性结构的形式。在线性结构中,时间总是从一个方向即从"始"到"终"发展着的。如蒲松龄《聊斋志异》里的《促织》,从宣德年间宫中斗蟋蟀之风盛行,因此引起了征蟋蟀为开端,继而描写成名一家的遭遇,一步步地将得促织、失促织、再得促织、斗促织、进贡促织等事件的发展过程展现出来,层次分明地展示了主人公一家的悲惨命运。显然,情节结构的小说必须讲究故事性,其叙事基本上是以故事来支撑的。

2. 人物结构

人物结构又称性格结构,其特点在于以人物性格为基本线索来组织叙事,叙事围绕着人物及其性格展开,情节成为展现人物及其性格的方式。所以,连接情节和展开故事的线索,并不是故事本身的发展脉络,而是人物不同性格侧面的展示。长于刻画人物形象特别是表现人物性格,是这种叙事结构最大的长处。鲁迅的《阿Q正传》是典型的人物叙事结构,小说的情节,如阿Q的"优胜记略"、"恋爱悲剧"等,彼此之间并无情节上的联系,构不成一个完整的故事。但是这些情节却展示了阿Q性格的不同侧面,共同揭示了阿Q的精神胜利法。

把人物结构与情节结构比较一下,二者的特点和区别就可以看得更清楚一些。人物结构的叙事,如《阿Q正传》,虽然没有一个完整的故事,但是人物性格却得到了完满的表现,由此可以看出这种叙事结构是以人物性格的发展和刻画为线索的来展开的,情节是为表现人物及其性格而设计的。情节结构的叙事,如鲁迅的《祝福》,小说的叙述则以事件发展为线索,小说虽然也表现了祥林嫂的性格与命运,但是这种表现是通过故事情节的发展来展示的,叙事的基本脉络依然遵循着故事的发展线索。在对待情节上,两种叙事结构也有所不同。情节结构的小说,主要是以人物"做什么"来构成情节的,所以其情节的展开构成了故事的发展。而人物或性格结构的小说,因为把情节视为塑造人物性格的方式,所以在这种结构的叙事中,情节主要用来表现人物"怎么做",为刻画性格提供材料。

从小说发展的历史来看,人物结构或性格结构的叙事模式是后来才有的,这种叙事结构的出现和成熟,标志着小说开始关注人物及其性格的描写与刻画了。

3. 心理结构

心理结构的小说是以人物的心理活动、意识流动、情感轨迹作为组织叙事的基本线索,以人的内心世界作为结构的视点和出发点。从叙事上讲,心理结构的叙述往往打破了自然时空的框架,主观色彩浓厚,回忆、联想、梦境、幻觉、欲望以及潜意识成为其主要的叙述对象,常常采用时空交错、形象切割、内心独白、自由联想、心理分析等叙事技巧。

在心理结构的叙事中,不仅故事情节失去清晰的脉络,人物形象和人物性格也变得模糊不清,情节淡化了,环境景物也主观化了。读者从作品看到的不是客观社会生活的直接展现,而是那个世界在人物心理上的投影。王蒙的《春之声》,就是一篇心理结构的小说。小说以人物岳之峰的心理感受为线索,以他的所思所感所想来组织叙事,作者称之为"心灵活动的结构",用的是"满天开花的写法"。心理结构可以分为三种:一是以人物意识的外在流动来结构的叙事,二是以特定环境中的人物心理意识来结构的叙事,三是以人物内心省察的意识活动为轨迹的叙事。

4. 散文结构

散文结构又称氛围结构,其特点在于以某种意境或氛围来组织叙事,并由此结构小说。由于这种结构在散文中经常使用,所以人们把这种结构的叙事称为散文结构。散文结构的小说叙事往往以意境取胜,颇有诗意,因此也有人称这种结构的小说为诗化小说。例如屠格涅夫的《猎人笔记》、萧红的《呼兰河传》、沈从文的许多小说都属于这种类型。中国当代作家孙犁、汪曾祺,都是以散文结构写小说的大家,孙犁的《荷花淀》、汪曾祺的《受戒》等均以意境取胜,小说的叙事颇具诗情画意。

第四节 散文的解读

散文的解读可以从很多方面进行,如清理线索、把握主旨、体会情感等。我们这里将主要从散文的文辞之美、情趣与理趣、格调和构思等几个方面来阐述。

一、从语言层面出发,解读文辞之美

散文阅读中,首先感知到的是作家的语言运用。具体说来,语言运用也就是作家习用的句法结构,词汇选择和搭配、语句的组合等。从语言文辞出发,准确感受并捕捉散文的独特韵味,在阅读中获得美感享受,是解读散文的第一要义。文学是语言的艺术,通过语词的精心选择、句法的巧妙安排,在文本语音、语词以及句法的各个层面最大限度地开掘出语言的美质,其实也是各种类型的文学文本共同追求的一个目标。

散文关涉的主要是常识的世界,它要力求将它涉及的常识世界的因果关系交代清楚。同时,在表达上,散文无论写景叙事,抒情说理,大体都采用与读者直接"交谈"的方式。这使散文语言一方面要讲究文法,另一方面还要尽可能朴实自然,更接近口语。但散文语言也不能仅仅以通顺畅达、明白如话为最高追求。探讨散文的声音美,必须从节奏和声韵两方面分析着手。散文的节奏来自语言的自然节奏,自由、流畅。散文的语言节奏随作者行文时持续流动的情绪而运动,时强时弱,时快时慢,时长时短,时急时缓,形成自然的内在节奏,流到笔下便形成强烈的节奏感。散文创作还讲究声调,安排平仄相间的对偶句或排比句,使声音抑扬顿挫,产生声调和谐的美感。有时还讲究韵律,尽管间隔比较长,而且不像诗韵那么严整,但运用得当,也能产生起伏回环的美听效果。此外,散文的声音美,还表现在摹声拟形上。散文创作常常从天籁无声到万类交响,进行惟妙惟肖的摹声描绘,制造流溢着自然音响的音乐世界。它还借助通感,运用比喻和比拟手法,将声音作拟形描写,变成视觉形象,创造出绚丽多彩的声形交融的图画。古人在散文创作中特别注重所谓"因声求气",一个重要原因就在于语音的清浊、声调的低昂、节奏的缓促,都有力地影响着散文的文体效果。这些都使得散文不能不特别讲究文辞之美。

散文的文辞,还是显示一篇散文趣味的雅俗、显示作家独特文体风格的重要层面。优秀的散文家在语言运用上能见真见性,而敏感的读者自然也能从作家的语言中,看出作家的趣味和风格。比如朱自清散文《春》:

盼望着,盼望着,东风来了,春天的脚步近了。

一切都像刚睡醒的样子,欣欣然张开了眼。山朗润起来了,水涨起来了,太阳的脸红起来了。

小草偷偷地从土里钻出来,嫩嫩的,绿绿的。园子里,田野里,瞧去,一大片一大片满是的。坐着,趟着,打两个滚,踢几脚球,赛几趟跑,捉几回迷藏。风轻悄悄的,草软绵绵的。

我们可以从这里深刻地感受到《春》清秀朴素的文辞之美,看到作家的纯正与敦厚。同样,我们也可以从冰心散文语言里解读出不失典雅的轻快、流转,看到她一如清水的清新隽丽;从梁遇春的散文语言中读出他自然流畅的"快谈、纵谈、放谈"风格,看到他的坦直与热情。

二、散文的情趣与理趣

情趣主要指情绪、情感表达得新巧别致,有趣味。散文大都不以完整的人物刻画和故事叙述见长,也不都以诗一样的抒情见长。除一般的叙事、写景、抒情之作外,还有大量的散文以见真见性地抒写作者对于生活的某种独到的体察和感悟,对事物的某种深刻的认识和理解。这类散文多用纵横生风、蕴藉含蓄、优美隽永的文字,表达一种深刻的见解,以其充溢着的耐人寻味的理趣,让我们读来兴味无穷并获得深刻的启迪。散文能不能引起人们的阅读快感,离不开情趣,它是散文美感的一种标志。情趣来自生活,作家应当选择充满情趣的人和事,用自然活泼的笔墨勾出富有情趣的生活画面或生活理想。比如清代沈复的《浮生六记·闲情记趣》中的《童趣》,作者追忆了自己的童年生活,反映了儿童丰富的想象力和天真烂漫的儿童情趣。又如周作人的《喝茶》:

喝茶当于瓦屋纸窗之下,清泉绿茶,用素雅的陶瓷茶具,同二三人共饮,得半日之闲,可抵十年的尘梦。喝茶之后,再去继续修各人的胜业,无论为名为利,都无不可,但偶然的片刻优游乃断不可少。

恬淡的言语,表现出喝茶的悠游情趣,一种享受生活的淡泊情趣,从而在淡雅闲适的氛围下体会人生的意味。

从当代散文创作的成就看,文化散文、学者散文等大量涌现,加强了散文的理性成分;从散文理论研究的观点看,众多学者也在强调散文的理性成分。散文的理性、理趣,并不是枯燥乏味的直接议论,而是寓理于事、于情、于景、于物。理趣,就是"理智的结晶",亦即寓理于情,寓理于形象之中,使人读后悟出一些人生的真谛。一般来说,"理"是理性的、理智的,往往与情无涉;"理"又是抽象的、枯燥的,这一点又与艺术的生动形象相抵牾。但这并不意味着文学作品中不能说理。事实上,只要处理得好,即用艺术的方法去说理,把理说得很艺术,照样可以趣味盎然,这就是所谓有理趣。但和正式的学术论文不尽相同,因为说理之余,还有感情、感性,也讲究声调和辞藻。散文的说理不是高头讲章式的长篇大论,也不能全凭刻板谨严的逻辑推理。散文中的理,动于内的是作家深刻的人生体验,而形于外的则是入情入理、诚恳真率地娓娓讲述。作家将自己来于人生体验的哲理感悟,借助文采斐然、富于情趣的文字传达出来,才成其为散文的"理趣",也才能使读者在为作家的奇思妙想或真知灼见所折服的同时,获得美的愉悦。先秦诸子说理文主要是哲理散文和政论散文,但无论是表述对自然和人生的理性认识,还是阐发政治主张和学术观点,都不仅依靠逻辑推理和抽象思辨来完成,还灌注了浓烈的情感,运用了生动的感性形象,如贾谊《过秦论》、晁错的《论贵粟疏》、韩愈的《马说》等,将情与理交融起来,既传达了感情,也表现了思想。

三、散文的格调

所谓散文的格调,是指由作家的人格在散文中的真实袒露所形成的相应的作品风格和品质。换句话说,也就是作家的个性、人品、趣味、才情等在散文中的艺术体现。这是散文阅读中解读者应该给予充分注意的一个层面。我们能否在对文本独特风格和韵致的体味中获得高层次的鉴赏的愉悦,能否从散文的鉴赏中获得深刻的人生启迪和人格熏陶,都与散文格调美的把握和鉴识密切相关。

在所有文本类型中,散文尤重格调,它是最显作家功力的一种文体。散文本来就是一种"妙发性灵,独拔怀抱"(《梁书·文学传》)的文体,优秀的散文,总是作家的性格、修养、才情的自然流露,是作家人格之高下、趣味之雅俗、才力之强弱等在散文中的充分表现,这也成为熔铸散文格调美的重要因素。比如梁实秋的《雅舍小品》。由于家庭出身与后天的所受的教育,中国传统儒家士大夫的气质和英国的绅士风度在梁实秋身上互相交融,形成了一种独特的文化贵族气质,受他本人的文化贵族气质和古典主义文学观的直接影响,他的散文创作实践呈现出从容优雅、理性节制的独特格调。

四、散文的构思

散文的构思,主要是指散文在通过什么线索和结构来组织材料,从什么角度来展开内容的叙写等环节上所作的独到的选择和安排。

艺术构思实际上是关系所有文本类型艺术成败的重要问题。巧妙的艺术构思对于一篇散文材料的成败起到关键作用。散文是自由的艺术,其艺术构思完全是以意役法,顺势成文,保持如行云流水般的自然之趣。散文的"意"是作者对人生、宇宙的主观感受——思想和情绪,艺术构思就是为思想和情绪寻找一个最佳流动形式。在内在情绪、意蕴的抒写上,作者觉得那一腔挚情、一段佳意、一种奇思,怎么流动得畅快自然、优美有趣,就让它怎么流。在艺术结构上,将内在意蕴、形象描绘、题材安排融合成文章的总体意境和内在旋律,使文章呈现出一种血脉贯注的富有生命力的有机整体。在思维方式上,打破线状的、定向的、刻板的陈旧思维方式,寻求用全方位的思维方式去感受。艺术构思贵在独辟蹊径:或寻找意境,托物言志,借景抒情;或寻找历史源流,交织今昔生活画面;或善用联想,串起生活的珠玉;或引类取比,自由发挥思想;或寻找焦点,经纬全篇;或暗用伏线,控制感情的流动……但无论哪种方式都必须有突破,有变化,避免雷同化。如秦牧的《土地》、冰心的《小桔灯》、黄河浪的《故乡的榕树》等。

从方法论角度来看,散文构思乃是"浓缩——展开——节制"的艺术。一个完整的构思过程,就是这样逐步发展的艺术思维过程,几个环节互相作用、互相联系才能形成高妙的构思。从创作的角度来看,材料的组织和角度的选择,是散文构思过程中要解决的核心问题,也是直接关系到能否充分展示文本主题和是否具有艺术独创性的核心问题。线索是否清晰有力,能否贯穿全文的主题;同时,选取的展开叙写的角度是否别致新颖,能否使主题得以富于感染力的充分表现,也是散文解读中观察作者艺术构思必须注意的关键性层面。

第五节 剧本的解读

剧本的解读一般体现在对剧本语言、潜台词、戏剧悬念的设置、戏剧冲突和戏剧结构等方面。剧本的优秀与否也正是从这些方面体现出来的。

一、解读剧本语言

与诗歌、小说、散文等其他语言艺术形式相比,戏剧文学文本受到更多的限制。剧作家在创作剧本的时候要考虑到演员表演的、舞台的限制,更要考虑到观众,他必须能够激发并保持观众"看戏"的兴趣。在剧本中,放在括号里的舞台指示语虽然也可以是描述性的,但不能看成是小说中的叙述人语言,因为它不承担故事的叙述,只是戏剧演出的"此刻"关于舞台场景或戏剧人物动作的一种提示和说明。构成戏剧文本主体的戏剧人物语言,即对白、独白、旁白以及唱词等,成为一种展示人物性格和推动剧情发展的言语动作,它本身就是戏剧动作的主要组成部分。戏剧人物语言必须具有两个同等重要的功能:其一,它必须能够充分显示人物意愿、意图或意志,必须能够提示出人物与人物之间以及人物与内心各种隐秘的欲望、意念之间的矛盾冲突,即它必须承担推动剧情发展的功能;其二,戏剧人物语言必须能够充分展示人物性格,即承担起显示人物个性、塑造人物形象的功能。剧本不可能像小说文本那样通过其他艺术手段来刻画人物性格,而必须通过戏剧人物语言和以人物行动来展示人物个性,这是剧本塑造人物形象的主要的甚至可以说是唯一的手段。

潜台词是指隐藏的剧本角色言语行为,即台词背后的话语实质,包括说话者的目的、言外之意和未尽之言等。

剧本是一种代言体,它只用剧中人物自己的语言和行动来展示他们自己。在剧本阅读中,这种提示对于我们理解特定情境中的人物动作,把握人物性格等,的确具有绝对不能忽视的作用。但是,剧本最终不能依靠舞台指示语来表现人物。靠他们的台词,许多情况下,它们更表现为"潜台词"的深刻力量。由于潜藏在人物台词(主要是对白)背后的言外之意和未尽之言等,总是准确地传达着人物潜在的心理动机和真正的话语目的,从而引发某种深层的心理交锋,形成剧本内在的戏剧性,因此,人物话语行为(对话)作为一种戏剧动作,它的动作性实际上就是由潜台词的作用造成的。而对于潜台词的体味和发掘,无疑也成为戏剧文学文本解读中一个必须给予充分注意的层面。如《雷雨》中,周朴园让繁漪去看病,繁漪说:"我若真的有病,也不是医生能治得好的。"这句话一语双关,既是对自己命运的抱怨,又是对周朴园的怨恨,同时也是对他权威的一种挑战。从这些话中,我们便可看出她那一种追求自己所要的强烈的情感。她本是一个年轻的女子而被周朴园娶来,在周公馆,唯一给她一点希望的周萍又对她若即若离,她的这些委屈、这些痛苦、这些自己心中的郁闷都在同周朴园对话的字里行间渗透出来。

二、解读戏剧悬念

比如易卜生的《玩偶之家》第一幕:柯洛克斯泰来到娜拉家中,告诉她如果自己被她的丈夫海尔茂解雇,他就要公开八年前那张由她伪造签名的借据,娜拉和她的丈夫会因为这张借据的公开而身败名裂。对于娜拉来说,这是一个危机,而对于观众来说,这又是由戏剧情境的设置造成的一个戏剧悬念。娜拉将怎样面对这一突变?她的丈夫如何接受这件八年前的往事?她的生活的正常行进过程已经被阻断,那么,她的命运将出现怎样的变化?这些被要求给予答案的问题,会激起并保持读者(观众)对这部剧作的阅读(观赏)兴趣。

戏剧悬念指戏剧文本中那些能够唤起读者(观众)某种期待,并引起他们探究兴趣的文本因素。悬念的设置并非为戏剧所独有,小说中也有悬念,特别在那些情节性很强的小说中,悬念也是维持读者阅读兴趣的重要因素。但比较而言,悬念对于戏剧的重要性无疑要超过小说。这当然也与戏剧艺术的特点有关。一部正在舞台上上演的剧作,必须能让观众对剧情的发展不断有所期待并保持持久的探究兴趣,否则戏剧演出的艺术效果将无从谈起。我们从前面对于《玩偶之家》的简单概述,一部剧作的戏剧悬念形成的时候,往往也是戏剧冲突以及戏剧动作真正开始的时候,毫无疑问,悬念最终被破解的时刻,也将是戏剧冲突得以解决、戏剧动作最后完成的时刻。从这一层面看,悬念的设置,还关系到一部剧作是否真正具有戏剧性的问题。

从剧本解读的角度,我们针对戏剧悬念应该提出的问题则是:怎样的悬念设置才算是成功的?有两个关键性的要点是我们应该特别注意的:其一,成功的戏剧悬念的设置与戏剧情景的创造密不可分;其二,成功的戏剧悬念应该成为引导读者(观众)对于剧本作出准确解读的路标。特定的戏剧情境向观众预示的悬而未决的戏剧冲突,以及由此引发的观众对于人物动作和人物命运的关注,才是真正能够唤起并维持观众持久兴趣的因素。剧作借助悬念的设置提出的那些引起读者(观众)关注、期待的问题,也在暗示着冲突的性质和戏剧动作的运动方向,因而也就具有了对于戏剧主题(意向)的指向性,它在引起我们关注剧情进一步发展的同时,也相应地引起我们对于剧本寄寓的主题思想的关注。大多数情况下,解读者可以依靠悬念这一路标的指引,对于剧本主题(意向)作出准确的解读。

三、解读戏剧冲突

没有冲突就没有戏剧,这与戏剧艺术本身的特征有关。戏剧要能"演"也就必须有"戏",要能够以自己强烈的戏剧性吸引观众。紧张激烈的戏剧冲突总是戏剧性的重要来源,也是戏剧性的最集中的体现形式。"一个剧本要激起并保持观众的兴趣,造成悬疑的气氛,在于要依赖'冲突'。"①对于戏剧冲突的观察和理解,也是戏剧文学文本解读的关键。从本质上看,作为剧本"灵魂"的戏剧冲突,无疑仍是社会生活中矛盾冲突的艺术化反映。是否能够成功地安排和组织戏剧冲突,也直接决定着剧本的艺术成败,绝大多数情况下,剧作家对于戏剧的艺术化处理,总是解读者从整体上把握剧本的思想主题和艺术独创性的重要层面。

《雷雨》的主题就是通过繁漪与周朴园之间冲突的展开得以表现的。剧中处于中心地位的戏剧冲突,亦为剧作家在剧中集中展示的,就是繁漪对于周朴园这个冷酷、伪善、专横的周家第一伪君子的反抗。剧本中展示的鲁大海与周朴园之间以及侍萍与周朴园之间的冲突,也是值得注意的,从某种意义上看,这两组冲突也许更能提示出一种深刻的社会矛盾、阶级矛盾。但是,从整个戏剧结构上看,这两组冲突只在第二幕分别用两个戏剧场景做了一些展示,而并没有充分展开。相反,繁漪与周朴园的冲突,则贯穿全剧始终。以繁漪与周朴园之间的冲突为中心展开剧情,恰与剧作家为剧作确立的思想主题一致。戏剧冲突的选择和处理以恰当有力地刻画了人物性格为其成功的标志的。因此,戏剧文本解读中,在通过戏剧冲突的观察把握文本主题的同时,还应该注意剧本通过冲突的展示完成的人物性格的刻画。

四、解读戏剧结构

戏剧结构也称"布局",是指剧作从全剧出发,对戏剧冲突、戏剧动作(情节)在有限的舞台时空中所作的组织和安排。

戏剧文本解读部分特别要谈到结构的问题,是因为这一问题对于戏剧文本来说的确非常重要。应该承认,由于其他的文学文本类型都不受或较少受到时空的限制,因而无论小说家或者诗人、散文家,他们都享有更大的从表达的需要出发选择文本组织形式的自由,而剧作家没有这样的自由。戏剧艺术的时空限制性使剧作家必须永远面对实际生活空间和事件时间的无限延展性,与舞台空间和演出时间的严格限制性这两者之间的矛盾。

---

① 布罗凯特:《世界戏剧艺术欣赏——世界戏剧史》,胡耀恒译,中国戏剧出版社,1987年版,第28页。

从这一角度看,作为文本组织形式的戏剧结构,对于剧作家无疑具有特殊的重要意义。

传统戏剧大体形成了"开放式"、"人像展览式"和"锁闭式"三种基本的结构范型。开放式结构的剧情总是按故事发生、发展、高潮、结局的自然时间顺序展开,极少回叙成分,能够让观众非常方便地从头到尾原原本本地了解剧情的自然发展过程,是在中国传统戏曲中被广泛采用的戏剧结构方式。人像展览式结构则是一种以刻画人物群像为主,通过人物群像的刻画来展示社会风貌的戏剧结构方式。这一结构方式主要是将众多类似人物速写的戏剧片断巧妙组合,形成时代剪影似的社会风俗画,由此展开时代的变迁和历史的发展。老舍的《茶馆》就是典型的人像展览式结构。锁闭式结构也称"回顾式",这种结构方式的剧本总是从危机出现的那一刻开场,运用回顾的方法,将开场前发生的事件和当前的戏剧动作融汇在一起,用因为过去事件被揭示造成的危机来显示人物关系和人物命运的巨大变化,并迅速将剧情推向高潮。这类剧作一般出场人物不多,戏剧展开的时间、地点较集中,戏剧冲突紧张激烈,戏剧动作往往也更显得强劲有力。在戏剧文本的解读中,应注意剧本的结构形式,把握剧本结构中心,不仅能够从整体上观察剧本各部分之间以及构成剧情发展的各个戏剧段落、戏剧场景之间的有机联系,进而领会剧作家独到的艺术匠心,而且还要找到一个更加准确地解读戏剧人物、戏剧主题的角度。

第六节　影视文学(艺术)的解读

影视文学是指通过广播电视声画媒介,以听觉和视觉传达设计为着眼点,运用文学创作的一般规律结构情节、塑造形象、营造氛围、抒发感情,给受众以文学审美情趣的文学类型。它把绘画与戏剧、音乐与雕塑、建筑与舞蹈、视觉形象与有声语言联结成为统一的综合体。从本质属性来看,影视文学首先是文学,它是文学的一种样式,因而它同其他文学样式有着密切的血缘关系和共同规律;同时,影视文学借助于影视传播媒介,因而又不可避免地带上了影视媒介特点。影视文学是传统文学与新兴影视相结合的产物,是文学的一个分支,是一种可以与传统文学样式并列的新兴文学样式,亦即人们所说的第五文学样式。

需要说明的是,在影视文学中,电视文学作品是涵盖所有用电视手段来表现文学形式的荧屏声画作品,包括电视小说、电视散文、电视诗歌、电视报告文学等,我们这里主要是指叙事性的电视剧。

一、影视文学的基本特征与影视艺术的审美属性

影视文学即电影、电视的文学剧本。其基本构成依然是人物形象、故事结构、情节冲突和语言等,它的基本特征主要是:可视性、动作性和蒙太奇结构。

1. 可视性,即指影视文学剧本用文学所描写的形象能够鲜明地体现出视觉形象,具有具体实在的视像性。以路遥小说《人生》和电影剧本《人生》为例来说明。原作中高加林离

开村子的时候,他父亲正病着。母亲要侍候他父亲,也没来送他。只有一往情深的刘巧珍伴着他出了村,一直把他送到河湾里的分路口上。铺盖和箱子在前几天已运走了,他只带个提包。巧珍像城里姑娘一样,大方地和他一边扯一根提包系子。他们在河湾的分路口上站住后,默默地相对而立。这里,他曾亲过她。但现在是白天,他不能亲她了。

  "加林哥,你常想着我……"巧珍牙咬着嘴唇,泪水在脸上扑簌簌地淌了下来。加林对她点点头。"你就和我一个人好……"巧珍抬起泪水斑斑的脸,望着他的脸。加林又对她点点头,怔怔地望了她一眼,就慢慢转过了身。他上了公路,回过头来,见巧珍还站在河湾里望着他。泪水一下子模糊了高加林的眼睛。

  他久久地站着,望着巧珍白杨树一般可爱的身姿;望着高家村参差不齐的村舍;望着绿色笼罩了的大马河川道;心里一下子涌起了一股依恋的感情。尽管他渴望离开这里,到更广阔的天地去生活,但他觉得对这生他养他的故乡田地,内心里仍然是深深热爱着的!

  他用手指头抹去眼角泪水,坚决地转过身,向县城走去了。

  前面,在生活的道路上,他将会怎样下去呢?

电影剧本:

    白天,高家沟村口的河湾里。

    加林提着个提包,和巧珍相对而立。

    巧珍牙咬着嘴唇,泪水在脸上扑簌簌地淌着。

    巧珍:"加林哥,你常想着我……"

    加林点点头。巧珍:"你就和我一个人好……"

    加林又点点头。公路上。加林站在公路边上,他看见——

    站在河湾里的巧珍。高家沟参差不齐的村舍。

    绿色笼罩了的大马河川道……

    他用手指头抹去眼角的泪水,转过身,向县城走去了……

    主题歌起。

  可以看出,剧本基本保留了小说中能够转化为视觉形象的句子而删除了其议论抒情成分,有效突出强化了文本的可视性特性。小说和电影剧本同为一个作者(路遥),但由于文本类型的不同要求而有不小的差异。

2.动作性,即影视文学剧本对人物的描写是具有清晰丰富的动作的描写。动作性在文本中起到表情达意,揭示人物性格特征和心理状态的有效手段,同时也是构造冲突、推进剧情发展的动力。

    巧珍家。巧珍从饭盘里拿了几个碟子往外走。

    立本在门口斜了一眼,说:"那还能待客?"

    巧珍一愣。立本过来在箱子里取出了几个新碟子,毫无表情地放在箱盖上。

  巧珍把旧碟子放下,拿起新碟子,冲父亲背影一笑,出了门。

这里就深刻体现了巧珍和她父亲刘立本的心理状态。

3. 蒙太奇结构,即指影视文学剧本把许多内容不同、场景各异的画面,按照创作的意图予以组接,使之产生连贯、对比和节奏等艺术效果的特殊结构方式。蒙太奇思维组织叙事,既体现在影视镜头的组接上,也体现在剧本的写作上,这使得影视文学具有了跳跃性的特征。如电影剧本《人生》:

> 夜。加林在公共车上望着夜晚光华灿烂的城市。
> 汽车驰向远处,车尾的灯愈变愈小……
> 变小的车尾灯化为一盏小小的煤油灯。
> 夜。巧珍的窑洞。她静静地靠在铺盖卷上。
> 灯光映照出她憔悴的脸。
> 白天。她担着水走过村中小路。
> 她在山坡上砍干枯了的高粱秆。
> 她挽着筐子走过冬天的原野……

随着电影电视的蓬勃发展,我们已经进入了"读图时代"。在日常生活中对于大多数人来说,阅读影视文学剧本亦即纯文字文本的人并不很多,更多的是对影像文本(视听文本)的观看。影视文学既是影视艺术的重要组成部分,同时又具有一定的独立性。影视文学的出现是以影视艺术的成熟为前提的,没有影视艺术就没有影视文学。从艺术学的角度看,影视影像文本也可以称为影视艺术,其在发展过程中形成了不同于其他艺术样式的独特的艺术特性。了解这些特性,将有利于提升我们对影视艺术的解读能力。因此,对影视文学的解读我们应注重对影像文本进行阐释和说明。

1. 造型性

影视艺术是以视觉为主的银屏艺术。而视觉造型的主要元素是指影视艺术中用以塑造和表现画面形象所依赖的各种手段,如构图、光影、化妆、道具、服装、特技等。影视的视觉造型性的核心因素是画面构成的造型,画面是构成影视的基本单位,是影视的语汇,就如文学中的文字、绘画中的线条、音乐中的声符。没有画面,就没有影视艺术的存在。影视视觉造型的画面语言,综合了画面的光彩、构图以及镜头剪辑等所造成的节奏和情绪冲击力,因此往往显得十分洗练独特,意境优美。

2. 运动性

影视艺术属于"有声有画的活动影像",运动性是其最具魅力的美学特征。影视不只能够再现或表现形形色色的物质运动和运动的物质,而且自身也就是运动的物质,也有自己运动的规律。

影视通过运动着的画面表现运动着的人和事物的状态,影视画面显然与绘画、摄影等造型艺术有本质的区别。绘画和摄影是以静止的、凝固的、完整的构图来建构画面,以造型隽永的典型形象来表现自然和社会生活。与绘画、摄影艺术呈现的瞬间动态造型的凝固画面和影视艺术连续的、瞬间即逝的画面和"一次过"的欣赏方式是不一样的。场景不断地变换,人物不断地活动,事件在不断地发展,时间在不断地流逝,一切都处在运动中。运动性是影视艺术最富魅力的美学特性。影视可以通过摄影机的推、拉、摇、移、跟与变焦等手段,改变摄影机与所摄对象的视角和距离,从而扩大时间和空间。它不仅可以制造动感和动势,而且可以制造节奏和韵律,在表现功能上起到叙述、描写、议论、抒情或渲染气氛等作用。

除此以外,影视的运动性还应包括光影与色彩的运动、心理运动以及运动的节奏等,它们和上述运动的基本形式一起构成了影视的综合运动。

3. 逼真性

真实是艺术的生命,任何艺术都要求真实地反映生活。影视反映生活的真实程度最高。

写实主义影视作品作为一种叙事体裁,再现生活真实的纪实原则是它得以存在的基础。与别的艺术门类相比,影视艺术是最接近生活的艺术,也是最逼真地去表现生活的艺术。逼真性是影视艺术最基本的美学特征。一方面,影视艺术反映的是实实在在的生活和实实在在的人物,它与带有假定性的戏剧是大不相同的,因而它要求演员在镜头前不能"做戏",要做"没有表演的表演"。一些优秀影视作品的创作者不但重视思想内容和故事情节的逼真,而且对人物的造型、服饰、道具等细节的逼真也总是一丝不苟,刻意求真。影视艺术逼真性的另一方面是听觉的逼真感。越来越先进的音响录制技术所创造的枪炮声、马达声、讲话声、风雨声……声声入耳,使观众得到了声色并茂、耳目共悦的视听享受和审美体验。

4. 虚构性

虚构性就是艺术虚构。虚构性是艺术家用以反映客观现实和表现情感的特殊手段。影视作品塑造的艺术形象和表现的客观现实都有别于实际生活中具体的事物,把实际生活中的具体事物创造成艺术形象,必然要集中、加工、改造。影视又是在一个时间序列中反映生活的,像《孔繁森》这样90分钟左右的影片,却表现了孔繁森几十年的生活经历。影视要借助艺术的假定性将现实生活的人与事进行取舍、提炼和集中。现代电影的场景可以是现实的空间环境,也可以是非现实的空间环境,影视创作的拍摄过程中要选择实景或美工布景,这一过程就体现了虚构性。《洛杉矶大地震》中的地震情景都是运用计算机虚拟技术或模型仿真手段将无法实现的场景生动地展示在观众眼前的;影片《黄土地》中运用大量的土地、黄河、窑洞、整体的空间外象。这些场景的假定不仅是出于拍摄技术和成本的需要,而且往往也是影视美学表现的需要。

5. 综合性

影视艺术从其本质上说,是一种综合艺术。综合性是它具有的又一审美特性。影视艺术将视觉艺术与听觉艺术、时间艺术与空间艺术、纪实艺术与表演艺术、再现艺术与表现艺术有机地综合到一起,成为时空综合、视听综合、表现与再现统一、纪实与抒情统一、技术与艺术统一的一种独立艺术。这种综合性,使得影视艺术成为一种集体创作的艺术,将编、导、演、摄、美、录、音、服、化等多个职能部门集合在一起,在导演的总体构思和制片人的宏观策划下来共同完成摄制任务。据统计,美国拍一部电影平均需要动用250个左右不同行业的人,也就是说需要这么多的人进行分工协作。

二、影视文本解读的主要因素

(一)文学构成因素

1. 人物形象

实际上,即使影视剧本转换成为影像文本,其文学性依然是显在的。影视文本和其他文学创作一样不能违背创作的基本规律,那就是必须塑造活生生的人物形象,表现出这些生活在特定环境之中的典型性格,这样就要有一个完整的文学创作构思。影视文学是一部完整的作品,从人物到情节都是一个系统的整体。如果只有故事情节而没有人物形象,就不能感染观众,其艺术魅力和社会效果就会大打折扣。影视是通过形象特别是人物形象,直接诉诸观众的视觉和听觉的,它不依赖于文学描绘而依赖于形体动作,影视剧本揭示人物性格的方法是造型而不是文学描写,应当建立在动作的视觉造型和影视镜头的手段之上,服从影视文学的结构规律。因而,对影视文学来说,只有当它创造出了具有银幕或荧屏意义的典型才算是成功的。

成功的人物形象塑造主要通过造型、对话、细节刻画、形体动作等镜头语言得以传达和表现。中国20世纪50年代以来的影视文本就塑造了许许多多令人难忘的人物形象,如张嘎子(《小兵张嘎》)、乔安山(《离开雷锋的日子》)、和珅(《刘罗锅》)、李云龙(《亮剑》)、姜大牙(《历史的天空》),等等。

2. 情节结构

在一部影片中能够吸引观众的艺术力量有多种因素,但基础则是处理好人物的相互关系以及情节的真实性、生动性。情节的构成基础是人物的行动,电影艺术的特点之一是以动作表现人物的思想。所以,一般来说,一部优秀的故事片中的好的、感人的、令人难忘的情节都是以人物的动作为基础的。在传统结构方式中,电影同其他艺术形式一样都有一个对自身组织结构的要求。结构的原则应是必须从生活出发,必须服从主题的需要,必须服从塑造人物形象的需要和使剧情引人入胜。一部影片不可能在人物一出面就能够把他的性格统统地表现出来,而是伴随着情节的发展,通过矛盾的不断出现和形成,把人物比较完整地呈现在观众面前,从而使观众比较全面地掌握人物的性格特点。故事情节的安排和构成是为表现主题服务的。文艺作品的思想倾向应该是从作品的场面和情节中流露出来。情节对表现主题有很大的重要性,电影要表意,不能靠一些抽象的议论来表现主题,只能通过具体生动的故事情节、场面来自然地表现主题。

常见的电影结构形式,有如下三种:戏剧式结构、散文式结构和小说式结构。所谓戏剧式结构,就是运用电影特有的表现手段来组织和安排戏剧冲突的剧作结构样式,如美国影片《魂断蓝桥》。散文式结构有情节的散淡性和布局的松散性等特点,它主张用情节淡化来取代人为的强化,主张用开放式来取代有头有尾、头尾呼应的封闭式,主张多侧面、多场景、多穿插地叙述表现法来取代程式化的情节发展过程。如电影《城南旧事》用在淡淡的哀愁与沉沉的乡思意境追求中所体现出的民族感情把各种生活事件串联起来。小说式结构的结构特征、表现手法与小说艺术有类似处。有相对自由的叙述状态,有剧情的广阔性和铺展性,致力于各种场面刻画的累积,描写人物思想感情和心理状态的细微变化,追求人物性格塑造的细腻性和丰满性等。与戏剧式或散文式比,小说式结构尽管在情节方面不如戏剧式那样富有吸引力,主题的意蕴不如散文式那样含蓄丰富,富有哲理性,但是在表现社会生活的广阔性、人物性格的丰富性和复杂性、主题思想的深刻性上,都是戏剧式和散文式难以企及的,较为典型的如影片《高山下的花环》。

3. 语言

影视人物语言包括对话、独白、人物画外音等。其中对话是人物语言最主要的部分。对话是指两个或两个以上的人物之间的谈话。对话必须把故事信息或事实传达给观众;必须推动故事向前发展;必须揭示人物;必须展开人物之间和人物内部的矛盾冲突以及展现人物的情感状况和性格的独特之处。也就是说,对话推动情节的发展,展露人物内部心理。独白是指剧中人物的自言自语。独白有时是一个人与自己说话,有时是在电话中,听不到对方发音,而在效果上形成独白。独白是对话的补充、对话的简化(如电话独白),是情节中言语动作的一部分。旁白是指语言不是剧中人的动作产生的反馈行为,它是剧中人物对观众说的话。在电影剧本中,它一般用于解说、评论等。

影视语言有性格化和丰富性等特征,通过语言展现人物的个性,通过潜台词的丰富语言与其形态动作和心理活动相呼应,使人物形象更生动,故事更富于戏剧性,让观众获得更多的审美体味。近年来,一些电视连续剧,在维持故事的发展演进、展现人物性格上,人物对话上升到很重要的地位。如《我爱我家》、《地下交通站》,每一集都刻意创造诙谐有趣的对话,以此来抓着观众,给观众带来欢笑,使之获得审美愉悦。

4. 真实准确、鲜明生动的细节

电影细节是对客观表现对象的某些局部或微小变化所进行的细腻描写。细微的东西由于摄影镜头的变焦移动或特写处理,获得了极大的表现力,因而细节便创造了视觉艺术的审美价值。细节描写分为人物细节描写、物件细节描写、事件细节描写等。电影作品中的人物性格、事件发展、典型环境、主题思想,都是通过许多有机联系的细节描写来表现的。真实准确、鲜明生动的细节描写,往往能够起到以一当十、画龙点睛的作用。在电影《拯救大兵瑞恩》中,没有采用大场面来表现战争,在长达20多分钟的奥玛夏登陆战中使用了精心的细节描绘和刻画。影片中的每一件衣服、每一个道具、每一张面孔都无可挑剔。据统计,在这场150个镜头的战争戏中,细节描写占了将近半数。正是这些丰富逼真的细节勾勒出一场比以往银幕上常见的战争形态更激烈残酷的战斗情状。

没有没有细节的电影,只有细节传播表达不到位的电影。细节场景调度的合理与否直接凸显了电影质量的好坏。对一部作品来说,细节场景与特写镜头虽然看似只是局部或者说是有机的组成部分,并非影片的整体展现,但细节场景处理得不到位,特写镜头安排得不合理甚至于随意,都将直接影响到电影本质化的传播和完成效果。这都是我们在解读影视文本的时候应当注意的。

(二)技术构成因素

1. 镜头

电影和电视剧构成的基本单位,简称镜头。镜头由以下几个因素构成。①画面,包括一个或数个不同的画面。②景别,包括远景、全景、中景、近景和特写。③拍摄角度,包括平、仰、俯、正、反、侧几种。④镜头的运动,即摄影机的运动,包括摇、推、拉、移、跟、升、降和变焦,有时几种方式可结合使用。⑤镜头的长度。⑥镜头的声音,包括画面内的和画面外的。镜头的组接是电影构成的方式,又称蒙太奇。组接基本上分为切分和组合两种。它根据影片内容的要求、情节的发展以及观众心理合乎逻辑而进行。

根据拍摄方式的不同,可分为固定镜头和运动镜头。特别是要了解运动镜头中的"推、拉、摇、移、跟、升、降"等拍摄方法。运用不同的拍摄方法,便能产生特殊的艺术效果。不同的景别,在影片中也需要不同的艺术手段。如远景、全景、近景、特写等。镜头分为不同的景别,是为了按照电影艺术的特殊表现方式,根据表现对象的大小远近、内容的主次轻重,给予恰当的表现,以达到准确地叙述和艺术地描写之作用。各类景别相互依赖,同时又各自具有不同的功能。如远景、全景可以完整地展示人物动作、广阔的环境及其相互关系,在表现群众场面、运动场面、显示人物行为与精神气势、描绘气氛、意境等方面具有较突出的表现力。特写、近景表现的内容单一、集中,可以将对象放大,不仅再现、描绘得特别清楚细致,而且具有突出与强调的作用。中景长于展示人物之间、人物与环境之间的交流和关系,在叙述内容时起着重要作用。

另外,还有一种空镜头。这种镜头以具体的视觉形象(即画面)表明一定的时间、地点,没有人物,没有语言,只表现具有一定寓意的自然景物和气氛的场面。如山水、青松、月亮、飞鸟等。它是使电影富有诗情画意的重要手段,从而造成宽广深邃的意境。

2. 蒙太奇

蒙太奇(Montage)在法语是"剪接"的意思,到了后来它被发展成一种电影中镜头组合的理论。电影和电视剧将一系列在不同地点、从不同距离和角度、以不同方法拍摄的不同镜头排列组合起来,叙述情节,刻画人物。在制作中,导演按照剧本或影片的主题思想,按原定的创作构思,把这些镜头有机地、艺术地组织、剪辑在一起,使之产生连贯联系和快慢不同的节奏,从而组成一部反映一定的社会生活和思想感情的影片,这些构成形式与构成方式,就叫蒙太奇。如果说画面和音响是电影导演与观众交流的"语汇",那么,把画面、音响构成镜头和用镜头的组接来构成影片的规律所运用的蒙太奇手段,那就是导演的"语法"了。一部当代的故事影片,一般要由五百至一千个镜头组成。每一个镜头的景别、角度、运动形式,以及画面与音响组合的方式,都包含着蒙太奇的因素。

蒙太奇的功能主要是通过镜头、场面、段落的分切与组接,对素材进行选择和取舍,以使表现内容主次分明,达到高度的概括和集中。引导观众的注意力,激发观众的联想。每个镜头虽然只表现一定的内容,但组接一定顺序的镜头,能够规范和引导观众的情绪和心理,启迪观众思考。同时,蒙太奇创造了独特的影视时间和空间。每个镜头都是对现实时空的记录,经过剪辑,实现对时空的再造,形成独特的影视时空。蒙太奇具有叙事和表意两大功能,据此,我们可以把蒙太奇划分为三种最基本的类型:叙事蒙太奇、表现蒙太奇、理性蒙太奇。前一种是叙事手段,后两类主要用以表意,并且在此基础上还可以进行第二级划分。

第一种:叙事蒙太奇

这种蒙太奇由美国电影大师格里菲斯等人首创,是影视片中最常用的一种叙事方法,它的特征是以交代情节、展示事件为主旨,按照情节发展的时间流程、因果关系来分切组合镜头、场面和段落,从而引导观众理解剧情。这种蒙太奇组接脉络清楚,逻辑连贯,明白易懂。叙事蒙太奇又包含下述几种具体技巧:

(1)平行蒙太奇

这种蒙太奇常以不同时空(或同时异地)发生的两条或两条以上的情节线并列表现,分头叙述而统一在一个完整的结构之中。格里菲斯、希区柯克都是极善于运用这种蒙太奇的大师。平行蒙太奇应用广泛,原因有二:首先,用它处理剧情可以删节过程以利于概括集中,节省篇幅,扩大影片的信息量,并加强影片的节奏;其次,由于这种手法是几条线索平列表现,相互烘托,形成对比,易于产生强烈的艺术感染效果。如影片《大决战》中,导演用平行蒙太奇表现敌我双方战前运筹的场面,造成了扣人心弦的节奏。

(2)交叉蒙太奇

又称交替蒙太奇,它将同一时间不同地域发生的两条或数条情节线迅速而频繁地交替剪接在一起,其中一条线索的发展往往影响另外线索,各条线索相互依存,最后汇合在一起。这种剪辑技巧极易引起悬念,造成紧张激烈的气氛,加强矛盾冲突的尖锐性,是掌握观众情绪的有力手法,惊险片、恐怖片和战争片常用此法造成追逐和惊险的场面。如电视剧《亮剑》中伏击日军战地参观团一段,将我军和敌军的行动两条线索交替剪接在一起,表现了那场惊心动魄的战斗。

(3)颠倒蒙太奇

这是一种打乱结构的蒙太奇方式,先展现故事或事件的现在状态,然后再回去介绍故事的始末,表现为事件概念上过去与现在的重新组合。它常借助叠印、划变、画外音、旁白等转入倒叙。运用颠倒式蒙太奇,打乱的是事件顺序,但时空关系仍须交代清楚,叙事仍应符合逻辑关系,事件的回顾和推理都用这种方式结构。如电影《我的父亲母亲》、《泰坦尼克号》。

第二种:表现蒙太奇

表现蒙太奇是以镜头对列为基础,通过相连镜头在形式或内容上相互对照、冲击,从而产生单个镜头本身所不具有的丰富涵义,以表达某种情绪或思想。其目的在于激发观众的联想,启迪观众的思考。表现蒙太奇又可以包含以下几种具体技巧。

(1)抒情蒙太奇

抒情蒙太奇是一种在保证叙事和描写的连贯性的同时,表现超越剧情之上的思想和情感。让·米特里指出:它的本意既是叙述故事,亦是绘声绘色的渲染,并且更偏重于后者。意义重大的事件被分解成一系列近景或特写,从不同的侧面和角度捕捉事物的本质含义,渲染事物的特征。最常见、最易被感受到的抒情蒙太奇,往往在一段叙事场面之后,恰当地切入象征情绪情感的空镜头。如苏联影片《乡村女教师》中,瓦尔瓦拉和马尔蒂诺夫相爱了,马尔蒂诺夫试探地问她是否永远等待他。她一往情深地答道:"永远!"紧接着画面中切入两个盛开的花枝的镜头。它本与剧情并无直接关系,但却恰当地抒发了作者与人物的情感。

(2)心理蒙太奇

心理蒙太奇是人物心理描写的重要手段,它通过画面镜头组接或声画有机结合,形象生动地展示出人物的内心世界,常用于表现人物的梦境、回忆、闪念、幻觉、遐想、思索等精神活动。这种蒙太奇在剪接技巧上多用交叉穿插等手法,其特点是画面和声音形象的片断性、叙述的不连贯性和节奏的跳跃性,声画形象带有剧中人强烈的主观性。如电影《蝴蝶梦》、《十三棵泡桐》。

(3) 隐喻蒙太奇

隐喻蒙太奇通过镜头或场面的对列进行类比,含蓄而形象地表达创作者的某种寓意。这种手法往往将不同事物之间某种相似的特征突现出来,以引起观众的联想,领会导演的寓意和领略事件的情绪色彩。如普多夫金在《母亲》一片中,将工人示威游行的镜头与春天冰河水解冻的镜头组接在一起,用以比喻革命运动势不可挡;一位烈士倒在敌人的枪弹下,紧接其后的镜头是翠柏青松;少女失恋了,紧接下来的画面是雨中的一只孤雁等。隐喻蒙太奇将巨大的概括力和极度简洁的表现手法相结合,往往具有强烈的情绪感染力。不过,运用这种手法应当谨慎,隐喻与叙述应有机结合,避免生硬牵强。

(三) 声音和音乐

声音进入电影以后,电影才真正成为高度综合的艺术。声音推动着电影的成熟,使电影能表现更深的内涵,这就要求电影拍摄前必须有认真的思考、完整而严密的构思。电影剧本的重要性因而也在电影创作中显示出来。电影中的声音包括人物语言、音乐、音响等。人物的语言是电影声音中最有影响力的因素。前面我们已经提到人物语言事实上也是人物外部动作的一部分:语言动作。语言所特有的明确交流功能,使它在电影剧本中占有独立的地位。

影视作品有了音乐,其作为视听艺术才更加丰满,具有更强的艺术感染力。影视音乐不是纯音乐,它是为影视作品而存在的音乐。其片段性、不连续性和非独立性特征就成为它区别于其他音乐的重要标志。影视音乐的构成主要包括:主题音乐、背景音乐、叙事性音乐、情绪音乐、节奏气氛音乐以及时空过渡的连续音乐等。在影视作品中,影视音乐不是自成系统、独立存在的,而是作为一个组成元素,为影片主题、人物、情节的塑造和发展服务的。音乐与对白、旁白、音响效果等其他声音因素结合后,如与画面配合得当,能使观众在接受视觉形象时,补充和深化对影片的艺术感受。因此,好的电影音乐能使原本平实的电影回味深长。

有学者把电影音乐的功能分为三大类:一是物理功能(地点设定、时间设定、加强动作等),二是心理功能(铺设氛围、揭示人物情绪、暗示线索等),三是结构功能(组接场景、主题贯串全片等)。欣赏一部电影,除了唯美的画面、精彩的故事情节会给我们留下深刻的印象外,好的音乐也会让人难以忘怀。如澳大利亚著名影星兼导演和制片人梅尔·吉布森的影片《勇敢的心》,音乐中使用了苏格兰民族器乐,表现出音乐的质朴纯情,感人至深,其在渲染气氛、抒发人物的内心情感、深化影片的主题思想等方面起了极大的作用。一段段恰当美妙的音乐不断激发观众内心深处的情感,令人愉悦,使人感动。再如王家卫电影音乐的叙事功能也尤为突出,《花样年华》等影片使音乐的表情符号与电影的情节内容更好的融为一体。

很多时候电影音乐带给观众的不仅仅是感情的交流,而且还会留下经典的回忆。主题曲(或插曲)是电影和电视剧中的一个重要元素,尤其是和故事情节配合得天衣无缝的优美主题曲,不但能起到叙事抒情的作用,更能引起观众共鸣,给人留下难以磨灭的印象。有时候,电影可能被人们淡忘了,但一首脍炙人口的主题曲或插曲却能做到恒久远、永流传。像电影《小花》中《妹妹找哥泪花流》、电影《归心似箭》中的《雁南飞》,从1979年开始唱红整个80年代,至今依然是脍炙人口的经典歌曲;电视剧《水浒传》中的《好汉歌》在当时也被无数国人传唱,影响深广。

除此之外,还有如色彩、画面、道具等,也是解读影视文本中不可忽视的艺术元素,这里不再详细论述。

名词解释

1. 意境:意境是中国古典诗学的重要范畴,指诗人的主观情意与客观物象相互交融而形成的一种艺术境界或审美境界。意境是一种特殊的意象体系。在这种体系中,既有鲜明的富于启示性的生活景象的图画,又包含着丰富的可供思索体味的意蕴,二者有机融合所形成的艺术境界即意境。意境具有具体可感性、空间性、超越性和哲理性等特点。

2. 意蕴:意蕴就是文学作品里面蕴藏着的理性内涵,是艺术作品的灵魂。它渗透、蕴涵于具体可感的形象中,体现了艺术家对人生对世界的感悟、理解和认识,必须靠感悟、分析、抽象才能把握。它可以分为政治性意蕴,伦理性意蕴,社会性意蕴,人生意蕴等类型。文学文本的意蕴不是单一的,具有含蓄、多义的特点。

3. 全聚焦叙事:又称全知叙事或零聚焦叙事,是传统的无固定视角的全知叙述。其主要特点就是叙事者无所不知无所不晓,叙述者可以从任何角度、任何时空来叙事,既可以对人物的过去、现在和未来了如指掌,也可以自由地进入人物的内心世界,透视人物的意识或潜意识,所以被比喻为"上帝的眼睛"。

4. 影视文学:是指通过广播电视声画媒介,以听觉和视觉传达设计为着眼点,运用文学创作的一般规律来结构情节、塑造形象、营造氛围、抒发感情,给受众以文学审美情趣的文学类型。它把绘画与戏剧、音乐与雕塑、建筑与舞蹈、风景与人物、视觉形象与有声语言联结成为统一的综合体,是传统文学与新兴影视相结合的产物。作为文学的一个分支,被人们称为第五文学样式。

5. 蒙太奇:法语(Montage),原是"剪接"的意思,后来被发展成一种电影镜头组合的理论。在影视制作中,导演按照剧本或影片的主题思想,按原定的创作构思,把这些镜头有机地、艺术地剪辑组织在一起,使之产生连贯联系和快慢不同的节奏,从而组成一部反映一定的社会生活和思想感情的影片,这些构成形式与构成方式,就叫蒙太奇。其功能主要是通过镜头、场面、段落的分切与组接,对素材进行选择和取舍,以使表现内容主次分明,达到高度的概括和集中。蒙太奇具有叙事和表意两大功能,据此,可以把蒙太奇划分为三种最基本的类型:叙事蒙太奇、表现蒙太奇和理性蒙太奇。

思考题

1. 文学作品解读与文学批评是一种什么样的关系?
2. 对小说文本解读时,你喜欢从哪一个角度进行?说说你的理由。
3. 诗歌的意象与意境之间是什么关系?
4. 谈谈你对散文"理趣"的认识。
5. 戏剧文学与影视文学的异同体现在哪里?
6. 解读影视文本一般应注重哪些因素?

阅读链接：

1. 戴维·洛奇：《小说的艺术》，王峻岩等译，作家出版社，1997年版。
2. 米兰·昆德拉：《小说的艺术》，董强译，上海译文出版社，2004年版。
3. 王先霈：《小说技巧探赏》，四川文艺出版社，1986年版。
4. 佘树森：《散文创作艺术》，北京大学出版社，1986年版。
5. 谭霈生：《世界名剧欣赏》，湖南人民出版社，1984年版。
6. 彭吉象等：《影视鉴赏》，高等教育出版社，2006年版。

第九章 文学批评

第一节 文学批评的性质与功能

一、文学批评的含义

文学批评就是以一定的文学观念、文学理论为指导,以文学欣赏为基础,以各种文学现象和文学活动(文学作品、文学创作和文学接受等)为对象的评价和研究活动。批评(Criticism)一词来自西方,原意为判断和评论,后来引申为批评、鉴定、审定等意思。

在中国,先秦时期人们阅读文学作品开始偏重于好坏、美丑、爱憎等方面的直感判断。孔子从文学社会功能方面提出了"兴、观、群、怨"说,孟子总结了我国初期的文学批评经验提出了"知人论世"、"以意逆志"等批评原则。魏晋南北朝时期,文学创作进一步繁荣发展,文学批评经验不断积累,出现了曹丕的《典论·论文》、陆机的《文赋》、刘勰的《文心雕龙》和钟嵘的《诗品》等著作,为建立完整的文学批评理论作了理论准备。唐宋以后,文学批评领域出现了大量的诗话、词话、曲话以及对小说、戏曲的评点等,形成了中国特色的文学批评。西方的文学批评始于古希腊,从柏拉图的《理想国》、亚里士多德的《诗学》到古罗马的贺拉斯的《诗艺》、朗吉弩斯的《论崇高》等,再到文艺复兴但丁的《论俗语》,对史诗戏剧等文学在作用、类型、结构、语言等方面提出了影响深远的理论观点。从18世纪至20世纪初期,涌现了大批重要的文学批评家,如布瓦洛、狄德罗、莱辛、歌德、席勒、黑格尔、泰纳、波德莱尔、别林斯基、尼采等,这期间,马克思、恩格斯的文学批评是19世纪现实主义美学——历史批评发展的高峰;20世纪至今,又出现了精神分析批评、现象学批评、结构主义批评、解释学批评、解构主义批评、新历史主义批评、后殖民主义批评等理论。他们或从重要的作品出发,或从自己创作实践出发,提出了深刻的理论见解,创造了影响至今的批评思想及批评模式。

由此可见,文学批评有着悠久的历史,它既来源于文学实践,又指导着文学实践。而且,从中外古今众多理论家的论述来看,文学批评和文学评论可以说是一个意思,都指的是对作家作品的分析与评价。

二、文学批评的性质

文学批评在整个文学活动中具有十分重要的作用,要了解文学批评在文学活动中的地位和功能,就应当了解文学批评的性质。文学批评的性质可以从以下几个方面来理解。

(一)文学批评是科学性与文学性的统一

文学批评是构成文学活动的环节之一,它不同于文学鉴赏。文学鉴赏是一种以艺术想象为主的审美活动,偏重于对文学作品的审美感受。而文学批评的职能在于通过研究分析作家、作品及其他文学现象,发现和总结规律性的东西,然后归纳上升为理论,从而用以指导文学创作、文学鉴赏等文学实践活动。从这个意义上来说,文学批评是一种以抽象思维为主的科学活动,在仔细阅读、玩味、领会之后进行有说服力的分析说明、归纳、推导,偏重于对作品的理性判断。因此,文学批评虽然以文学鉴赏为基础,但又具有科学研究性。俄国诗人普希金曾指出:"批评是科学,批评是揭示文学艺术作品的美和缺点的科学。它是以充分理解艺术家或作家在自己的作品中所遵循的规律,深刻研究典范的作用和积极观察当代突出的现象为基础的。"①普希金的话说明了文学批评的职能不是别的,而正是对各种文学现象的分析和评价。具体地说,文学批评是以客观性为宗旨,遵循文学创作的规律和文学作品形象体系的内在逻辑,在周密系统的研究上科学地判断文学作品的思想价值、艺术价值及成败得失,并通过对具体文学现象的分析评价,发现和总结艺术规律,从而指导创作和阅读等文学活动。

文学是一种审美的意识形态,批评家只有用直觉领悟和心理体验的艺术思维方式才能进入艺术。这就决定了文学批评不是纯粹客观、抽象的科学活动,它同时还是一种富有艺术情趣的文学活动。批评家通过直觉领会作品的艺术神韵,用形象的文辞来传达批评家的审美印象。在激发读者美感的同时,又能够引导读者玩味领会批评家深沉的人生体验和独到的审美发现,因此它具有文学性,是科学性与文学性的统一。

(二)文学批评是社会批评和美学批评的统一

文学批评是在文学鉴赏的基础上,以美学和历史的观点对各种文学现象进行研究、分析和评价的科学活动。从文学批评的定义上我们不难看出其与美学和历史的内在联系。文学批评要评价各种文学现象,探寻艺术规律,就必须依据历史的和美学的观点进行。因此,我们说文学批评本质上是社会批评和美学批评的辩证统一。

一方面,文学批评离不开社会批评。文学作品不是独立自足地存在的本体,它是社会生活在人头脑中反映的产物,是对社会生活的反映,蕴含了作家对社会生活的理解和评判。同时,创作文学作品的人也是社会的人。因此,正确地评价各种文学现象,正确地判断作品的思想价值和艺术价值,也就离不开社会批评。依照作品内容的不同和批评角度的不同,社会批评分别带有政治意识批评、道德批评等性质。在历史发展的转折变化时期,在社会斗争激化的情况下,文学批评的这些性质会更突显。这时的批评家常常会站在一定立场上,自觉投身意识形态斗争,把文学批评当做提出或维护某种政治思想主张的途径和手段。在社会稳定、经济发展的时期,文学批评的社会政治功能则主要表现为通过思

---

① 伍蠡甫:《西方文论选》下卷,上海译文出版社,1979年版,第373页。

想道德的教化，提高社会发展所必需的文明水平。文学批评的社会政治功能，还表现在批评家通过对作品中蕴含的历史内容和思想倾向的挖掘，提高读者理解现实生活、辨别美丑善恶的能力，从而担当起引领一定社会先进文化的作用。另一方面，文学批评离不开美学批评。单纯的社会批评可能导致文学沦为政治的附庸或者是道德的派生物。文学作品虽然融合了政治、道德、宗教等社会因素，但其中最主要、最基本的还是审美因素。正是文学所特有的审美特质，才使得文学不同于一般的社会意识形态。因此，文学批评又必须是一种美学批评，必须得依据一定的美学观点来展开，忽视美学批评的批评，是不完整的批评。因此，文学批评是社会批评和美学批评的辩证统一。

（三）文学批评具有主观倾向性和主体创造性

文学批评重要的职能，是通过它的思想和艺术分析来深化读者的审美体验，增加读者的审美愉悦。批评家的分析和评价是一种理论形态，因此，它所表示的这种思想倾向就比文学创作更为明晰、更为自觉。

批评是批评家对各种文学现象的分析、研究。作为具有主观性的评价，批评家的思想倾向一定会体现在对文学作品的评价中。没有哪一个批评家能不带任何主观思想倾向而完全"客观地"解读和评析文学作品的，因为作为主体的批评家，他们都隶属于一定的阶级、阶层，他们的思想认识、价值判断等都会自然地反映到文学批评中，这是无可否认的客观存在。也正因为这样，在文学批评中，应注意把主观倾向性和客观性、科学性统一起来，避免忽视作品客观的主观偏见。同时，文学批评是具有主体创造性的实践，其价值不在于重复一些众所周知的常识、概念和原理等，指出或强调别人已经提出的看法，而在于批评者从文学作品中发现那些他人还没注意到的思想内容和艺术形式上的特点，从具体的文学现象中发现那些带有规律性的东西。批评家的观点和见解一定是与众不同的，具有独特的创造性。因为只有这样独到创新的意见，文学批评才不至于在原来的观点上循环徘徊，才能真正起到指导文学创作、指导读者阅读等文学活动的作用。

三、文学批评的功能

文学批评的功能是多种多样的，简单而论，可以分为一般意义和深层意义两个层面。从深层面上分析，其功能主要有审美功能、政治功能和哲学功能三种。但就一般意义上说，其功能可概括为以下四点：

（一）对作家和作品的影响

对创作主体而言，总结创作经验，帮助作家正确认识自己的作品，提高文学创作能力。

一般来说，批评家具有较高的艺术修养和理论素养，他们能够对文学作品作出中肯的评价和判断。这些评价可以帮助作家及时认识自己的作品，了解自己作品的成败得失。这对作家坚持自己的特点和优势，弥补不足和纠正偏颇，选择正确的创作方向和创作道路，提高创作的思想水平、艺术水平的作用是很大的。狄德罗说过："不管一个戏剧家具备多大的天才，他总是需要一个批评者的。……假使他能遇到一个名副其实的比他更有天才的批评者，他是何等幸福啊！"[①]历史上，有不少作家的作品是通过批评家的评价和推重

---

① 狄德罗：《论戏剧艺术》，见《文艺理论译丛》，人民出版社，1958年第1期，第183页。

而逐渐成为经典名著的。《堂吉诃德》问世一百多年后影响剧增,从近乎闹剧的搞笑小说一跃成为具有历史和哲学深度的杰作,其功劳决不能仅仅归于作者,还应归于约翰逊、海涅、拜伦等一批评论者。他们的创造性批评大大地丰富了作品的内涵,使今日读者对同一部《堂吉诃德》的阅读反应与塞万提斯同时代人大相径庭。同样,好的批评家对作家创作帮助的例子也不胜枚举。《百合花》是茹志鹃的成名作,也是她的小说处女作。文章写成后,辗转了几个杂志社,历经许多曲折,最后在《延河》文学杂志发表。但发表后就遭到了批判,将遭不幸的《百合花》被茅盾所赏识。茅盾在1958年6月《人民文学》杂志上发表了题为《谈最近的短篇小说》一文,其中以两千多字的篇幅分析并高度评价了《百合花》。此后,在茹志鹃创作的道路上,一直得到茅盾的鼓励,不仅如此,在这场讨论中,她又得到著名评论家侯金镜、叶以群等人热忱的肯定与指点,这一切给了她勇气与力量,使她的艺术风格日见成熟。文学批评对作家创作的推动作用由此可见一斑。

(二)对接受者的影响

对接受者而言,能够指导阅读欣赏,帮助读者准确深刻地理解作品的思想和艺术价值,提高读者的鉴赏能力和艺术品位。

一部文学作品,只有在读者接受并消费的过程中才能实现其价值。因此,读者的作用在文学活动的过程中也是很重要的。但是,由于读者水平、学识、艺术修养和理论素养的参差不齐,对一部作品的把握很可能出现这样或那样的偏差,他们对作品中蕴含的主题意旨等的理解也不一定准确,这就需要文学批评的帮助。文学批评可以深入地分析和准确把握文学作品的思想内容和艺术特色,帮助读者体味文学作品的意蕴,培养读者鉴别文本高下优劣的能力,培养读者的审美情趣以及提高审美能力。

明代小说理论家李贽讲,小说评点能"通作者之意,开览者之心"。这道出了评论的中介作用,"开览者之心"是文学评论的一个重要功能,文学评论存在的任务之一就是引导读者更深入地把握和理解文学作品。金圣叹曾表白其评《水浒》的苦衷:"吾特悲读者之精神不生,将作者之意思尽没,不知辛苦,实负良工,故不辞不敏,而有此批也。"《水浒传》第十二回写梁中书同蔡夫人商量给岳父蔡太师送生辰纲一事,金圣叹对"只见蔡夫人道"几字作分析:"蔡夫人道"写尽娇妻,"只见"写尽弱婿;"蔡夫人道"者,言梁中书不敢则声也;"只见"者,言梁中书不敢旁视也。通过金圣叹的还原式分析,蔡氏夫妇两人的神情和家庭地位跃然纸上,读者也更深入地把握和理解了《水浒传》写人写事之妙。《红楼梦》第五十八回写宝玉拄杖去看黛玉,作者反复提到"拄杖",北京大学刘勇强先生在评点中说,宝玉拄杖而行,本来是令人讶异之举,但杖既在手,作者却让它发挥了别的作用,前面已写宝玉"用拄杖隔开那婆子的手",这里又写他"拿拄杖打着门槛子",可见即便是小道具,作者也让它"物尽其用"。① 通过评点解析,让读者在一个不经意的小小拄杖中深悟到了作者的匠心独具,由此进一步确信曹雪芹的文字真是字字无有闲笔。

(三)对文学理论的影响

就理论的建构与发展而言,文学批评可以推动文学理论的发展,促进文学理论的繁

---

① 曹雪芹、高鹗,刘勇强译注:《古典文学名著新点评丛羽·红楼梦》,北京大学出版社,2011年版,第463页。

兴。一方面，文学批评促使作家不断提高自己的创作水平，提高审美能力；另一方面，文学批评也在对文学作品的批评过程中不断完善，并发现新的问题，许多文学理论就是在批评的实践活动中不断提出和完善的。文学批评需要文学理论的指导，但是理论往往落后于创作发展的实际状况，有时则难以解释不断翻新的现象和问题，批评实践就是不断调节自己，获得新的思维活力，提出的新的概念、范畴和命题的一种途径；批评实践为理论的不断发展提供了思想资源和材料资源。历史的经验表明，文学批评愈是具有开拓性和创造性，就愈能对文学理论的发展和更新起到推动作用。

例如，中国古代文论中的"文气说"，最初就是曹丕在评论"建安七子"的基础上提出来的；中国古代诗论中的"滋味说"，就是钟嵘在评论五言诗的基础上提出的；马克思和恩格斯在对考茨基、拉萨尔等人的作品的分析评判中，对"真实性"、"倾向性"、"现实主义"等问题进行了深入的研究和分析，作出了有价值的理论概括。由此可见，文学批评在其实践活动中可以不断提出新问题，这无疑推动了文学理论本身的发展。又比如《红楼梦》，从清代评点"红学"八家（蔡家琬、诸联、涂瀛等），延至王国维、蔡元培、胡适、俞平伯，一代代学人的研究与点评，对这部小说精妙深奥的艺术结构和情感倾向，对其中深藏着的哲学和美学的寓意以及它对于广大读者的人生启悟进行了层层的剖析，从而形成了"红学"这样一门独立学科，红学理论漫长的发展和积累过程，使《红楼梦》的价值远远超越其小说文本的本身。

（四）对社会的影响

文学批评要评价作品，自然会涉及作品所反映的社会生活内容，对作品中所包含的大量社会生活内容的认识和评价反映出批评者对待现实的态度，表达出批评家所主张的特定价值观念和思想指向，从而启迪读者，通过影响读者群体进而影响社会。文学批评同文学作品一样，也是对社会现实生活的反映、认识和评价的一种特殊方式，对现实生活的看法和评判会潜移默化地作用于广大读者的思想情感和行为方式，成为一种社会思想和社会行为。

批评是依据一定的原则和方法进行的，这些原则、方法是建立在认识社会现实、把握社会发展规律和顺应社会发展进步趋势的基础上的，具有理想化倾向。进步的、正确的批评所传达出的社会理想会对读者大众产生强大的感召力，形成一种社会心理，进而可以转化成现实生活的一种动力，从而促进社会的进步发展。

第二节　文学批评的原则与标准

一、文学批评的原则

进行文学批评，必须坚持一定的原则，没有恰当正确的批评原则作为指导，文学批评的科学性就难以得到保证，批评的目的也就难以实现。一般而论，文学批评应坚持以下原则：

（一）面向文本的求实性原则

文学批评的主要对象是文学作品，文学作品是通过艺术形象来反映社会生活、表现人与社会生活之间的审美关系的。所以，批评时必须充分注意批评对象的特点，通过对作品中一系列艺术形象的分析来确定文学作品的思想性和艺术性。离开对艺术形象的分析而用主观臆测来判断文学作品，就会出现无的放矢、言而无证的情形。一旦脱离艺术形象的实际，批评家对文学作品的把握就会存在偏差。求实性原则要求文学批评恪守实事求是的科学态度，持守"坏处说坏，好处说好"（鲁迅语）的客观全面的公正态度，坚持"百花齐放，百家争鸣"的民主平等态度和开放包容心态。

坚持从对文本中艺术形象的客观分析入手，必须注意遵循文学创作的规律，不能背离文学创作的规律空谈艺术形象，要充分注意不同的文体所担负的不同审美功能，不能用分析小说的方法来分析诗歌、分析散文的方法来分析小说。文学批评是对文学的科学评价，科学的态度必须是实事求是，即要从生活实际和作家的创作实际出发，对具体作品进行具体的思想和艺术分析，求实客观，建树文学批评的规范性和权威性，曲意吹捧和迎头棒喝都是不可取的。任何一部文学作品，都是由特定的作者在特定的历史条件下完成的，有着特定的艺术形式和思想内容。因此，在分析研究和评价作品的过程中，批评者必须坚持实事求是的原则，从具体的作家、作品出发，从固有的历史条件和社会环境出发分析作品，不能依据自己个人好恶和主观偏见去剪裁客观事实，不能脱离历史的可能性而对作家作品提出不切实际的要求，当然，也不能为迁就作家而放弃自己应有的艺术判断。

（二）"三顾及"的整体性原则

鲁迅曾指出："我总以为倘要论文，最好是顾及全篇，并且顾及作者的全人，以及他所处的社会状态，这才较为确凿。要不然，很容易近乎说梦的。"[1]鲁迅的这段论述说的也是文学批评应当遵守的"三顾及"原则。

所谓顾及全篇，指的是评论某一作品时，不能肢解作品，不能断章取义，以偏概全，而应该把作品作为一个有机的整体，从全篇着眼。文学批评应该从总体倾向、整体价值来评价作品。一部文学作品，一般是优点缺点并存，成笔与败笔兼有。这就要求我们对作品进行实事求是的分析，明确作品中优点缺点、成笔败笔，把握作品的总体倾向和整体价值，对作品作出恰如其分的评价。顾及全篇的整体的观点是相对于局部的观点而言的。文学批评应该坚持全面的、整体的观点，要力求避免用片面的、局部的观点去观照文学作品，否则，文学批评将是失败的批评，会流于片面。全面的、整体的观点是保证文学批评科学性的重要条件。坚持全面的、整体的观点，应该从美学的和历史的观点出发，历史地、艺术地评价文学作品。单纯从一个角度进行批评，就不会得出中肯的结论。别林斯基曾指出："不涉及美学的历史的批评，以及反之，不涉及历史的美学的批评，都将是片面的，因而也是错误的。批评应该是整个的。"[2]

所谓顾及全人，即评论某一作品的时候，不能孤立地就作品论作品，还应该顾及作者。

---

[1] 鲁迅先生纪念委员会：《鲁迅全集》第6卷，人民文学出版社，1981年版，第430页。
[2] 《别林斯基选集》第3卷，上海译文出版社，1980年版，第595页。

不了解作家,不深入了解作家所处的社会状态,是无法真正理解作品的,因而也不可能对作品做出正确的评价。坚持全面整体的观点还应注意在整体比较中来确定作家作品的价值。恩格斯曾说过,任何一个人在文学上的价值都不是由他自己决定的,而只是同整体比较中决定的。文学作品的价值,都是在动态的比较过程中得出的,有比较才有鉴别,在整体的比较过程中确定作家作品的价值。

顾及社会状况,则应当从两个方面来理解:一是作家所处的社会历史,二是作品中人物所处的历史语境。作家是一定社会中的人,评论一部作品必须结合充分了解其所在的历史社会环境,知人论世,然后才能做出中肯客观的评价。作品中所描写的人物事件,有时是与作家同一时代,有时候会相差若干年甚至几个世纪,特别是一些历史小说,如姚雪垠的《李自成》、二月河的"帝王系列",对人物形象的解读就要站在当时的社会历史环境中进行,其性格思想、情感意绪、道德意识等都是在那个特定社会环境中存现的,离开这个特定背景去谈论就会出现谬误,得出的结论也一定是不能让人信服的。

(三)"美学与历史统一"的基本原则

美学与历史观点统一是文学批评中具有宏观视野的一种原则,因而是一种最基本的原则。一切文学作品都是审美的文本,是马克思所说的"按照美的规律造型"的结果,因而就要用美学的观点加以审视和评价,看它是否符合审美创造的规律,是否具有美的结构形态和形式韵味,能否充分地显示美的本质、特征和魅力;同时,一切文学作品都是一定历史条件下的产物,是建立在一定的经济基础之上的社会意识形态,把握作品有没有思想深度和历史内涵,从而衡定作品的社会作用和历史价值,这就必须要有历史的观点。

作为批评的最基本原则,"美学与历史统一"制约着各种具体批评中的价值取向和方法原则。对一部作品或一种文学现象,固然可以从道德的、社会的、心理的或者文化学、人类学等的角度着手,但不同的具体批评,都不能脱离特定批评对象的美学属性和美学构成,不能脱离批评者所处历史时代的现实要求和美学观念。如果脱离了这一切,不管是什么样的批评,都将成为非文学的批评。按照马克思主义文学批评的实践,美学的观点和历史的观点作为方法论思想和基本原则是有其基本内涵并相互联系的。就美学的观点而言,在评价文学作品时,最重要的是看作家的创作是否符合艺术的规律和遵循正确的美学法则,是否有艺术独创性和较高的审美价值。例如,马克思批评拉萨尔的悲剧《济金根》"席勒式地把个人变成时代精神的单纯的传声筒"[1],恩格斯批评拉萨尔"为观念的东西而忘掉现实主义的东西,为了席勒而忘掉莎士比亚"[2],就是因为拉萨尔违背了文学创作应当从生活出发而不能从概念出发的美学原则。就历史的观点而言,在评价文学作品时至少也有两个基本的方面:一方面是作为批评对象的文学作品,要看其是否表现了某一历史时期的客观趋势;另一方面是作为批评主体的批评家,在评价作品时是否具有所处历史时代的宏阔历史视野和进步的历史眼光,这才能对作品作出符合实际的评价,确定它的历史

---

[1] 中共中央马克思恩格斯列宁斯大林著作编译局:《马克思恩格斯全集》第4卷,人民出版社,1995年版,第555页。

[2] 中共中央马克思恩格斯列宁斯大林著作编译局:《马克思恩格斯全集》第4卷,人民出版社,1995年版,第559页。

价值和现实意义。

二、文学批评的标准

文学批评的标准就是评价文学作品价值的依据,是人们用以衡量文学作品思想上、艺术上有无价值或价值高低的尺度或准绳。批评标准是一定时代、一定阶级或处于一定社会文化共同体中的人们依据文学批评的相关原则,根据对文学的认识和要求,对各种文学作品所产生的社会效果和审美效果的基础上总结出来的。从马克思主义的"美学与历史统一"等批评原则出发,从文学批评的实际出发,常见的批评操作方法就是将其划分为思想和艺术两个方面。因而,对应文学批评的标准,一般就包括思想标准和艺术标准。

(一)思想标准

思想标准是用来评价作品所蕴含思想意义的深浅正误的尺度。所谓文学作品的思想意义,是指从作品题材、主题或形象、意蕴中所显示出来的关于社会、政治、道德、宗教等方面的思想观点,及其对读者所产生的思想力量。在进行文学批评时,运用思想标准来评价文学作品应从以下三点来考虑:

1.高度的真实性:作品与社会生活。真实性是指写实主义叙事作品通过艺术形象反映现实生活所达到的正确与深刻的程度。真实是艺术的生命,这不仅要有生活真实,更要有艺术真实和情感真实。真实地反映社会生活能展示生活本身的客观意义和认识价值,而且一部作品的思想容量以及作家的情感也是通过真实性来体现的。因此,一部作品真实与否,真实程度如何,也就体现出它的思想认识价值的高低大小。如果一位作家能够站在时代的高度,通过广泛深入地观察体验,透过纷繁复杂的现象,真实地反映出社会的风貌和时代的特点,这样的作品思想意义就很强。

2.进步的倾向性:作品与作家意识。倾向性是指作品对社会人生、历史发展趋势等的理解认识、追求和主张。倾向性表现着作家对生活的判断和评价,表现了他的是非爱憎,并以此影响读者的思想感情和是非判断,因而是作品思想性的重要内涵。作品的倾向性表现在反映历史发展的趋向,表达人民大众的思想、要求和愿望,看其能否独到地揭示现实问题,体现对人的终极关怀,能否引导人们追求光明,趋向进步。当然,作品的倾向性应当从作品的情节和场面描写中自然而然地流露出来,而不是通过说教把它明白地指点出来。

3.情感的健康性:作品对读者的影响。一部作品要产生思想影响,不是靠抽象说教,而是要以情动人。情感有健康和不健康、积极和消极之分,因而在评价文学作品的思想意义和价值时要求分清情感的性质,主张作品从整体上表现对人的心灵有积极影响、有益于身心健康的情感,能够让人向上、向善。

(二)艺术标准

艺术标准就是用来衡量文学作品的艺术水平和美学价值之高低优劣的尺度。作品的艺术水平和美学价值是作家的个人才情、气质、修养和胆识等多种个性与能力在其所创造的作品中对象化的产物。在运用艺术标准进行批判时,应注重把握以下几点:

1.语言的表现力。文学是语言的艺术。作为文学意义得以传达的媒介手段,人们对文学艺术性的理解首先从对语言的感知开始。一部作品在语言的运用上是否有较高的水平,关键是看其语言是否具有较强的表现力。富有表现力的语言,就是能够描绘出生动鲜明的艺术形象的语言;能够传达出复杂微妙的思想情感的独具个性色彩的语言;能够以少胜多,具有丰富意义和艺术张力的语言。

2. 构思的新颖性和文体完美性。文学作品的产生离不开作家创造性的构思,只有经过精心的构思,才能把文学作品所需要的各种要素编织成一个相辅相成、有机统一的整体,才能赋予文学作品以生命和活力。艺术构思贵在新颖、独创,没有创新就不可能有优秀的作品。每一部独创性的作品,都是作家以新的眼光,从新的角度,用新的方式,对人的生存状态和生活理想所作出的一种新的解释。它们在材料的选择上总是力求别开生面,在角度切入上总是力求独辟蹊径,在表现方式上总是力求别出心裁,在艺术手法上总是力求花样翻新,在结构方式上总是力求不落窠臼,能给人以耳目一新之感。文体是指作品的具体样式。对于文学作品来说,文体绝不是无足轻重的东西,离开了特定的文体,文学作品就无法具形,也就不存在特定的内容。文体是在人类长期的实践活动中形成的,各类文体都有自身相对稳定的审美规范,都有自己特殊的审美意味。同时,文体又不是某种现成的、固定不变的东西,它必须依赖于一定的内容而存在。真正完美的文体,不仅是一种有意味的形式,而且富于张力和弹性,具有很强的艺术表现力。

3. 形象的生动性和独特性。文学是以塑造艺术形象的方式来反映社会生活、表现作家的思想感情的,形象性是文学的重要特征。这就要求作家应该把以人为中心的社会生活描绘得尽可能的具体、生动,能够激起读者相应的感性经验,给人以历历在目、栩栩如生、呼之欲出的印象和感受。形象的典型性和独特性是分不开的,独具魅力之处还在于塑造与众不同的个性,在于人格中独特的内涵,是黑格尔所说的"这一个"。要想使艺术形象生动独特,仅仅满足于外部形貌的描绘是远远不够的,还应该深入地表现出对象内部的生机与活力、精神与灵魂,用心灵给艺术形象灌注生气。只有做到形神兼备、心物交融、生气灌注,艺术形象才会具有动人的魅力。

4. 情感的真实感人性。文学是以情感人的,作家塑造艺术的一个重要目的就是要向读者传达自己对人生的情感体验,让更多的人了解这些情感并受到强烈的感染,所以,文学作品总是带有情感表现的性质,总是充满了情感。因为只有情真意切,作品才会动人心弦,感人至深,才会有长久的魅力;真挚动人的感情必定发自作家的内心深处,必定有情不自禁的自然流露,必定符合普遍的人情人性。要想传达出真挚的情感,作家除了要对人生、对社会有真切的体验之外,还要对艺术、对读者抱真诚的态度,以诚待人。

5. 意蕴的深刻广泛性。文学作品讲究通过个别显现一般,通过现象显现本质。但在文学作品中,一般或本质不是表现为抽象的思想,而是表现为内在的意蕴。意蕴是比直接可感的形象更为深远的东西,是潜隐在作品的现象层后面的东西。意蕴既包含思想性的因素,又包含情感性的、意向性的乃至无意识的因素等,是意义和意味的有机统一。作品的意蕴贵在深广:反映了社会生活的某些本质方面或必然趋势,表现了人生的某些深层体验,甚至达到了某种形而上的哲理层面;具有较大的生活覆盖面,并且具有丰富的意义和意味。优秀的文学作品都具有"言有尽而意无穷"的特点,都能用有限的形象传达出极为丰富的生活内容。

必须认识到,艺术标准与思想标准虽然各有不同的侧重点,但却是内在地联系在一起的。因此,在实际的批评操作中,思想标准和艺术标准是密不可分的,对思想性的考察必须兼顾艺术性,反之亦然。另外,也不能把文学批评中对思想和艺术的划分等同于文学作品的内容和形式,思想意义只是构成作品内容的重要要素之一而非全部,艺术也不能归结为形式。在整个创作过程中,文与质、内容与形式都是有机地结合在一起的。任何脱离文学作品整体有机性而片面地、孤立地分析作品内容或形式的批评,都不可能正确地分析、评价作品思想价值和艺术价值。

第三节 文学批评的主要模式

美国学者艾布拉姆斯在《镜与灯——浪漫主义文论及批评传统》中指出:文学作为一种活动,是由作家、作品、读者和世界四个要素组成的。事实上,有史以来尤其20世纪以来的文学批评方法也常常是围绕这四个要素而呈现出一定差异的。除了传统的批评模式外,大体来说,20世纪以来的现代批评主要有以下几种模式方法:

其一,以作家为中心的批评方法。主要有以克罗齐、科林伍德为代表的表现主义,以瓦雷里、叶芝为代表的象征主义,以弗洛伊德、阿恩海姆为代表的文艺心理学派,以荣格、弗莱为代表的原型批评。

其二,以文本为中心的批评方法。主要有以什克洛夫斯基、雅各布逊为代表的俄国形式主义,以艾略特、瑞恰慈、燕卜荪、韦勒克为代表的英美新批评派,以罗兰·巴特、热奈特等为代表的法国结构主义,以卡西尔、苏珊·朗格为代表的符号学,以福柯、德里达为代表的解构主义。

其三,以读者为中心的批评方法。主要有以英伽登、杜夫海纳为代表的阅读现象学,以姚斯、伊瑟尔为代表的接受美学,以海德格尔、加达默尔为代表的文艺阐释学,以汤普金斯、费什为代表的读者反应批评。

其四,以世界为中心的批评方法。主要有以杜威、门罗为代表的"自然—经验"主义,以卢卡契、本雅明、马尔库塞、阿尔都塞、阿多诺、伊格尔顿等为代表的西方马克思主义,以利奥塔、詹姆逊等为代表的后现代主义,以萨义德、阿特伍德等为代表的后殖民主义和女性主义,以格林伯雷、怀特为代表的新历史主义,等等。

文学的批评模式,是文学批评方法的对象化。鉴于文学批评模式的多样性与复杂性,结合传统批评和现代批评,我们仅对以下几种常用模式进行较详细的阐明,并以一些批评实例辅助,以帮助读者理解和掌握。

一、社会—历史批评

社会—历史批评是一种从社会历史角度观察、分析、评价文学现象的批评方法。它侧重研究文学作品与社会生活的关系,重视作家的思想倾向和文学作品的社会作用。社会历史批评是当今批评方法模式中历史悠久、影响广泛的方法体系,也是人们最常用的批评方法。

(一)社会－历史批评的基本观点

社会－历史批评首先关注文学与现实的密切联系。认为文学离不开社会历史,文学在本质上是对社会生活的再现,因此文学批评应该重视对文学与社会关系的考察。亚里士多德的模仿说可以视为西方这一批评观念的源头,延至19世纪俄国文学理论家那里,社会历史观念成为鲜明突出的理论主张。别林斯基认为"艺术是现实的再现";车尔尼斯基也认为文学不能脱离生活,这些批评家的观点影响深远。不同的社会有不同的文学,不同的时代有不同的文学,文学有盛衰枯荣的变化,社会历史批评认为这种不同和变化之根源在于社会历史本身。"歌谣文理,与世推移。""兴废系乎时序。"(刘勰《文心雕龙·时序》)1865年法国文学理论家丹纳发表了《艺术哲学》,阐明了种族、环境、时代这三大要素对文学发展的决定作用,社会－历史显然是这三大因素的基本内容。

社会－历史批评进一步认为,文学承担着社会历史使命。社会－历史批评关注文学对社会产生的影响。在西方,从古希腊的柏拉图到18世纪的伏尔泰、狄德罗等都十分强调文学对民众的宣传、启蒙作用,把文学作为政治斗争的武器。车尔尼雪夫斯基等俄国革命民主主义者,也把文学活动和社会政治活动紧密联系在一起,要求文学家们勇敢地揭露社会的黑暗现实,并以先进的积极的社会理想和美学理想衡量文学作品的价值,推动社会与文学的进步与发展。

社会－历史批评总是对所评论的对象做出价值判断,从而形成了一定的评判尺度。社会－历史批评的评判尺度主要是真实性、倾向性和社会效果这几个方面。对文学作品真实性的考察必须要以考察作品的思想倾向性为前提,看其能否反映出历史的趋向和时代的本质。批评家不仅要考察作品是否真实可信,而且还要站在社会历史发展的高度,揭示作品所蕴含的历史内容和思想意义。

(二)社会－历史批评的操作方式

1. 对文学作品的社会历史内容进行阐释

社会－历史批评注重对文学作品社会历史内容的具体阐释。在对具体作品进行分析时,社会历史批评通常都从内容出发来评判作品的价值。对抒情性作品,主要分析的是与现实相关的情感表达,对叙述作品,则主要通过人物形象和环境的分析来揭示主题及思想意义。社会－历史批评十分重视文学的社会效益,它要求文学通过创造具有审美意义的文学形象以丰富人们的知识,影响人们的思想感情和世界观,从而维护或破坏某种意识形态。社会－历史批评还要求文学作品通过艺术形象告诉读者什么是好的,值得赞美的,什么是恶的,应该抛弃的,以影响读者的思想道德和世界观,帮助读者获得认识和改造自己的勇气和力量,激发追求真理的欲望,提高他们观察生活、认识生活的能力,最终达到教育读者的目的。如别林斯基的《论俄国中篇小说和果戈理君的中篇小说》,恰当地运用社会－历史批评方法,驳斥了当时俄国国内一些批评家对果戈理小说的贬损,充分肯定和赞扬了其小说在揭露俄国腐朽的农奴制度等方面表现出来的深刻社会历史意义,既警醒了读者,又使作者本人坚定了现实主义的创作道路。

2. 考察作家与他所生活创作的时代环境的关系

社会－历史批评认为,作者的生平际遇对作品的产生有直接影响,作者往往在作品中熔铸了他的生活经历和他对生活的理解,以及他所意识到的使命感。孟子在《孟子·万章下》里说:"颂其书,读其书,不知其人可乎?是以论其世也。"①"知人论世",即要对作者本人和他所处的时代有所了解,通过对作者在一定社会历史条件下生活、创作以及社会理想、思想观念等方面的研究,将能更好地理解和评价作品,把握作家所生活的时代、环境对其创作的影响。首先,要注意作家所处的社会政治环境对作家的制约,以便从更广阔的背景上探讨作家的创作动机,如"安史之乱"与杜甫的诗歌、法国大革命与雨果的创作。其次,还应注意到作家生活的艺术环境及文学思潮对其创作的作用,如对韩愈散文创作、白居易新乐府诗歌的理解。最后,对作家的研究首先要尽可能详尽地掌握作家的生活经历,重视作家生活经历和思想变化发展的历史材料,如司马迁在论及《离骚》的时候,把它同屈原的生平联系起来,才真正读懂了《离骚》。

  3. 联系文学作品的社会内容进行艺术形式分析

  社会—历史批评并不排斥艺术分析。在论及作品价值时,社会—历史批评也要分析和判断作品中人物形象塑造得是否成功,结构是否严谨,语言是否恰切,描写是否生动等等,但它从来不就形式而谈形式,而是联系社会历史内容来谈形式。在分析和评论文学作品时,把作品放到社会历史的大背景中,运用一定的社会价值观念和历史发展观念,以揭示作品主题的深刻与否。20世纪70年代末中国出现的"伤痕文学",尽管不少作品在形式上简单粗糙,审美价值不是太高,但它所表现的时代情绪和精神指向却承载了那一时期的普遍社会心理,所表述的内容也是特定时期中华民族特有的苦难记忆,因而,置放在社会历史的宏大背景中,"伤痕文学"所呈现的不甚精到的艺术形式恰恰是它不容忽视也无可替代的艺术价值和文学史价值。

二、道德批评

  文学与道德同属社会的上层建筑,相互之间有着密切的联系和影响,以人为中心、以社会生活为表现对象的文学作品不能不反映一定的道德内涵,不能不体现作者一定的道德意识与伦理理想。因此,在中外文学史上,道德是人们判断文学价值最早使用的标准之一。

  (一)道德批评概说

  所谓道德,是一种社会意识形态,是人们通过社会舆论和个人意识来维持人与人、人与社会正常关系的行为规范体系。道德批评主张将文学与人生和伦理结合起来,用道德的观点理解看待文学,采用道德的价值尺度评价文学作品。

  作为最传统的批评模式,道德批评具有悠久的历史。古希腊柏拉图在其《理想国》中就提出了四种基本道德:智慧、公正、节制和勇敢,指出文学要模仿德行,关注诗人应有的道德影响,要求诗歌要歌颂神明,教育公民;文艺复兴时期的批评家锡德尼提倡诗歌应把人民引向善行,文学"创作是为了模仿,模仿是为了怡情,也为了教育;怡情是为了感动人们去实践他们本来会逃避的善行,教育则是为了使人们了解那个感动他们使他们向往的

---

① 郭绍虞等:《中国历代文论选》(第一册),上海古籍出版社,1979年版,第31页。

善行。"①在中国古代的家庭伦理中,主张"父义、母慈、兄友、弟恭、子孝",在社会道德规范中,有"三纲五常"之道,即"君为臣纲"、"父为子纲"、"夫为妻纲"和"仁、义、礼、智、信"。反映在对文学的要求上,就形成了道德评价的批评标准和尺度。如《论语》中就记载了不少孔子对《诗》的解释,都体现了从道德角度来理解文学的观念:

子曰:诗三百,一言以蔽之。曰:思无邪。
诗,可以兴,可以观,可以群,可以怨。迩之事父,远之事君;多识于草木鸟兽之名。

《毛诗序》更明确提出了"教以化之"的理论,指出了文学"经夫妇、成孝敬、厚人伦、美教化、移风俗"等道德作用。

文学与道德有着密切的关系,在很大程度上讲,文学就是人学。文学文本要真实地描写人,描写人的社会生活,就不能不反映人的伦理观念,描写人的道德思想和表现。作为社会人的作家本人的道德思想和倾向,势必会反映在他的作品中,他所塑造的人物形象也是在特定的社会环境下生存和活动的,其赖以存在的社会道德意识和规范也一定会在作品中通过人物的言语行动等表现出来。文学文本是让人阅读的,接受者在阅读的过程中潜移默化地受到文本中来自作家本人和文学形象的道德影响。因而,就个人伦理道德观念的培养和社会道德的建立,文学的作用是巨大的,因此,道德批评也就成为一种重要的批评模式。

(二)道德批评基本操作方式

1. 阐释和评价文学文本的道德内容

道德是文学作品的重要内容。道德批评的基本操作是对文学作品道德内容的阐释和评价。亚里士多德认为史诗和悲剧"所模仿的对象……是好人或坏人。"这好人或坏人主要是善恶德行的好坏。孔子在谈到《韶》乐时说:"尽美矣又尽善也。"谈到《武》乐又说:"尽美矣,未尽善也。"虽是议论音乐,也是批评文学。阐释评价文学作品的道德内容似乎尤以中国古代小说批评为著。蒋大器评《三国演义》时说"惟昭烈汉室之胄,结义桃园,三顾草庐,君臣契合,辅成大业,亦理所当然,彰彰可考。遗芳遗臭,在人贤与不贤;君子小人,义与利之间而已",这就是一种道德评价。在国外,也有许多大家的批评是从道德标准出发进行的,例如列夫·托尔斯泰对莫泊桑作品的评论。

但我们对文学与道德的关系必须要有一个恰当的认识。事实上,社会生活是复杂和多方面的,在很多情况下并不能简单地进行善恶、好坏的道德区分。其实道德本身属于动而不居的历史范畴,一定时期的道德标准总具有某种相对性。更进一步,我们必须认识到,审美现象中的道德并不是日常的生活的社会道德,而是超越的理想达到了人性高度的道德。文学并不天然地需要承担对人类现实生活进行道德鉴定、进而劝善惩恶的功能和义务,相反它有时可以回避现实生活中的道德判定。这就是我们通常所说的"美超越善"的方面,虽然在终极意义上,美和善必然是统一的,但在有限的生活形式和现实的审美生活中,美和善常常是冲突的。如托尔斯泰的《安娜·卡列尼娜》中安娜·卡列尼娜的形象,

---

① 锡德尼:《为诗辩护》,袁可嘉译,人民出版社,1964年版,第13~14页。

从现实生活的道德出发,她是一个越轨者,但是在审美的世界里,托尔斯泰却并没有对安娜进行道德上的批判,而是对她报以极大的同情。也就是说,在另一种道德里,作者对安娜的行为是认可的。安娜身上具有追求人生的诗意性、自由性、追求感性生命的解放的特征,这尽管不符合现有道德,但是却符合审美道德的理想。因而,怎样阐释评价其道德内容,也是道德批评最为关注的,它既要人们认识文学中的道德教育,也促使人们重新思考伦理道德标准等问题。

2. 考察作家道德与文本创作的关系

作品是作家创造的,创作活动与作家的道德状况关系如何是道德批评关注的又一重要方面。道德批评认为,作家道德与作品的创作有一种必然的联系。孔子说:"有德者必有言。"(《论语·宪问》)王充说:"德高而文炽。"(《论衡·书解》)徐干说:"艺者,德之枝叶也;德者,人之枝干也。盛德之士,文艺必众。"(《中论》)中国古代文人的创作主要是文章的写作,它往往体现出作者的道德情操,甚至高尚的道德人格。对于描写具有道德内容的叙事文学,其实也需要作家具有道德境界。车尔尼雪夫斯基把这叫做"道德情感"。他在谈到托尔斯泰的小说《童年》和《少年》、《弹子房记分人的笔记》时说:"天真未凿的、仿佛保持着少年时代白璧无瑕的道德感情的纯洁性会给予文学以优美迷人的特殊魅力。依我们看来,托尔斯泰伯爵的小说的美妙可人,在许多方面是有赖于这种特质的。"[①]很多批评家在论及作家创作与道德的关系时,都强调作家应有公正的创作道德,给人以正确的引导。18世纪,英国批评家约翰逊说:"一个作家的职责历来是使世界变得更美好。而公正则是一种不依附于时间和地点的美德。"[②]

3. 强调文学对读者的道德作用

强调文学对读者的道德作用,这一点中西方具有共识。对于诗的道德功用,孔子早就指出:"迩之事父,远之事君。"(《论语·阳货》)中国古代尤其强调小说的道德作用。明代冯梦龙认为小说可以使"怯者勇,淫者贞,薄者敦,顽钝者汗下。虽小诵《孝经》、《论语》,其感人未必如是之捷且深也"(《古今小说序》)。清代静恬主人说,"小说何为作也?曰:以劝善也,以惩恶也"(《仿石缘序》)。在西方,柏拉图最早强调文学的道德影响,亚里士多德认为悲剧能"打动慈善之心",诗人雪莱则认为诗增加了人类德性的机能。

道德为文学审视人生和认识人性提供了一种视角,使道德成为文学理解和评价社会生活的基本尺度之一。它不仅为文学塑造丰满生动的艺术形象提供了丰富的素材,更激发了作家们探索生活和人性的激情。对于文学来说,道德的冲突与矛盾正是人性复杂和人生两难的真实显现,审美的意义就在于人类由此深化了对自身的理解和对人生的感悟。文学史上有不少影响深远的作品,它们吸引人之处,恰是由于写出了处于社会转折时期的人在道德上的困惑和踌躇。

---

① 易漱泉、曹让庭、王远泽、张铁夫选编:《外国文学评论选》(下册),湖南人民出版社,1983年版,第268~269页。

② 转引自韦勒克《近代文学批评史》第一卷,杨自伍译,上海译文出版社,1987年版,第115页。

三、文化学批评

文化学批评是一种从文化的角度考察文学现象、综合研究文学的文化性质的批评方法。它是在文化人类学的启发和推动下建立和发展起来的。文化学批评把文学当做人类经验的一部分，关注文学的文化学意义，研究的是文学与人类文化的关系，旨在提示文学现象所蕴含的深厚文化内涵。与其他文学批评方法相比，文化学批评具有更为广阔的视野，在时间和空间上有着更充分的自由。

（一）文化与文化分类

"文化"一词涵义复杂而深广，对它的理解有很多种解释。在近代，给"文化"一词下明确的定义的，首推英国人类学家泰勒，他在《原始文化》（1871年）中指出："文化是一个复杂的总体，包括知识、信仰、艺术、道德、法律、风俗，以及人类在社会里所获得的一切能力和习惯。"1979年版《辞海》"文化"条认为：从广义来说，指人类社会历史实践过程中所创造的物质财富和精神财富的总和。文化学批评使用的"文化"概念侧重于文化的精神方面，它着重研究体现人类一定群体精神特征的文化。人是文化的存在物，人又是文化的载体。文化具有先在性，后代人总要生活在前代人给定的文化环境中，总要承继前代人留下的文化遗产。从现象学和发生学的角度来看，文化是先于个体的存在，任何个体都是文化传承中的一员，都受到传统文化的制约和影响，传统文化形成他的"前理解"和"前结构"，因而，从文化角度研究作家作品也就成为一种必然的途径。

文化的划分标准是多种多样的，我们一般把它分为精神文化、物质文化和制度文化，这是从文化的表现形态出发进行的最基本的划分。从群体的角度着眼，最典型的是民族文化，群体还可以有大众和精英之分。群体常常和地域联系在一起，地域本质上是群体的，这样就有了东方文化、西方文化、齐鲁文化、吴越文化、三秦文化等。群体又常和时代联系在一起，时代本质上仍然是群体的，即同时代的群体，于是有所谓原始文化、中世纪文化、现代文化、先秦文化、汉文化、唐文化等。再则，文化的划分还可以从具体的精神特征着眼，比如伦理文化、宗教文化、雅文化、俗文化等。文学对这些都有广泛的表现，因此也为文化学批评提供了多维视角和宽广的空间。

（二）文化学批评的具体运用

1. 探寻文学现象中特定的民族文化心理

作家和他作品中的人物，由于受到特定的民族文化环境的熏染浸润，自然会形成心理上、人格上的特殊禀赋和习性。文学家的心灵较之一般人常显得更加灵敏、活泼，也就更能体现出民族文化的性质，包括它的魅力和惰性。有学者对莫言小说中"野性、豪情、裸露、残酷"的叙述方式作了文化分析，认为小说的叙述方式背后浸泛着齐鲁乡土社会的文化心理背景。山东既是儒教的发祥地，又是王侯逐鹿纷争、盗匪帮会丛生之地，因而形成了礼教规范的严密束缚与野性不泯的生命本能抗争的独特文化形态，这形成莫言"酒神精神"式的洒脱放纵的叙述风格。同样，雷达在《废墟上的精魂——〈白鹿原〉论》中沉雄劲锐的论述，也是站在文化立场上，指出了作家构建民族灵魂史的创作旨归。另一方面，特定的民族文化心理的某些方面也可以通过文学作品中的人物表现出来。例如俄国作家肖洛霍夫的长篇小说《静静的顿河》中主人公就体现了哥萨克民族性格的某些方面；鲁迅的《阿

Q正传》正是试图通过阿Q写出清代末年中国人的魂灵来；我们也能够在阿城的《棋王》中看出道踪禅影；在金庸武侠小说张三丰身上读出道家的无极之境，也能探寻到佛家和而不争、宽恕敌仇的平和思想以及儒家仗义行侠、造福社会的功德追求；等等。

2. 提示文学现象中的地域文化特征

在文化学上，具有相似文化的地理单位称为文化区域，地域文化主要体现在这一区域的精神特征和自然景观上，前者包括风俗、习惯、道德、伦理、宗教、法律等价值观念和行为方式，后者主要指山水风物、四时美景等。文化学批评将着眼于分析文学现象中的地域风俗及所展示的文化意蕴。例如在对鲁迅小说《故乡》、《社戏》等的分析中，就不难发现其中所充盈的浓郁的绍兴地区的乡土氛围。沈从文的作品也展示了湘西山民淳朴刚烈、浪漫率真的自然民风。20世纪80年代以后，中国文坛出现了一批着意描写地域文化和民俗风情的作品。如贾平凹的"商州系列"表现了厚重的三秦文化；李杭育的"葛川江系列"再现绵长清越的吴越文化；而迟子建的小说常以优美的东北自然意象充斥叙述，使那些东北风情充满着朴实的质感；这些作品都带有浓郁的地域文化色彩，特别适合从文化学批评的角度加以审视。任何一部文学作品都不仅会染有作者的个性色彩，同时也会把作者所栖息的国家、民族或地域的特征反映出来，因此都可受到文化学批评的审视。

3. 发现并解释文学作品中的神话与仪式

探寻文学作品中意象和故事的文化原型，是文化学批评最具特色的一个方面，它体现了文化学批评超历史的特点。文化学批评认为，文学作品中的某些因素可视为基于人类经验的重复出现的符号，含有神话和仪式的因素。文化学批评要求评论者在分析文学作品时要有一种穿透力，把目光投向民族的童年，去发掘作品中隐含的神话原型和仪式。苏格兰人类学家弗雷泽的《金枝》就是这类批评的先驱。弗雷泽将无数神话追溯到史前的源头，从而使很多奇异的神话和传说得以理解。闻一多于1940年在《神话与诗》中也做过这方面的尝试，他在研究宋玉所作的《高唐赋》时追溯到神话和仪式，认为高唐神女与"以生殖机能为宗教的原始时代的一种礼俗"密切相关。

4. 剖析文学作品中的文化冲突与变迁

文化的变迁是必然的，这一进程也深刻形象地表现在文学作品中。提示文学作品中传统文化与现代文化、中国文化与西方文化乃至各种文化的接触、冲突和变迁，是文化学批评的又一重要方面。路翎的《财主底儿女们》对于现代文化与传统文化的对立与冲突、文化价值的混乱与尴尬予以深切的关注。"九·一八事变"，尤其是"七七事变"之后，亡国灭种的危机比任何时候都迫在眉睫，国人民族自尊心空前强烈，重估传统文化价值，寻找民族自我复兴之路，批判和讽刺西方现代文明对人的异化成为20世纪40年代重要的文学现象。在周大新的小说《湖光山色》中，我们可以明显地看到城市文化与农村文化，或者说是现代商业文化与传统农业文化之间的激烈碰撞和艰难融洽，看到了城乡文明对垒下的乡村文明自我持守的艰辛和坚韧。

提示和把握文化作品中的这种对立和冲突，将使人们更深切地感受文化变迁所付出的代价，同时帮助人们更好地理解作品的深层意义。自觉地认识文学作品中这两种文化的交锋和交汇，将促使我们更清醒地对待我国的民族文化，为在现代化的历史进程中如何面对文化传统和西方文化，如何建设新的民族文化提供有益的启示。

四、心理学批评

广义的心理学批评就是指依据心理学的基本理论和原则来研究文学现象的批评方法;狭义的心理批评是指以弗洛伊德、荣格等人的精神分析理论为指导,立足于文学作为特殊的精神活动,对文学家创作过程中的心理现象和文学作品中包含的心理现象,以及读者的文学接受和欣赏心理进行分析评价的批评方法。

(一)心理学批评的基本理论

弗洛伊德把人的内心世界分为意识与无意识,他认为,人的精神活动好像冰山,只有很少一部分浮现于意识领域,而具有决定意义的绝大部分都淹没在意识水平之下,处于无意识状态。据此,他又细致地区分出了人格结构,认为人格结构有三个层面,处于无意识最底层叫做"本我","本我"总是遵循快乐原则,它追求不受约束的本能欲望的满足。从整个社会的观点看来,这些要求往往是违背社会禁忌和道德习俗的;中间一个层面是"自我",它是"本我"与社会现实环境之间的调节者,"自我"的任务是尊重现实原则,避害趋利,为本我寻找达到目的的最佳方式;人格结构里的最高层次是"超我","超我"总是根据道德原则行事,代表道义的要求。"本我"总在欲望的冲动下追求快乐原则,但受到了"自我"和"超我"的监督和压制,就形成了精神上的焦虑和紧张,为了缓和这种焦虑和紧张,"自我"便采取了保护性措施,其中包括压抑与升华。压抑即是把这些危险的冲动驱逐到意识之外,使它不至于引起危险的行动;升华则是把这些危险的冲动和情绪引向道德习俗所许可的文化活动,使之转化为如文学艺术创作等高雅的活动行为。文学和艺术都可以视为"力比多(Libido)"的升华,它们实际上是以想象的满足代替实际的满足。这样,就把精神分析学理论同文学以及文学批评衔接起来了。

弗洛伊德进一步认为,文学是一种与现实对立的幻象,其功能之一是起着麻醉剂的作用。在评论詹森的小说《格拉迪沃》时他说:"想象和理智之间的这种差别,使他注定不是成为一名艺术家,就是变成神经症患者。他是属于那种理想王国远离尘嚣的人。"[①]这也就是说,作家和精神病人都有脱离现实、喜欢幻想的特点,都是想象与理智无法统一的人。作家与精神病的不同之处在于:作家能主宰自己的幻想,能返回现实并与现实建立紧密、真实的关系,而精神病的标志恰恰就是被幻想迷住心窍。不仅文艺家的创作心理与精神病患者的心理具有共同特征,而且文艺家在文艺创作过程中的艺术想象也与梦有着许多相似之处。在创作过程中,作家的想象与梦并没有多少区别,甚至可以说,创作过程中的想象就是作家的白日梦。这是因为,梦与文学创作之间的共同点是被无意识规定的,"梦"就是一种(被压抑的)愿望经过伪装的满足,文学创作也是如此,它和梦一样都巧妙地伪装了那些被压抑的愿望。因此,弗洛伊德认为,解释梦有利于解释文学,研究文学也有利于解释梦。

弗洛伊德的学生荣格不同意将性欲冲动作为一切文学的动因,他认为,弗洛伊德完全从个人心理的角度解释作品,但真正的作品恰恰超出个人的局限与利害。在荣格看来,作品是一个"自主情结",作品的创作过程并不完全受到作家自觉意识的控制,作品归根结底

---

① 弗洛伊德:《弗洛伊德文集》第四卷,车文博译,长春出版社,2004年版,第362页。

不是作家个人无意识的内容,而是根植于超个人的、更深邃的"集体无意识"。他进一步认为,自原始时代以来,人类世世代代的普遍心理积存下来,"沉淀"在每一个人的无意识深处。这种无意识的内容不是个人的,而是集体的、普遍的,是历史在"种族记忆"中的投影,因而称之为集体无意识。集体无意识沉潜于人的心理深处,不会进入意识。人们只能从神话、图腾以及一些不可理喻的梦中推断出集体无意识的存在。这些神话、图腾、梦中经常会反复出现一些"原始意象",就是集体无意识的显现,也可称之为"原型"。文学作品里面的原型似乎凝聚了人类从远古以来积累下来的巨大心理能量,其感情内容远比个人强烈、深刻。这就是伟大艺术的秘密,也是艺术感染力的秘密。这个时候,作家的意义就在于表现出了这种集体无意识的声音,从而成为读者崇拜的对象,成为代言人。

(二)精神分析批评的具体运作

1. 探讨作家的创作心理

精神分析首先将目光投向作家的无意识领域,对影响作家创作的无意识心理作了细微的阐发。注重对作家各种资料的搜集和分析,包括自传、私人信件、讲稿及其他文稿,特别是作家童年生活的记载。作家内心深处的冲突尤其是童年生活中性爱冲动的幻想和挫折构成了作家从事文学创作的根本原因和动力。在了解作家生活经历特别是童年生活的基础上,精神分析要求反观作家的作品,以揭示这些文本中暗藏的意义或深层的内容。作品是作家受到压抑而创作的产物,它记录了作家的隐秘和痛苦。吴俊的《当代西绪福斯神话》从作家心理的角度,深入分析了残疾作家史铁生致残以后的生命体验和精神苦痛所形成的心理状态,从而发现了史铁生小说中潜藏着的自卑情结。在史铁生的一些作品中,作家表现了对性爱和爱情的渴望,但在自卑情结的作用下,这种性爱和爱情崇高、庄严到了令人恐惧的地步。于是,由此形成的性焦虑变态成为对异性的挑剔和故意冷漠。吴俊还进一步揭示出,史铁生的小说中所表现的人物在爱情上的困境,往往是作者探寻人生真谛和命运归宿的一个特定侧面。对这一分析,连史铁生本人也深表认同。

2. 分析人物的心理结构——人物的性心理和人格结构关系

利用弗洛伊德的人格理论来分析人物心理结构,苏联作家拉甫涅列夫的中篇小说《第四十一个》中红军女战士的心理变化就是一个很著名的例案。故事讲述的是一位女红军战士与一个白匪中尉的情感纠葛。这个女战士叫马柳特卡,她枪法很准,曾打死过四十个白匪军。这次她奉命押送一位被俘的白匪中尉。不料途中遇到风暴,船被打翻,马柳特卡和那位白匪中尉被海浪冲到一个孤岛上。在岛上的那些日子里,中尉昏迷了七八天,马柳特卡救活了他,两人之间产生了爱情。有一天,海上来了船,中尉认为是他们的船,便不顾一切地向船的方向奔去。这时马柳特卡清醒了,她意识到自己作为红军战士的责任,举起了枪,中尉成了她枪下的第四十一个。从人格结构的理论看,我们从中不难发现本我与自我、超我之间的撞击。当红军女战士看到白匪中尉那双碧蓝的眼睛时,莫可名状的冲动突破了她意识和理性的堤坝,而最后她开枪打死了情人兼敌人,这是在自我的调节下,本我终于被压抑,以责任、荣誉的名义出现的超我控制了意识。从精神分析的角度看,这部作品为我们提供了对人生、人性的非同一般的揭示。

3. 探究艺术创作中的集体无意识

"集体无意识",指一种种族原始时期产生而遗留下来的普遍精神。由于它在所有人身上都是相同的,因此它组成一种超个性的心理基础,并且普遍地存在于我们每一个人身上。

在荣格看来,在文学创作过程中,每个作家都具有两重性:一方面,他是一个私生活的个人,他可以有一定的性情、意志和个人目的;另一方面,他又不完全受个人意识的控制,而常常受到一种沉淀在作家无意识深处的集体心理经验的影响,他成为一个更高意义的人——一个集体的人,一个负荷并造就人类无意识精神生活的人。因此,对艺术作品的心理分析不在于探寻诗人的个人无意识,而在于探寻作品中的集体无意识。他认为文学创作有两种类型:一类是"心理型",它取材于人的意识范围,可以从生动的生活外撷取题材;一类是"幻觉型",这类作品的素材来自人类心灵深处的某些陌生的东西,是人类不能理解的神秘世界的原始经验,这种经验世代累积下来,"沉淀"在每一个人的无意识深处,是历史在"种族记忆"中的投影,他称之为"集体无意识"。他说,每个民族处于混乱危厄的关头,潜藏蛰伏在人的无意识中的原始救世主形象就会复苏,呼唤作家根据古老的神话,创造这样的形象,引起全民族的共鸣。荣格分析了歌德的《浮士德》和乔伊斯的《尤利西斯》等作品,认为在这些幻觉型的作品中,人们更能体会到人类精神和心灵的回响。这些作品的素材往往来自该种族最深层的记忆和幻想,这些幻象正是存在于集体无意识中的原始经验的体现,其创作过程就是将集体无意识的东西转化为现代语言重新显现,在此意义上,与其说歌德创造了《浮士德》,不如说《浮士德》创造了歌德。

五、文体学批评

文体学在一定意义上也可以称文章学或语文学,它是研究各种语言的表达方式和表达效果的一门学科。文体学批评是一种运用现代文体学理论和方法,从研究文学作品的语言性质入手,对其作审美把握的批评理论和实践活动。

(一)文体学批评概说

在中国,两千多年前的《易经》就提出了"修辞立诚"的写作原则。孔子也十分重视言辞的表达。他说"辞达而已矣",要求言辞要清楚地表达思想,又提出"言之无文,行而不远"、"文质彬彬",点出了"文采"的功用以及形式与内容之间的关系。魏晋时期曹丕的《典论·论文》首开文体研究之先声:"夫文本同而末异,盖奏议宜雅,书论宜理,铭诔尚实,诗赋欲丽。"《文心雕龙·知音》中除对文体作进一步区别和阐述外,还提出了评论文体的方法:"一观位体,二观置辞,三观通变,四观奇正,五观事义,六观宫商。斯术既形,则优劣见矣。"这些见解十分精到。此后历代的批评家、作家对文体也多有论及。诗话、词话、曲话和文章评点中所谈到的炼字、炼句、文气、文脉等,均属于文体批评的范围。

西方早期的文体研究可以追溯到古希腊、罗马时期。亚里士多德在他所著的《修辞学》中指出了演说中措辞的重要:"仅仅知道我们应该说什么还不够,还必须以恰当的方式来表达,这样会大大有助于演说取得应有的效果。"亚氏把"明晰"、"准确"视为优良文体的基础。朗吉努斯的《论崇高》一文在文体的研究方面也有精辟的见解,他阐述了语言具备崇高风格的五大要素:第一,要有崇高的思想;第二,要有炽烈的感情;第三,修辞如比喻、借代、仿拟的运用要恰当;第四,文字要优美;第五,把前四种联为整体的"庄严而生动"的布局。文艺复兴时期,但丁的《论俗语》也是近代西方论述文学语言的一部重要著作。现代文体学诞生于20世纪初,索绪尔的学生、法国学者查理·巴利于1902年出版的《法语文体学》被认为是现代文体学的开端。俄国形式主义对文学语言,尤其是对诗歌语言中变异的研究,对诗歌、小说文体的新的解释,从理论和实践上为文体学提供了新的参照;新批评对诗歌语言的细密分析,更是对文体学的一种丰富;结构主义对叙事文形式的全面研究;读者反应批评从读者角度对文体学的探讨等,也都不同程度地为文体学的发展注入了活力。作为一种以文学作品的语言性质为研究对象的文体学批评,它具有突出文学的语言性质、融入较强的审美意识、具有较强的可操作性等特征。

(二)文体学批评对文学语言的操作方法

1. 对语音的分析

语音是文体构成的表层要素,也是语言基础。韦勒克说:"每一件文学作品首先是一个声音的系列,从这个声音的系列再生出意义。"①语音主要由音韵和节奏结合而成。

清人姚鼐在《古文辞类纂序目》中谈到学文时说,"凡文之林有十三,而所以为文者八,曰:神、理、气、味、格、律、声、色"。只有通过对作品中语言文字的揣摩,才能进一步体会作品的艺术风格。因此,分析文学作品中的格、律、声、色"是文体学批评的第一步"。

汉语言中的同声重复、双声、叠韵、双关、拟声等语音效果广泛使用于各类文学作品。"哗哗"、"丁冬"等拟声手法的运用不仅能刺激人的听觉,而且加强了语言的直观性、形象性和生动性,给人一种身临其境的感觉,使人产生象征性的联想。许多诗人、作家采用这些语音手段,取得了声情并茂、相映成趣的效果。朱自清的《荷塘月色》是一篇美文,读后给人一种极好的美感享受,其中叠词的运用是一特色。李煜词《清平乐》写离愁,其结尾句"离恨恰如春草,更行更远还生",两个六字句,每两个字一个顿挫,念起来一波三折,写尽缠绵婉转之致。李白的《宣州谢朓楼饯别校书叔云》开头两句"弃我去者昨日之日不可留,乱我心者今日之日多烦忧",采用长达十一字的特长句式和顿挫有致的节奏,生动形象地传达出诗人内心深广的郁结和忧愤,以及一触即发、发则浩浩荡荡、不可抑止的心理状态。

2. 对词汇的分析

词汇在文体构成因素中占据显著位置,它是最小的能够自由运用的语言单位。从某种意义上讲,作家对文体的创造很大程度上表现为对词汇的选择和运用。

恰当的选择与词汇的性质、色彩密切相关。人们曾从不同角度对词汇加以分类,如将词语分为书面语与口头语,标准语与方言,高雅语与粗俗语,褒义词、中性词和贬义词,名词、动词和形容词等。作家出于自己的审美情趣及特定的审定的审美目的,选择一定的词汇加以运作,从而营构某种风格的氛围。文学作品中方言的选用也是形成文体特征的重要因素。例如钱钟书的《围城》在比喻上用词尖新,叙事状物上精炼老到,人物对话机智风趣,幽默俏皮得让人忍俊不禁,正是语词运用的新颖奇特,才使之成为一部旷世美文。在赵树理的小说中大量使用山西地方土语,形成了"山药蛋派"的语体风格。孙犁、汪曾祺、刘绍棠清新优雅、朴素洗练的语汇使用,形成了诗情画意的"荷花淀派"风味。王朔小说掺杂大量世俗俚语及老百姓口语,形成了调侃、戏谑和痞子气的语言风格。

3. 对句法和篇章的分析

句法手段运用得是否得体,是文体研究的又一重要方面。如鲁迅《伤逝》的起句:"如

---

① 韦勒克、沃伦:《文学理论》,刘象愚等译,江苏教育出版社,2005年版,第175页。

果我能够,我要写下我的悔恨和悲哀,为子君,为自己。"这是一个倒装句。"悔恨"和"悲哀"不容颠倒,"子君"和"自己"不能互易。句中"悔恨"的激励昂扬和"悲哀"的迂徐低沉,充分表达出抑扬顿挫的极致,真是"一弹再三叹,慷慨有余哀"。句子与句子之间、段落与段落的关系是影响文体效果的重要因素。又如汪曾祺《受戒》中的一段描写:

>芦花才吐新穗。紫灰色的芦穗,发着银光,软软的,滑溜溜的,像一串丝线。有的地方结了蒲棒,通红的,像一枝一枝小蜡烛。青浮萍,紫浮萍。长脚蚊子,水蜘蛛。野菱角开着四瓣的小白花。惊起一只青桩(一种水鸟),擦着芦穗,扑鲁鲁鲁飞远了。

这里使用了大量的散句短句,不满100字的一个段落,有17个停顿,少于7个字的句子有13个。这种密集的停顿,显然是为了创造一个婉转回环的节奏,营造散文诗一般的韵味,同时迟缓阅读速度,让读者慢下来,用足够的时间想象进入清新明丽的江南风景画中。

如果说文学文体中的每一句话有其自身的涵义的话,那么,这些句子的组构和复合将会生发出一些新的或别样的蕴含。如鲁迅《秋夜》的开头:"在我的后园,可以看见墙外有两株树,一株是枣树,还有一株也是枣树。"这里的"一株是枣树,还有一株也是枣树"拆开来看平淡无奇,但放在一起却产生了一种别致的审美效果,衬出一种冷清寂寞的场景及相应的心境。

篇章通常指一系列连续的句子即句群或段落构成的语言整体。一部好的作品,不仅体现在音、字、句上,更重要的是着眼于整个篇章,它要求结构严谨完整、和谐统一。托尔斯泰指出:"在真正的艺术作品——诗、戏剧、图画、歌曲交响乐中,我们不可能从一个位置抽出一句话,一场戏,一个图形,一小节音乐,把它放在另一位置上,而不致损害整个作品的意义。"[①]作品的这种不可分割性要求我们在研究作品结构时应从整体把握。汪曾祺也认为语言的美不在一个一个句子,而在句与句之间的关系。在一部叙事作品中,往往同时存在着形式或语义的连接方式,因此,分析任何一部作品的结构均可采用多种角度。通过辨析,可以细致地了解作品的结构顺序,把握作品的文体特色。诗歌,特别是抒情诗中的诗句一般不是通过时序结构完成的,而是通过一些跳跃的意象所构成的特殊的语境来显示某种情绪或指向某个中心点,以形成句法上的响应和语义上的联系。如马致远的《天净沙》就运用了多个意象建构一种苍凉幽远的意境,借此抒发悲凉的感情。

除此之外,文体学批评还很关注文学语言的变异研究,作品中突破语言常规的变异语言恰恰是语言中比较活跃的一部分。主要有语音变异、词汇变异、句法变异、篇章变异和书写变异等,这是我们进行具体批评操作时应当注意的现象。

六、读者批评

读者批评是从读者的角度来理解文学及其意义的一种批评范式。读者批评认为读者

---

① 列夫·托尔斯泰:《论艺术》,人民出版社,1958年版,第128页。

是文学活动中最重要的,也是文学作品意义产生的最基本因素,因而注重探索读者与作家、读者与作品的相互关系和相互影响,强调读者在文学理解中的决定性作用。

(一)读者批评概说

读者批评是在现象学和现代阐释学的哲学土壤里,在接受美学(姚斯、伊瑟尔)理论基础上生长起来的。它主张文学作品的文本是已完成的含意结构,但它的含意其实是读者个人的"产品"或"再创造";把文学批评的注意力从作品文本转移到读者的反应上,聚焦在读者对作品文本内容系列的复合解说的反应上;作品不存在某种唯一的文本意义,其意义随不同读者的改变而改变。读者批评要求对读者的性质进行重新认识——读者是整个文学活动中一个不可缺少的主体,是阅读和产生意义的基本要素。文学作品是为读者阅读而创作的。即使是"藏之名山"之作也是为了"传之后世"。意义是在阅读过程中产生的,是一次次再创造的过程,读者对文学作品意义的实现具有决定性的作用,文本的社会意义、审美价值乃至潜在的意义都需要在读者的创造性阅读中才得以实现。读者使作品获得了生命,是促进文学创作、推动文学发展的重要因素。

读者批评突出文学文本的未定性,认为任何文学文本都具有未定性,它们不是自足的存在,而是一个多层面的、未完成的图式结构。波兰文艺理论家英伽登指出,文学作品包括四个异质而又互相依存的层次:语音现象层、语义单位层、再现客体层、图式化方面层。在这里面,有着许多"未定点",所谓"未定点"是指在被再现的客体层和图式化方面层中没有被文本特别确定的方面或成分。① 德国著名接受美学家伊瑟尔在此基础上进一步提出了"空白"理论,由意义不确定和空白构成的就是"召唤结构",文本的空白召唤促使读者补充被隐藏的内容,起到连接创作意识和接受意识的中介作用,把文学作品中包含的不确定点或空白与读者自己的经验以及对世界的想象联系起来,这样,有限的文本便有了意义生成的无限可能性。一部作品的不确定点或空白处越多,读者便会越深入地参与作品审美潜能的实现和作品艺术的再创造。

(二)文学批评的运作范围

1. 发现空白

要求把文本中的空白上升为阅读的主要对象,读者应有意识地去发现文本中的空白,充分体味文本中那些沉默的因素,分析空白在文本结构和技巧中的作用,用想象和理智去参与文本的创作。如对《红楼梦》第98回"苦绛珠魂归离恨天,病神瑛泪洒相思地"中黛玉临死前"宝玉!宝玉!你好……"的遗言,这个空白,不同的读者就有不同的揣摩和补充。有的读者认为黛玉要表达的是恨宝玉狠心抛下自己另结新欢的怨气,有的读者认为黛玉要表达的是希望宝玉好自为之的爱意,也有的读者认为黛玉要表达的是刻骨铭心爱恨交织的复杂情感。又比如徐志摩的小诗:

> 最是那一低头的温柔,
> 像一朵水莲花不胜凉风的娇羞,
> 道一声珍重,道一声珍重,

---

① 英伽登:《论对文学的艺术的作品的认识》,陈燕谷译,中国文联出版公司,1988年版,第10页。

  那一声珍重里有蜜甜的忧愁……
  沙扬娜拉！

  这首小诗"记录"的是一个依依惜别的瞬间,从字面上看,分别时候那女子的情态,已经相当具体而清晰了。但这其中却也明显存在一些"空白"。何以会让离别的人品味出一种"蜜甜的忧愁"？这些内容诗人都没有写出,当然只能由我们的想象加以补充了。有的空白则表现在一部作品的开放性结局上,比如对易卜生的《玩偶之家》就有了"娜拉出走之后"的忧虑,对路遥《人生》中高加林回乡之后命运的预测和对《项链》主人公玛蒂尔德·路瓦栽夫人得知真情后的生活路向的猜度等。这也是很多文学文本在出版后,不断有"续集"和"后传"出现的原因所在。

  2. 建构文学接受史

  读者批评强调文学史的接受因素,它认为文学作品的历史价值、影响和地位是由作品自身的质量和接受意识共同作用的,一部文学史应当是文学接受的效果史,决定作品历史地位和价值的主要因素是读者的接受意识。因而,把读者的接受状况作为研究重点,对文学作品在历史上的各种接受形式和审美评价加以整理,把握文学作品在接受过程的各个历史阶段所呈现的真实面貌。其运作程序是：发掘和选择接受文本→重建当时读者的期待水平→寻找其接受上的变迁。一些批评家曾对某些作家、作品的接受史作了专门的研究。如盖哈德·林克曼在《卡夫卡的崛起与时代意识》一书中,从第二次世界大战后西方出现的卡夫卡热出发,对卡夫卡的接受过程作了深入研究。他认为,卡夫卡由二战前一名鲜为人知的作家上升为一位对现代社会人的观念以及现代主义潮流发生巨大影响的"经典作家",这与接受意识——二战后普遍存在的生存危机感以及改变了的读者的"期待视野"有直接关系。它表明只有当读者的期待视野和文学的"内部进化"达到一定高度时,这种潜藏涵义才会逐步发掘出来。在中国一些学者对杜甫、陶渊明等人的诗歌接受史研究等,也是读者批评模式的具体运用。

  3. 调查文学接受现状

  研究文学现状是读者批评的又一主要方式。这种对读者接受和期待的研究,将有助于文学的繁荣。读者批评通过对读者的接受过程的反应、判断、评价的研究,了解作家创作过程中所设想的预期效果与接受者的期待视野是否一致,由此帮助作家调整创作计划,这种研究还包括对作家的超前指导上。读者的欣赏水准总是不断地变化着,雅与俗、时新与怀旧等情结往往轮番出现。读者批评将通过对读者的欣赏趣味、评判标准等变化的研究,帮助作家淘汰旧的题材、形式和表现技巧,采用一些新的题材、形式和表现技巧,以适应变化了的时代的需要,并尽可能地走在这种变化的前面。

  这种调查大致涉及以下几个方面：关于文学作品接受状况的调查,以了解不同读者对一部作品的评价,阅读后的感想以及对作品中的人物形象、道德判断和艺术质量的看法；关于文学作品社会效果和阅读行为的调查,以了解不同的人对不同文学作品的愿望、要求和需要；关于文学市场的调查,通过了解不同的文学作品的销售状况和销售量的变化,把握读者对文学的需求动向,从而对读者"期待视野"的转移和未来的文学需求作出预测。

七、女权主义批评

女权主义批评是一种用女性意识观照文学作品,具有女性价值标准和审美追求的文学批评。它的出现使传统的文化和文学批评观念受到前所未有的冲击。近年来,女权主义批评已成为令人瞩目的批评方法之一。

(一)女权主义批评概说

几千年来,就两性文化而言,无论中西都一直沿袭男尊女卑的传统。随着社会的进步、女性的觉醒,女权运动的出现是一种必然。西方女权主义批评就是在西方妇女解放运动中孕育诞生的。英国作家伍尔夫和法国作家波伏娃被视为西方女权主义批评的理论先驱。1919年,英国女权主义批评家伍尔夫发表了女权主义批评的奠基之作——《一间自己的屋子》,主张妇女应争取独立的经济力量和社会地位。1949年,法国作家波伏娃发表了《第二性》,该书被誉为西方女权主义的理论经典。波伏娃在书中首次比较系统地清算了男性作家的文学作品对女人的虚构,批评了他们对女性形象的歪曲,从而从思想观念和批评实践上,为女权主义批评提供了实例。女权主义批评以解构的方式吸收了社会学批评、西方马克思主义批评、精神分析批评、接受美学、解构主义等批评方法的有用因素,并融入到基于女性体验研究的批评模式之中。它对其他批评方法的吸收旨在纠正文学中的性别歧视,发现妇女文学自身的价值,寻找女性文学的特征。强调文学作品中的政治、文化色彩,关注作者的经历、意识与作品的关系,并希望将文学作为手段去帮助妇女,使她们对自身所遭受的压迫有所警觉,怀疑全部传统的价值观念和批评工具,从而去寻找妇女特有的反映方式。在这审视下,传统的批评受到质疑,文学作品被重新评价。这种女性眼光正是女权主义批评与其他文学批评的根本区别所在。

作为西方文学批评的一支新锐,女权主义批评形成了三个主要流派。这三大流派在方法和侧重点上存在着明显的区别。美国著名的女权主义批评家肖瓦尔特在《荒原中的女权主义文学批评》一文中总结道:"英国女权主义批评基本是马克思主义的,它强调压迫;法国女权主义批评基本上是精神分析学的,它强调压抑;美国女权主义批评基本上是文本分析式的,它强调表达。然而,它们都是以妇女为中心的文学批评。"[①]

(二)女权主义批评的目的和运作策略

1. 反抗父权制,重新评价文学文本中的女性形象

在漫长的男性中心的社会历史中,文学史中的女性形象大部分是由男性创造的,而这里面渗透着父权文化的顽固的影响。女性角色的地位、本质完全由男性作家操纵、解说。女性形象塑造史是一部女性被男性利用、剥削的历史。女权主义批评则要求女性读者在阅读时改变原有的思维习惯,由一个赞同型读者变成一个反抗型读者,通过这种拒绝赞同的行为,把根植于心中的男性意识去掉,并在此基础上对男性作品中的女性形象重新评价。因此,女权主义批评的任务和重要方面就是从性别入手,重新阅读和评论文本,矛头指向传统文学尤其是男性作家的作品中对女性的刻画。

女性形象在男性作家笔下常常成为两个极端,或是"天使",或是"妖妇"。波伏娃在

[①] 肖瓦尔特:《新女权主义批评:论妇女、文学与理论》,纽约,1985年版,第248页。

《第二性》中指出,司汤达在小说中创造了一群迷人的女人。她们富有教养,多才多艺,但用女权主义的眼光看,这些女人全不是独立的个人,而是男人风流生活中不可缺少的点缀品,在对女性理想化乃至圣洁的塑造中表现的是十足的男性趣味。这种反抗阅读也运用于受到男性社会谴责的"坏女人"形象上。女权主义批评家认为,《简·爱》中阁楼上的疯女人就是一个值得同情的受害者形象,她是被压抑的女性创造力的象征。至于其他"坏女人"形象如诱惑者、淫妇、悍妇,女权主义批评也从女性的视角加以解剖,指责男性的这种描写是对妇女的文学虐待或文本骚扰。在中国,一些经典文本中的妇女形象也被重新审视,有人为《水浒传》中的潘金莲辩护甚至翻案;也有人为《小二黑结婚》中三仙姑鸣不平,批评赵树理对三仙姑涂粉打扮"好像驴屎蛋上下上了霜"的比喻,是对中年女性的歧视和装扮权的剥夺。女权主义批评家认为,妇女在文学中扮演的这双重角色反映了男人对女人的矛盾态度。女人既是男人的梦想,又使他感到恐惧;她既给男人带来满足,又使他产生厌恶。这些女性形象都是男性臆造的产物,体现了男人对女人的评价直接服务于以男性为中心的文化。

2. 倡扬女性阅读视角

"女性视角"的提出构成了女权主义批评解读作品的基点。所谓女性视角,即用女性意识、女性经验观照作品。女性视角的阅读与男性阅读有明显区别,这不仅表现在女性读者与男性读者关注的焦点有所不同,更重要的是阅读中激起的体验有根本的差异。女性视角不必然是一位女人在阅读,女权主义批评也要求男性读者像女人一样阅读,采用女性的经验、经历和智慧来阅读作品。这种视角的改变将引导人们在文学作品中发现过去所忽略和压抑的东西,乃至对作品产生全新的认识,更重要的是,它最终将通过改变读者的意识和她们与被阅读文本的关系来改变这个世界。这种女性阅读视角,也体现在对重新构建女性文学史的理论企图上。女权主义批评家坚持认为,文学是妇女作出了不可磨灭的贡献的领域之一。在重建文学史中不仅要对杰出的妇女作家和作品进行新的开掘和评价,同时也要拭去历史的尘埃,打破男性文学史家、批评家恪守其男性尺度,还古往今来大量受男性占主导的社会歧视或忽略的女作家以本来面目,重建经典文学书目。

3. 关注女性作家写作

女性的共同经验使女权主义批评格外关注同性的作品,尤其是那些表现女性意识、女性世界的作品。肖瓦尔特认为,女性写作是一种"'以女性语言'而写作的实践,它削弱了西方叙述传统中的语言、句法和形而上学的传统规范"[①],进而突破男权词语中心主义;在情节模式上,女性写作也突破了传统思想和写作形式的束缚。她们取消男性主体欲望的故事,而主要以女性的身体和欲望为对象,述说女性的体验和幻想。女权主义批评十分注重发掘女作家的女性意识。女性意识主要体现为女性通过思维、感觉等各种心理过程对自身和外在世界的全部认识的总和,它与女性的身体是分不开的。在创作中,女性作家往往用女性的身体去体验、认识世界,表现女性的欲望和感觉。女权主义批评研究它们所表达的与女性身体有关的女性经验,如女性的性本能、性体验、自恋、欲望等非理性和隐私性的内容。林白、陈染的作品就是以一种大胆的自我欲望与隐秘体验的语言张扬形成一种

---

① 肖瓦尔特:《新女权主义批评:论妇女、文学与理论》,纽约,1985年版,第9页。

偏执的女性反抗的姿态。卫慧、绵绵的作品则以"身体写作"的言说方式更直接地表述女性个人化的体验。

女性作家特有的审美心理是女权主义批评研究的又一重要方面。女性作家对事物的观察和感受往往较男性更为细腻。在许多作品中,我们都可体会到女性作家投射到作品中女性特有的细腻柔和的审美心理。这是女性用自己的眼睛对自我的审美观照。

名词解释:

1. 文学批评:文学批评就是以一定的文学观念、文学理论为指导,以文学欣赏为基础,以各种文学现象和文学活动(文学作品、文学创作和文学接受等)为对象的评价和研究活动。

2. "集体无意识":瑞士心理学家荣格1922年在《论分析心理学与诗的关系》一文中提出的分析心理学用语。指由遗传保留的无数同类型经验在心理最深层积淀的人类普遍性精神。荣格定义集体无意识是人类心理的一部分,它可以依据下述事实而同个体无意识做否定性的区别:它不像个体无意识那样依赖个体经验而存在,因而不是一种个人的心理财富。个体无意识主要由那些曾经被意识到但又因遗忘或压抑而从意识中消失的内容所构成的,而集体无意识的内容却从不在意识中,因此从来不曾为单个人所独有,它的存在毫无例外地要经过遗传,集体无意识主要由"原型"所组成。

3. 召唤结构:德国接受美学家伊瑟尔提出的关于文学作品基本结构的论点。在《文本的召唤结构》(1970年)一文中,他认为作品的意义不确定性和意义空白促使读者去寻找作品的意义,从而赋予他参与作品意义构成的权利。这种由意义不确定与空白构成的就是"召唤结构",它召唤读者把文学作品中包含的不确定点或空白与自己的经验及对世界的想象联系起来,这样,有限的文本便有了意义生成的无限可能性。文本的空白召唤能激发读者进行想象和填充作品潜在的审美价值的实现,是吸引和激发读者想象来完成文本、形成作品的一种动力因素。召唤性是文学文本最根本的结构特征,文学作品中的不确定点和空白愈多,其蕴含的意义就愈深邃广阔。

4. 女性阅读视角:所谓女性阅读视角,就是用女性意识、女性经验观照作品。女性视角的阅读与男性阅读有明显区别,这不仅表现在女性读者与男性读者关注的焦点有所不同,更重要的是阅读中激起的体验有根本的差异。女性视角不必然是一位女人在阅读,而是要求男性读者也像女人一样,采用女性的经验、经历和智慧来阅读作品。这种视角的改变将引导人们在文学作品中发现过去所忽略和压抑的东西,乃至对作品产生全新的认识,更重要的是,它最终将通过改变读者的意识和她们与被阅读文本的关系来改变这个世界。女性阅读视角的提出,构成了女权主义批评解读作品的基点。

思考题:

1. 怎样理解文学批评的性质和原则?
2. 简述社会—历史批评对作品社会意义的要求。
3. 怎样理解思想标准和艺术标准的具体内涵及两者关系?
4. 立足中国的社会历史语境,简析文化批评出现的必然性与合理性。

5. 女性主义批评的价值观有何启发意义?
6. 举出几个中国文学批评史上关于道德批评的实例。

阅读链接

1. 凯瑟琳·贝尔西:《批评的实践》,胡亚敏译,中国社会科学出版社,1993年版。
2. 罗杰·法约尔:《批评:方法与历史》,怀宇译,百花文艺出版社,2002年版。
3. 蒂博代:《六说文学批评》,赵坚译,三联书店,2002年版。
4. 魏伯·司各特:《西方文艺批评的五种模式》,蓝仁哲译,重庆出版社,1983年版。
5. 丹纳:《艺术哲学》,傅雷译,人民文学出版社,1963年版。
6. 李健吾:《李健吾文学评论选》,宁夏人民出版社,1983年版。
7. 朱光潜:《诗论》,三联书店,1984年版。
8. 孟悦、戴锦华:《浮出历史地表:现代妇女文学研究》,河南人民出版社,1989年版。

第十章 文学效果

在人类精神文明建设中,文学始终发挥着不可忽视的重要作用,因此,文学的社会效果自古以来就受到政治家、思想家、作家、艺术家的广泛重视。但由于种种原因,文学的社会效果问题在文学理论领域却一直没有得到认真的研究。时至今日,文学效果在我们的理论体系中还只是一个空泛抽象的概念而没有具体化,在所有文学理论教材中还是空白。这种局面与时代和社会的要求不相适应,为此,我们认为,为了充分发挥文学在精神文明建设中的作用,有必要从理论上深化、细化文学效果问题的讨论和研究。

第一节 关注社会效果是人类文学活动的悠久传统

马克思主义重视文学的社会效果,已经是理论界的共识。但是这一"共识"也给人一种印象,似乎只有马克思主义才重视文学的社会效果,其他主义并不如此。这是一种极大的误解。因为,关注文学的社会效果,并不自马克思主义始,而是始于人类文明史、文学史。换句话说,关注文学的社会效果,既是马克思主义的要求,也是整个人类对文学的基本要求。它不是某个阶级、某个时代的特殊要求,而是自古以来人类对文学活动的普遍要求。这样说不纯然是逻辑推理,而是人类文学发展的历史事实,是逻辑与历史的统一。纵观古今中外文学史可以发现,关注文学的社会效果,是人类文学活动的悠久传统。

一、古代西方对文学效果的思考

对文学的社会效果的关注,在西方,一般认为最早可追溯到古希腊的柏拉图。

柏拉图的思想触觉十分敏锐,他最早从接受心理角度发现文学对人的精神生活影响十分强大,对人的品质和性格的培养有巨大作用,出于建设"理想国"的要求,他非常关注文学的社会效果。他认为要建设"理想国"必须注重人的素质,必须利用文学的力量加强对他们的教育和培养。于是,在《理想国》一书里他用1/4篇幅讨论文学,对于当时的文学作品几乎逐章逐句加以审查。结果发现,史诗、悲剧、喜剧都不符合他的标准。他认为这些作品亵渎神明,贬低英雄。神和英雄被写得浑身都是毛病,人所具有的邪恶品质在他们身上表现无遗。他们本应成为人类模仿和崇拜的对象,现在却成了坏榜样,只能引人学坏。柏拉图还认为当时的文学作品不是用理智去教育人,而是迎合人的情欲,放纵人的一切欲念,使人失去理性的控制,这样不利于培养人的高尚的道德情操和正义的品格。基于以上原因,他主张把他认为效果不良的诗和诗人从"理想国"中驱逐出去,而欢迎"不仅能引起快感,而且对国家和人生都有效用"的作品进来。用现在的眼光看,柏拉图文学观的偏激和偏见是不言而喻的,造成偏激和偏见的原因是他那奴隶主贵族立场以及由此衍生的评价作品的标准。抽掉这些阶级的和历史的局限,从文学社会学角度审视,他看到了文学对国家对社会的巨大作用,并大力倡导文学的积极作用,力图消除文学的消极作用,这一思想无疑是应该肯定的。

与柏拉图一样,亚里士多德也十分重视文学的社会效果。他在著名的《诗学》中提出,悲剧作为一种文艺活动,其创作和演出要有明确的目的,这就是要使观众的情感得到"陶冶",使人获得生活的教训,获得美感和道德净化。为了使这一目的落到实处,他在《诗学》中对悲剧艺术的各个环节都提出了有针对性的具体意见,制定出相应的原则和规定,这一切都是从接受效果出发的。综观《诗学》的理论脉络可以发现,接受效果是亚氏诗学理论的基石。亚里士多德对艺术处理的具体意见,现在看来有的也不尽合理,但他考虑问题的思路则是正确的。

柏拉图和亚里士多德生活的时代还是人类的童年时期,正是他们开天辟地草创了文学艺术和美学理论。他们一开始就注意到文艺与社会的关系,注意到文艺的社会效果,就时时注意从接受效果上考虑艺术问题,实在是难能可贵的。他们的眼光澄澈清明,质朴务实,一下子抓住了问题的根本,这是他们对文艺理论的一个贡献。可以说,文艺的社会效果问题是他们理论的出发点,这是一个很高的理论起点,它对后世的文艺理论和美学产生了深远影响。

古罗马诗人兼批评家贺拉斯,以"寓教于乐"的响亮口号表明了他对古希腊关于文学效果思想的继承。他说:"诗人的愿望应该是给人益处和乐趣,他写的东西应该给人以快感,同时对生活有帮助……寓教于乐,既劝谕读者,又使他喜爱,才能符合众望。"为了达到预期的艺术效果,贺拉斯认为必须研究欣赏者的接受心理。在《诗艺》里,随处可以见到为了达到什么效果你应当怎样写,为了避免什么效果你不应当怎样写之类的话。可以说,接受效果是《诗艺》所有论述的核心,是贺拉斯艺术思想的出发点和落脚点,是他的基本宗旨。

中世纪的神学家们激烈地攻击和否定艺术,如圣·奥古斯丁在《忏悔录》中结合自己亲身体验控诉艺术亵渎神灵,败坏道德,毒化灵魂。他对艺术的指控,出发点和理由与柏拉图如出一辙。神学家们对艺术的否定从反面证明,艺术的社会效果也是他们关注的中心。

文艺复兴时期的但丁和薄伽丘反对教会仇视文艺的偏见,针对教会从社会效果角度对文艺的攻击,他们针锋相对,以子之矛攻子之盾,用"讽喻说"和"教化说"为世俗文学(诗)辩护,指出文学并非挑拨人的情欲,而是通过虚构的故事表达道德教训。文艺复兴时期的作家,如但丁、薄伽丘、莎士比亚、拉伯雷等人,以文学为武器,宣传人文主义思想,广泛进行社会批评,取得了巨大的社会效果。

17世纪法国古典主义理论家布瓦洛继承了贺拉斯"寓教于乐"的思想,认为文学的主要目的是教育社会,作家要有社会责任感,即使写恋爱的激情也要经过净化,写喜剧要揭露社会的缺点,让观众在这面镜子里看到自己。他站在贵族立场上提出了文艺需要遵循理性原则、自然原则、道德原则等,这些原则的目的都是为了保证文艺产生符合贵族利益的社会效果。

18世纪的法国,一批知识分子由宫廷走向沙龙,走向民间,自觉承担起时代赋予的伟大使命,宣传资产阶级思想,为新兴的资产阶级革命造舆论,于是有了启蒙运动。启蒙主义者以各种文化形式(包括文艺)为自己服务。如狄德罗在其《论戏剧艺术》中主张戏剧应成为向社会进行道德教育的手段,应当通过戏剧让全国人民严肃地思考问题而坐卧不安,戏剧应起到帮助和引导人们"爱道德、恨罪恶"的社会效果。为了达到他预期的社会效果,他也像前辈一样提出了一系列创作原则和理论主张。

到了19世纪,俄国民主主义者别林斯基等人对文学艺术的本质和意义有了新的认识。他们不承认有所谓"纯艺术",认为文学是改造不合理现实的斗争武器,是社会发展的一种积极强大的力量。在他们的提倡和鼓励下,一代俄国作家关心国家和民族的命运,把文学作为社会批评的武器,揭露社会黑暗,反映民生疾苦,投身社会斗争,使文学发挥了巨大的思想启蒙作用。

二、现代西方对文学效果的思考

20世纪西方文坛发生了历史性变化,传统的一个时期占全社会主导地位的文学思潮和流派不复存在,代之而起的是思潮迭起、流派纷呈的多元化时代,各家各派都在积极发言,都想以自己的声音显示自己的存在,同时影响别人。在这众声合唱中,仔细听来,坚持作家的社会责任、注重文学的社会效果的声音,依然作为一种最强音,在不同时期、不同国度的优秀作家那里回响。

例如,在现代主义各流派的包围之中,传统现实主义流派(代表作家如法国的罗曼·罗兰、英国的萧伯纳、美国的斯坦倍克等)依然存在,而且连绵不断地贯穿于文学发展的历史长河中。这一流派的作家,继承传统现实主义关注社会人生的传统,执著地思考作家、艺术家在当前世界上的使命,认为作家应以伟大的艺术来恢复人类的勇气,唤醒人类的沉睡,激发他们为正义事业而奋斗的热情。他们反对为少数人提供消遣的艺术,提倡为人民大众提供精神食粮的人民文学。

美国作家威廉·福克纳,有现代"经典作家"之称,在美国乃至西方文坛上都有重要地位。1950年,他在诺贝尔文学奖领奖致辞中谈到作家的社会责任时说过一段著名的话:"作家的天职在于使人的心灵变得高尚,使他的勇气、荣誉感、希望、自尊心、同情心、怜悯心和自我牺牲精神——这些情操正是昔日人类的光荣——复活起来,帮助他挺立起来。"福克纳的这段话高屋建瓴,从提升人类心灵、健全人类精神的角度提出了作家的责任。现代社会的黑暗、战争的残酷、物欲的膨胀摧残着人类的精神世界,崇高而美好的精神价值逐渐在失落。为此,福克纳要求作家重建人类崇高的精神境界,寻找赖以生存的精神支柱。

法国作家加缪和萨特,都是存在主义哲学家和文学家,他们的思想观点和艺术创作各有特点,但明显的共同点是主张作家对社会负有责任,要求文学对社会产生作用。加缪主张艺术应反映人生,反映当代的社会现实,艺术家应肩负起时代的重任。萨特坚决反对

"为艺术而艺术"的文学观,提倡"倾向性文学",提倡为时代而写作,要求艺术家必须反映社会人生,必须"介入"时代,有自己的道德责任,决不应当我行我素。加缪和萨特都以自己卓越的作品实践了自己的艺术观,都产生了世界性影响。

前苏联作家们继承了以列夫·托尔斯泰为代表的俄国作家关心社会进步、关心人类命运的优秀传统,在社会主义现实主义旗帜下,用自己的笔反映着历史的面貌,表现着人民大众的心声。1965年获诺贝尔文学奖的肖洛霍夫在授奖仪式上的讲话中说,作家是人民的儿子,是人类的一分子,作家的使命是不受任何拘束地用自己的笔为劳动人民服务,向人们说出真理,在人类心灵中坚定对于未来的信念,把人们联合在追求人类进步的、自然的和高尚的意向之中。肖洛霍夫的话代表了这一作家群体的文学观。

让我们再把眼光投向拉美。拉美文学一向无声无息,被排除在世界文学视野之外。但是,20世纪以来灾难深重的拉美人民用文学发出了震撼世界的声音,以巨大的创作活力和创新精神加入并推动了世界文学的澎湃潮流,举世瞩目。拉美文学的共同特点是关注人民,关注时代,关注社会,做人民的代言人。如获诺贝尔文学奖的智利诗人巴勃罗·聂鲁达,采取积极参与社会的立场,他的诗以鲜明的政治性和人民性闻名于世,他认为诗人应有高度的社会责任感,写诗应注重社会效果,不能一味追求自我表现。他的诗以饱满的热情讴歌人民大众,揭露敌人的荒淫和残暴。他说他之所以这样是因为残酷的社会现实斗争的需要,面对现实他没有别的选择。

上述作家均为诺贝尔文学奖获得者。纵观一个世纪以来诺贝尔文学奖获得者的获奖原因,我们发现,他们的作品除了独特的艺术价值之外,更多的还是集中在作品的思想和精神价值,集中在作品所产生的社会效果方面。其主要特征是:表现了对人类命运的深切关注和同情,体现了深厚的人道主义精神;表现了对崇高理想及真理的追求;关注时代的重大主题,批判了社会的不合理的现实;对人类所共同面临的困境尤其是精神出路投注了深深的关怀。如此等等,都是从社会、人类、精神、未来着眼的。从这里可以看出,现当代世界上最优秀的作家、艺术家所共同具有的艺术价值观。

当然,20世纪世界文学中,除了那些有明确社会责任意识的作家之外,也有相当一批作家如卡夫卡等从来不讲作家的社会责任、历史使命之类的话;相反,他们倒更多地主张描写自身对世界的感受和体验,主张自我表现。在他们的作品里,普遍反映着灰暗、沉重、荒谬的社会现实,表现出对现实的悲观失望情绪,在这里看不到传统作家那种崇高理想和英雄主义精神,看不到抗争的努力和奋斗的激情。那么,他们对社会和人类真的冷淡、冷漠、毫无关心吗?不是,深一层想就可以发现他们普遍存有的救世情结,他们内心有改造和拯救世界的庄严感及责任感,因此才会带有如此深切的关怀和焦虑以及对自己使命无法兑现的痛楚,并将自己主动地认做时代灾难的殉道者。这就是说,尽管现代艺术以否定性为其主导特征,并表现出浓郁的悲剧色彩,但仍然有他们试图展望的一面,或者说,正是出于对自己理想的期盼,才如此强烈的否定热情。从这里我们看到了现代派作家与传统作家内在的精神联系。

后现代主义以对现代主义的超越为特征,反对深度模式,主张消解意义,声称艺术不应该有"意义"。不过,如果仔细加以深究就会发现,他们所反对的"意义"是一种对固定的概念和目标的追求,此种意义下的"意义"是对自由生活、自由创作游戏的限定,所以在他们看来是应该加以否定的东西。但从他们把人的自由看做是人性的最高表现而言,又可以说把握了人生最高意义之所在。换句话说,后现代主义虽然以彻底批判精神为特征,但其所追求的目标仍然是实现个人的自由。这一目标本来也是现代主义所追求的,但后现代主义嫌其不彻底,所以才以"彻底批判"的面貌出现,以期达到现代主义未达到的彻底实现的目的。一句话,实现人的彻底自由,就是后现代主义所提倡所追求的文学艺术的社会效果,他们的某些作品从审美意义上也确实达到了这种效果。

三、中国人对文学效果的思考

在中国古代,最早关注文学社会效果者应推孔子,他的"诗可以兴,可以观,可以群,可以怨"的出发点是作品对读者的影响,是作品的社会效果。自孔子之后,曹丕视文学为"经国之大业,不朽之盛事",刘勰主张文学必须"征圣宗经明道",韩愈及后来的宋儒要求"文以载道"、"文以明道",白居易主张"文章合为时而著,歌诗合为事而作"等,都是要求文学创作要达到一定的社会效果。这种思想绵延不绝地贯穿于整个封建时代的主流文学观念之中,显现于作家的显意识层面之上。

迄于近代,中国进入半封建半殖民地社会,国难深重,战乱频仍,中华民族处于生死存亡的危难时刻,在这种特殊的社会历史条件下,政治、经济、思想、文化包括文学需要全面动员,使之为社会革命服务。于是,强调社会效果的文学思潮一直贯穿于这一历史阶段中。从清末梁启超号召并发起"诗界革命"和"小说界革命",到"五四"时期提倡"为人生的艺术",再到20世纪三四十年代马克思主义文学理论的输入,中国的文学运动从理论到实践始终与中国社会革命同步前进,为中国人民的解放事业作出了重要的历史贡献,应该给以充分肯定。但遗憾的是在强调文学社会效果的时候,往往只突出和强调了思想政治效果而有意无意间忽视了文学的其他功能及文学自身的特性,致使文学成为纯粹的政治斗争的工具。这种倾向发展到"文化大革命"时登峰造极,直至走向荒诞。

新时期以来,以邓小平为代表的中国共产党总结了领导文学工作的经验教训,认识到文学作为一种社会意识形态不能脱离政治,但也不从属于政治,因为文学有自身的特殊规律。邓小平提出对文艺工作的领导要尊重文艺的规律,而不是发号施令,不是要求文学艺术从属于临时的、具体的、直接的政治任务。他鼓励文艺工作者"认真严肃地考虑自己作品的社会效果,力求把最好的精神食粮贡献给人民"。①

通过对古今中外文学发展史的简略回顾可以看出,关注文学的社会效果,作为一种理论主张和作家艺术家的自觉追求,贯穿于整个人类艺术创造的过程,古今皆然,中外皆然。因此,我们说关注文学的社会效果是人类艺术创造活动的悠久传统。正是这一传统,才使文学在促进社会进步、促进人类精神文明的发展中发挥了极为重要的作用。

---

① 邓小平:《邓小平文选》(1975~1982),人民出版社,1983年版,第185页。

第二节　文学效果的基本范畴

基本概念的深入和细化具体表现为理论范畴的深入和细化。然而，关于文学效果的基本范畴，除了积极、消极之类的空泛判断外，目前理论界对这方面的认识还存在许多盲点，还停留在比较简单抽象的思维阶段，对于其中的复杂内涵还没有来得及深入发掘。这里我们试将文学效果的基本范畴加以细化，抛砖引玉，以期引起对此问题的深入思考。

一、个体效果与群体效果

文学效果首先是通过个体发生的，所以文学效果首先表现为个体效果，这是由文学接受的具体方式决定的。文学接受是一种现实的私密化的精神过程，活动主体是具有独特精神结构的个体的人，在这一过程中，主客体的精神结构相遇、相对话、相碰撞，一方面是主体征服客体，另一方面也可以说是客体征服主体，二者相互渗透，主体从客体那里接受某种影响，精神结构发生某种程度的变化，这就是文学效果的个体发生，就是文学对人的陶冶和塑造。

文学效果的实现虽然是通过个体形式发生的，但这里的个体不是孤立的封闭的，而是生活于社会群体中的个体，无数个体组成群体，组成社会。由此出发考察文学活动可以发现，接受过程可以在两个不同的结构层次上加以研究，即个体接受和群体接受。无数个体接受效果的总和构成群体接受效果，即社会效果。

个体效果和群体效果的关系是个别与综合的关系，后者建立在前者的基础上，以前者的存在为前提，没有前者也就没有后者。正如日本文艺理论家桑原武夫所说："通常所说的艺术效果，是由两个阶段组成：艺术给予构成社会的个人——而且是相当多数的个人以感染，这是第一阶段；这一感染通过个人再作用于社会，这是第二阶段。"①桑氏简要道出了文学社会效果实现的机制，即组成社会的无数个体内在素质的变化促进了社会群体精神面貌的变化、社会生活质量的变化，社会精神文明的进步就是靠无数个体的悄然变化来推动的。这就是文学效果在社会范围、社会层面上的实现。

如果把文学的个体效果视为微观效果的话，那么文学的群体效果就属于宏观效果，二者相互渗透，相互转化，相辅相成，对立统一。

二、精神效果与经济效果

文学接受的对象——文学作品，从价值论角度看具有两重性，即精神属性与商品属性。文学作品不是天然存在的自然物，而是为了满足人们的需要加工创造出来的特殊产品。在商品经济条件下，艺术产品进入市场流通就成为商品。作为一种商品，它既有一般

---

① 桑原武夫：《文学序说》，黄河文艺出版社，1985年版，第117页。

商品的共同性又具有自身特殊性。其共同性表现于都具有使用价值和交换价值,作为交换价值都是为了满足市场需要,在市场交换中赢得经济利益。文学作品与一般商品的不同在于,一般商品主要满足人们的物质生活需要,而文学作品主要满足人们的精神生活需要。因此,文学作品不仅具有商品属性,更具有精神属性、意识形态属性,它参与社会的精神和意识形态建构。文学作品的两重性通过文学接受活动表现出来即为文学的精神效果与经济效果。

文学的精神效果与经济效果之间,既有相互统一的一面又有相互冲突的一面。其统一性表现于,艺术品位高、社会效果好的作品能同时带来好的经济收益。这是因为,文学作品作为商品,其精神价值的实现必须依赖市场交换才能最终实现,也就是说,只有满足广大接受者的精神需求,为广大接受者所接受,才能得到相应的经济收益。凡是优秀的作品,例如那些经过历史考验的经典名著,长久地受到广大接受者的欢迎,不仅为人类社会带来了好的精神效果,也为出版发行部门带来了相应的经济收益。文学的精神效果与经济效果的冲突表现为:由于接受者精神品位和价值观的不能统一,精神价值高的作品未必有相应广泛的接受者,好作品未必能够赚大钱;相反,某些精神品位低下的作品倒可能赚大钱。

文学的精神效果和经济效果既统一又冲突的理论与实践,提醒作家也提醒文学管理部门、出版发行部门,务必注意协调好二者的关系。这里,从指导思想上要解决的是,在文学的两重属性中,精神属性毫无疑问居于主导地位,商品性应当从属于精神性。这就是说,在文学创作和流通过程中应当始终牢记社会主义文学的目的,把满足人民大众的精神需要放在第一位,用优美健康的作品引导并提高社会大众的审美趣味与接受能力,努力实现精神效果与经济效果的统一。

三、审美效果与非审美效果

文学作品中蕴含的精神内涵是一个系统,同理,作品在接受者那里所可能激发起来的精神效应也是一个系统。对于后一个系统,人们虽然说不出到底有多少种、多少元素,但却可以说出其中的主要元素:审美效果和非审美效果。审美效果是指接受者在文学接受过程感到感觉的快适(生理方面)、情感的激动(心理方面)、精神的愉悦(形而上方面);非审美效果是指文学的宣传、教育、认识、交际、社会组织等功能。文学的审美效果和非审美效果在具体的接受活动中相互渗透、相辅相成,后者以前者为基础,前者包含后者。审美因素是艺术各种功能作为一个系统的系统质,没有了审美因素,整个系统就变了质。

关于文学的审美效果和非审美效果,韦勒克和沃伦合著的《文学理论》中曾作了既朴实又生动的概括:"整个美学史几乎可以概括为一个辩证法,其中正题和反题就是贺拉斯所说的'甜美'和'有用',即:诗是甜美而有用的……我们在谈论艺术的作用时,必须同时尊重'甜美'和'有用'这两方面的要求。"[1]我们认为以上概括既简明又全面,便于从理论上清晰地把握。

---

[1] 韦勒克、沃伦:《文学理论》,刘象愚译,三联书店,1984年版,第19页。

四、积极效果与消极效果

文学的积极效果与消极效果或者说是正面效果与负面效果的划分,是从效果的社会性质着眼的,具有明显的时代性、阶级性特征,即不同时代、不同阶级有不同的标准,从中体现出不同的价值取向。因此,衡量文学作品客观效果的时候,一定要运用历史唯物主义思想方法,既把作品放到其产生的特定历史环境中,看作品在具体的现实关系中产生了什么作用,同时又把作品放到历史发展的长河中,用发展的变动的眼光进行考察,即"共时性"视角与"历时性"视角相结合。在这种视角下,有的作品在发表的当时有积极效果(历史意义),而时过境迁之后,就未必仍然有积极效果(现实意义)。我们不能因为某些作品或作品的某些方面失去现实意义就否定其历史意义,也不能把它的历史意义当做现实意义来接受。

评价文学效果积极与否的标准既有阶级性、时代性的一面,又有超阶级性、超时代性的一面。从人类历史发展角度看,凡有利于推动历史前进,促进人类文明的进步,有利于维护社会公平和正义,有利于维护和平反对暴力,有利于人类精神的健康和提升的作品,都应当视为具有积极效果,反之则为消极效果。

五、直接效果与间接效果

文学接受者对自己在接受过程中的"收获",或者说文学作品对自己的影响,有时是有知觉有意识的,能自我反思自我把握的,如生理上的快适(悦耳悦目)、感情上的激动(悦心娱情)、理性上的启示(增智启慧)等。更进一步,有的接受者在受到文学的启发教育后在日常行为上也有"立竿见影"的改变,如青年人看了励志作品后立即改变了自己的坏习惯,改变了自己的人生选择之类。这类为接受主体直接意识到、并对思想行为有所改变的效果,我们称之为文学的直接效果。

但也不是所有人对文学作品的影响都有自觉的意识和行为的改变,更多的是有感受和体验,但却朦朦胧胧,混混沌沌,模模糊糊,想不清,说不出。例如幼儿园的小朋友听老师讲大灰狼小白兔,讲卖火柴的小女孩儿,他们绝对意识不到善恶、同情怜悯、贫富对立等,但谁也不能否认,这些故事已经如春风化雨潜入孩子的心灵,已经在对他们精神世界的构成起着潜移默化的作用。

从历史到现实,常常能听到"文学无用"的说法。这里的"用"当然是实用,是现实的、看得到的、乃至于可以量化的作用。如果从这一角度看,文学确实是无用的,因为它不能让GDP增长百分之几,不能让你昨天晚上看了小说今天钱包就立马鼓起来。但是,谁又敢说文学真的无用呢?!文学的"用",用王国维的话说即"无用之用",文学作用于人的精神、人的灵魂,从根本上说文学是关乎灵魂的学问,这种作用是内在的间接的,然而却是强大而长远的。

六、外显效果与潜隐效果

文学艺术的接受效果,有时会以非常明显的甚至是很强烈的形态显现出来,文艺史上这样的例子比比皆是。

据张岱《陶庵梦忆》中记载,明代宦官魏忠贤作恶多端激起天怒人怨,当时一出愤怒声讨魏忠贤罪恶的戏剧《冰山记》在某地演出,观众竟达数万人,反应非常激烈,观众对剧中人名的呼唤声和对剧中冤情的气愤声搅成一片,声浪此起彼伏如海潮般奔涌,观众蓄积已久的愤怒情绪迅速得以宣泄。《冰山记》起到了推动当时社会斗争的效果。类似的情形在各个民族的历史上差不多都发生过。

与有形的物质力量相比,艺术的力量是柔弱的无形的,但在特定情境之下,艺术的力量是人们意想不到的,是钢铁大炮所达不到的。第二次世界大战时,意大利军队和德国军队占领了希腊。有一次意大利军队搜查到歌唱家玛丽亚·卡拉斯时,她唱起了《为艺术为爱情》这首著名的咏叹调,她的歌声使得意大利士兵忘却了搜查,甚至在临走时还在钢琴上放了当时最为紧缺的食物。此后,这些士兵又连续三天前来倾听她的歌唱,玛丽亚的歌声使意大利人唤起了对故乡的回忆,也唤醒了他们的人性。

以上我们所看到的是艺术效果的外显形态,它以现实的可以观察得到的现象表现出来。不过由于文艺作品内容的性质不同,还由于艺术作用于人的精神世界的特点,文艺效果更多的并不表现为直接的外在显现形态,而是表现为内在的潜隐的特点。例如,我们没有听说过由于阅读《红楼梦》,某个人或某一群体在行为方式上立刻有什么变化。当然,只要精神上受了影响,内在世界有所变化,总是要通过行为表现出来,只不过表现得比较隐蔽,不那么明显。余秋雨对莫里哀喜剧《吝啬鬼》的剖析,道出了潜隐效果生成的奥秘。他说,莫里哀从来没有想到要根治人类身上自古以来就存在的吝啬这一老毛病,但他在剧场里把吝啬解剖得那么透彻、那么辛辣、那么具体,使人们再遇到吝啬或自己心底产生吝啬的时候,会猛然自省,回忆起剧场的笑声。公众的笑声使他们明白人类良知水平上的是非,莞尔一笑间,正常的人性也就悄没声儿地上升了一格。诚然,莫里哀《吝啬鬼》问世以来没有治好过任何一个吝啬鬼,这是毫无疑问的;但是只要经历过演出剧场那畅快的笑,吝啬鬼走出剧场后至少在两三个星期内会收敛一点,不是吝啬鬼而心底有吝啬影子的人会把那个影子缩小一点,更重要的是,让一切观众重见吝啬行为时觉得似曾相识,然后能快速给以判断,这就够了。

七、轰动效果与常态效果

某些作品引起的热烈反响如果在时空维度上更广延地扩展,从个体到群体,从个别群体到更广大群体乃至于全社会,这时,作品的效果即轰动效果。

例如,19世纪中叶美国女作家斯托夫人发表了小说《汤姆叔叔的小屋》,真实而生动地揭露了南方蓄奴制的黑暗,小说一出版,立即引起美国社会的广泛关注,点燃了人民心中酝酿已久的愤怒情绪,几天之内卖了1万册,几个月内销售几十万册。小说很快被翻译成各种文字,介绍到许多国家,受到全世界读者的热烈欢迎。作品有力地推动了废奴运动的蓬勃发展,以至于林肯总统风趣地称作者是"写了一部书,酿成一场大战的小妇人"。再如鲁迅先生的《狂人日记》,以"吃人"二字精辟概括了五千年中国宗法制度和封建礼教的本质,1918年发表后犹如一声春雷,震撼了整个中国社会,"吃人礼教"四个字成了当时知识阶级的口头禅。可以说《狂人日记》激发了全社会的新思想,代表了一个时代的声音。

纵览文学发展史可以发现,产生过轰动效果的作品一般都发生在社会矛盾和冲突比较尖锐激烈的时期,社会大众的思想意识急于找到宣泄的喷射口,如果某一作品恰好代表了这种社会心理,就可能产生轰动性的社会效果。不过总体看起来,产生过轰动效果的作品总是少数,更多作品产生的还是常态性效果。

需要指出的是,作品的流行、畅销,甚至引起轰动,并不与作品的社会价值成正比。引起轰动的原因有时相当复杂,因而对其效果性质的判断就需要从实际出发进行具体分析。

八、即时效果与长远效果

有的艺术作品,当人们以"现在进行时"接受着它的时候,它以新颖刺激的视听形象、惊险离奇的故事情节给接受者带来消遣和娱乐,然而过后却留不下任何印象,不能给人以回味的余地;而有的作品,不但让接受者在接受它的当时感到激动愉快,而且能让人长久地回忆和反思,让人持续不断地感受到它的影响。如韶乐,能让孔子"闻"后"三月不知肉味",《红楼梦》让人读后"数日或数旬而终不能释然"(梁启超语)。有的作品,在发表的当时,也能够引起人们的注意,产生一定的社会影响,然而随着时间的流逝,它们就烟消云散,永远湮没于历史的尘埃中;而有的作品,不仅在发表的当时受到接受者的欢迎,而且能够经受时间的考验,一代代地受到人们的欢迎,一代代持续发挥其精神影响。人类历史上那些著名作家的优秀作品,就发挥着以上的作用。这两类效果,我们称前者为即时效果,后者为长远效果。

社会精神文明的建设、民族性格的塑造,不但要靠艺术作品的即时效果,更要靠作品的长远效果。至今,谁也说不清屈原、李白、杜甫、苏轼、曹雪芹、鲁迅等优秀作家的作品在塑造和化育我们民族的精神品格、价值观念、道德情操、情感模式方面发挥了多么巨大的作用;谁也说不清关云长、包公、杨家将等艺术形象上所体现的道德观念和人格理想对中国老百姓处世做人方面的影响是多么深远。我们只知道从历史深处走来,我们的血管里流淌着传统的血脉,心灵里复活着艺术的精魂。

九、可预期效果与不可预期效果

作家、艺术家在进行艺术创造活动时,对于作品在接受者那里可能产生的效果,总是有一定预期的。一般情况下,作品实际的客观效果往往与作者的主观预期相吻合,这种情况比较普遍。但是,作品的实际效果也可能与作家主观预期不一致,甚至完全相反,正所谓"始料不及"。

"始料不及"的情况大致有两类。一是没料到的好效果。例如,曹雪芹写《红楼梦》时绝对没有料到后人会怎样理解他的作品,实际上后人的理解远比他想到的要丰富;贵族出身的托尔斯泰创作时,绝对不会想到后来的无产阶级领袖列宁会把他的作品誉为俄国革命的一面镜子,称他的作品反映了革命的某些本质方面。二是没料到的坏效果。例如,《女劫机者》的作者大概不会想到自己书中披露的劫机细节,会成为劫机犯劫持飞机的行动指南;再如,反映解放战争的影视中有国共两党领袖在决战前夕到寺院拜佛求签的镜头,编剧和导演当然不会是引导观众迷信,但客观效果却是让观众感到"迷信"特别可信,要不然为什么大人物在关键时刻不约而同去烧香拜佛而且很灵验(蒋介石求到下下签败了,毛泽东求到上上签胜了)呢?!……

出现"始料不及"的原因很复杂,或者在作品或者在接受者,不可一概而论。总之,这一现象的存在促使人们思考,艺术处理的每个细节都可能产生你所预想不到的效果,所以下笔务必慎重,必须反复斟酌,尽可能让自己作品的接受指令对接受者的接受意向作出有益的引导。

十、常规效果与特定效果

常规效果是指常规接受动机、常规阅读期待下作品所产生的艺术效果,如审美娱乐、增长知识、体悟人生、认识社会等。但有的接受者是为某种特定的、特殊的目的去接受作品,作品也确实满足了接受者的目的和要求,此时的效果即文学的特定效果。例如,《三国演义》、《水浒传》在明末清初常被视为军事教科书,攻城略地、行军布阵皆以书中战例作为"临阵规范",李自成、张献忠、努尔哈赤、洪秀全等从中深获其益,"凡埋伏攻袭皆效之",尊为帐内秘本。毛泽东更是善于根据革命斗争的需要去阐释文学作品:他从《三国演义》中的"古城相会"读出了政治斗争的原则性和严肃性;从周瑜打败曹操中读出了青年干部的提拔和培养;从刘蜀阵营读出了组织路线,说刘备诸葛亮组织了一个南下班子,同地方干部建立了良好关系;从《聊斋》中"不怕鬼"引申到政治斗争的"不怕鬼"。身处现代商品社会的日本人从《三国演义》中读出了企业管理与商战策略。我国著名科学家竺可桢先生从《诗经》中关于气候、物候的描写,研究考证上古时代气象变化的规律。还有,各路专家学者纷纷从《红楼梦》中寻找社会、礼仪、制度、宗教、伦理、医学、建筑、服饰、烹调、工艺、艺术等方面的科学研究资料。如此等等。

当然,以上这些对文学作品的特定读法均逸出了审美的、艺术的思路,但是,由于文学作品内容的全面性、综合性、立体性特征,使其具备了满足各种需要的可能性,因而也应该允许审美之外的其他读法。这种现象与列宁关于玻璃杯用途的分析相类似。列宁说玻璃杯是一个饮具,其常规用途是用来喝水,但它也可以用来压纸,装蝴蝶,作投掷工具,还可以作为带有雕刻或图画的艺术品等,总之,它的用途随人们的需要而变化。

十一、滋养效果与治疗效果

以上我们把文学效果作为一种精神现象,从社会文化、意识形态等角度进行了多方面的考察。其实,作为一种精神现象,还可以从生态角度即生理-心理角度进行考察。

从人类精神生态角度看,文学艺术是人类精神生存的特殊家园,它对于调节情感、意志和理性之间的冲突与张力,消解内心生活的障碍,维持身与心、个人与社会之间的健康均衡关系、培育和滋养健全完满的人性,均具有不可替代的作用。文学对人类精神生存的这种作用可以分为两方面:滋养效果与治疗效果。

滋养效果是对人的精神世界的培育和丰富,治疗效果是对人的精神障碍或疾患的调治和改善。一个是从积极方面说的,另一个是从消极方面说的,两方面合起来套用医疗体育的行话即:有病治病,无病健身。

文学对人类精神生态的作用并不是自今日始,而是自它产生的那天起就一直担负着重要使命。据文化史家的研究,史前社会的巫术表演仪式具有在虚拟情境中宣泄释放内在心理能量,以便保持精神健康的效果。"到了文明社会之中,仪式表演转化为戏剧艺术,仪式的叙述模拟转化为神话程式,仪式歌词转化为诗赋,巫者特有的治疗功能也自然遗传给了后世的文学艺术家。在枚乘《七发》为楚太子治好病的著名情节中,可以清楚地看到这种历史转换完成之际,文学家得自巫医的虚构致幻技术如何发挥着强有力的精神医学作用。"①

文学对人的精神生态的巨大作用在现代社会里越来越受到重视。因为,物质欲望的过分膨胀、精神信仰的逐渐崩溃、人际关系的疏远、社会竞争的无穷激烈使人们的精神疾患不是少了反而更多了。于是,旨在恢复人类精神健康的音乐医疗乃至于文学医疗组织与机构活跃于社会生活中。

以上我们从若干方面对文学效果的范畴进行了比较粗疏的考察,这些范畴的划分,由于角度不同,它们之间的关系并不是截然分离的,而是互有渗透互有交叉的。通过考察我们发现,文学效果确实是一种相当复杂的社会精神现象,而且愈思考愈感到其复杂。因为效果生成的因素不同,接受角度不同,使我们感到对文学效果具体化的过程,是一个难以穷尽的过程,我们的考察只是在这方面做的初步努力,要彻底搞清其范畴,还需要做许多艰苦的工作。

第三节　文学效果的复杂性

文学效果具有难以观测、难以量化、难以归纳表述的复杂性。为什么如此呢?因为文学效果是经由接受者的心理而发生的,这是主客体相互作用的结果,取决于诸多因素:千类万殊的文学作品(客体)、心理结构各不相同的接受者(主体)、千变万化的接受背景(宏观的社会文化氛围和微观的特定情境)等,以上因素在现实的接受活动中交织组合成动态的作用结构,其中任何一个因素的微小变化都会带来接受效果的变化。总之,复杂性是文学效果的基本特征、基本属性,这里体现着文学效果发生的基本规律和内在机制,因而需要予以专题讨论。从上一节"文学效果的基本范畴"的分析中,我们已经初步看到了文学效果的复杂性,本节从具体表现角度继续讨论文学效果的复杂性。

一、文学效果的多面性

文学效果的多面性,从接受方面说,指的是读者从文学作品中接受了多方面的影响;从作品方面说,指的是作品在接受者身上产生了多方面的艺术效果。具体说可分为以下三种情况。

第一种情况是,众多作品在众多接受者那里产生的多种效果(多作品——多读者——多效果)。在这里,无论是客体方面还是主体方面,都是一个整体,一个集合,这个整体或集合由无数具体和个别组成,都具有无限的丰富性和多样性。两个无限丰富多样的"精神

---

① 叶舒宪等:《文学与治疗》,社会科学文献出版社,1999年版,第275～276页。

体"(主体和客体)相碰撞、相对话、相交流,自然产生无限丰富的精神效应,这是不言而喻的必然现象。文艺理论书上通常所泛论的文艺效果即指这一类。

第二种情况是,某一特定的具体作品在众多接受者那里产生了多方面的心理效果(一作品——多读者——多效果)。许多作品由于内容和形式的丰富性,可以适应各种接受者不同的精神需求,激发接受者的不同理解、不同感悟,从而产生复杂多样的精神效应。

例如,刘震云的小说《一地鸡毛》,以对小人物琐碎灰暗的庸常人生的准确描绘而著称,作品中小人物沉重而无奈的生存窘境在读者中激发出多种精神效应。某些未经世事的年轻人看了之后感到了未来生活的可怕,不敢想象几年之后的自己会是什么样子,害怕自己走进生活之后的沉沦;有的人看后却产生了超越庸常生活、向庸常生活挑战的冲动,说虽然我们不能一下子改变生存环境,但我们一定要凭意志力量努力奋斗,决不让灰暗压抑的生活扭曲了自己;那些与作品中人物有大体相同生存苦恼的读者从小说中找到了替身,读出了共鸣,从某种程度上舒泄了压抑,心里反而轻松一些;有人没看书前总抱怨自己生活不幸,结果和作品中人一比,反而比出了幸福感,发现自己的生活原来还是不错的;中小城市的读者有的原来特向往大城市,看完小说后忽然觉得在大城市里生活的人未必有自己活得自在,因而不再羡慕大城市。如此等等,各有所得,无论哪种收获都有可能,都有道理,都是从作品生发出来的效果。

第三种情况是,某一读者面对某一作品,获得多方面的精神收获(一作品——一读者——多效果)。例如,《红楼梦》意蕴丰厚,读者从不同角度阅读,就有不同的收获。这里的意思是说,《红楼梦》不但可以让众多读者有众多收获,同时也可以让一个读者有众多收获。总之,《红楼梦》的内涵是说不完道不尽的,它对接受者的影响也是说不完道不尽的,谁也说不清自己到底从中受到了哪些方面的具体影响,它对读者的影响是综合的全方位的。

二、文学效果的两面性

某些文学作品对接受者的影响既有积极的一面(正面效果)也有消极的一面(负面效果),这就是文学效果的两面性。严格说起来,两面性其实也是一种多面性,是多面性中的一种特殊类型。具体说"两面性"的着眼点是效果的思想、道德方面的性质,是对效果进行思想、道德方面的判断。这是历来讨论文学效果最常用的一对范畴,也是最常用的角度(思想、政治、道德)。

粗略地看,文学效果的两面性大体上也有三种情况。

第一种情况是,就文学作品的总体来看,从思想性质上可分为两类:积极健康的与消极落后的。例如,古代文学遗产中,既有精华,也有糟粕;当今流行的作品中,既有反映社会进步体现社会文明的,也庸俗、低俗、恶俗的。不用说,在接受过程中,前者将会产生积极效果,后者必定产生消极效果。

对于不同性质的艺术作品产生不同性质的效果问题,古代的思想家和理论家早就注意到了。古希腊的亚里士多德就说过,艺术的类型不同,给予人的快感就不相同,这各种不同的快感中既有好的、有益的快感,也有坏的、有害的快感,但是只有好的快感才会给人以有益的作用。后来,黑格尔在探讨艺术的本质时,也指出艺术激发人的情绪将产生可好可坏两种效果,既可以强化心灵,把人引到最高尚的方面,也可以弱化心灵,把人引到最淫荡最自私的情欲之中。这两类情况泾渭分明,不拟细说。

第二种情况是,接受对象本身的思想内容具有可分性,即既有精华的部分也有糟粕的部分。与此相对应,在接受效果上也就有了积极与消极两方面。这就是说,客体方面内容的两面性决定了主体接受效果的两面性。明代戏剧《清忠谱》的效果就是明显一例。

《清忠谱》带有很大程度的纪实性,记述的是明代发生在苏州的一场声势浩大的反对宦官魏忠贤的斗争。明朝天启年间,太监魏忠贤专权,祸国殃民,作恶多端,引起天怒人怨。以被罢官归家的刚介忠耿之士周顺昌为首的封建官僚和以颜佩韦为代表的广大苏州市民团结起来,同魏忠贤集团展开了一场殊死的搏斗。他们公开谩骂,请愿,冲击衙门,为此付出了惨烈的牺牲。最后当朝皇帝驾崩,新皇帝即位,魏失去靠山投缳自尽,魏党倒台。新皇帝下旨平反冤案,荫封周顺昌三代。

这出戏从思想内容角度看,宣扬的是封建正统观念,歌颂的是封建皇帝的清明,维护的是封建王朝的统治。魏忠贤一类恶人的出现本身是封建国家机器的必然产物,他的出现暴露了封建政治制度的彻底腐败,所以与魏忠贤的斗争其实质应该是与封建政治制度的斗争。但当时先进的思想观念还没有在中国出现,剧作家及剧中人物周顺昌以及广大市民群众,谁也不敢向封建政治本身发出质问,而只能认为皇帝是好皇帝,只是坏人把国家的事情搞糟了。于是他们一致盼望恢复封建秩序,办法是借助皇帝的力量把坏人打下去。目标达到,皆大欢喜。整出戏以封建政治秩序的重新恢复人民反过来感激封建君主为结局,因此,《清忠谱》的思想效果用现在的眼光看,毫无疑问是消极的、落后的。

但是,《清忠谱》中人物身上所散发出的人格魅力却能激发接受者为正义而献身的浩然正气。对此,余秋雨作过详尽的分析。他说:"这种复杂的文化现象和美学现象,从艺术上说,体现了艺术构件对于艺术构架的独立性,艺术途径对于艺术目的的独立性;从思想上说,则体现了气节、意志、人生风貌对于政治目的的独立性。即便是那些意在推翻封建制度的后代志士,也会通过《清忠谱》进一步激励自己的斗志,尽管在基本意旨上他们正与这出戏相逆。艺术,特别是像戏剧这样的复杂艺术,不会仅仅以一个简单的目的性面对观众的,它们总是以一个复杂的整体面向世界。对于不同的观众,它们多层次的思想内容大抵具有可剥离性,以适应各有取舍的要求。"①

"思想内容的可剥离性"指的就是精华与糟粕两部分,与此相对应的就是接受效果的积极与消极的两面性。

第三种情况是,作品的思想内容是独立自足、完整统一、不可剥离的,但它所产生的艺术效果却同样具有两面性。这种情况下的"两面"是重合交织在一起的,二者是一而二、二而一的关系。

乔伊斯的著名小说《尤利西斯》在西方地位很高,甚至被某些人誉为每个现代白人必读的一部新圣经。小说以意识流手法写了英格兰首都都柏林3个人物18个小时的生活,主人公是布鲁斯,是一个地地道道的凡人,既具有一个凡人的全部卑劣的行径和心理,又具有某些善良品质。小说比较详尽地描述了布鲁斯在生活中种种卑微乃至于卑劣的行为

---

① 余秋雨:《中国戏剧文化史述》,湖南人民出版社,1985年版,第410页。

和心理。

那么《尤利西斯》将会给读者什么样的精神影响呢？我国美学家滕守尧先生说："读了这部小说之后，我们获得的总体印象是，人生的一切阴暗、畸形、嘈杂、血腥、肮脏、扭曲、苍白、荒诞、无聊等，其实都是极为正常的。崇高的行为和崇高的英雄不见了，变成了与风车搏斗的堂吉诃德式的徒劳的空忙。多数人都是碌碌无为、心灵敏感、易受伤害的小人，他们心灰意懒而又不甘堕落，有善良的天性却又逆来顺受，灭绝人伦但又可以说出一番道理，他们是侏儒、庸人和禽兽的混合，是悲剧与喜剧的混合，最高的价值与最低的价值处于同一个层次上。"①

分析滕守尧（其实也是代表广大读者）的阅读体会使我们看到《尤利西斯》的社会效果。从积极方面说，它消解了传统观念中关于"人"的虚幻性理解，将眼光对准了现实生活中普普通通的平凡人，对准了"你"和"我"，让读者对人性的真实、真实的人性有一个更准确更真实的把握，现代人回到了"人"自身，人活在了现实中而不是理念中。就对于"人"的认识而言，这应该说是一个进步，起码它让读者对"人"的认识更全面。然而消极作用也正从这里产生。《尤利西斯》让人感到"人生的一切阴暗、畸形……其实都是极为正常的"，这样，当读者反观自己内心深处与之相通的东西时就会产生一种解放感、轻松感。读者会想，既然大家都是这样，我就不必自责。这样就等于默认了"人生的一切阴暗"的正当性，因而给以宽容乃至放纵，因而放弃人格的提升和精神的追求，放弃意义的追求和价值的创造，因而安于平庸安于沉沦，一个个变成无灵魂的精神侏儒。也就是说，人性本有两面（善与恶，追求崇高与安于卑微），而《尤利西斯》以及现代派、后现代派只看到了人的恶和卑微的一面而忽略了另一面，所以从本质上说，它对人性、人生是一种歪曲和遮蔽。中国古人要求"见贤思齐"，而读者在现代派这里是"见不贤而思齐"，这就是《尤利西斯》及其他现代派、后现代派作品效果的消极面。

三、文学效果的双向性

文学效果的两面性主要是就效果的社会思想性质所作的定性分析，主要表现为一种道德评价和社会评价，双向性指的是效果作为一种精神矢量向着两个方向发展，而这两个方向恰恰是相悖的。文学效果的双向性既表现在所有作品的综合效果上，也表现于某一类甚至某一个别作品的具体效果上。

例如，歌德在谈到文学作品的效果时说过这样一段话，"要想逃避这个世界，没有比艺术更可靠的途径；要想同世界结合，也没有比艺术更可靠的途径。"②歌德的意思是，文学作品既可以帮助人入世，也可以帮助人离世。"入世"与"离世"在方向上是相悖的，但却是两种极为普遍、极为常见的文学效果。歌德是面对所有作品立论的，是把文学作为一个整体、从文学效果的全面考察中观察到的现象。读者稍稍联系文学接受活动的实践（包括自己的心理体验）就不得不承认歌德具有敏锐的洞察力。

以上我们以全部文学作品为背景，以"入世"与"离世"两种倾向为例，讨论了文学效果

---

① 滕宋尧：《艺术社会学描述》，上海人民出版社，1987年版，第182页。
② 承代熙、张惠民：《歌德的格言和感想集》，中国社会科学出版社，1982年版，第91页。

的双向性。这就是说,在全部文学作品中,有一部分作品能帮助人更好地同世界结合,另有一部分作品则帮助人有效地逃避这个世界。总之,作品内容的性质不同,其效果也不同。以下我们将要讨论,即使是同一类型,甚至是某一具体作品,其效果也往往具有双向性。

例如,无论古今中外,情欲始终是作家喜欢选择的主要题材之一,描写情欲的作品始终吸引着人们的兴趣。为什么如此?最根本的原因,或许在于人性的弱点——人类有情欲(这是生物学上注定的),而且不能不寻求情欲的满足。但由于社会规范、伦理道德的约束,人类满足情欲毕竟要受很大限制,这时描写情欲的文艺作品就可能发挥其特殊功能了。这种功能表现为两方面:一方面,刺激了人们的情欲;另一方面,使情欲得到了宣泄。换句话说,这类文艺作品的效果具有双向性:当人们在创作和接受作品时,情欲被激发被唤起,与此同时进入角色,情欲在想象中得到了转移和疏泄,用弗洛伊德精神分析的术语表述即得到了"心理补偿",从而缓解了生活现实中的性张力。

对情欲的激发与宣泄,是情欲题材作品效果的两个方向,二者大体平衡,对缓解性张力有一定的积极作用。但具体到特定作品,其效果则应作具体分析。总的看,文学作品对情欲的描写有文野之分、雅俗之别,因而效果方面的激发与宣泄也相应地有文野之分、雅俗之别。文学属于审美的领域,所以文学作品对于情欲的描写应当经过审美眼光的观照,以美为标准,以高雅文明为准则,而不应当通过赤裸裸的性行为的直接暴露给人以纯粹本能性的生理刺激。遗憾的是,由于商业利益的驱动,总有些人始终抓住情欲中动物性的一面大做文章,总是要把人与动物等同起来。这是任何文明社会都要坚决反对的。

四、文学效果的模糊性

在文学接受活动中,接受者被对象的艺术魅力所吸引,所感动,所陶醉,全身心地沉浸在审美的愉快之中。但是,当接受者冷静下来对自己的心态进行反思,试图加以分析和说明时,却又觉得说不出什么,或无论怎么说也说不清楚,说不完全,说不准确。一句话,这种感受本身具有模糊性。这种状态,就是通常所说的可意会不可言传,可神通不可语达。有感受有体验却说(归纳、概括、抽象)不出,是不是意味着文学作品没有效果,接受主体没有收获呢?当然不是。有感受有体验,实际就是一种收获。或者说,能够说出作品的主题思想,能够把自己的感受体验上升到理性认识是一种收获,而暂时(或终于)说不出主题思想,暂时(或终于)没有能把感受体验上升为理性认识,而只是莫名的感动、感受、体验本身,也是一种收获,一种更接近艺术本体、更符合艺术规律的收获。

关于文学作品的意蕴,简单说包括两部分:一部分可以明确地用语言进行归纳概括,这部分意蕴人们一般称之为"意思"、"意义";一部分只可意会而不可言传,这部分人们一般称之为"意味"。文学作品意蕴的两个基本组成部分,决定了读者接受它的方式:感受与分析。作品中的"意思",即理性成分、认识成分、思想成分,诉诸读者的理性思维系统,需要通过抽象去把握;作品中的"意味"诉诸读者的感性心灵系统,需要通过感受去把握。

读者通过感受对"意味"的把握,是在一种情感体验状态下的整体把握,这种把握具有相当的模糊性,常常不能用明晰的语言,将它准确无遗地表述出来,或者说任何语言表述都不是感受本身,都与感受本身有距离,所以才有"可意会不可言传"、"可神通不可语达"

的说法。

虽然"不可言传",但仍然是"收获",是一种很美很愉快的精神胜境。梁启超说过,对于李商隐的某些诗,虽然解不出文义(总结不出"意思")但从精神上也得到了一种新鲜的愉快。梁启超的感受有助于我们更深刻地领悟文学接受的性质和文学的效果。文学作品对人的作用是整体的、综合的、全方位的,影响方式是潜移默化的、不知不觉的,因而效果的形态也就是混沌的、模糊的。

五、文学效果的不确定性

1972年获得诺贝尔文学奖的德国作家海因里希·伯尔坚信文学的社会效果。他认为书籍能够改变世界,不管人们意识到与否,书籍都正在改变着世界。但是,书籍究竟怎样在改变世界,换句话说,书籍到底在产生哪些效果,伯尔认为这一问题极为复杂,难以确定。他说一本书究竟会有多少种不同的遭际,这是人们无法了解的。比如说,一位博士研究生正在彻夜不眠地攻读一部作品,就在同一个夜晚,还有一位图书馆的女主顾和一位书店的学徒同样孜孜不倦地阅读这本书。三个人同样废寝忘食,他们都被这部作品深深地打动了。可是三个人对作品的领会却大相径庭:博士研究生喜爱的是作者犀利的风格,图书馆的女主顾只觉得情节紧张,而书店的学徒则为作者细腻的笔触而倾倒。由此看来,当一个人在运用语言,或者说语言通过他表达出来时,他对由此可能产生的影响是无法加以控制的。他永远不会明白,他的哪一句话,在哪位读者那儿,起到了哪种惊人的效果。

文学效果的不确定性,原因在于文学接受活动中存在着错综复杂千变万化的主客关系及无一相同的接受环境。对此,本章前面已经述及,不拟重复。这里需要指出的是,当我们谈论文学效果的不确定性时不应将其绝对化。文学效果的不确定性只是从微观角度,就个体接受者具体的现实的接受心理而言的,换个角度即从宏观的角度就某一作品效果总的基本倾向而言,还是有其确定性的,虽然这种确定性也是相对的。如《红岩》是向读者进行革命传统教育的;《简·爱》让读者尤其是女性读者学会自尊自立自强,如此等等,应该是没有异议的。这就是说,文学作品的效果,从宏观角度看基本倾向的大致确定性与从微观角度看随机效果的不确定性形成对立的统一,二者相辅相成。只有这样看问题,我们对文学效果的判断才不致出现片面性。

对于文学效果的复杂性,作家王蒙深有体会。在一篇漫谈文学效果的文章里,他在随意地列举了一些现实生活中文学效果的实例之后立刻感到了这一问题之复杂。他感慨地说:"长期与近期。形式与内容。动机与效果。正面作用与副作用。抑制与疏泄……在文艺现象的效果问题上呈现出不拘一格的复杂性与可变性。用过于执着的眼光看待这个问题,肯定不能达到预期的效果,这倒是已经屡屡被事实证明了的。"①对文学效果复杂性的认识提醒我们,要判断文学的社会精神效果,一定要实事求是,从文学现象的具体实际出发,一定要考虑到接受现象的全部复杂性,千万不可轻易地凭主观印象笼统、武断地下结论。

---

① 王蒙:《漫话文艺效果》,1992年8月25日《解放日报》。

第四节　文学效果产生的社会机制

对文学作品的欣赏与接受,从微观角度看其主体是独立的个别的人,因而表现为个人化、私密化的心理现象、精神现象;从宏观角度看其主体是不同时空范围内不同的受众群体,因而表现为一种大众化、群体化的社会现象、文化现象。本节从宏观角度考察文学接受活动,探讨文学效果产生的社会机制。

一、社会心理

一部文学作品能否产生一定的社会效果,以及产生什么样的社会效果,既与作品文本的接受指令和接受者的主体条件有关,也与特定的接受环境即特定的社会心理氛围有关。辩证唯物主义告诉我们,文学和社会之间有着双向互动关系:某种特定的社会心理需求为某种文学作品的产生准备了必要的心理条件,或者说某种特定的社会心理需求呼唤乃至决定着某种作品文本的产生;反过来,某种作品文本应和了社会心理的呼唤,就会得到社会大众的广泛欢迎,从而产生较大的社会效应,甚至产生所谓的"轰动效应"。

古今中外文学史上,这样的例子比比皆是。例如,中国戏剧史上不止一次出现过因剧作及时而敏感地传达了社会情绪而激起巨大的社会反响的事例。如明代奸相严嵩和宦官魏忠贤,祸国殃民,罪恶滔天,都曾激起全国性的激烈反抗情绪。戏剧《鸣凤记》(声讨严嵩)、《冰山记》、《清忠谱》(声讨魏忠贤),都曾及时反映了这种社会情绪,因而一出现就引起了强烈反响。据记载,《鸣凤记》编写和演出时严嵩势力刚刚垮台,消息还没有广为流布,以至于令在位的当权者不敢观看,但人民大众却群情激昂,看了戏剧恨不能亲手去宰了他们痛恨的大坏蛋。《冰山记》上演时,观众多达数万人,台上演出的人和事都是观众知道的,因而反应异常热烈,有的时候观众对剧中人名的呼唤和对剧中冤情的气愤声,就像浪潮奔涌一般。《清忠谱》记述的是苏州官民反抗魏忠贤的故事,带有很大纪实性,《曲海总目提要》说它"事皆据实",吴伟业称"目之信史可也"。这些剧作都产生于热烈喷发的社会情绪之中,"由此可见,传奇创作从明代到明清之际,越来越成为一种十分普及,十分趁手的吐愤舒志的工具,一种编制迅速、反响热烈的宣传样式"①。

《鸣凤记》等戏剧社会效果的产生,与社会心理有直接对应的紧密联系。从时间上看,二者之间具有共时性、同步性。这就是说,特定的社会心理酝酿出特定的艺术作品,同时也决定了作品所可能产生的社会效果,时过境迁之后同样的作品,就不可能再产生同样的效果。

社会心理需求表现为一种精神时尚,它具有左右或者说引导群体接受倾向的巨大力量,它顽强地按照自己的期待视野选择作品、理解作品,甚至对作品的思想意蕴按照自己

---

① 余秋雨:《中国戏剧文化史述》,湖南人民出版社,1985年版,第408页。

的需求进行取舍,以至于造成对某些作品的"误读"。如晚清时林纾译法国作家小仲马的《茶花女》被时人接受的情况就是一例。

《茶花女》写一个税务官的儿子阿尔芒与风尘女子玛格丽特相爱甚笃,但遭到身为贵族的男方父亲的竭力阻挠。男方父亲恳求她为爱作出牺牲,即主动离开阿尔芒。玛格丽特为保护高贵的尊严和人格,真的作出了高贵的牺牲,从而导致一出爱情悲剧。作品既表现了纯真与高贵的爱情,但同时也宣扬了贵族阶级所需要的奴隶的道德——无私的奉献和牺牲,牺牲僭越了爱情成为主题。1899年《茶花女》开始在中国刊行,之后一直受到进步的精英阶层的青睐,为精英阶层所接受。那么此时的社会精英从作品中接受了什么呢?"清末的知识分子,除了末路士绅,维新改良派,还有从1901年起逐渐形成的受新式教育的学生群体,正是从这一批人中产生推翻帝制的资产阶级革命战士和新文化运动的精神导师。他们接受个性自由解放的理论,《茶花女》表现的对爱情的向往追求,对于正值择偶年纪的他们颇具吸引力,但无论是传统道德还是国家危亡之局势,都迫使他们形成极端忘我的献身热情。这很容易和玛格丽特泯灭自我真正需求的牺牲精神相契合。这种极端忘我的热情实际上只能造就冲动狂热。"①这就是说,青年志士们本该接受对爱情的追求但却接受了对爱情的牺牲,而且自居为女主角,将女主角的牺牲置换成为国家为民族牺牲的情怀。导致这一典型"误读"的原因无他,当然是社会氛围,是普遍的社会心理。

总之,社会心理,准确地说是社会精神需求,反映着社会大众的情绪、愿望、兴趣和时尚,它表现为群体的社会性知觉。正是群体的社会性知觉制约着对艺术对象的理解和吸收,成为文学作品效果实现的重要原因之一。

二、社会传播

文学的社会传播是沟通作品文本与文学接受者的中介,是架设于文学生产者与消费者之间的桥梁,传播为作品产生社会效果、发挥社会作用提供了可能。没有传播,文学作品与接受者处于相互隔离状态,文学的任何效果或影响都只是一句空话。

传播为艺术效果的实现提供了前提和条件。任何一部文学作品的创造,作者总想使之得到最大限度的流布,得到最大多数受众的接受,产生最大范围的社会效应。这一愿望,只有在现代社会借助大众传播才能实现,例如20世纪50年代末60年代初我国文坛上出现了一批以革命斗争为题材的长篇小说,如《创业史》、《红旗谱》、《红日》、《红岩》、《青春之歌》、《林海雪原》等。每一部作品出版,都受到广大读者的热烈欢迎,争相购买。其中《红岩》在不到两年时间里发行达400多万册,创造了新中国历史上长篇小说发行的最高纪录。而且,每册书又不止是被一位读者一次阅读,而是被多次乃至无限制地流传,被无以计数的读者阅读。所以,这批革命小说所影响的不是某一群体的特定读者,而是整整一代人。小说中所体现的英雄主义、理想主义精神,所宣扬的为革命而牺牲的献身热情,被整整一代人接受,成为整整一代人鲜明的精神气质。当然,这种效果的产生主要是社会氛围使之然,但无疑,现代传播手段也起到了有力的推动作用。

反之,如果传播手段跟不上,作品流布的范围有限,那么作品本来应该产生的社会效

---

① 卢文荟:《林译〈茶花女〉撼动中国的岁月》,见《文艺理论研究》,1999年第1期。

果也会大打折扣,甚至被冷落、被掩埋。例如托尔斯泰的《安娜·卡列尼娜》在"五四"时未能被我国读者接受,从而未能发挥应有的社会影响就与传播不到位有关。

《安娜·卡列尼娜》(以下简称《安》)最早由陈家麟、陈大镫据英译本翻译、以《婀娜小史》的译名于1919年8月由上海中华书局出版,并于1920年4月再版。应该说《安》所表现的思想与精神与"五四"时期的社会思潮是合拍的,与当时读者的期待视野是可以融合的。"五四"时高扬个性自由、爱情自由、反抗压迫的旗帜,而安娜对旧婚姻的不满,对爱情幸福的大胆追求,对陈腐社会道德观念的大胆反抗,应该能引起中国青年的共鸣,但是,令人遗憾的是《安》却没有引起应有的重视,安娜没有走进青年们的视野。这一时期的报刊推崇托尔斯泰并介绍其思想与主义的文章很多,但深入论述《安》和安娜的文字却极少。《安》及托尔斯泰在"五四"及以后一段时间的中国几乎没有任何影响。

与《安》受冷落形成鲜明对比的是挪威作家易卜生的《玩偶之家》(又译为《娜拉》、《傀儡家庭》)。《玩偶之家》最早是由罗家伦、胡适翻译,以《傀儡家庭》的译名发表于1918年6月4卷6期的《新青年》上,同时发表的还有胡适的译介文章《易卜生主义》。随后相继又有两个译本(陈嘏编译的《傀儡家庭》和潘家洵译的《娜拉》)出版,《新潮》、《小说月报》也竞相译介易卜生。此外,胡适等人模仿《玩偶之家》创作的剧本又进一步扩大了原作的影响。由于这些译介和仿作紧密配合了"五四"社会改革的需要,易卜生在当时引起了巨大的轰动,新人物没有一个不狂热地喜欢他,几乎没有一种报刊不谈他。当时关于妇女问题的讨论也始终以娜拉作为女性样板,娜拉被看做中国妇女走出传统婚姻樊笼的楷模。

客观地说,安娜和娜拉都是成功的艺术典型,二者都具有妇女争取解放的意义。但娜拉所要争取的主要是人格的独立与做人的尊严,旧式婚姻对她已不是障碍,相反倒是安娜的命运与反抗对于中国读者更有启发意义,似乎更应该引起注意。但实际情况却恰好相反。造成这种反差的原因主要是二者的传播方式和传播范围大不相同。首先《玩》是剧作而《安》是小说,两种不同的文体决定了它们不同的阅读命运。前者既可以被阅读也可以在搬到舞台上表演。所以,虽然《安》比《玩》早出版,但《玩》"五四"时广泛在舞台上演出,从接受与影响的广度来说,《安》远远无法与之相比。其次《玩》篇幅短小,"社会问题"的主题集中明确,《安》篇幅浩大,情节复杂,接受起来不如前者简单明快。总之,由于传播方面的原因使《安》虽然在新文化运动初期就介绍到中国,但未能参加到"五四"时期思想解放的大潮中,也未能进入广大读者的阅读领域,因而未能发挥其应有的社会作用。

通过《安》与《玩》不同接受命运的比较可以看出,文学作品能否产生应有的社会效果,在某些情况下,与传播因素密切相关,有时甚至具有决定性作用。所以,为了使作品充分发挥作用,现代社会无不特别注重对艺术信息的传播。

但是,现代化的社会传播方式,在最有效地使文学信息得到最广泛的传播的同时,也暴露出其负面的社会效应。主要表现在:首先,密集而驳杂的文学信息干扰,分散了受众的注意力,往往使最有价值的文学信息被冲淡甚至被淹没,削弱了最有价值的艺术文本对社会的影响力。其次,现代传媒与商业利益搅和在一起,必然导致传播者以迎合大众趣味为选择标准,结果导致某些社会传播不是提高了而是降低了大众的鉴赏水平。最后,同样地由于商业利益的驱动,以色情、暴力为题材的所谓文学作品得到不应有的反复传播,造成了对社会人心的严重危害。现代社会传媒对文学社会效果的实现,对社会精神文明建设的作用,真可谓"成也萧何,败也萧何"。

三、文学评论

这里所说的文学评论是广义的,包括两个方面:一是自发的大众评论,一是专门评论家的评论。自发的大众评论产生的背景是社会方面没有进行任何有意识的宣传引导,大众自己对某一作品发生了强烈兴趣,形成了自己的态度,这种态度具有广泛性、普遍性,因而迅速蔓延流行,形成某种强有力的社会舆论,促进着作品发生更为广泛的社会影响。大众评论因为来自真实的内心反应,虽然不具有理论形态,但是更真实地反映了艺术作品所产生的社会效果的真相。

评论家们的评论与前者不同,是一种自觉的具有理论形态的科学活动。评论家是文学专家,具有深厚的理论修养和专业知识,研究、评论作品是他们的职业,他们对作品的意见往往比较理性,因而更具有权威性。普通接受者由于学识、经验、文学修养等诸多方面的限制,对文学作品的精微奥妙之处往往不能充分领略,往往只从个人感受、感情出发,对作品的意义和价值未必有深刻的理解和把握,因而常常希望听听职业评论家对作品的意见。在这种情况下,评论家们对作品的阐释、评价就显得非常重要,对作品效果的实现具有举足轻重的作用。

通过评论使作品的内在价值得到最深刻最科学的阐释,把作品对社会的影响引入正确的轨道,使作品的效果得到最大限度的实现,这样的例子在古今中外文艺史上不胜枚举。最著名的如俄国别林斯基对普希金和果戈理的评论,车尔尼雪夫斯基和列宁对托尔斯泰的评论,杜勃罗留波夫对冈察洛夫的《奥勃洛莫夫》和奥斯特洛夫斯基的《大雷雨》的评论,茅盾、瞿秋白、毛泽东对鲁迅的评论,等等。如果不是这些评论的引导,很难设想上述评论的作家和作品能够像现在我们所知道的这样赫然屹立在世界文学史上,很难设想这些作品曾经发挥了那么巨大的社会作用,而且至今、乃至今后仍然会继续参与着人类精神文明的建构。

当然,评论对受众的引导以及作品最终所能产生的社会效果,归根结底是以作品确有价值为前提的。如果作品本身没有价值,无论评论如何炒作、如何鼓噪,都是没有用的,因为所谓效果是要经受受众的接受检验的。

总之,科学的文学评论是文学作品社会效果得以充分实现的理性保障。为了使文学作品的作用得到更充分的发挥,必须科学地组织文学评论。

四、文学管理

文学接受活动之于个体,可以是自由的、自发的、随心所欲的审美、娱乐活动,主体的自我意识可以并不主动去追求什么效果,效果的实现是无意识的、非自觉的。但文学接受活动之于社会,却不应该是盲目、自发、放任自流的。文学接受作为一种社会精神活动,对于特定时期社会心理情绪的调整,对于整个社会精神文明的建设,乃至对于整个民族心灵的塑造,具有极为密切的关系。所以,为了让文学发挥更好的社会作用,社会方面应该对文学创作和文学接受活动进行必要的管理和调控,使之沿着健康的轨道良性地运行和发展。

文学社会管理是文学社会学的一项重要内容,包括宏观管理和微观管理两方面。宏观管理主要包括理论指导、行政指令、市场调节等方面,微观管理主要指进行管理的具体手段。文学的社会管理是文艺、文化管理的一部分,具有很强的实践性,这里仅就其基本措施大而化之地略述如下。

1. 文学理论指导

文学理论指导作为一种宏观管理方式需要通过具体的管理手段来落实。这些具体手段主要包括:建立科学的文艺学和美学理论用以指导作家、艺术家的艺术创造活动,引导和推动读者的艺术接受活动;以科学的符合艺术规律的批评标准和审美价值论来评价文学作品,加强对文学批评的指导。

文学理论用于文学社会管理,有广义与狭义之分。狭义的文学理论主要是对创作过程和文学作品的美学和文艺学概括,它用以开阔创作人员的艺术视野,提高他们的艺术修养,提供文学批评的标准。而广义的文学理论则是把文学活动作为一项社会系统工程来看待,研究作者、作品、读者(观众)之间的关系;研究艺术创造、艺术传播、艺术接受、艺术市场、艺术设施、艺术教育等方面的规律,只有这样系统、综合的理论才能真正对文学的社会管理起到指导作用。因为文学管理本身就是一种综合性管理,有艺术管理,也有经济管理、市场管理、人才管理,这就必然要求相应的理论指导。

2. 文学行政指令

在具体实行文学社会管理的过程中还会出现许多错综复杂的局面,仅靠文学理论的原则性指导是不能解决问题的,有时候还要采纳行政指令来强化文学社会管理,使其遵循必要的基本规范。但是,历史的经验教训告诉我们,决不能把行政指令作为文学社会管理的唯一手段,文学行政指令也必须符合和适应文学发展的内在规律及其特点。实践证明,文学行政指令所具有的管理功能是有效的,然而也是有限的。符合文艺规律,符合社会文明社会进步的方向,对文学活动就起到积极推动作用,反之起到的则是消极的破坏作用。

文学行政指令主要包括公布和阐述党和国家现行的文艺方针政策。文艺的方针政策是直接关系到文学发展的方向性的决策,具有指导全局的根本意义。如我国 20 世纪 60 年代提出的"双百"方针(百花齐放、百家争鸣)和 80 年代提出的"两为"方向(为人民服务、为社会主义服务)就属于指导全局的方针政策。

构想、制定和实施文艺发展和改革的规划和各种行政指令。文艺发展规划是整个文化发展战略的重要组成部分。规划的作用主要在于寻求文艺发展的最佳模式,而有关行政指令是为了保证规划的实施,从而达到有计划管理的目的。

3. 加强对文化市场的引导和规范

文化市场受市场规律的支配,带有某种程度的盲目性,它不会自发地产生社会所需要的良好效果,因而政府必须加强对文化市场的引导和规范。引导和规范文化市场行为的实质在于运用政府的行为和力量,遵循和依据市场运行规律,在促进文化市场的繁荣与发展,保障市场正常运作的过程中,把文化艺术企事业单位的文化经营活动纳入国家所确定的文化发展方向,与建设社会精神文明的目标相一致。政府对文化市场行为的规范和引导,实际上也是对文化事业发展进行宏观调控的一个重要方面,一个重要途径和手段。加强对文化事业的宏观调控,引导和规范文化市场行为,是各级文化行政管理部门在实现政府职能转变之后最基本的职能。

政府文化部门引导和规范市场行为的职能,既包括对有形市场的建设和培育,也包括制定市场规则、完善市场法规、维护市场正常运作秩序等制度方面的建设,当然也包括对违反国家法律、法纪市场行为的打击与惩治。政府文化管理部门通过法律调整、政策导向、经济杠杆、行政措施、社会舆论等不同手段,对市场运作中的违法或不正当的市场行为加以纠正和约束,对于合法、正当的市场行为及文化经营者的合法权益予以保护;还负有匡正和弥补市场自身缺陷的特殊职能。随着文化体制改革的深入以及与社会主义经济相适应的新文化体制的确立,政府文化部门引导、规范市场行为的职能作用更显突出,任务更加繁重。

4. 加强法制建设,用法制手段管好文化市场

文化市场的管理需要行政的、经济的等多种手段,但最根本的还是要依靠法制。作为日常管理,还是应该抓法制建设,从立法入手,以法治理,依法治理。这既是领导方式的改革,更是政府职能的强化,今后需要加强这方面的工作,使之纳入正常的运行轨道。

制定和颁布文艺法规,明确运用法律手段管理文艺的重要性。制定文艺法规,有助于文艺政策的稳定性,有助于国家文艺事业持续稳定地发展,不致使文艺管理失调,以免给国家建设和社会生活带来不必要的负面作用。

5. 扶优除劣,处理好社会效益和经济收益的关系

对于确实属于社会效益好而经济效益差或一般的优秀文学作品或表演团体,在政策上要有所倾斜,采取措施加以必要的保护。建立、培育和完善我国的社会主义市场经济体系,是发展我国社会主义经济的必由之路,这一点已为实践所证明,也为国人所共识。但是市场经济本身是一把双刃剑,它既有促进经济发展的正面作用,同时也不可避免地会带来诸如不择手段的商业欺诈,贪得无厌的金钱追求,寡廉鲜耻的权钱交易等社会丑恶现象。鉴于目前文艺接受大众的基本素质以及市场发育初期机制不健全等方面问题,一味地把文学艺术推向市场,简单化地把文学艺术的生杀予夺大权交给市场,使一种复杂的精神产品单纯地以经济效益为价值标准,或者让高雅严肃的、对社会文明有崇高价值的艺术品与那些迎合低级趣味的、庸俗乃至于恶俗的所谓"艺术"进行无秩序的竞争,是不公平、不合理的,其结果将是文化市场上的劣胜优汰。这不是假想而是现实。鉴于这种现状,应特别强调在建设社会主义文化市场的时候,要积极地引导市场、培育市场,搞好宏观调控。政府对社会效益好的优秀作品予以扶植,这也是目前世界上大多数政府采用的政策。在西方社会,即使在充分市场化了的情况下,大多数国家的政府都对高雅严肃艺术采取特殊的优惠和保护政策,也并不把一切艺术都推向市场,任由市场主宰命运。

以上所述文学管理的主要方面是针对整个文学活动而言的,既包括了对文学生产、文学传播的管理,也包括了对文学接受、文学消费的管理。这些管理的具体方式和手段可以各有不同而且可以根据不同国家、不同民族、不同地区的不同情况而有所发展和变化,但目的很明确,那就是,为了协调文学与社会的发展,建立一个具有良好适应能力和充满创造活力的文学运行系统,以便文学高效能地发挥社会作用,产生更优化的社会效果。

名词解释

1. 文学效果

文学效果指的是文学作品对接受者心理、精神诸方面产生的影响,对接受者素质、性格的熏陶和塑造;包括微观的个人层面和宏观的群体层面。群体层面的效果一般又称为社会效果。

2. 文学效果的范畴

范畴是经过无数次实践证明,并已经内化、积淀为人类思维成果,是人类思维成果高级形态中具有高度概括性、结构稳定的基本概念,如:特殊、普遍、形式、内容、本质、现象、原因、结果、必然性、偶然性、可能性、现实性等等,具有普遍的方法论意义。范畴是反映事物本质属性和普遍联系的基本概念。文学效果的范畴主要有:个体效果与群体效果;宏观效果与微观效果;积极效果与消极效果;长期效果与短期效果;外显效果与潜隐效果,可预期效果与不可预期效果;直接效果与间接效果;精神效果与经济效果;审美效果与非审美效果等等。

思考题

1. 为什么说关注社会效果是人类文学活动的悠久传统?
2. 文学效果的主要范畴有哪些?
3. 文学效果的复杂性表现在哪些方面?
4. 文学效果产生的社会机制包括哪些方面?
5. 联系实际谈谈对文化市场加强管理的必要性。

阅读链接

1. 敏泽、党圣元:《文学价值论》,社会科学文献出版社,1997年版。
2. 罗贝尔·埃斯卡皮:《文学社会学》,浙江人民出版社,1987年版。
3. 刘小枫:《接受美学译文集》,三联书店,1989年版。
4. 宋伟、胡山林:《文艺效果论》,河南大学出版社,2002年版。

后　记

为了更好地推进学科、尤其是教材建设,在河南省教育厅"教指委"的指导和河南大学出版社鼎力支持下,河南大学文学院决定编写汉语言文学专业系列教材,《文学概论》是其中之一,这正好也应合了教研室老师和其他高校同仁们的愿望。多年来的《文学概论》教学实践,让我们也积累了一点自己的想法,这次正好把自己的一些探索付诸实施。

本教材的编写,秉承编委会稳中求新、在继承借鉴基础上写出特色的原则,广泛吸收了目前国内文学理论教材及文学理论研究的最新成果,结合我们的教学实践和学术研究,在某些章节上做了新的探索。如技巧论、接受论、批评论等章节,从提高学生阅读、欣赏作品能力的基本宗旨出发,大胆增加了新的内容;有的章节甚至完全更换了传统内容,如第七章《文学接受(一)》,以便使理论更贴近学生的实际需求和文学体验。我们认为大学中文专业本科教育的目标,不是培养文学理论专家,而是让学生能运用文学基本理论分析常见的文学现象,尤其是能独立解读具体的文学作品——这是本科学生所应具备的基本技能,所以才有了上述的探索或者说改革。

另外,我们新增了"效果论",把"文学效果"作为一个新的基本文学理论范畴进行专门讨论。因为是初次进入教材,所以不成熟之处在所难免,尚须听取各方意见后继续修正和完善。我们的基本想法是,宁要不完善的革新,也不愿四平八稳的辗转互抄;宁愿接受批评,也不愿让人蔑视地说"又多了一本平庸的教材"。在基本理论问题上,我们的革新肯定迈不出大步,但是即使迈出一小步也总算是进步,也比原地踏步好!

本教材的编写过程是,先由主编提出大纲,交由编写组成员讨论修订,然后分工撰写,最后由主编统稿定稿。

教材初次出版,我们怀着虔诚的态度,期待着文学理论界同行的批评指导,期待着使用本教材的同学们的宝贵意见,如有机会,我们会集中各方面意见及时修订。

衷心感谢丛书总主编李伟昉教授,感谢出版社王四朋先生,感谢责任编辑王有芳的辛勤劳动,感谢文学院文艺理论教研室各位同仁的支持,感谢历届听过我们课的同学们,感谢使用本教材的老师和同学。

本教材是分工合作集体劳动的成果,具体分工如下:

导　言	胡山林	(河南大学)
第一章　文学是什么?	樊　柯	(河南大学)
第二章　文学的性质与特征	赵思奇	(河南大学)
第三章　文学的发生与发展	王　森	(黄淮学院)

第四章　文学创作　　　　　　胡山林
第五章　文学技巧　　　　　　杜智芳（河南大学）
第六章　文学作品　　　　　　王　森
第七章　文学接受（一）　　　胡山林
第八章　文学接受（二）　　　石长平（许昌学院）
第九章　文学批评　　　　　　石长平
第十章　文学效果　　　　　　宋　伟（中原文化艺术学院）
　　　　　　　　　　　　　　胡山林

主　编
2012 年春于开封

打造学术精品　服务教育事业
河南大学出版社
读者信息反馈表

尊敬的读者：

感谢您购买、阅读和使用河南大学出版社的_____一书，我们希望通过这张小小的反馈表来获得您更多的建议和意见，以改进我们的工作，加强我们双方的沟通和联系。我们期待着能为您和更多的读者提供更多的好书。

请您填妥下表后，寄回或发 E－mail 给我们，对您的支持我们不胜感激！

1. 您是从何种途径得知本书的：
   □书店　□网上　□报刊　□图书馆　□朋友推荐

2. 您为什么决定购买本书：
   □工作需要　□学习参考　□对本书感兴趣　□随便翻翻

3. 您对本书内容的评价是：
   □很好　□好　□一般　□差　□很差

4. 您在阅读本书的过程中有没有发现明显的专业及编校错误，如果有，它们是：
_____
_____

5. 您对哪一类的图书信息比较感兴趣：_____
_____

6. 如果方便，请提供您的个人信息，以便于我们和您联系（您的个人资料我们将严格保密）：
   您供职的单位：_____
   您教授的课程（老师填写）：_____
   您的通信地址：_____
   您的电子邮箱：_____

请联系我们：

电话：0371－86059712　　0371－86059713　　0371－86059715

传真：0371－86059713　　E－mail：spengw@163.com

通讯地址：河南省郑州市郑东新区 CBD 商务外环路商务西七街中华大厦 2304 室

河南大学出版社高等教育出版分社